国家出版基金项目

分卷主编　张俊义

中华民国时期
外交文献汇编

1911—1949

第四卷

上

中华书局

本卷说明

本卷收录从1917年9月孙中山南下护法在广州建立政权,到1928年初南京国民政府通过二次北伐统一中国,这一时期涉及中外关系的重大事件及交涉的主要资料。以南方政府为主轴,同期有关北京政府对外交涉的资料另卷处理。以时间为顺序,分成五个部分:第一部分主要内容为帝国主义列强对孙中山在南方另立政权的反应,以及孙中山在广州三次建立政权初期在争取列强承认与支持方面所做的努力;第二部分主要内容是南方政府在成立初期与帝国主义列强之间所爆发的种种冲突以及在民族主义思潮影响下所发动的反帝爱国运动,其中包括南方政府围绕收回海关关余而与帝国主义列强展开的交涉与斗争、反对英帝国主义插手商团事件的斗争、声援五卅惨案而发动的省港大罢工;第三部分主要内容是孙中山联俄外交的由来与发展,以及反帝外交政策的确立;第四部分主要内容是第一次北伐战争期间所发生的主要外交事件及交涉,包括国民政府收回汉口、九江英租界、四三惨案、南京事件等;第五部分主要内容是第二次北伐战争期间的主要外交事件及交涉,包括1927年9月蒋介石访日、济南惨案的发生、国民政府的应对及交涉、日本干扰国民革命军收复平津,以及皇姑屯事件与日本阻止东北易帜等。

本卷所反映的南方政府时期的外交一向为史学界研究的热点,因此相关专题资料的出版繁多,但是从民国外交史的角度,以分内容、分专题的形式,集中系统地反映这一时期外交情况的综合性资料集,目前仍然匮乏,这也是本卷努力的方向。本卷主要资料来源包括:中国第二历史档案馆提供的部分北京政府各部门的档案、南方政府出版物、当时一些重要报章与杂志报道、英国国家档案馆藏英国外交部档案F.O.371

卷宗和英国殖民地部档案 C. O. 129 卷宗的英国政府往来文书的翻译件，同时本卷编者在编辑过程中也大量参考引用了已经出版的档案集和资料集，此部分所引资料出处在文中已分别一一标明。本卷全部资料由张俊义负责编辑，所引外文资料除特别标明者外均由张俊义翻译。限于时间与编者水平，本卷所收录的资料一定有很多不完备的地方，编辑过程中错漏之处也在所难免，敬盼各位读者予以批评校正。

目　录

一、南下护法建立政权和争取列强的承认

说明:1917 年 9 月,孙中山以护法为名,在广州组建军政府,任海陆军大元帅,建立起与北京政府相对立的南方政权。其后,孙中山又于 1921 年 5 月在广州建立中华民国政府,任大总统。1923 年 2 月,在广州就任大元帅,设立大本营。护法政府成立后,在对外关系领域,最主要的工作是通过各种形式,寻求在华列强的承认与支持,然而,最后除了苏联政府或明或暗地对南方政府表示了支持外,其他西方列强包括日本,依然以北京政府为中国的合法政府,各国政府不承认南方政府,对南方政权的各项对外吁请和建议不予理睬。此外,作为独立于北京政府之外的政权,南方政府对北京政府主持的事涉中华全局的一些重大外交事件如中国参加一战、巴黎和平会议、华盛顿会议,或发表声明提出自己的意见,或派出代表参加,表现出了一定的参与性。

本章主要资料来源:

中国第二历史档案馆藏北洋政府外交部档案

英国国家档案馆藏英国外交部档案 FO371、英国殖民地部档案 CO129

军政府总务厅印铸科编:《军政府公报》,广州,1917 年—1918 年

大本营秘书处编:《陆海军大元帅大本营公报》,广州,1923 年

中国社会科学院近代史研究所中华民国史研究室等合编:《孙中山全集》第 1—11 卷,中华书局,1981 年—1986 年

罗家伦主编:《革命文献》第 10 辑,台北,1978 年

《孙中山选集》,人民出版社,1956 年

黄彦编:《孙文选集》,广东人民出版社,2006 年

上海《民国日报》、上海《中华新报》、《广州民国日报》、《广东群

报》、重庆《国民公报》、香港《华字日报》等。

（一）护法政府的外交机构和对外政策

说明：1917年9月，孙中山在广州建立政权后，迅速组建外交部门，并多次通过发表对外声明和接受记者采访的形式，表明自己的对外政策，同时抨击北京政府"坏法乱纪"，吁请列强放弃北京政府，承认和支持南方政府。

1. 中华民国军政府的建立及外交机构的设立

中华民国军政府组织大纲
1917年9月

第一条　中华民国为戡定叛乱，恢复临时约法，特组织中华民国军政府。

第二条　军政府设大元帅一人，元帅三人，由国会非常会议分次选举之，以得票过投票总数之半者为当选。

第三条　临时约法之效力未完全恢复以前，中华民国之行政权由大元帅行之。

第四条　大元帅对外代表中华民国。

第五条　大元帅有事故不能视事时，由首次选出之元帅代行其职权。

第六条　元帅协助大元帅筹商政务，元帅得兼任其他职务。

第七条　军政府设立各部如左：

　　一、外交部；

　　二、内政部；

　　三、财政部；

四、陆军部；

五、海军部；

六、交通部。

第八条　各部设总长一人，由国会非常会议分别选出，咨请大元帅特任之。前项选举以得票过投票总数之半者为当选，但遇总长缺位未经选举以前，大元帅得为署理之任命。

第九条　各部总长辅助大元帅执行职务。

第十条　元帅府及各部之组织以条例定之。

第十一条　军政府设都督若干员，以各省督军赞助军政府者任之。凡有举全省兵力宣布与非法政府断绝关系者依前项之规定。

第十二条　本大纲至临时之约法完全恢复、国会及大总统之职权完全行使时废止。

第十三条　本大纲自公布之日施行。

《军政府公报》第 1 号，1917 年 9 月 17 日

外交部组织条例
1918 年 4 月 22 日

大元帅令：

兹制定外交部组织条例公布之。此令。

大元帅（印）

中华民国七年四月二十二日

外交部组织条例

第一条　外交部直隶于大元帅，管理国际交涉及关于外国居留民并海外侨民事务，保护在外商业。

第二条　外交部置总长一人，由国会非常会议选出，大元帅特任。

第三条　总长承大元帅命，管理部务，监督所属职员及外交官、领事官。凡护法各省区长官，其执行本部主管事务，应受外交总长之指挥监督。

第四条　外交部置次长一人，秉承总长之命，辅助总长整理部务。

第五条　外交部置参事四人，秘书四人。参事承长官之命，掌拟定关于本部主管之法律命令案；秘书承长官之命，掌管机要事务。

第六条　外交部置总务厅及左列各司：

一、政务司；

二、通商司。

第七条　总务厅掌事务如左：

一、收藏条约及国际互换文件；

二、调查编纂交涉案件；

三、撰辑、保存、收发或公〔布〕文件；

四、管理本部所管之官产官物；

五、管理本部经费并各项收入之预算决算及会计；

六、稽核直辖各官署之会计；

七、编制统计及报告；

八、记录职员之进退；

九、典守印信；

十、管理本部庶务及其他不属于各司之事项。

第八条　政务司掌事务如左：

一、关于政治交涉事项；

二、关于地土国界交涉事项；

三、关于公约及保和会、红十字会事项；

四、关于禁令、裁判、诉讼、交犯事项；

五、关于在外本国人关系民刑法律事项；

六、关于外人传教、游历及保护、赏恤事项；

七、关于调查出籍、入籍事项；

八、关于国书、赴任文凭及国际礼仪事项；

九、关于外国官员觐见及接待外宾事项；

十、关于核准本国官民收受外国勋章及驻在本国之各国外交官、领事官、侨民等叙勋事项。

第九条　通商司掌事务如左：

一、关于开埠、设领事、通商、行船事项；

二、关于保护在外侨民、工商事项；

三、关于路矿、邮电交涉事项；

四、关于关税、外债交涉事项；

五、关于延聘外人及游学、游历事项；

六、关于各国公会、赛会事项；

七、其他关于商务交涉事项。

第十条　总务厅归次长直辖。

第十一条　外交部置司长二人，秉承长官之命，分掌各司事务。

第十二条　外交部置佥事、主事各若干人，佥事秉承长官之命，分掌总务厅及各司事务；主事秉承长官之命，助理总务厅及各司事务。

第十三条　外交部因特别事件得置雇员。

第十四条　本条例自公布之日施行。

《军政府公报》第 75 号，1918 年 4 月 23 日

2. 对外方针与政策

孙中山关于外交内政的讲话

1918 年 1 月 20 日

现在政府亟应完全成立之故，因外交上近已渐生佳状，美国当军政府未成立以前，已有承认之表示。近月法国新内阁成立，其总理即我昔年故交，是以我苟能将机关组织完全，外交必获胜利。美、法承认，则日本必继其后，英国亦无能为抗矣。且如协和能就参谋长职，则可显示军队拥护军府之确实，伍秩庸自可劝勉其就职，程玉堂当随伍为转移。张藻林前已允就职，余事即可迎刃而解，故仍宜往告协和，迅速就职。

《建国月刊》第 12 卷第 6 期，邵元冲《广州护法日志》，1935 年 6 月

大元帅通告驻华各国公使书

1918 年 4 月 17 日

　　中华民国军政府为通告事：民国不幸，叛督称兵，陈师近畿，胁迫元首，于民国六年六月十二日遂以非法命令解散国会。继以复辟之变，黎大总统出走，而中华民国根据法律由国会组织之政府，忽焉中断。各省兴师讨逆，兵未及发，而段祺瑞乘机窃据北京，自称总理。黎大总统尚在北京，并未向国会辞职，亦非不能视事，乃不迎之复位，而擅召冯国璋于南京，使以副总统而为代理大总统。国之重器，私相授受，又不恢复非法解散之国会，而任意指派数十人傅会职权终止之临时参议院（参照临时约法第二十八条）坏法乱纪，予智自雄，泯泯棼棼，莫知底止。洵为袁世凯称帝以后，以武力乱国实行武人专制第二之奇变矣。

　　共和国之根本在法律，而法律之命脉在国会。中华民国元年《临时约法》（以后简称约法）为民国最高之法律，在宪法未施行以前，其效力与宪法等（参照约法第五十四条）。凡为民国之人，皆当遵守，无敢或违者也。按照约法，大总统无解散国会之职权，国会亦无可解散之规定。绳诸命令抵触法律，则命令无效之通例，六年六月十二日非法命令与约法抵触，当然无效。国会虽被阻遏，不能在北京继续开会，然国会之本体依然存在，此民国全国人民所认为应恢复国会原状之理由也。本届国会厥惟民国第一次国会，中经袁世凯、段祺瑞两次以武力阻遏开会，不能行使职权，议员任期实未终止，此又国会继续开会仍应召集旧议员集会之理由也。

　　国人痛大法之陵替，惧民国之沦亡，一致要求取消非法解散国会之命令，俾国会继续开会，而国之大事，一依法律解决。乃北京非法政府置若罔闻，而非法之代理总统、非法之国务员、叛乱之督军团以及非法参预国政之私人，公然以北洋派相号召，视民国为北洋派之私有，思以武力征服全国，非法缔结借外债及军火之契约（参照约法第十九条四款、第三十五条），以逞其残杀国人之毒焰。乃对川、湘首先用兵，粤、桂、滇、黔不得已而起护法之军，宣布自主。海军第一舰队亦宣言，以恢复约法、恢复国会、惩办祸首三事为救国之要图。当是时,国无政治中心,护法讨逆之功莫由建立。于是,国会应广东省议会之请求,遂开非常会议于广州,于民国六年八月三十一日由国会非常会议公布中华民国军政府组织大纲,爰为自主各省组织一戡定叛乱、恢复临时约法之军政府(参照本大纲第一条)。自时厥后,自主各省莫不宣言护法,川、湘逆〔军次〕①第荡平,其他各省,闻风倾响。凡我国内及国外之人,乃莫不晓然于护法战争之大义,而本军政府之职志,遂以大白。

北京非法政府曾不悔祸,虽以长、岳之战,北京慕义军人不甘为私人效命,相率退却;又重以长江三督军之联名要求,暂免段祺瑞之职。而段祺瑞方且利用特殊之参战督办名义,阳托对外参战,实行对内用兵,不惜欺蒙协约各国,而自亏人格。乃冯国璋者,又思自树势力,一面以停战议和缓义军之进攻武汉;一面命令曹(琨)〔锟〕、张怀芝、张敬尧南下,积极备战,仇视义军,行同鬼蜮(参照冯国璋青电)。此和议之所以不终,而复出于战也。惟冯、段各具私心,遂生内讧,段派督军团会议再现,而张作霖、徐树铮领兵入关,自由行动。段派叛督之横暴,虽段亦莫能制。长此不振,则民国将成为无法纪、无政府并无人道之国。一任不法之武人割据称雄,分崩离析,其将何以为国?今段祺瑞复任非法总理,逞忿岳、长,纵兵烧杀淫虏,绝无和议之可言。此则本军政府因护法而救国救民,不得已而用兵之苦衷,当为寰球所共谅者也。

国家不可一日无政府,国会非常会议鉴于现以暴力强据北京者为非法政府,是以有军政府之组织。故军政府于约法效力未恢复前,实为执行中华民国行政权之惟一政府(参照军政府组织大纲第三条);易言之,则为约法上行使统治权存亡继绝之机关(参照同大纲第十二条)。现在本军政府已继续行使昔时北京政府之职权,与昔时北京政府无异,并非新发生之别一建设。诚恐友邦各国尚未了解,自应即日通告友邦各国,并郑重声明:本军政府承认切实履行中华民国六年六月十二日国

---

① 据温世霖《段氏卖国记》修订,中华书局,2007 年,第 254 页。

会解散前中华民国与各国所缔结之国际及其他一切条约,并承认各有约国人在中华民国内享有条约所许及依国法并成例准许之一切权利。惟北京非法政府违背约法而与各国缔结之一切契约、借款或其他允行之责任,本军政府概不承认。谨布于友邦各国驻华公使,请烦转达于各贵国政府,尚望维持正义,承认本军政府,共敦睦谊,永固邦交,实所厚幸。谨此通告。

中华民国军政府海陆军大元帅孙文

署理外交总长林森

《军政府公报》第 75 号,1918 年 4 月 23 日

部分护法首领反对亡国密约通电

1918 年 4 月 27 日

(衔略)近阅中西报载,段氏以共同出兵为名,与日本密订卖国条约,条件苛酷,闻将于五月一日签字。廷芳等本日已会电呈冯代总统严行拒绝,并请明白宣示天下。文曰:闻日本以共同出兵为名,向我国提出条件,关于陆军者九款,关于海军者八款。其略为:军械、军用品互相补充,海陆军防地图互相交换,因军事行动彼此与以交通便利,彼此派高等军官代为设计、指挥、操练,此项条件无军事行动时亦可以适用于相当地点,共同筹设斥堠。其照会系于三月二十四日在东京交换,五月一日实行。以上各节虽不敢信其必有,惟中西报纸均有记载,言之凿凿,恐非无因。乍闻之下,举国惊骇,条件若见之实行,则举我国之军事用品、操练、指挥、要隘、供给、运输,彼尽代为处置。名为共同,实则合并,亡国惨状,即在眉睫。现在德方力战西欧,实无东侵之事;俄与德媾和,亦无助德攻我之心。既无共同出兵之理由,即无订立条件之必要。即使将来因防御之关系,与日本共赋同仇,成为事实所需,然订立条约必须按照约法第三十五条,由国会通过,断不能任二三武人秘密把持,以致丧权祸国如此其极也。

现在英、法、美在欧联军,何尝非统帅于法大元帅之下,共同作战。

大敌当前,统一军械,其关系之密切,当更甚于中日之于东亚者,然未闻有如此严酷之条件。深恐名为共同出兵,防御德、俄,实则假外人财力、兵力以压迫护法义师,故不惜牺牲全国以为意气之争耳。

查民国四年日本向我要求二十一条件之第五号,其中要点为:聘日人充政治、军事等顾问,紧要地方聘日人为警官,由日人采办一定数量之军械,或在中国设立中日合办之军械各等项。当时举国呼号,一致反对,项城亦不肯承认,结果仅乃得免。痛定思痛,曾几何时复发生此种苛酷条件,利害比以前更加数倍。从此军用品物则取携如意,海陆要隘则扼守出入,门户洞开,听人指挥。其尤酷者,则平时亦可适用,直永远无修改废止之权。以东西为范围,即凡在我国内无处不可以为前列之行动也。三韩覆辙,可为寒心,稍有天良,奚忍出此? 在彼之执政者乘机以固自国权利,何足为怪? 最可痛恨者,我之执政者坏法乱纪,一意孤行,不顾国家,竟将国权断送耳。闻此种条件之交涉,纯由段祺瑞及其二三武人主持,冀得外人助力,藉以压服国民。不知灭亡惨祸,妇稚所悲,宁与偕亡,断难哑忍。

此次西南义师不过为法律而争,兄弟阋墙,情非得已。倘当局有悔祸之诚,则丁兹国难衰微、外交紧迫时期,无事不可磋商就绪,何至以卖国条件为固权黩武之具耶? 我公居元首之位,握统治之权,如对于亡国条件甘心签字,则天下后世论亡国罪魁,岂能曲恕? 若果有其事,应请严行拒绝,若确无之,则请明白宣布,以祛群疑。否则非法缔约,贻祸国家,一息尚存,誓不承认也。掬诚奉告,伏乞明鉴。

伍廷芳　陆荣廷　唐继尧　林葆怿　刘显世　谭浩明　熊克武程潜　李烈钧　李根源　陈炯明　莫荣新等叩。感。印。

此事关系中国存亡,诸公爱国,谁不如我? 务祈严电诘责,一致力争,民国幸甚。

伍廷芳　陆荣廷　唐继尧　林葆怿　刘显世　谭浩明　熊克武程潜　李烈钧　李根源　陈炯明　莫荣新等叩。感。印。

上海《民国日报》,《要闻·西南各省反对亡国密约电》,1918 年 5 月 8 日

军政府对友邦宣言书①

1918 年 7 月下旬

中华民国军政府改组既成立,政务总裁谨宣言于我同盟国及诸友邦,俾知此次南北构兵之原始,护法之目的,与夫争端之所在,两方之曲直,以听世界之判决焉。此次构兵之总因则在段祺瑞及其北方武人派肆行其武力主义,而其近因则为以非法解散国会。溯自一九一七年二月德人采用无限制之潜艇政策,国际公法破坏无余。美国政府邀中立国筹对付之策,我中华民国因此对德始而抗议、继而绝交。时主其事者为大总统黎元洪、国务总理段祺瑞、外交总长伍廷芳也。

绝交事务移交国会讨论,两院以大多数同意,几占四分之三,足见是时国会对政府所持之外交政策,固表示一致之趋势也。曾无几时,对德宣战之议案,复提交国会,而疑窦乃蜂起。谈者多以为北方武人派非与德宣战也,不过利用宣战之机会以扩张其势力耳。中国加入战争后,同盟国或将有财政、军实及精神上种种协助。彼将不用对于德积极作战,惟将自私自利耳。果也。段氏于战案未决之际,召集各省督军会议于北京,其中如倪嗣冲者,其始对于与德绝交,且极力反对。一入都门,则居然为主战最力之人物。血诚之热,至于国会讨论战案之日,不惜贿买市井无赖、街社乞丐包围议院,嚣喧喊呐,作主战之奋呼,议员中以反对战案著名者,辱之殴之,纷乱扰扰,自朝至暮。而负保护治安之警察,袖手旁观,莫敢谁问。大总统以为段氏信用已失,在此呼吸存亡之际,段氏不宜再当国政,下令免段氏职。段氏悻悻出京,即电告其党人,谓彼去职后,国家秩序一概不负责。有此一电为之暗示,响应立生。于是要求复职之声,相继以起。宣告独立与中央脱离关系者接踵而至。设立总参谋处、占领铁道、进兵首都,大乱掀翻,举国鼎沸。张勋者以主张复辟著名,又为北洋系内幕中之最有关系人物也。于此则貌为置身事

---

① 原件为英文,无日期。军政府对内宣言为 7 月 24 日,对友邦宣言书当在随后几天内宣布,似在 7 月下旬——原编者注。

外，诩诩然入京，自认为调人，调停于叛督及被困大总统之间。其调停之办法，则为解散国会。国会之不悦于持武力主义者，固各国之所同也。

依吾国约法所载：大总统无解散国会之权。国会不特为立法之机关，依约法所赋予，亦当为制定宪法之机关。且其时所制之宪法，亦将告成矣！国会之组织虽有不善，只能听其自行修正，他人无过问之权。惟此种之辩争，尽归无效。大总统黎公逼于武人之要求，因一时之软弱寡识，遂下解散国会之令。黎公之所以出此，冀有止流血之祸，而舒国家之忧，故虽经代理总理伍廷芳以去就争之，亦所不恤矣。

张勋带调人之头衔，卫兵数千，拥入首都，一夜而复辟之祸作。奉其幼主，自居为议政大臣。以为既与北方武人有不轨之预谋，故有恃而无恐。然而张氏亦一旦为彼武人之牺牲。北方武人乃亦反对复辟，屏弃张勋。段氏由马厂兴师，进逼京邑，仅经两小战，竟驱张勋于使馆之内。北京一隅俨然为段氏之征服地矣。段乃藉黎公之命复职总理，黎公亦引身而退。然段之复职，无国会之同意，等于无效。黎公之退位亦未经正式之手续也。

黎公既退，冯国璋遂入居代理大总统之位。计自非法解散国会至于今日，阅十有三月，西南护法各省要求恢复国会，热心毅力曾不稍衰。彼盖深信国无法不足与立，彼又深信共和国家之宪法为一国最高之法，盖神圣不可侵犯焉。彼更深信：国会为吾国新成立之机关，即有修改之余地，亦须依法而修改之。不能以武人凭藉之长枪大戟以为威力者而解散之。使非法解散而可忍受，则凡国中有长枪大戟附其背后者便可自由改易国法，亦可自由废置政府，一惟其意旨之是听。彼武人之意旨，多便于一己，而不便于国家。护法同人本此信仰，不惮烦劳，要求北京政府恢复国会亦既屡矣。北京政府惟一意孤行，召集临时参议院，其议员由其自由指派，且命之修改国会组织法及选举法焉。今日者组织法及选举法居然告成，囊中国会之滑稽选举居然进行无碍。此等国会固不能代表护法各省，即以彼北方诸省而论，亦何能代表之。彼之选举,纯然出于贿买及恐吓而已。忠告与要求既已无用,武人所知,惟有武力。

护法同人知非诉之武力不足以达其目的,然犹不惜瘏口哓舌,使彼知护法之本旨原无他求,不过为恢复国会一事。苟国会朝下令恢复,护法同人夕可罢兵。此种要求为惟一之正谊,显而易见。竟因此正谊之要求,使全国陷于战争之惨祸,果谁为之,而孰令致之乎?彼武人既无和平诚意,肆其武力,图以压服南方,征兵四出,而地方秩序蹂躏矣。敛财无艺,而凡百建设废矣。尤其甚者,庚子赔款延期交付,列强之意原可感也,惟彼武人得此,更有以增兵购械杀其热心护法之同胞。黩武穷兵,财源为竭,则又举债于外,卖矿山卖铁路曾无所吝惜焉。且夫鸦片流毒,在昔满清末祚,犹且著之国法,订为条约,犯者科以重刑,期有以禁绝。今之北京政府,公然自为鸦片行商,购之烟商,售诸邦人,冀于此可得大宗赢利。使鸦片之祸,绝而复活。其平时侍侣,位列将军,稍表同情于南方者,则百计诱之北上,不经法庭审判之手续一眴目而杀之于庭前。公诉词及罪状,死后乃由总统命令补述之,是尚成为何政体耶?段氏与外交部私订重大之盟约,加人民以无量无边之担负,既无国会予以承认矣。凡国人之一切诘责,都所不顾。内容秘密,国人无得而过问焉。以吾国人口之众,物产之丰,今既参加战团,宜可以予协约国莫大之助力矣。然环顾今日之中国,所以助协约国绝无有也。是明明中国与协约国同盟,非所以厚同盟之援助。段氏将利用同盟之援助助其武力政策之成功。北方诸省,隶属武力主义之下者,不死于兵戈,则死于厉疫。不死于厉疫,则死于饥荒。曾无得政府少许救助者,于以土匪蜂起,群盗满山,劫掳谋杀之事,且及于外国人矣。此吾人所以绝对反对武力主义者也。普鲁士以武力主义鞭笞天下,明目张胆,人人得而见之。惟北京政府戴共和民治之假面具行其武力主义。人且易受其欺,此吾护法同人之所以大张挞伐也。

除我海军之一部分倡义护法外,我护法军奄有滇、黔、蜀、桂、粤五省之众,其他如湘、鄂、闽、赣、鲁、豫、秦、浙诸省,或占领州郡,或异军特起，或徐图响应。与我护法同人为一致之行动，所在而有，名义既正，势力日长，以此护法，安有不达其目的者哉？正式国会又同时召集于广州，此即一九一三年所选出而成立者。有此国会，列强即承认中国为共和国焉；今日名器犹存，故物无恙，足法定人数，依时开议，在指顾之间耳。国会同人，应时势之要求，非使护法各省各军有一实力联合政府，不足以资因应。于本年五月十八日，开非常会议于广州，改组军政府，遂选出政务总裁七人。凡兹种种建设，为拥护约法也，为正谊人道也，非欲分裂中国也。

由此可见，吾人之图建树、彰挞伐，为置吾中国民治主义于万全。吾人之战，虽与联军异其地，而反对武力专制政策同其功也。吾人非不知列强希望吾国之早趋于和平，吾人希望和平之心，且比列强为益切。惟希望和平亦有其道。若以和平期望于段氏及其党人，非使彼等豁然开眼不可。运和平之妙用是在列强承认护法政府，经此一番承认，列强和平之愿望，庶几可以实现也欤。此为代表护法各省各军之诸总裁，贡献其悃款之忱于我诸友邦之前，而听世界公论之裁判，当兹军政府改组成立，并恳诸友邦予以承认焉。

上海《民国日报》，《要闻·军政府对友邦之宣言书》，1918 年 8 月 22 日

军政府对外之正式通告

1918 年 8 月 16 日

自各总裁宣告就职，军政府正式成立以来，军政府之进行计划，多已规划周备，而对于外交方面进行，犹不遗余力。伍总裁以军政府既正式成立，举国虽共知为根据国法成立之政府，惟成立之始，对于各友邦未尝为一度之正式通告。今政务会议将届开议，此种通告友邦之手续，自不能免。因于岑总裁未赴桂之前，关于此事特在督署与在粤各总裁及各方面要人开重要会议，佥以此事关系重要，而伍总裁名动中外，因群推伍公主稿，并请领衔，伍总裁已允担任。现此正式通告已经拟就，原文甚长，将特先探其大意，以供快睹。略谓：自段祺瑞非法解散国会

与国民宣战以来,种种违法,中外共见。近更订立密约,私借巨债,种种卖国行为,天人共愤。如此次对德问题发生,最后已得国会多数同意,允为通过。然段祺瑞则恐无所藉口以解散国会,且对德问题之通过,实段祺瑞之所大忌。盖段祺瑞藉对德问题以愚弄各协约国,如其不然,何以一年以来对德宣战,试问段祺瑞有丝毫进步否?可见段祺瑞名为对德宣战,以欺骗我协约各国,实则实行巩固其北洋派势力,谋攬大总统之职权。我西南各省为拥护约法起见,组织护法各军,出而声讨,深恐段祺瑞联络各协约国以保全其违法行为。望我协约各国勿为所愚,并望承认我根据国法成立之西南政府,是不独西南各省之幸,亦中华民国之大幸也。云云。

中国第二历史档案馆藏北洋政府外交部驻云南省特派员办公署档案

云南交涉署致驻滇英总领事暨法交涉员

1918年12月11日

致英总领事、法交涉员函

敬启者:日前贵总领事、交涉员谒见督军,面呈各国公使关于希望南北和平之说帖,所有谈话,均经本署详细记录。兹特抄送一份,即请贵总领事、交涉员查阅为荷。专此。顺颂

日祉

云南交涉署谨启　十二月十一日

计送谈话记录一份

民国七年十二月十一日发

附录:说帖

法、英、义(意)、日本、美诸国政府因此二年内,中国内乱已久不停,大有分崩景象,甚为悬系。此项可悲纷乱情形,不特与外国利益有损,且致中国治安之惨祸。因此,所生不靖之情,颇能鼓励敌人之气,而与大战紧急之转机,妨碍中国与协和诸国实行会办之据。今该转机业已成过时黄花,各等国民正盼组织环球,以达各处人民安平公允之时,

中国未能统一，则各等国民应为之事，更为□难。兹法、英、义（意）、日本、美诸国政府对于中国大总统解决内乱之所设施，滋冀望之怀，且对于南方各要人态度，亦乐观其有欲和平了结同等之趋向。是以各该政府就此声明，对于北京政府及南方各要人似欲废除个人私怀及泥守法律之意见，一面谨慎从事，免除障碍议和之行为，一面迅以慷慨会商之行，而以法律暨顾及中国国民利益之热心为根据，寻一良造和息之路，始克使华境以内平安统一。此各国政府同心暨殷盼之忱也。此时法、英、义（意）、日本、美诸国政府声明其切实赞同双欲解决向日分裂之争端，惟拟欲使知毫无最后干涉之策，亦无指挥或谏劝此次议和条件之意。故此项条件，必须由中国国人自行规定。所欲者只系尽其所能，鼓励双方于所望所行各事上实达议和统一之目的。俾中国国民对于各国冀望重建之功，所肩之责，于中国历史上更为扩充矣。

谨将驻滇英总领事暨法交涉员与督军之谈话记录如下：

民国七年十二月初七日，英总领事奥泰蔚君、法交涉员纳齐亚君谒见督军，面呈驻京法、英、义（意）、日、美五国公使关于希望南北和平之说帖。当由英领首先致词，略谓：此项说帖，系本总领事奉到本国驻京公使命令，面呈贵督军。因此时欧战已经终了，世界回复和平，故各国政府深望中国早日统一，恢复原状，以便从事于和平事业。并声明此系各国政府之希望，并无干涉之意。五国公使既将此项说帖面呈北京政府，因命驻在广东五国领事同时面呈广东军政府，并声明呈递此项说帖并非承认军政府之意，今日特为此事前来晋谒，当将说帖呈阅。英领并谓：本总领事在贵国二十余年，与贵国人士感情极好，尤深望南北得早日统一也。法交涉员亦谓：本交涉员亦曾奉到本国公使训令，命将此项说帖面呈贵督军。兹谨备有法文说帖一份，文义与项间奥泰蔚君所呈相同，即请贵督军鉴阅。督军答曰：本日承贵总领事、贵交涉员将此项说帖送阅，具见贵国政府及贵国公使以善意希望中国统一之盛意，甚为可感。说帖中并郑重声明，此系各国公使之希望，毫无干涉之意。仁言义举，尤堪钦佩。应请贵总领事暨贵交涉员将本督军感谢之忱转达贵国公使。盖以本督军素来主张和平,去年因段内阁破坏法律,欲以暴力压服一切,本督军恐国家法律为其蹂躏无余,劝告再三,均无效果,故不得不以武力盾其后。如北方能事事遵守法律,则本督军又复何求?！近来,段内阁已经退职,并闻北京政府亦有悔祸之意,此次政争当可和平解决。本督军对于和议主张三事,前曾开具节略,送交贵总领事、贵交涉员鉴阅。如北京政府欲以命令解决时局,或与南方为一部分之单独媾和,本督军殊难承诺。此次南北议和,必须以对等的性质,南北各派代表若干人,在一适中地点即如上海开一和平会议,将来法律、政治等问题均由该会解决,本督军自当竭力主持,以期促进和平,决不似北方武人之妄逞暴力也。法交涉员当询督军对于法律及政治问题之主张若何,曾否宣示意见? 督军谓:关于法律、政治问题,本督军已有主张,现正与广东军政府交换意见,届时提出会议。至对于北京方面,则尚未表示也。谈至此,英总领事及法交涉员遂兴辞而退。

特派云南交涉员徐○○谨录

民国七年十二月

中国第二历史档案馆藏北洋政府外交部驻云南省特派员办公署档案

孙中山就任大总统职对外宣言

1921 年 5 月 5 日

四年以来,爱国之士讨伐军阀及卖国贼,无非为护法主义及国家生存计。此不能名为南北之争,实共和主义与军阀主义宣战,爱国者与祸国者宣战而已。北方人民对于南方宗旨,固表示同情;观其历次所行运动及抵抗,与南方同一宗旨,此其明证矣。北京政府对于名义上受其管辖之省份,亦失其统治之权力,一任军阀之劫夺人民,荼毒地方;北京政府反须听军阀之命令,而军阀且因争权而互斗。近彼派中竟有大逆不道,与俄国帝党联络,攻陷库伦者。前北京政府内部空虚,呈倾覆之势;外人之占据,且骎骎由北而南;中国之为国,正处于最危险之地焉。自一千九百十七年六月,非法解散国会,北京已无合法政府存在。虽有新选举法,制造新国会之成立,均无法律之根据。凡此种种行为之不合法,竟由徐世昌自行承认。去年十月,彼曾命令行新选举,不依新选举法,即依旧选举法;然而新选举法者,徐氏地位之根据也;旧选举法者,与徐氏地位不相容者也;是已自称总统者,已自认其名分之不正矣。际此时期,国家生命,如此危险,北京又无合法能行使职权之政府。国会为全国各省各区惟一合法代表机关,因是组织政府,举文为中华民国大总统。文为建设民国之人,不能坐视民国处危急之秋,自惜其力,不加援手。一千九百十一年,文曾被选为大总统,执政未久,旋即辞职。当时用意,在促成南北之统一。今决意殚竭能力,忠诚奉职,俾我国民咸获满意焉。举文为大总统之国会,固代表完全国家,不分南北者。是以文之第一职务,在统一民国各省、各区,置诸进步的、修明的政府管理之下。列强及其人民依条约、契约及成例,正当取得之合法权利,当尊重之。今图最大之利源,或为天然,或为工艺,必悉与开发,则全世界经此数年大战损耗之后,亦可因此获有裨益。诸所措施,抱开放门户主义,欢迎外国之资本及技术。南方各省既处良好政府之下,享受正直的、建设的政治而益发达。深信其他各省,不久即脱离军阀之羁勒,腐败之政治,而奉承本政府之主义。于是渴想之统一,即可成为事实矣。文责任虽重,然以北京政府之不合法及无能力,自信尚能达其目的。北京政府已不为国人所公认,彼之幸存,不过据有历古建立之国都,因而得外国之承认。一千九百一十三年,国会组织之民国政府,曾经友邦之承认;本政府亦为此国会所组织者,应请各友邦政府援此先例,承认为中华民国唯一之政府。本政府当局,绝无挟私图利之见,咸怀竭力为国之心。其所代表之主义,民国而得生存,且得在国际上占有其应有之地位,则其主义终必优胜。主义维何? 曰自由,曰法治,曰公益。

孙文

上海《民国日报》,《大总统对外宣言译文》,1921 年 5 月 12 日

孙中山复廖仲恺胡汉民函①

1921 年 7 月 3 日

廖仲恺、胡汉民同志均鉴：

　　来函阅悉。文所著之《外交政策》一册，乃《国家建设》全书之一也。兹将此目录分列如左：

　　一　绪论

　　二　外交政策概论

　　三　日本外交政策之研究

　　四　美国外交政策之研究

　　五　英国外交政策之研究

　　六　俄国外交政策之研究

　　七　德国外交政策之研究

　　八　法国外交政策之研究

　　九　意国外交政策之研究

　　十　奥国外交政策之研究

　　十一　其他国家外交政策之研究

　　十二　中国外交失败史

　　十三　中国外交失败之原因

　　十四　近来中国之危机

　　十五　主张开国民会议，实行本党对外政策，以挽救中国外交失败

　　十六　外交政策与三民主义之关系

　　十七　外交政策与中央政府之关系

　　十八　外交政策与地方政府之关系

　　十九　外交政策与五权宪法之关系

　　二十　外交政策与国防计划之关系

---

①　孙中山来粤后的著书计划，终因公务冗繁而未能实现。中华民国正式政府在广州成立后，廖仲恺任财政部次长，胡汉民任政治部长、总参议兼文官长——原编者注。

二十一　主张扩张军备,实行国防计划大建设
二十二　图谋国家独立之方法
二十三　将来之对外政策
二十四　结论

以上该书之目录,大略如此。

至于此书之思想及线路,一言以蔽之,求恢复我国家以前之一切丧失土地和主权和恢复人民自由平等而已。

(记)〔谨〕将此书大意以为复答。专此,敬候

毅安

　　　　　　　　　　　　　　　　　　孙文　十年七月三日

台北中国国民党文化传播委员会党史馆藏抄件,转引自《孙文选集》下册,第53—54页

对外宣言与谈话

1922 年 6 月 6 日

自徐世昌退职,统一全国机关之国会,其恢复之前途,业除去最初之障碍。溯自黎元洪于一千九百十七年非法解散国会,全国政治即呈分裂之象。迨徐世昌于一千九百十八年非法就任总统,分离乃益以加甚。更因徐继续在位之结果,政府遂尔解体,国家之威信因亦堕落至往日未有之程度。夫政象至于如是,缔约各邦亦不能全辞其咎。政府对于各邦,曾屡次提出警告及抗议,请各邦勿承认徐为中国之总统,而各邦不顾。在此种情形下之承认,直无异于干涉中国内政。如徐因此乃得提支在外人管理下而非由外国承认不得支取之国税余额,更取得向外国订借外债之地位。苟无此等税收及外债,徐之总统或仅可任四星期,何至竟至四年之久!

予今以中国事实上、法律上唯一政府行政首领之资格,谨宣言于条约国:请于现在中国内争之时,重申不干涉中国内政之宣言,并请对于此语之精神及字面同一尊重。要知现在中国之内争为全国改造之一事

实,吾人今日正从事于改造中国旧生活之事业,而使之适合于政治及经济的环境。欲此种改造须成为真正之改造,则惟有任中国人民自己求之,列强固不可加以干涉。假使列强现承认北京之伪新总统,则其行动仍为干涉中国内政,其结果将更劣于承认徐世昌也。

大总统(印)
外交总长伍廷芳副署
上海《民国日报》,《总统对外宣言与谈话》,1922 年 6 月 13 日

孙中山在摩轩号舰对幕僚的谈话

1922 年 8 月 9 日

美国素重感情,主持人道;法国尊重主权,又尚道义;而英国外交,则专重利害,唯其主张,中正不偏,又能识别是非,主持公理,故其对外态度,常不失其大国之风,在在令以敬爱。吾国建设,当以英国公正之态度、美国远大之规模,以及法国爱国之精神为模范,以树吾民国千百年永久之计。

然而今日中国之外交,以国土邻接,关系密切言之,则莫如苏维埃俄罗斯。至于以国际地位言之,其与吾国利害相同,毫无侵略顾忌,而又能提携互助策进两国利益者,则德国是也。惜乎国人不明俄、德真相,徒以德国大战失败,为不足齿列,而不知其固有之人才与学问,皆足资助吾国发展实业、建设国家之用也。又以为俄国布尔歇维克为可怖,而不一究其事实。吾忆三年前,日本参谋本部部员某访余于上海,问余是否赞助俄国之无政府主义者。余答曰:俄国列宁政府,组织完备,固为其堂堂正正之政府,焉得指其为无政府耶? 该员闻此,亦不知其言所自出,乃竟不能复答。今日吾国人士对俄之恐怖心,固犹如昔。至于今日俄国之新经济政策,早已变更其共产主义,而采用国家资本主义,并弛私有之禁,其事已逾一年,而国人不察,至今尚指其为共产主义,为过激派。其故盖由某国不能发展其侵略主义于东亚,而又与俄国利害冲突,积不相能。故俄国明明有政府,乃强指其为无政府。俄国早已弛去

私有之禁，而又宣传其为共产国，为过激派。以彼之恐怖而不相容者，而又忌人缔交亲善，故特布此恐怖之宣传。

吾国外交，本非自主，向落人后，而又不能研究其利害与得失之所在，殊可叹也！今后吾国之外交，对于海军国，固当注重，而对于欧亚大陆之俄、德二国，更不能不特别留意，不宜盲从他国，致为人利用也。

《孙中山全集》第 6 卷，第 516—517 页

对外宣言①

1922 年 8 月 17 日

自一九一七年国会遭非法解散，政局纷扰，统一发生问题。护法同人，均以国会不恢复，统一即难实现。五年以来，此项主张，屡为北方军阀所反对；但彼等卒因此而失败，又因失败而始采纳护法之主义，以谋统一。本年六月六日，余以彼等既有觉悟，改变态度，特发出宣言，表示欢迎，并与伍廷芳商议之后，又多请北方军界要人，交换恢复统一意见。

正值护法政府与北政府双方着手正式会议统一之时，陈炯明突于六月十六日（离我发表宣言仅十日）袭攻广州，蹂躏政府，致陷政局于不可收拾。伍博士卒因统一无望，致以身殉，诚可哀也！陈炯明何以当吾辈正与北京商议统一之际，竟谋叛乱？余实不能作充分之答复。在余对国人宣言之中，陈炯明此项举动，余已极力表示之矣。陈炯明知余此番与北京会议，六年之争执可望解决，统一亦可实现，又知伍博士被召为北京政府总理，实为南北统一之先声。倘统一实现，于其恢复广州地位之前，即其夺取广东与破坏统一之计划，决难实现。其欲以广东为封建区域，即为其此番变乱之目的。余观其长粤政策，即知其欲将广东建设小邦，推而行于他省，以贯彻其封建主义。余以广东为广东人之广东，非陈炯明个人之广东，颇不直其所为，故不得已始有本年四月免其

---

① 宣言《国民公报》发表时未标日期。根据英国国家档案馆藏英国外交部档案英文原件《孙逸仙宣言》(Statement By Dr. Sun Yat-Sen)，此宣言为 8 月 17 日发于上海——原编者注。

官职之举,今更证明余昔日之观察毫无错误也。

陈炯明此次变乱之结果,致使余与北方领袖两月来不能进行统一之会商。余明知粤局不能解决,即不能北上商议国是,故以先解决粤局为余之天职。但余现已来沪,实因上海为全国中心,与各方面领袖接洽统一,比较广东颇为便利,此为余来沪之目的也。但余认统一而不和平,其危机更大。今国会恢复,政治上可谓统一矣,而今回复和平与幸福,则又必有保障焉。

今举余对于和平统一之计划如下:

(一)凡共和国公民,均当服从国会。即余个人亦当按照余在宪法上之地位,应行尊重国会之决议。

(二)中国军阀须根本推倒,如督军兵权不能解除,与余在六月六日宣言中所主张之工兵计划,不能实行,则全国和平,终难达到。

(三)发展文明,非仅关于财富一方面(即物质文明),并负谋人民之幸福与安全(精神文明)。所谓世界大国其福民往往多于富民,余信欲到此项目的,非发展中国实业不可,此节已详见余之《中国国际发展》著作中。

(四)改造中国政治制度,以各区域为平民政府单位之一基础。此层虽近似革命,然乡村政治,古时已发现于中国。余之目的,即将来为一区域内之乡村组织,成为地方自治之单位。此点已有人反对,盖彼等欲主张以一省为地方自治单位,各省政府均采联省主义。余信联省制度,可以推倒中央集权,分为许多小邦,亦为改造中国之一法。

重庆《国民公报》,《孙中山对外宣言之概略》,1922 年 9 月 10 日,转引自《孙中山全集》第 6 卷,第 524—526 页

陆海军大元帅大本营对外宣言
1923 年 6 月 29 日

比年以来,军阀肆祸,中国骚然,人民受害,水深火热,情状之惨,殆难言罄。临城劫车一案,外人诧为奇闻,吾民则司空见惯。类此之案,

且未可更〔仆〕数。试观临城四周百英里以内，北方军阀奄有五省之地，拥有五十万之兵，而尚出此巨案，其祸国殃民，颠顸偾事，为何如耶？一年以来，北方政状之滑稽，有甚儿戏。所谓总统、总理、阁员者，爱之则呼之使来，恶之则挥之使去，一举一措，惟意所欲，以营其私利，填其欲壑，其败坏纲纪，任性妄为，为何如耶？吾民对此万恶之军阀，靡不异口同声表示厌恶，喁喁之望，厥惟南北统一与地方和平。文熟察国民心理，以为今日救国之道，莫急于裁无用之兵，而立一统一强有力之政府。故于去岁，建议招集军政各方领袖，会议救国方案，如裁撤全国过量之兵，使操生产工作也。组织一能得各省拥护，而又能行使职权之开明的、进步的、民治的政府也。规定中央及各省建设程序也。解决有关于将来之和平幸福，及中央与各省之权限分配各政治问题也。凡此诸端，北方军阀虽不敢昌言反对，而暗中阻挠，藉词推诿，无所不用其极。盖上列各案实行，则彼辈失其凭借挟持之具，故与彼辈谋裁兵，无异与虎谋皮也。不宁惟是，彼辈迷信其武力主义，近且资助叛将，遣派军队，以扰乱粤、川、闽诸省。其蔑视国民公意，彰明较著矣。然则彼辈果何所恃耶？亦因其蟠踞历代中央政府所在地，藉得列强之承认耳。北京政府职权不行，责任不属，法律事实两无可言，国民视之，有如无物。然而列强尚承认之，得无存一慰情胜无之思，以为国际交涉之地乎？列强承认北庭，即不啻予北庭以精神上、物质上之援助，彼辈遂藉为荼毒吾民之资，否则，北庭不可以一朝居可断言也。列强固声言不干中国内政者，按之事实，竟强置全国否认之政府于吾民之上矣。华盛顿会议固决议给中国以完满之机会，使得自由发展，并维持一有力之政府者，竟妨碍之，使不能实现矣。战争延长，秩序紊乱，即列强之商务亦受巨大之损失矣。凡此种种，列强或未计及欤？即以交涉言之，承认北庭，于列强使馆亦无何等便利。盖北庭不能行使职权，有事仍须与各省交涉，始克了结，虽有政府如无也。溯满清既倒，民国肇兴，列强未承认民国之期凡二十月，国际交涉无不便之感也。使北庭无列强之承认，则彼军阀辈威信扫地，饷源无出，其必赞成裁兵统一无疑。比者北庭轩然大波，陷于无政府状态,各派惟知互争虚荣,正宜保留承认,待有能代表全国而又为各省拥戴之政府产出,然后再予承认。吾民无他望,惟愿列强不干内政,严守条约,同谋列强之利益而已,列强其留意焉。

中华民国十二年六月二十九日

大元帅孙文

外交部长伍朝枢

《陆海军大元帅大本营公报》,1923 年第 19 号

孙中山致列强宣言

1923 年 10 月 9 日

关于北京日前举行之所谓总统选举会,余须特别唤起列强之注意者,即举国反对曹锟为中国总统是也。曹氏目不识丁,未受教育,今之反对及否认其为总统者,不独因其为一千九百十二年二月间劫掠北京之人,又不独因其为临城案直鲁豫最高级军官之负责人,而实因其选举之种种非法与贿赂情形,玷辱有教化之国家太甚也。历史中污秽事迹甚多,而从未有此次争夺权位无耻之甚者,国民若默认此种行为,则不复能自号为有人格之国家,以生存于世界。所以中国人民全体视曹锟之选举为僭窃叛逆之行为,必予以抵抗而惩伐之。吾国民此种决心,不日即有具体之表示,由足以代表人民之各首领,联合组织一中央政府。余今请列强与其驻北京之代表,避免足使僭窃者可作为国际承认或赞助之任何行动。若列强果承认曹锟,则延长中国内乱与纷扰,使吾民对于破坏国家纪纲道德之行为,不得伸其真确之意志矣。孙文。

中华民国十二年十月九日

《陆海军大元帅大本营公报》,1923 年第 33 号

(二)对北京政府主要外交活动的反应

说明:南方政府成立之初,对北京政府参与的一些主要外交活动均

提出自己的主张，主动作出积极的回应。当时，在世界范围内正在爆发第一次世界大战，围绕中国是否参战问题，中国朝野各界意见不一。南方政府极力反对中国参战，孙中山并著《中国存亡问题》，予以详述。然而，以段祺瑞为代表的北京政府不顾各方反对于 1917 年 8 月 14 日宣布加入协约国，对德奥宣战。南方政府后鉴于既成事实，只得承认中国与德奥处于"交战状态"。

"一战"结束后，中国作为战胜国参加了巴黎和会，北京政府任命王正廷作为南方政府的代表参加了中国政府代表团，同时南方政府派出伍朝枢、汪精卫、郭泰祺、陈友仁等到巴黎列席监督会议，提出自己的主张。

1921 年 11 月，华盛顿会议在美召开。会议主要讨论限制军备和远东太平洋问题，特别是中国问题，在中国社会各界产生重大影响。以孙中山为首的南方政府对北京政府代表资格予以坚决否认，对北京政府在鲁案交涉中的签字拒不承认，同时还对民众的呼声做出了积极的响应，表现了其对广大民众的关注和重视。

1. 对中国参加一战问题的态度

孙中山致北京参议院众议院电[①]
1917 年 3 月 9 日

北京参、众两院均鉴：外交问题，关系至大。文亦国民一分子，于此不能不贡一言。

今日主张加入协商诸君，有以利害言者，谓加入之后，可以一跃进为头等国，外交从此顺利，言之似能成理。有以人道公理言者，谓德恃强硬，必须惩创，义不能坐视公理沦亡，虽以国殉，亦所不辞，其精神尤可钦。但文以为，一国之地位能否上进，须视自力。加入之结果，于国中有纷乱之虞，无改善之效，则头等国之想象，恐未可几。且为中国损

者,同时又使协商诸国之弱点暴露,将致发生他种困难,则欲为人道助者,恐反为德人所利也。且欧战本为利害之争,我国事与彼殊,不必以人道为由,自驱笠入。文于中国加入一事,再三熟虑,审察南方情况,灼知加入以后,必起两种危险:其一为排外之盲动也,一为回教徒之离叛。华人排外性根久伏,遇隙必发。一旦开战,则必有国内敌人损伤及我之事,图报复者,将不辨国籍,恣行杀戮。第二之团匪,弹指可见。回教徒在中国势力不可侮,若与土战,彼必循其宗教之热狂,起而反抗。中国从此大乱,危亡指日而见,此岂徒中国之不利而已。协商诸国引入中国以图强助,殊不可得,而团匪之祸先被之。更恐以中国内讧,将有一二国以他一二国之行动,为与己有妨,协商国之团结,将形危险,此实于中国与协商国两无利益之事。但此两危机,协商国人未能察及,诚使了悟,必不劝诱中国蹈此危机。文处南方,察之最审,昨已以此意电英国首相,劝其打消此议。英相贤明,于此必能晓悟。但恐彼国际行动,已经发表,不能等于儿戏,遽尔收回,转圜之方,仍视我国。今者报称政府已决加入,此或有迫而然。诸公代表国民,责无旁贷,务望审察坚持,转圜枢纽,惟在诸公。勿以中国投之不测之渊,庶几不负国民重托。孙文。兹并将致英相电文,电请公鉴。

上海《民国日报》1917 年 3 月 9 日

孙中山致劳合·乔治电

1917 年 3 月 9 日

乔治首相阁下:兹有贵国在华官吏,运动中国加入欧洲战局,此举之结果于中国及英国均有损害,仆以中国爱国者之一人,又于贵国有生死肉骨之感,自觉责任所在,不得不陈述之于阁下之前也。近有重要英人,与余接晤,商量中国加入联军国问题,仆经详慎审虑之后,断定中国若破弃中立,将于中英两国均有大害。中国共和肇造,尚在幼稚时代。正如一有病之人,甫入立宪主义之医院,无力自卫,有赖于他人之维持将护。故今之中国,不能视为一有组织之国家。彼之所以得保完全者,独

赖中国人民爱和平之天性与习惯耳。然若一经发生不和,则扰乱必随之
而起。前此华人对于英国之实力,及其终能得最后之胜利,具有无限之
信心。自经此项意思良好而目光短浅之人之运动,甚至有数英报主张送
华军数师团至美索波达米亚后,此种信心遂大为动摇。倘中国加入战
局,势将危害中国之国家生活,损伤英国在远东之威望。在华人之意,协
商国所以愿望中国加入者,即系协商国无力对付德国之一种自认耳。兹
者我国段总理报告总统,谓协商国正在强迫中国加入。自此问题发生
后,吾国政治家间,本已争执甚烈,今若再生意见,或致引起大乱。且中
国两种强固而危险之分子,或亦被激而蠢动。即排外愚民与回教徒是
也。自吾国革命后,排外心理,为吾人所遏灭。然仇外之精神尚在,或乘
扰攘之秋而再起拳乱,戕杀外人,难保其必无。盖我若对于任何外国一
经宣战,无知愚民不能辨别孰为敌人,孰为友民。而英国在东方利益较
大,其损失亦势必较重明矣。至于回教徒之态度,亦不能漠视之。对于
彼之圣地开战,在彼直将以大逆不道视之也。抑仆尤恐中国乱事作后,
其最恶之结果,为协商国间之自生龃龉,此其不利于协商国之主义又可
断言。中国处此地位,值此时势,自不能望其于严守中立之范围外,别有
所行动。仆之所以以此项有害之运动唤起阁下之注意者,不仅因区区之
愿欲救中国于危乱,亦因对于贵国素具最恳切之同情。贵国之利益,深
系余怀,而贵国之令闻媺德,又仆所极欲维护之尊重之者也。孙逸仙。

上海《民国日报》1917 年 3 月 9 日

中国存亡问题①

1917 年 5 月

第一章　中国何为加入协商国

国家为战争而存在者乎? 抑战争为国家而存在者乎? 此一可研究

---

①　本篇是孙中山为反对北京政府对德宣战,由其本人口授、朱执信执笔写成,全篇 4 万
余字,此处选取其前半部分——原编者注。

之问题也。论国家之起原，大抵以侵略人之目的，或以避人侵略之目的而为结合。其侵略人固为战争，即欲避人侵略，亦决不能避去战争。战争不能以一人行之，故合群。合群不能无一定之组织，故有首宰；首宰非能一日治其群众也，故成为永久之组织而有国家。故论其本始，国家不过以为战争之一手段，无战争固无国家也。

使国家长此不变，则国家如何始可开战之问题，殆无研究之余地，以国家本已常在战争状态，无须开战故也。但在今日之国家，则与其元始时期绝异。国家自有国家之目的，不徒为战争而存立。有时国家不能不战争者，为达其国家存立发展之目的，而后以战争为手段耳。以有国家故为战争，非以欲战争故为国家也。

昔人有言："兵者凶器，战者危事。"又曰："兵者国之大事，死生之道，存亡之理，不可不察也。"以一国而为战争，万不得已之事也。其战争而获如所期，则目的之达否未可知也。不如所期，则败战之余，动致危其国家之存在。夫以一国为孤注而求胜，则必其舍战争以外别无可以求其生存发展之途者也。必其利害为一国人公共之利害，而非一小部分之利害，故国人乐于从事战争，进战不旋踵，伤废无怨言也。今之国家与昔殊异。往者比邻之国，相攻无时，故其和不可恃，其战不可避也。今者不然，国家之间，立约遣使，誓以永好，即无约无使之国，亦以礼相处，不复相凌。此何以哉？彼之不敢轻与我战，犹我之不敢轻与彼战，战争为不易起之事，然后国家万不得已而用之。然而，强欲挑战于一国者，果何为也？

国家既不可以长从事于战争，而对外国之关系，则有日增无日减，于此关系日密之际，不能用战争以求达其存在发展之目的，则必求其他之手段，所谓外交者由是而发生。凡国家之政策既定，必先用外交手段以求达其目的，外交手段既尽，始可及于战争。战争既毕，仍当复于外交之序，故国与国遇，用外交手段与用战争手段，均为行其政策所不可阙者。然用外交手段之时多，用战争手段之时少。用外交手段者通常之轨则，用战争手段者不得已而用之。不得已云者，外交手段既尽，无可如何之谓也。今如美之对德，自鲁士丹尼亚号击沉（德国潜艇击沉挂美国旗之英船，乘船美人有死者）以来，对于德国所行战法屡为抗议，德人暂纳其言，旋生他故。至于今岁，为此无警告之击沉，然后决裂。中间垂两年，盖其慎也若此。今我国可谓已尽外交之手段未乎？两年以来，协商国之损及我华人者，偻指不可胜数，而未闻一问。即德国在地中海、大西洋实行其潜艇攻击，亦未闻有何等研究。一旦闻美绝交，始起抗议，未得复答，即决绝交。是为已尽外交之手段不能达其目的矣乎？德国回答，指明潜艇攻击并不损及中国船舶，仍允磋商保护华人生命财产之法，可谓周到。假如我国与德约定，华人来往尽乘来往荷兰之船，或德国所指定之船，对于此等船舶，不加攻击，如此吾人往欧，未尝无安全之道。德国既乐与吾商酌，则何不可与之磋商。德国既显示我以可用外交手段解决此问题，而我偏不与商酌，务求开战，此可谓为与美国同一乎？人以外交手段行之二年，我仅行之一月；人以外交手段既尽始宣战，我则突然于外交手段未尽之际，行此激烈手段，此可得谓之有不得已之理由耶！

中国向来闭关自守，非以人为隶属，即与人为战争。中间对于匈奴、吐蕃、回纥、契丹、女真等，虽有和好，皆以贿求安，初无所谓外交手段。惟无外交经验，故海禁初开，动辄与人冲突，冲突之后，斲丧随之。于是，凡百唯随，只求留存体面。久之，则又不可忍，而为第二次冲突。平时虽有外交关系，实未尝有外交手段。故自鸦片之役以来，再战于甲寅，三战于甲申，四战于甲午，五战于庚子，每战必割地赔款，损失权利，而无功可见。中国之对外国，不知外交手段之为患，非不肯战之为患也。外交手段非必亲某国以排某国者也。如日本者，前此外交失败与我相同，及其渐习知外交之道，遂能补救昔日之过误，撤去领事裁判权，改正关税，彼何尝藉战争之力以致此，又何尝以加担某国为条件。如暹罗者，其与中国大小相去可谓远矣，然随日本之后，用外交手段，犹得完全复其法权、税权。两国之相遇，犹二人之相处，其间之行动，固有损己始能益人者，亦有不必损人始能益己者，择其不损人可以益己之道而行之,则外交之手段可以毕其事。若必损人以求益己,自然陷入战争。然而,战争胜时,所得尚恐不偿所失;战争而败,则尤不堪问矣。中国之失,乃在不恃可得恢复利权之外交,而恃胜败难知之战争。故初之失败,与日本同。而日本以渐回复其所损,我则不能。今日乃欲于庚子之后,更续一幕,此种举动,不谓之荒谬绝伦,不可得也。

试问中国何以不可不战,无论何方面皆不能答以确据。如谓此役为正义而不得不战乎? 则德国方面,其违反人道之处,果如英、法、俄人之甚乎? 谓德之潜航艇无警告击沉船舶为不仁,谓德国虐待比利时、塞尔维人民,谓德国强行通过比利时、罗森堡为无公理,诚有之。然协商国又何以胜彼? 英国之进兵希腊,与德之进兵比、罗有以异乎? 英国于开战后未几即宣言将以饥饿屈服德国,禁绝粮食入德。英国报纸得德人妇孺饿将成殍之报,则喜而相庆;闻德国粮食丰足、民生不匮,则忧且斥为伪。其视德人之待比、塞人民何如? 德国待比、塞纵不仁,不致于绝食以待其饿死之甚也。同是对付敌人,何以英、法用以饿死人之政策,便为甚合于人道,而德国稍稍管束征服地之人,便不可恕。英国每年取印度巨额之粮以供己用,而印度十年之间以饥死者千九百万。印度绝非不产谷米也,其所产者夺于英人,己则槁饿,此于人道为何如? 其视潜航艇之攻击又何如? 印度人果有饿死以让英人饱暖之义务乎? 英之待印人,名义上固不为掠夺,然其苛敛与虐政,使印人不得求活,实一大规模之掠夺也。最近英国强迫印人担认战费十万万镑,而美其名曰印人乐输,其出此十万万镑之战费,不外苛敛重征而已。故此议一出,印人不容反对,而英国人自反对之。兰加斯达商人以此议实行,将于该地所产向销印度之棉货,加有重税,遂力言其不可。其实,兰加斯达商人纵稍受亏,决无大碍,而印人出此十万万镑,则必卖妻鬻子,转死沟壑,犹苦不供。此为合于何种人道? 法人对付越南之人,年年加以重税,举足犯法,接耳有刑,一下圜扉,没身不出。北圻一带,安南之沃野也,自来开辟。自法人治越,则科以重税,岁岁递增,其极至于有地之家,收租不足以纳税,耕者亦不能复其本,乃尽弃其田,入居城市,求作小工以自活。从此，北圻赤地千里，而越人饥饿困乏，死者相踵，幸得延生命，无复乐趣。法人则大招本国之人往垦荒地，免税以优之。而所谓荒地者，即从前开垦之地，以重税逐去安南人使之就荒者也。此于人道为何如？ 德人所不施于征服之地者，英、法之人以施诸其属地，其顺民，则为不悖人道矣乎？ 谓德国代表有强权无公理之势力，德国一胜，公理将沦，则试问英国所以并杜兰斯哇①、并印度、并马拉②者，据何公理？ 所以夺我香港、夺我缅甸者，据何公理？ 逼我吸销鸦片，划我国土地为彼势力范围，据何公理？ 法之吞我安南，俄之吞我满洲、间我外蒙，又据何公理？ 就此数十年来之历史，无甚高论，协商国亦岂非有强权无公理者乎？ 数十年前，英国能用其强权以行无公理之事，则不顾公理，今日英之强权逊德，则目德为无公理，而自讳其从前之曾用强权，此种议论，奈何可轻信之！ 如使今日有人果为护持公理而战者，必先与英、法、俄战，不先与德、奥战也。然而，吾人对于英、法、俄尚不主张宣战，自无对德、奥宣战之理由。

然而，吾知公理人道云云，不过极少数人所误信，至于大多数主张战争者，皆不过借为门面语，并不实心信奉。所以三数语后，仍旧露出利害之辞，而段祺瑞即首言非以谋利，但求免害者也。诚使为利害而战，则苟为国家之害者，孰不乐除去之。但今者不能不先问，德之如何害我国与我国开战何以能免其害。

国家之生存要素，为人民、土地、主权。故苟有害于此三者，可以抗之也。抗之不足，至于宣战，亦有其理由。然不能不审其损害之重轻，而向其重者谋之。今自开战以来，德国曾以损害加于我人民乎？ 无有也。有之，则自往法工人乘船沉没始。而此诸工人者，皆被诱往法，为其兵工厂作工者也。英、法自知其船不免攻击，故迩来一切妇孺例禁乘

---

① 杜兰斯哇，即德兰士瓦，现属南非联邦。英国于1899—1902年发动英布战争予以吞并——原编者注。

② 马拉，即马来半岛——原编者注。

船,而独募华工往,及其船沉,华人则任其溺死①,岂非英、法人设囮,引我国人入其术中而致之死地乎?且如今者,日本报载,德国假装巡舰现在南洋,乘员三百余人,中有华人苦力八十,他日又谓此舰已被击沉,可知此八十华人同归于尽。在德船上作苦力,与往法国兵工厂作苦力,有何区别?何以我国不能向协商国提出抗议?无他,德舰华人自甘冒险,其死也由于自误,与协商国无尤。惟能向德国怨其引人入此危地,不能怨协商国之不稍宽容。反此而言,则往法华工遇害,只可怨法,不可怨德,已甚明矣。况且英、法属地,年中冤死华人,何可胜数。俄国年前招我国人往充工作,约定所给工值既不照给,华人集众要求,则以排枪御之,死者数百。吾友自西伯利归,亲见其残伙欲生不得,欲死不能,挥泪述其惨状。此其视德国击沉敌船以损及我华人者,罪恶奚啻百倍。何以对彼则安于缄默,对此则攻击不留余地。如谓开战可免人民受害,则必吾国海军力能扫荡德潜艇,建英、法海军所不能建之奇功,然后可保华人之生命。否则,开战以后,国民不复许旅行欧土,亦曰可避其殃。今开战之结果,首须多送工人往欧工作,即无异使德国攻击商船,可以杀更多之华人,则何以言开战为防卫人民之损失耶?

以土地论,德国将来之野心,诚不可知,论其过去与现在,实可谓之侵犯中国最浅、野心最小者。以割地言,则中国已割黑龙江沿岸最丰饶之地于俄,割缅甸、香港于英,割安南于法,割台湾于日,而德无有也。以租借言,则英占九龙、威海卫,法占广州湾,俄占旅顺、大连,又转让之于日,论其前事,德之占胶州,罪无以加于他国。而今者,胶州已归日占,更无德人危我领土之虞。以势力范围言之,英国括西藏、四川及扬子江流域,约占中国全国幅员百分之二十八,俄国括外蒙、新疆、北满,约占百分之四十二,法国占云南、广西,日本占南满、东内蒙、山东、福建,均在〔中国全国幅员〕②百分之五以上。至于德国,前虽树势力于山

① 1917 年 3 月 1 日,法舰亚多凯号被德国潜艇击沉,死华工 500 余人——原编者注。
② 此据日本东京会文堂 1917 年版《中国存亡问题》增补——原编者注。

东，不过中国全国幅员百分之一，以视英、俄曾不及其二三十分之一，即法与日亦数倍之。同是有侵及中国土地，而有多寡之分，又有现在继续与已经中断（将来如何尚未可知）之别，而于已中断者则追咎之，近日益加厉者不过问也。侵我较多者则助之，侵我较少者则攻之，是与其谓为防人侵我领土而战，不若谓为劝人侵我领土而战也。如使欲人侵我领土，则无宁昌言卖国之为愈也，又何必辛苦艰难以与德国战哉！

若论主权被侵，则德国诚亦随英、法之后，有碍我主权之举动，然比之俄国往者驻兵占地以起大战，与首设领事裁判权、首划势力范围之英国，当有所不如。今日开战以后，民国再建，法国尚越界捕我巡警，强扩租界，此于主权为有益乎？抑有损乎？今日西报尚言京、津运兵设炮台之制限，与使馆之驻兵所以惩创中国，使不忘拳乱。试问，中国国内不许设炮台，运兵不得自由，主权何在？各国驻兵我京都，无异德国于战胜法人以后，所以待法人者也。德行之于法，期年而撤，法人恨之至今。北京驻兵迄今近二十年矣，岂其于我国主权有所裨益而不容置议？苟为完全自主之国，则宣战、媾和之事，岂容外国之人参与其间。今者美国对付德人，可谓宽大已极，彼欧洲诸国何尝敢措一辞，我国处理德人，稍不如协商诸国之意，便劳诘责。然则，协商国果在何处曾尊重我国主权也？

由此以观，所谓免害之说，完全不成理由，结局只是求利。中国之与德绝交，非以公道绝之，非以防卫绝之，而以贿绝之者也。所谓贿者，以公言之，则关税增率，赔款停付，庚子条约改正是也。以私言之，则道路指目，自有其人，吾不暇为之证矣。

第二章　加入之利害

今日所谓加入条件者，关税增率，赔款延期，及庚子条约改订，更有益之者，则曰壹万万借款，如是止矣。为此四者，果须倾国以从事战争乎？否！不然，凡此所谓条件者，皆可以外交手段求之，不必以战争手段求之。抑且只能以外交手段得之，不能以战争手段得之者也。

所谓改正关税者，有依马凯条约增至值百抽七半，俟战后实行裁厘增至值百抽十二半之说，与依旧约改至从实价值百抽五之说。而前说今已无人过问，所谓商酌，皆就后一说而言。今姑就此说一查其沿革，可知指此以为加入利益，可谓荒谬绝伦。查现行税则，系据一九〇二年与英国所订条约，以一八九七年以降三年之间平均价格若干作为定准，将紧要货物，按此价格算出，每件抽税若干，此项价格比现在时价为低，故现在税则名为值百抽五，实则值百仅抽三四而已。然此种价格变迁，订约之时早经料及，故于中英条约中，已经订明十年期满之后，六个月内两国均可要求改订税则。此后对于他国所订通商条约，均有此项规定。民国元年八月，我国已经向驻京各公使声明约期已满，货价有变，税则应改，此后又于民国二年再向各使声明。当时英、美、德、奥、比、西、葡诸国，均无条件承认我之提议，惟日、俄、法虽亦承认，而仍附有条件。附条件者，不过稍欲得他种利益以为交换（即如欲减轻一两种出口税之类），并非拒绝我之改正。盖改正之要求，订在条约，断无拒绝之理由也。故苟非遇欧洲大战，此事早经完满办妥。即以战事停议，不过属于我国之礼让，此时再提议，各国亦不能不应之，何待绝德，何待加入宣战，始有此商量。今我国自认此为加入条件，而人亦以此为加入条件，非加入之后不容议及，岂非庸人自扰。如使我不发生此加入问题，早与外人磋商，则此种改正税则，久已为各国所认，无待今兹。试观马凯条约裁厘之协定，比之此次之要求，相去之远，何止数倍。在彼尚可以协商而得，在此岂曰必以战争求之乎？平平可以获得之件，必危一国以求之，然而因其求之，人更不与，果何苦为此耶？

赔款延期之说，在中国则求延期十年，在彼只允延至欧战终了，而一面又不允停付今年之数。夫欧战必在今年结局，在英、法方面固如此言，在德、奥方面亦未尝不如此言也。明知欧战结局不过年月间事，就令和在明年，所延不过数月，若以今年罢战，则直无停付可言。此种延期之议，明为一种欺骗，就令欧战更有二三年延长，则赔款可得一二年停付，此种利益，岂为外交手段所万不能求？且如美国，前此退还赔款，其额岂不甚大，何尝须中国与一国绝交，与一国宣战，始肯退还。今日金价正跌，各国所受赔款，较之年前，实价大减。其乐为暂缓收受，亦出于计算利害之常。延期云者，不过暂停，并非以后不付。现在号称延期，将其财源挪供别用，异日又须筹填，不啻剜肉补创，于我何益，于彼何损，而必出于开战之手段以求之？

庚子条约，禁止天津设垒，限制运兵，并定驻兵中国以防拳乱，今之修改，即欲去此限制，并于驻兵限度有所改更。但欲各国尽撤驻兵，早料其为不可能之事。即曰运兵筑垒，可以稍得自由，亦不过敷衍体面之法，岂有国都屯驻外兵，以监督其政府，使不敢得罪外人，尚有体面可言，主权可尊者！若徒为体面计，则战前德人何尝不倡议减少驻兵，若使外交能应时顺变，此种改订即曰无大效果，决非甚难办到之事。自中国认此为加入条件，遂使《字林西报》等力言："此庚子条约为惩戒华人，使不忘拳匪之祸，决不可宽。即欲稍慰中国人心，亦但当于加入以后，酌量宽其末节。"其语气明示中国为彼犯罪之囚徒，此次求其宽免，无异欲求弛刑立功。彼则必先立功，乃许酌量加恩核减。中国不自求可以友谊得去束缚，偏自甘同于囚虏，听彼揶揄，此等利益谁能认之。

借款一节，政府之所最垂涎者也。然借款真为恩惠之借款，则当不取担保，不取折扣，不待中国之困乏而豫周之。如此，则数之以为利益可也。今者美国借款已将有成议，四国银团始延美人其团中，谋共同贷与我国。是其贷款已为定局，折扣、抵押，无异昔时。使无此绝交、加入问题，恐此借款已先成立。偶遇此事，彼反藉以延迟。其实，美国自开战以来，国富骤增，投资无所，不患财少而患其多，故有黄金泛溢之虞。其投资于我国，实为最稳固而有利者，岂因不加入战争便失借款之路。况此次抗德，虽由美劝，而对德宣战一节，美人殊不见乐助，加入岂能影响及于借款乎？

统而言之，所谓加入条件者，皆可以外交手段得之，并不须加入，而加入之后，反终不能达此改正关税等目的。所以然者，中国原与外国订约，利益均沾，现在纵与德国绝交，将来必有言和之日，言和之际，决不能以英、法诸国已许之故，强德、奥以从同。况于关税之改正，德、奥早经承诺,如不因绝交而中断,德、奥势难反汗。今乃断绝国交,使前诺无效,而后怨方增,再议和之日,如何可使德、奥更认前说。德、奥既翻前议,则英、法、日、俄自当援例均沾。夫中国不能强德、奥以英、法所许者许我,而英、日能强我以所以优待德、奥者均沾于英、日,则今日纵以战争而改正,异日必亦由此推翻。乃至赔款之延期,庚子条约之修改,则德、奥本不与同,异时何能拘束德、奥? 德、奥不允缓收赔款,不允撤改条约,独行其是,英、日各国岂得守信不渝? 夫有利益均沾之原则在,无论何种政策,各国所赞同者,一国足以梗之,欲其事之得行,全赖销除各方之怨怒。今为数国以得罪数国,而谓将来不致因利益均沾一条,破坏已成之局,其谁信之? 且今之所谓加入条件者,于协商国为有利乎? 有损乎? 如其有利于我,复有利于协商国,则久矣其当订定,何须作为加入之条件。若其有损也,则此时暂为承认,非所甘心,异日议和,即使德、奥无言,尚恐彼暗嗾两国不与承认,以图均沾之利,尚安望仗义执言,为我尽力。且此种条件,果由要求以来,信所谓乘人于危以徼小利,人纵负我,我亦何辞以责人。然则,此项条件纵能被承认,亦不旋踵而消灭,其所以消灭,即由加入战争。然则,战争果何所得也?

然而,所谓加入而得此条件者,今已完全失望。关税之议,日人极力反对,赔款亦不允停交。条约修正,亦以惩戒中国为理由,不肯实践。当劝诱加入之初,英人以此条件开示陆某,以为中国之非常利益。乃至报告国会,亦据此为言。至于绝交以后,确问各公使之主张,则忽诿为个人之言,不负责任,识者知其实皆因日本之反对而来。英国竭力牵入中国,设此以为饵,然其所牺牲之利益,则日本之利益,非英国之利益也。日本不肯以己之利益,供英国之牺牲,英国遂深恨日本。又畏日本在远东能持其短长,不敢公然道之,乃设此遁词。而盲从者尚日言加入利益,试问利益果何在也?

反此而观,则因于加入所生之害,显然可指。宣战之后,国中回教人民以归向教主之故,难免暴动。既为当世智者所力言,又已有新疆、甘肃之事为之证实。其害之大,自无待言。而此外尚有甚深而极溥之害二,则无制限招工与运粮是也。法国现在招工为政府所禁,有往赴者,不过少数。一旦加入,招工为我义务,自不能禁使勿前。今日往法国工人不过一万数千,而一船已殁数百,将来赴欧工人之况,可以意想而知。即不死于中途,而俄国之已事,可以明鉴。虽英、法真意,未必在招我工人,而往者已纷纷罹害。一面运粮出口,内地米麦价值必见飞腾,贫民所入不加,食料骤贵,饥馑之祸即在目前。〔大饥馑者,非必全国米粮不足供全国人之食始然也。一地缺乏,而他地以交通不便,不能运来,则饥馑立见矣。〕①试计前所列举条件,借款一万万,赔款(之)〔三〕千万,加税五千万,不及二万万之价值,而令我全国受此灾厄,此其为得为失,何待琐言。况此不及二万万之款,结局皆须偿还,且须付息,不能以利益算。所谓益者,止于关税之五千万耳。此五千万之收入,谁负担之? 固我中国人,非外国人也。外国人不过贩运稍觉困难,实际仍是我国人出钱买货纳税。然则,国家取之人民,亦复多术,岂必出于此途,而使数十万人置身虎口,数千万人饥馑穷困,以易得之。反复推求,所谓利者真不成为利,而其所生之害,则触目皆见,屡举不能也尽。

虽然,上所言之祸,犹其小焉者也。以贪此小利之故,甘为英、法之牺牲,其结果必至于亡国,虽欲隐忍自拔,亦复不能(详后数章)。国民于此尚不觉醒,异日衔索过河,悔将何及耶!

今日欧洲战争,事至惨酷,指此以为中国千载一时之会,固非仁人之言。然必欲就此战争以求利益,则亦非无道。譬如日、美两国,即以经济上之活动,乘兹战争各博巨利者也。欧洲各国以从事战争之故,人力、资本并形缺乏,其向从工作之工人,皆移以为兵士,其向供制造之机器,皆移以为制造军需之用,日常所需不给,则求之外国,即战争所需亦一部分赖之外国。故日、美两国制造之业,运输之业,无不获利。日本向来每年贸易皆以输入超过之故,不能维持其金融常序,必赖借入外

---

① 此据日本东京会文堂 1917 年版《中国存亡问题》增补——原编者注。

债,始可勉强支持。自前年以来,输出骤增,现金流入。去年之秒,已储现金七万万元,迄今增加未已。而美国现金流入,又数十倍于日本。日本始战争而中道归于和平者也,美国则至今始破其中立者也。而以经济上言,则两国皆免于战争之害,因以遂其发达。诚如是,则虽求利益亦何害之有。今日欧洲中立诸国,如荷兰、瑞士、西班牙、丹麦等,皆以过近战场,所有贸易皆受妨害。其中斯堪达奈维诸国及荷兰等,以英、法封锁之故,贸易几于全灭。惟美洲、亚洲诸国,差可乘时自谋振奋。我国若欲求利益,保持此中立态度,以经济上发展,补从前之亏损,开日后盛大之机,固甚易也。何不知出此,而徒以开战规求区区必不可得之利益,遂陷国家于危亡而不自惜。此所以不能不切望吾国人民,一致注意于此中国存亡问题也。

经济上之发达,自然力、人力、资本三者皆有巨效。而今日谋中国之发达者,不患自然力之不充,人力之不足,所缺者资本而已。以中国土地之大,人口之众,荒地在野,游民在邑,苟知利用之,转贫使富,期月间可办也。以此无穷之富源,无穷之人力,稍有资本,不必用新机器,其效果已可使中国成为世界最富之国,因之亦得成为世界最强之国。而此少许之资本,又甚易输入者也。自开战以来,欧洲诸国尽力以产出其所需各品,其向销中国之货,来源皆形短绌,而转运之费,数倍从前。此真中国振兴农工业之机会也。如中国之农业,发达已久,所缺者,农民之新知识,与政府之善良管理耳。故苟有适宜之经理,则壅滞之货物,不患其腐败销磨,而不足之地,亦不患因输出之故致生危险。盖如由彼外国采办粮食出口,绝无制限,则彼单就运输便利之地,以高价吸收谷物,以故谷价立腾,而饥馑无可挽救。若以一有统系之管理,加于谷物之上,则有余之地始输出,不足之地有补填,统中国之所产谷物,未尝不可敷其食料而有余。然则,虽输出谷物,亦不为难。贵在出于有调节、有统系之行动,不容彼无制限之运粮耳。粮食以外,他种农产物亦复如是,苟能整理,使归秩序,输出之额必可骤增,即其利益已莫大矣。今之称劝业者,未尝着手于是,而反以苛税留难农产,使运转不得自如。于是,收获丰者坐见腐败,其歉者无所得,设关以害人者,正此谓也。又如矿业,自有矿章规定之后,请开矿者,必百计留难,始予给照,给照之后,有侵占者,又加以勒索。一矿之矿权,恒须费数万而后得,比之未有矿章以前,图办矿者更形退缩。他国设矿律,所以保护营矿者也,而我则更害之。华侨在南洋开矿,处欧洲人势力之下,不获平等之待遇,至不幸也。然其经营矿业,尚可有利。及其归祖国,欲开发天然富源,一阅矿章,即废然返矣。是外人虐待华侨之矿章,比之我国优待华侨之矿章,尚优数倍。矿业之不发达,又何足怪!他及工商诸业,无不有类于兹。人之设部,所以卫民,我之设部,乃以阻其发达。若是者,岂能谓中国不可富强,若以欧洲已行之事为师,革去留难阻害之弊,即使学得欧人百分之一二,已足致无上之富强。试观德国开战之际,粮食百物,常苦缺乏,自施以秩序之管理,即觉裕如。彼以战争销耗其国力之大半,仅以其余力,犹能获此进步。我之天然力、人力,数倍于彼,又无战事,当此世界销场正广,渴待供给之会,其能获大利,何待更言。今日为中国实业之害者,部令之繁苛,与厘金、落地、销场种种恶税之窒碍为最多,此皆可以咄嗟之间除去者也。更有当注意者,美国自开战以来,虽屡沉船舶,而其业船者无不获大利。日本最近暴富者,大抵皆以买船。即日本邮船会社一家,去年一年之间,亦获数千万之利益。此一公司之利益,虽似不足概乎一国之荣枯,而实际则此运输无滞一事,已足致国中百业繁昌,各致巨万之富。今试反观中国,其运输状况,岂不可悲。自开战以来,上海常积三万吨之货物,待船不得,此每月三万吨之息,所损几何,三万吨之仓租,所损几何,非一年数百万之损失乎?三万吨之货,屯于上海,则内地各埠所停者当十倍上海,此非每年数千万之损失乎?内地各埠,货尚停滞,则各原产地之货亦无从运出,坐待腐败。此其损失,不止在息,乃在于本。此非每年数万万之损失乎?即此一端而言,苟能改革,已可敌所谓加入条件之全部,抑或过之矣。合彼借债、延赔款、加关税,不及二万万,此则一年之增加,已不止二万万。彼为剜肉补疮之计,所入旋即须付出;此则为真正之增富,无论如何不生损害。

苟欲求利,则何不舍彼而取此乎?今日所谓船荒之时代也,以中国之人工造船,必较他国为贱,即输入机器、铁材以制新船,亦决非难。若为应急之计,则以较高之价,买既成之船,尚可以及时通运。今计屯积之货三十万吨,其中多数不过输之近地,匀计每一月半可一往还,则欲于一年之间,清此三十万吨之货,不过四万吨之船舶,足以敷用。此决非不能办到之事也。此四万吨之船,一面输出有余之农产,一面输入必需之货物,且从而为建新船之基础,则此停滞内地各埠之货,不及一年可以悉去,而原产地之货,亦可陆续输出,无朽腐之虞。即此一端,已足使经济上遂非常之发达矣。夫使用游民,开荒地,除厘金之限制,奖励航业,期年之间,不冒危险,所得必较加入条件为多。而彼则冒危险尚不可得,此乃安坐而得发展农业,开掘矿产,振兴工艺。彼日本以两年而获七万万之国富,比例计之,我国即欲年获十万万,亦复何难之有!

今之政府,惟以财政为忧,不知财政根源,在于国民经济。不此之图,而求目前之利,求而得之,尚足亡国,况其不得而坐受无穷之害。此何为者也!以此千载一遇之时机,而不肯于经济上奋发有为,坐失发展之路,不亦谬乎!不能有为,若能安贫,而徐补救,犹之可也。贪目前之利益,自命奋发有为,而所为者为害而非利,其危险可以亡国,而利于政府者不过借款成功而已。苟能以一国冒如此之险,则何不以此精神,改革内政,奖励农工,而利交通,险较少而利较多乎?吾人决不能信当局者为尽无此眼光,乃排一国之舆论,弃其宿昔所信,而冒此不韪。则吾不能不疑其决心之时,惟计自身之便利,不计国家之利益也。

吾固亦知此中有一部分之人,真出于救国之热诚,而欲以此改善中国之地位,即在旧官僚中,其为利而动者不必言,其非为利动而主张加入以图抵抗、排斥日本者,亦不少。通计主张加入者,除极少数之人以外,无不怀有一种想象,以为日本欲专握在东方之权力,此举可以争回中国国际地位,联合美国以驱逐日本之势力。无论其以此为主张对德宣战之动机与否,而在旧官僚一派,其心中无时不有联美排日之念存,无疑也。而前年日本禁阻中国加入一事,更足惹起此辈之怀疑,以为日本既不欲中国加入战争,必为其有损于日本,而因之信有损于日本者即为有利于中国,益以坚其亲美之决心。然今者亲美而美不亲,欲拒日本反不得不从日本之指导,此辈之目的不能达,已彰明矣。然而,其排日亲美之心,未尝息也。岂特不息而已,方以为美国扩张海军之案,不久完成,至时可资以排斥日本。不知中日关系密切,决非单以同文同种云云说明之而足,国际上之真结合,必在乎共通之利害。中国惟与日本同利同害,故日本不能不代计中国之利害,而进其忠言。即如往岁英国劝我加入,而日本反对之,彼诚有其反对之理由,决非以中日利害冲突之故,而专自利损中国也。盖中国一旦加入以后,无论如何必成为英国之牺牲,以中国供英国之牺牲,则享其利益者,非德即俄。以德、俄占中国之利权,则日本更无发展之途,且无自保之术。此日本之损也,而其所以损者,中国先受其损故也。为日本计,为中国计,其出发点虽殊,而其结论必归于一。日本为我计其利益而进忠言,本非为我设想,而吾人决不能因之弃其忠言也。今之言联美者,何尝知东亚之势哉!

第三章　中国加入非美国宣战之比

今美国与德宣战矣,然而加入协商国否,未可知也。美国之宣战,伴于实力之宣战也。他姑不具论,美国之海军,于世界居第三位,一旦开战,即可以负清扫大西洋之一部分责任。夫德之潜艇,果有所畏于美国之海军否,虽不可知,然美国要可谓之有武力以为战争者。其陆军则依现在所公布者,为豫备二百万之兵,此中送之战场者能有若干,虽亦不可知,而陆军力之存在,即为可以实行战争之证凭。况其计划乃将自此益加扩充也。美国频年增加海军,其费动数万万元,此次开战之后,首决支出陆军费美金二十九万万余元,海军费约美金五万万元。盖有此实力,然后可以言战争也。我国能望其百分之一否乎?能以一无畏舰、一潜艇向人乎?能有完全之军队一师乎?其不能无待言也。塞尔维、门得内哥罗、罗马尼亚于协商国为无力,然其在战场之兵,多者数十万,少者十余万,败亡之余,尚能斩将搴旗。中国之对德国,能为彼所为之什一乎?中国绝交宣战之实力,不能学美国百之一,不能学比、塞、门、罗诸国什之一,不过凌辱少数在留之德人,而自称胜利。不惟可危,又甚可耻可笑者也。而妄人反相称曰:宣战无须有实际之战争。然则,所谓战者,将徒以供戏笑而已耶!

夫美国不能不与德宣战之第一原因,在其国之工业状况。英、法自开战以后,自国军需品已苦不给,一面尚须供给俄国及意大利之军需品,故不得不乞助于美国。美国应协商国之求,以扩张其工业,专注于此一方面,于是输出之额骤增,全国之人惟以金满为患。去年一年运往欧洲之出口货,价值美金三十七万万五千万元,即华银七十五万万元也。其中货物有加数倍者,有数十倍者,而铜、铁、粮食、炸药为尤多。依俄国《诺窝时的诗诗》所录美国公表数目,实如左表(表略去——编者)。

夫美国之出口货骤增,一方面为丰富之金钱流入,一方面亦为资本之偏注于一部分。此表中多数新增之出口货,实由新增之工厂造成之。此工厂既投莫大之资本而设之,一旦出口有阻,则此诸工厂皆归无用,而恐慌立起矣。德国提出和议之时,美国市场为之震动,即以此故也。然则,德国潜艇封锁之策,美国所受影响可以知矣。夫欧战以前,美国在德、奥暨丹麦、那威、瑞典等地,商业至盛,自英国封锁德海口,美国遂失其销场之一部分。幸以英、法、意、俄之需要补之有余,故但见战争之乐,不知其苦。然而,德宣言封锁地带无警告击沉以后,美国及其他中立国船,皆有中止之惧。于是美之工业为之大摇。美国为保护此种利益,乃欲打破德之潜艇势力,而继续其通商。此其宣战之本意也。抑此美国之加入,能有剿绝德国潜艇之效否乎?在美国工业者亦未尝不疑之。但若使美国为宣战而备军实,则从前所欲供之外国者,今可移供本国扩张军备之用,即无资本误投生产过剩之患。即使德艇依旧跳梁,欧洲贸易杜绝,彼资本家固可高枕无忧。此所以美国全国主战不休也。今我中国果有若是之景况乎?欧战既开之后,我国除对美、日贸易不变外,对于欧洲诸国出入口货,有减无增。此盖以我国政府之不留心与人民之无智识使之然。然而中国所产之货,不合于彼所急需,实为最大原因。而在近今英、法之限制入口货，尤为大不利于中国者。依此限制，则中国丝、茶诸货均遭停滞，而农商俱被其祸。然则，美之受祸，在德之封锁，而我之受害，在英、法之禁入口，各异其景况，亦各异其加害之国。然则，若真与美一致行动，岂非先须抗议英、法之限制入口，而以绝交、宣战继之乎？我国与美情形不同，中立不倚者，自谋利益之道，即自保之道也。

且美国此次之开战，固德国迫使之然而然，非美国所得已也。今日以前，美国供给无限之军需品于欧洲诸国，不见其匮者，美国自不从事于扩张军备也。德国察知其然，故挑战于美国。美国之开战，决不如中国之毫无预备也，则必辍其供给英、法、俄、意之军需品，以充实己国之海陆军。试以今次通过之美金三十四万万元，比之去岁出口往欧洲之货值，可知其相差不远。故使美国此项经费于一年内支出完毕，则恐出口到欧洲之军需口，比之前岁不及什一，而英、俄诸国之供给，将以是大竭蹶矣。论者但见美国富力军威，若足以大为德国之害，其实以海上言，即以美海军加入英、法队中，仍决不能奏扫除潜艇之效果。以陆上言，则美国输送数十万兵于欧洲，决非易事，即曰能之，其所收效亦不过如英国之稍稍增募兵队，于战局决无影响。然运此数十万兵者，其供给补充交代，又须征用巨额之船舶，即同时使英国缺乏粮食之祸益增，故其所得不偿所失。德国惟深知其如此，故百计迫美加入战团，在美国真不欲其如此也。试观美总统提议媾和，力主不待胜负而致平和，其心岂欲战者哉！通牒调和，认为美国之权利，且认为义务，其意气何如。而三礼拜后，忽而抗议，忽而绝交，忽而宣战，恐威尔逊博士自身亦决不料其如此也。美国之开战为德之利，故德强迫以成之，中国无此不得已，而亦欲以美为师，岂非捧心矉里之亚乎？

中国与美国此次地位完全反对，言实力则彼有而我无，论损害则彼受诸德、奥，我受诸协商诸国，论加入之不得已，又为彼之所独，我不与同。则我何为自苦若是！试观日本，前此尽力建立其势力于山东及南洋，至其既得，遂谨守不进。前岁有请日本派兵至巴尔干之议，欧洲各国,翕然主张,即日本人中亦有少数为其所摇,而鉴于多数民意所不悦,不敢实行。彼日本于协商诸国关系非我之比,且其实力亦优足以办之,然尚不徇一时之外论,而置举国之反对于不顾,我国政府胡不深思而遽言随美进退耶!

第四章 中国加入与各国之关系

中国加入战团之后,以见好于欧、美诸国故,将来可望得其援助,此种思想全由中国历年远交近攻之遗传的愚策而来。中国自与外人接触,即有以夷制夷之画策,从之俱生。李鸿章之外交,以联俄制日为秘钥,而卒召欧洲列强之侵入,旋致瓜分之说,势力范围之说,不割让之约,租借之约,相踵而至,此非其成效乎?然在旧官僚知有所谓外交者,无不敬奉李氏遗策,以为神奇。袁世凯之策外交也曰:"引一国之势力,入他国之势力范围,使互相钳制。"此即以夷制夷之哲嗣,亦即远交近攻之文孙也。其姓字虽殊,其本旨无改。今之当局者,又承袁氏之遗策,乐于引入美国以排日。故抗议,美国劝我者也,而至其加入,则美使声言任之中国自由裁夺。加入,日本所尝反对者也,及中国既从美国之劝而抗议,日本又转劝我以更进加入协商国中。质言之,则此次对德之交涉,实有日、美之暗斗含于其中,而美国之主张遂不及日本之有力。然则,中国政府亲美不如亲日乎?非也。中国旧官僚抱亲美之主义,而未至亲美之时机,其隐忍以从日本,不得已而欲待之他日,使他人为我复仇耳。故今日所诚惶诚恐以敬献于东京政府者,意谓犹璧马之寄外府,一旦时至,辄可取而复之。其貌愈恭,其志弥苦。此种亲美思想,吾不敢谓其非发之至诚,然而其迷梦之政策,果足以益中国乎?我知其必不能也。特是以日本政治家之近视,与英国之牵率,遂相蠢迫而生出此绝交加入之议,考论其实,于加入有所主张者,协商一面虽云七国劝我,而意、比、葡三国,实可谓初不相关(如其逆计将来议和时,可借中国以减己国之负担,谓之有间接关系亦无不可,但决不视为重要)。法、俄两国所求助于我国者,亦复甚易得之,即不开战未尝不可以满足法、俄之欲望。故真望中国加入者,英国也;不得已而迫中国加入者,日本也;

欲中国与己采同一态度者美国也，此外皆与本问题无甚深关系者也。

彼协商诸国所认为中国加入后协商国之利益者，曰供给人工，曰供给粮食，曰扫荡德国人在中国之经济基础，如是而已。试一研察，则知此三者纯为自欺之口实，在协商国亦不能认为必要中国加入之原因也。今先就经济基础而言，德国之贸易，开战以后已全杜绝，德人在东方惟一之商埠青岛，已归日本占领，今所余者，绝无贸易、等于故墟之数十商店而已。彼数学校之解散，数卫卒之被拘，与此数十商店之闭锁，在官〔厅〕少数德人之解佣，便可谓之驱除德国之基础，而前此攻略青岛，杜绝贸易，反不足以比其功。日本费财亿万，劳师数月，死伤及千，不能扫除其基础，今乃不如三数警吏之能，此不能信者也。须知德国在中国贸易之所以盛大者，在其商品之信用与营业之精神，对于中国人之精密之研究，以此三者为他国商人商品所不能及，故后起无根据而能以短时期内侵入英国之地盘，与〔之〕争胜，此非可以人力遏者也。今试检德国占有青岛之后，其输入输出之状况如何，可知德国在东方之基础，并不在于青岛。（下有一表，表略去——编者）

若言除去德国根据，则虽占青岛亦不足尽其根源。将来欧战既毕，决不能禁德货之来，德货既来，则发挥吾所谓精密研究与商品信用营业精神，转瞬即可复其旧观，益加发达。是则，所限制者不过一时，而在此一时，德国本无商业可言，无须限制。故此一说，决不能成为理由也。

至于人工之帮助，则惟俄、法两国实需要之。英国本土人口虽不多，而在印度领土已有三万万以上之人员，决不忧劳动者之不足。况且，英属华工向来最夥，但使一令招集，即马拉半岛、婆罗、缅甸，旬月之间，数十万决不难致。一面中国往南洋觅食者，后先不绝，故南洋所招华工，亦无尽藏，非如俄、法之必求招之中国也。俄、法虽求人工之助，若特定条约，准华工之到法、俄，亦复甚易之事。且迄今虽无条约，招工之事俄、法早已实行，则无事因此必强中国使加入明也。又自粮食言之，俄之缺粮乃由转运之难，非以生产不足，在本国尚难转运，则自无由移粟就民。英国产谷固稀，而求之于美国、坎拿大，较求之中国遥易，且向来输入中国之面粉甚多。今但移此以供英人之用，或更输出中国之面麦，亦足供其所用，何必宣战始能行之！且闽、粤之米，向仰给于安南、缅甸，若其需粮，则转运于其（主）〔母〕国之英、法已足矣，又何待求之中国乎？要之，无论从何方面着想，决不因此人工、粮食两层，至要求中国之加入。此所以真与吾国加入有密切关系者，止于日、美与英三国也。

论此次之劝诱中国，美、日居其冲，而英国若退听焉。考其实际，则英国为其主动，而美、日之行动，适以为英政府所利用耳。何也？英国之运动加入，非自今始。往者袁氏称帝之日，英国曾欲以加入为条件，而承认袁之帝制。袁未及决，日本出而反对，遂中止以迄今兹，然而英国之运动未尝息也。但以英国曾对日本外交总长石井约言，此后在中国无论何种举动，必先经日本同意。英国在东方之外交，本不能自由行动，故英国欲动中国，必先动日本，欲动日本，惟有藉美国势力侵入中国以挟持之。此次美国之劝告中国，以何原动力而来，非吾所敢议。而英文《京报》辛博森一派之论说，则显然谓中国抗议之后，以美国之经济力与兵力为可恃，即可无虑日本之挟制中国。其论调如此，则一方面代表中国政府亲美排日之初心，一方面又表明英国在东洋对于日本之甚深之恶感者也。吾闻亲美论者，动谓日本年前阻止中国加入，志在使中国外交受日本支配，此次抗议，即图独立之外交。不知在东洋外交，受日支配者，乃在英国，而加入之后，英国可以回复其外交之独立耳。中国之外交何由得独立乎？

中国之旧官僚有其习性，只有与营私利之人，或被其认为好意，此外无论何事，彼必以不肖之心度人。日本之不愿中国加入，固曰大隈内阁之政策不欲助袁成帝，然决不得谓为主要之原因，主要之原因，乃在中国加入自身之不利。从公平之观察，以批评日本当时之态度，可谓第一为中国谋其利害，而后计日本之利害（此时中日利害相同，自不待言）。以此友情，救中国之危，而措诸安定。中国之论者，不知感谢，反以是为失我外交独立，欲推刃而复仇，诚不能谓此辈官僚之思想为尚有理性存者也。日本诚见中国加入，绝不能为协商国摧败德国之助，而一旦加入，无论孰胜孰败，中国必不免为牺牲。以中国为牺牲，中国之不利亦日本之不利也。为避此不利而不惜得罪于同盟国，亦可以谓之无负于中国矣。而论者则谓之挟制中国，谓之不使中国有外交，此所以动失东亚联合发展之机会，而为白人所利用。抑亦以彼辈洪宪遗臣，对于袁氏之加入称帝，实抱无穷之属望，一旦失之，惭忿交并，转致其深怨于日本也。论者动谓日本要求念一条款，即为独占中国利益之征，侵略之实行。然当知廿一条款初非日本之意，而日后袁氏称帝事急之际，曾以有过于第五项之权利供于日本，而日本不受也。始袁氏既解散国会改约法，第二借款将成矣，而败于欧战之突发，乃改其昔者排日之态度为亲日，因求日之承认帝制，而诺以利权为报酬。所谓廿一条项要求者，袁自使日本提出其所欲，以易其帝位，非日本自以逼袁也。袁之排日，夙昔已著，日人惟知事定以后必为反噬，故重索其权，以求免未来之患。顾此条件无端而泄漏，无端而有国民之反对，各国之责言，袁尚欲贯彻其主张，乃暗请日人派兵来华，致最后通牒，以镇压国中反对者，而便于承认日本所主张，然终不敢诺第五项。如是者又半年，帝制起而云南倡义，袁忽使周自齐东为特使，不顾举国反对，诺允日之第五项，且益以他种利权。尔时日本欲助袁平定民党博取利权，易于反掌。然而举国反对，不为利动，袁策遂不得行。以此二者比较而观，可以知日本于中国不必以侵略为目的，其行动常为中国计利而非以为害。论者不察于是，徒以日本为有野心，非笃论也。日本之不赞成中国加入，与不受周自齐所赍之贿，同为纯粹之正义所驱，吾人于大隈之举动，固不尽赞同，而公论要不容没。即在此次日本虽翻然劝我加入，而吾尚深信彼中不无审察利害，不乐促我堕此漩涡者。故于所谓加入条件者，日本不遽与赞同，即其心中以为，日本对于英国既有同盟关系，势不能永拒英国之求；而亦不欲负诱我以入协商之责任，故但劝以言而不肯供其贿（关税改正、赔款延期以为加入条件则皆贿也）。彼岂不知利益均沾之约尚存，将来不难追补。今兹所失，朝四暮三，本于名实无损，而必坚持者，其心诚亦不欲中国以此而自决堕入危途,将以自慰其良心而已。况乎以终局利害论,中国之不保,同时即为日本之衰亡也。日本之劝我,非本意也。(以上所引外交秘密,皆有最确之来源,徒以责任所在,不能明指。要之,此中事实,当局自知其不虚,而吾之操笔,亦绝不以私意稍有所损益,以就吾论据。此则可以吾之良心与名誉誓之者也。)

中国之加入,于美国为有利乎? 否乎? 则将答之曰:美国欲中国随彼一致行动,无异欲他中立国〔随之〕,〔美国〕不以他中立国加入为己国之私利,即亦不以中国加入为己之私利。须知美国劝我抗议之通牒,对于诸中立国一概发出,与前此劝和之通牒同。论者但见美国劝我抗议,而谓中国加入协商,亦为美国所乐闻,不知美国为向来最大之中立国,常欲〔使〕他中立国行动与彼一致,以保中立国之利权。故前此提出调停通牒,则亦劝我为调停,所劝者非止我国也。一旦提出抗议通牒,则又劝我为抗议,所劝者〔亦〕非止我国也。此为美国外交当然可采之手段。而论者先有成心,乃于美国之意思加以曲解,故前次调和之通牒,忽然集矢,今日抗议之劝诱,又忽焉以为抵排日本之机。吾信美国之通牒,必不存此心。中国官僚日思排日,因美之来劝,遂自煽其感情,发为虚想。此种举动,适投合于英国人之需要,而其波益扬。此亦美人所不及料者也。中国苟但随美行动,则美国可以各中立国之一致为基础,而谋中立国之利益,此往日美国之所愿也。过此以往,本非所求,则虽有抗议劝诱之一事,美固不负引入中国之责矣。

统以上所言,则知劝我抗议之美国,劝我加入之日本,均未尝因我之加入能受何种利益,即在协商欧洲诸国中,亦决无非中国加入不可之理由。然则,何以七国公使不惮再三干涉我国对德之所谓“独立外交”乎? 则以其主动者有英国,故不惜百方以求引入之机会。袁氏之称帝,一机会也,不幸而挫于日本之干涉,故又利用此美国之劝诱而煽起中国之排日感情,即以此耸日本之听,而促其决心。此年来英人所经营者,其迹历历可睹。此中摩理逊,辛博森等于种种方面,皆尝自白其尽力于中国加入协商一事。可见由中国加入而得利益者,非意非葡,非俄非法,亦非美非日也,惟有一英国而已。则有问者曰:"英国于招工运粮、破坏德人基础以外,更有何等甚深之理由乎?"曰:"有之。英国自数百年以前,迄于今兹,有一不变之政策焉,曰:'求可以为牺牲者,以为友邦。'中国适入其选,则英国之欲我宣战也固宜。"

《中国存亡问题》,转引自《孙中山全集》第 4 卷,第 39—66 页

孙中山致威尔逊
1917 年 6 月 8 日

因美国首先欢迎我国民主政体,其榜样亦为影响中国结束对同盟国中立的主要因素,值此关键时刻,美国在道义上必定会援助我中华民国。

一群叛逆借口对德宣战有利于中国,其真实意图则为复辟帝制,他们力图争取协约国同情和支持,从而获取贷款,名义上作为忠实盟友参加协约国,实则为了达到他们自私的目的。

中国人民知道他们罪恶活动的真实动机,激烈反对中国参战,因为参战结果是彼辈利用现今正在欧洲引起战争灾祸的军国主义压制人民,废弃国会。

虽则军国主义者占有优势,只要阁下现在使各友邦了解真相,并运用您的影响,得到这些国家合作,防止中国卷入欧战,我们定能永远战胜他们,维护民国。依靠这一友好行动,我们能顺利消灭中国的军国主义和无政府主义。

为了人类事业,我期待阁下的援助。

孙逸仙

《威尔逊书信文件集》第 42 卷,第 466 页,转引自高鸿志:《孙中山致威尔逊的三封电函》,《历史研究》1994 年第 4 期

孙中山致威尔逊
1917 年 6 月 9 日

阁下：

在我向您发出呼吁的同时，传来阁下对我国政治家的忠告，谨以我的同胞的名义，对阁下具有远见而及时的警告表示最深切的谢意。

只要中国仍为军国主义和民主的敌人所控制，中国绝不可能实现统一与和平。我们准备为消除这些祸因而献出生命，盼望阁下促使各国保持中立，给予我们公平对待。

孙逸仙

《威尔逊书信文件集》第 42 卷，第 468 页，转引自高鸿志：《孙中山致威尔逊的三封电函》，《历史研究》1994 年第 4 期

孙中山咨国会非常会议
1917 年 9 月 18 日

为咨询外交方针事：自对德宣战问题发生以来，国民鲜表示赞同之意，而揆诸事理，亦未见有无故宣战之由。然自国会被迫解散，张勋敢行复辟以后，民国已无合法政府，段祺瑞假窃名号，乘军政府之未建立，擅向德、奥宣战，今日民国与德、奥两国间，交战状态已经成立。以理言，此违法之宣战行为，军政府不能容忍；以势言，则交战状态已经成立，非从头再宣布中立，无解决此问题之办法。凡一国外交，首当审(己)〔己〕国利害所存，以决政策。国会代表民意，必能审度理势，宏谋国利，确定方针，用特依《国会非常会议组织大纲》第九条，咨询以后对于德、奥两国，应恢复中立关系，抑应暂行容认现在之交战状态？希贵会从速开会公决。此咨
国会非常会议

海陆军大元帅孙文

上海《中华新报》，《咨询外交之方针》，1917 年 9 月 29 日

孙中山咨国会文①

1917 年 9 月 20 日

为申明外交方针事:前咨询对德、奥外交方针,应行恢复中立关系抑应暂行容认现在之交战状态,经由贵会开会公决:"应暂行容认现在交战状态"过府。既经贵会议决方针,自应遵据进行;惟查去咨原文中"暂行容认"四字,本即指承认此交战状态而言,并非另有意义,而措词尚属含糊,似仍须改用"承认"现在交战状态字样,始免疑义。相应咨请贵会再行开会议定见复。此咨
国会非常会议

海陆军大元帅孙文

《孙中山全集》第 4 卷,第 188—189 页

军政府布告

1917 年 9 月 26 日

中华民国军政府为布告事,查我国前因德国宣布潜艇战略,曾由政府提出抗议,抗议无效,复由政府得国会之赞成,与德断绝邦交。未几,复以宣战案提出国会,请求同意。未及议决,不幸倪逆嗣冲等倡乱,国会中绝,致此项重案至今未得合法之解决。迩者段祺瑞矫托大总统命令,擅组政府,对于德、奥实行宣战,揆之国法,自属不合。按之事实,我国之与德、奥,实已处于对敌地位。今军政府成立伊始,关于对外大计,亟宜决定,以利进行。当以本月十八日具文咨询国会非常会议,应否承认对于德、奥两国交战状态。旋经国会非常会议于本月二十二日开会,议决承认交战状态,具文答复前来。查解决内政与国际战争,本属两事,既经国会非常会议议决承认交战状态,本军政府自应依议执行,对

---

①　此件当经国会非常会议 22 日咨复:"经本会议于本日午后二时开会议决,计出席议员二十二省凡六十人,赞成将原咨询案'暂行容认'字改为'承认'现在之交战状态者四十九人,多数可决。"(见上海《中华新报》1917 年 9 月 30 日)——原编者注。

于德、奥两国一切依据战时国际法规办理。特此布告中外,咸使闻知。

中华民国六年九月二十六日

《军政府公报》第 7 号,1917 年 9 月 26 日

2. 列席巴黎和会

傅秉常回忆参加巴黎和会

　　民国七年(一九一八年)十二月,余随伍朝枢等一行自香港出发,赴欧参加翌年正月揭幕之巴黎和会。中国代表团系南北政府联合组成,推定代表五人,依"南二北三"之比例。南方代表为王正廷与伍朝枢,北方代表为陆徵祥、顾维钧与施肇基。但北方代表团藉口伍朝枢迟到,竟先发表魏宸组为代表,军政府因此对王正廷亦不谅解,因王不坚持原约定也。至于郭泰祺、陈友仁等,均为南方代表之顾问。当时北方代表中顾维钧氏与南方通声气,故北方之秘密决定均为南方所洞悉。而南方代表中亦有一人与北方相通,此即王正廷氏。全体代表团人员均宿于巴黎之 Lutetia 旅馆,系法国政府所指定。大家共处,气氛颇为民主化。顾维钧正受其未来之夫人热烈追求,同仁间常引为笑料。

　　和会中"山东问题"发生时,北方政府愿妥协,南方主强硬。伍廷芳、孙中山均致电出席和会代表,主张拒绝签字。当时唯恐陆徵祥等潜往签字,南方人士遂促使若干粤籍华侨团聚代表团寓所,胁阻北方代表。此时旅法之中国工人与学生为数不少,态度坚强。梁启超以考察名义抵法演讲,尚且被辱。在和会期间中国赴法人士颇多,梁任公外,叶恭绰(誉虎)即于此时往访巴黎,旋赴伦敦。王世杰(雪艇)亦曾以留英学生代表身份来法国请愿,呼吁拒绝签字。和会结束后吾等即于七月间离法,经英、美返国,约于九十月间还抵广州。

　　当时尚有其他人士任职中国代表团,彼等较余年长,责任亦较重要,故余对巴黎和会,不必在此详述。

《傅秉常口述自传》,中国大百科全书出版社,2009 年,第 10—11 页

顾维钧回忆南方军政府参加巴黎和会

南方代表问题,在和会召开之前,即曾使北京政府困扰多日。南方军政府原一直希望能获得某种正式代表权,但这在国际上显然是不可能的。王正廷博士一直热切盼望能作为中国代表团中的南方代表参加和会。王博士本人也确曾借助于他个人的一位美国朋友穆德博士采取了一些有效措施,建议美国驻北京公使劝说中国政府接受这一想法,美国公使便在和徐世昌大总统的一次私人会晤中提出此事。与此同时,从1918年夏初或春末起,王正廷博士一直住在纽约,直到与陆总长同船前往巴黎。我在离开华盛顿之前也曾接到报告称,王通过会晤美国要人和他个人的朋友,暗中活动,以求得到美国对南方的同情。

在陆总长离开北京之前,他在政界的一些朋友曾建议,中国在巴黎需要显示出全国统一对外。我本人也早就从华盛顿发出过电报,作过这样的建议。我所以如此提议,是因为南方军政府的代表们曾代表他们的南方政府在美国为反对北京政府而大肆活动,给我留有极深的印象。他们称北京政府为北方政权;称我为北方政权的发言人。比王正廷更为活跃的是广州正式派出的两个人。他们代表南方发表了许多公开声明,和举行过记者招待会。郭泰祺先生、陈友仁先生,这两个人和王博士不同,他们曾到过华盛顿。也就是在他们访问美国首都时,我曾在公使馆请他们吃过饭。记得我派了一位参赞去作私人邀请,并向他们说明,我请吃饭纯属私人性质,仅仅意在老友聚首畅谈。因为我与他们相识多年,相当熟悉,他们对此解释充分理解,并应邀前来。谈话是极其坦率友好的,但是我们各执己见,所论之事无一取得一致意见。他们坚决支持南方军政府,愿意看到北京政府垮台;我则站在我的角度上向他们解释说,国内的政治之争虽属不幸,然不足为怪,至于家丑外扬,则既无必要,也不明智。我说,当我获悉他们称中国驻华盛顿公使馆为北京政府的发言人时,我十分惊异,深感不安。谈到我本人,我认为,我是中华民国的外交代表。共和国宪法明确规定了中华民国的领土和管辖范围,我从不认为我代表的是几个南方省份除外的中华民国。政治之争应限于国内。我还记得我曾向他们指出，大不列颠的政体为君主制，但她同时又是最先进的民主政体之一。不仅平民，甚至议员也可以而且实际上经常公开批评政府。但是，在我的记忆之中，几乎从未发生过这样的事，一个在国外的英国人公开批评自己的政府。换言之，内部的政见分歧最好是限于国内，这样才能保持政府在国外的威信。

他们对我所讲的一切未作直接回答。我想，他们也很难反驳我的意见。他们同样坦率地讲述了他们对北京政府的看法。他们说，北方政府是如何地不能代表中国民意，实际上，是一个军阀政府，不是全体中国人民的代表。尽管我们意见不一，但由于我们之间长期存在的友谊，这次聚会善始善终，友好结束。双方都能谈论极其微妙的问题而无误解，也都依然怀着原来的友情分手告别。

郭、陈二人去巴黎比王正廷博士迟得多。他们主要不是去参加和会，而是去监视中国代表团。我从他们那儿还得知：王正廷博士根本不代表南方政府。他们曾私下明确指出，虽然北京政府任命王博士为代表团成员以代表南方，但实际上只有他们二人才是南方军政府所派代表。我对此倒并不惊奇，因为我回想起在王博士离美赴巴黎之后，我曾收到过华盛顿公使馆的一份有关报告。郭泰祺博士和陈友仁先生显然对于他们的政治伙伴王正廷博士不辞而别随陆总长赴法一事大吃一惊、极为恼火。他们的声明不承认王正廷博士是中国代表团内南方军政府发言人的说法，后来到达巴黎的汪精卫先生、伍朝枢博士等其他广东军政府领导人又不止一次地证实了这一点。

汪先生和伍博士也是代表南方军政府来此观察中国代表团以及有关中国在和会上所面临的国际形势的。陆总长在北京曾亲自致电在广州的伍朝枢博士，邀其参加代表团。伍在复函中仅提出了某些政治条件，而未明确表示是否参加。所提政治条件之一是，北京的政治制度应予改革，以便使其更能代表全中国人民。信虽写得委婉含蓄，但这一点是明白无误的：南方军政府反对北京政府并谴责其政策之性质和原则。伍朝枢先生最后由南方委派前来观察和会和中国代表团。陆总长和我,还有其它一些人对伍都很了解。伍博士和我还曾在北京共事近两年之久。伍到巴黎之后,再度被邀参加代表团,名义上取代魏任第五代表,但他并未在和会上起积极的作用。

就北京政府而言,对任何由南方派出的观察员或代表都不承认其为另一政权的代表,然而,我们,特别是我,都急于随时将代表团的工作告诉他们,因为我们认为,代表团是代表全中国的,对任何人,甚至是南方军政府的支持者,我们也没有需要隐讳的事。

中国社会科学院近代史研究所译:《顾维钧回忆录》第 1 分册,中华书局,1983 年,第 177—180 页

咨参议院文①
1919 年 1 月 9 日

代行国务院职权摄行大总统职务中华民国军政府为咨请同意事:兹拟特任伍廷芳、孙文、王正廷、伍朝枢、王宠惠为中华民国全权大使,赴欧洲和平会议,缔结媾和条件。兹照约法第三十四条,应请求国会同意。相应备文,咨请贵院查照议决,见复。此咨
参议院

政务会议主席总裁岑春煊
总裁唐继尧(赵蕃代)
总裁孙文(徐谦代)
总裁林葆怿
总裁陆荣廷(莫荣新代)
总裁伍廷芳

《参议院公报》,第 2 会期临时会第 4 号

---

① 原件未署日期。据《孙中山年谱》,1919 年 1 月 9 日记:孙中山"被军政府推选为出席巴黎和会代表"——原编者注。

孙中山复凌钺函

1919 年 3 月 11 日

顷诵手书,备悉。

国民代表一事,承议员诸君公推,意极可感!惟文近仍以始终不问时局为主张,故赴欧与否,现尚未能决定;即令前往,亦不能为政治上之活动。盖按国际惯例,外交上非有国家资格,决难展布,无论用何种名义,皆不能有效也。至各国民党素表同情于吾党,若议员诸君欲文赴欧之意,乃在联络各国国民,则往与不往等耳。望以此意转达诸同志为幸。

昨日兄见访之时,以文适患发热,未能多谈,想兄总能谅之。兄素为吾党坚毅之士,相知有素,幸勿以招待未周而有所怀疑也。此复,并颂

近祉

《中央党务月刊》第 11 期"特载",《致上海凌钺》

孙中山复林森函

1919 年 3 月 11 日

顷诵二月二十五日惠书,备悉。

欧洲和会国民代表一事,文仍未能担任。以此时国际上,只认北京政府为民国之代表,只认徐世昌为民国之元首;若我国派往欧洲代表,无论用何种代表名义,若不经徐世昌所委任,当然不能向平和会议取得发言权。而文又断不能受徐世昌所委任,故赴欧一节,现实不必速行;待时机一到,当先赴美而后往欧也。望以此意转告诸同志为幸。

又,此次上海和议,唐少川主张颇为正大。粤中国会同人,自宜一致赞助少川,为其后盾;万不可为政学会所利用,以图推翻之也。此复,并颂

近祉

《中央党务月刊》第 11 期"特载",《致广州林森》

孙中山复林森函

1919 年 3 月 13 日

三月四日手书,诵悉。

以国民代表名义赴欧,与国际惯例不合,不能列席平和会议发表主张,此意于日前复函,已曾言及。若如兄函所谓,不在希望出席,但在表示我国真情于欧洲和议各代表及新闻机关,则文即不赴欧,亦可表示此等意见于各国也。国会诸君谆谆之意,极为可感! 惟文权衡轻重,觉此时实无赴欧之必要,幸以此意转达诸同人为荷。此复,并颂

近祉

《中央党务月刊》第 11 期"特载",《致广州林子超》

孙中山复广州外交后援会函

1919 年 4 月 3 日

顷诵惠函,知诸君慨念时艰,萃集俊彦,以谋为外交声援,热忱毅力,深为敬佩!

承嘱文赴欧一节,苟文力所能为,敢不勉副盛意。惟按之国际惯例,列席国际会议,必须有代表国家之资格。今时南方未经国际所承认,无论用何名义前往,皆不能有代表国家之资格,则欲列席欧洲和会,势难办到,是行与不行等也。

鄙意此后对外问题,愚见所及,仍当随时以个人名义发表,较为有效力。方今公理日伸,即一二军阀国家,亦不敢冒世界之大不韪以侮我也。专此奉复,并颂

公祉

《中央党务月刊》第 11 期"特载",《致广州外交后援会》

孙中山等致徐世昌电

1919 年 6 月下旬

北京徐菊人先生鉴:报载尊处于十二日电巴黎和会专使,令其签字

和约,并闻胡惟德报告亦有签字主张。所闻非虚,将于外交史上铸一大错。务恳顾念民意,维护主权,勿令巴黎专使以无条件签字,即使有碍情形,只能让步至保留山东三款而止。存亡所判,乞即表示决心。岑春煊、伍廷芳、陆荣廷、唐继尧、林葆怿、孙文。印。

上海《民国日报》,《军府之外交主张》,1919 年 7 月 5 日

3. 对华盛顿会议的态度及反应

孙中山复国会非常会议文①

1921 年 8 月底

　　为咨复事:七月二十九日,准贵会议咨开,议员高振霄提出咨请政府速派太平洋会议代表议决案,文曰:"美总统召集太平洋会议一事,关系远东及太平洋问题,至深且钜。我国日受强邻之压迫,北京拍卖主权,国几不国,今此一线生机,正我正式政府独一不二之机会,所有取消不平等之条约,及裁减军备实行民治诸事,尤为我生死之关系,应请即日开会讨论议决,请政府速派得力代表迅赴列席,实为至要"等语。经于本月二十七日开会议讨论,依法提付表决。大多数表决,照案通过。相应备文咨达,即希查照办理等因前来。查此事政府早已虑及,现正在筹备进行中。准咨前因,除仍饬外交部妥为筹备外,相应咨复贵会议查照。此咨

国会非常会议

孙文

上海《民国日报》,《新政府咨复国会非常会议文》,1921 年 10 月 10 日

---

　　①　此件未署时间。按非常国会致大总统咨文为 7 月 29 日发出,非常大总统则于 9 月 5 日就出席华盛顿太平洋会议代表资格发表宣言,其间关于代表权问题,美国政府与北京当局曾经有所活动。故此复文酌定为 8 月底——原编者注。

孙中山就出席华盛顿太平洋会议代表资格的宣言
1921 年 9 月 5 日

欧战告终,太平洋及远东为世界视线之焦点。美国大总统发起华盛顿会议,以图解决太平洋及远东各问题,柬请吾国与会。夫远东问题,实以中国为枢纽。而中日"二十一条",高徐、顺济、满蒙四路密约,及其他秘密协约,制我死命,夺我主权,不废弃之,国将不国。追原祸始,此种条约,实缔结于徐世昌及其党徒之手。以手订祸国条约之人,膺解决远东问题之任,狐埋狐撧,必无所幸。况徐世昌之地位,产生于非法国会,自其去年布告旧法新选,其所取得之伪资格亦已丧失无余。故徐世昌对于中国问题,以道德言,以法律言,均无发言之余地,更无派遣代表之资格。绝非假借纸上政治统一,而可以盗权妄为者。

本政府职权,由法律所赋予,为中华民国正式政府。向来对外交涉,均系秉诸公道,故周旋国际,绝对不受何种缚束。本大总统谨代表政府及中华民国国民郑重宣言:将来华盛顿会议,苟非本政府所派之代表列席与会,则关于中国之议决案,概不承认,亦不发生效力。凡我友邦及我国民,幸共鉴之。

中华民国十年九月五日

《广东群报》,《大总统否认伪廷对外资格宣言》,1921 年 9 月 6 日

孙中山致美国国务院函
1921 年 9 月 5 日

南方合法政府,为代表中华民国之全国政府,故派遣太平洋会议代表,应由合法正式政府派出。北方非法政府,并无可以派遣代表之权;如由非法政府派遣代表,所议决条件,在中华民国绝对不能发生效力。且北京非法政府之总统徐世昌,由非法国会产生,并由徐世昌承认该会为非法,自行解散,是徐世昌已自行取消非法总统资格。故北京已无代表中华民国之地位,决不能对外发生效力。

上海《民国日报》,《新政府否认北庭代表》,1921 年 9 月 8 日

广东总统府公报局对宣言之注释
1921年9月9日

美国之军备,因直接与日本之军备多少有关系,故美国以日本之军备增减为标准,而有决定军费之支出之必要。此第一须注意者也。

夫日本帝国主义之直接目的,因在支配中国,故自然有充实军备之必要。此证诸"二十一条"、中日军事协定、一九一八年之中日密约,及其他北京政府有责任之对日交涉而可明。日本之宣传家,虽附以日本欲求过剩人口之排泄地于中国,及受工业原料之供给于中国,为绝对必要之理由;然苟离日本于中国欲于军略上之中心点、为政略的殖民之意味而言,则中国关内各地人口已见过剩,关外如满蒙地方则气候极寒,于真意义之日本殖民非常不适。若更就其工业原料之供给而言,则依普通通商贸易之线路而受供给,岂不易易?然则日本欲谋支配中国之目的,岂不明在其中乎!盖其大方针,不外欲以中国人力及富源由彼制御之,次又制御太平洋,再次又迫澳洲及美国因日本移民而解放之耳。

北京政府乃欲以有力之巡阅使数名使之维持,不知此等巡阅使,皆在受日本之好意与援助之张作霖支配之下。故日本之此等政策,苟集中于北京之间,则无论如何之代表,欲适当提出中国问题于会议,断断不能。

上海《民国日报》,《解决远东问题之前提》,1921年9月9日

孙中山与蒋梦麟的谈话
1921年9月上旬

此间自余对外发表布告后,西南各省如黔、滇、川、湘、桂等,均有长电来粤,否认北京派遣出席太平洋会议代表,所有对于太平洋会议事件,应由广州政府外交部主持一切。

按此次太平洋会议,乃从前巴黎和平会议之变相。巴黎和平会议,不过将日、英两国秘密对山东问题条约,藉该会议决,变为各国公认

之约。

此次太平洋会议,因日、英续盟,为坎拿大利亚、新西兰、非洲各属地所反对,又藉太平洋会议为名,避开各属地反对联盟之约。对于中国所议事件,某二国①早有商量,虽由太平洋会议公开,然某二国对于中国,仍有其他之内幕,总之,不利于中国而已。如北京派遣代表,某二国最为欢迎,将使其卖国签约之人,再作第二次卖国。苟南方此时加入中国代表,将来各国议决中国之事,谓南方亦有代表在场,而北方代表设有承认所议,则南方代表更难独任反对。况请帖乃邀北方代表者,即南方加入,亦不过为北方之附庸。不如南方不出代表,只否认北方代表无代表中国之资格,将来对该会所议中国事项,否认有效,或可与中国以平反议案之机。而某某两国之秘密续盟,应不致明目张胆,以中国为鱼肉也。

上海《民国日报》,《总统与蒋梦麟之谈话》,1921 年 10 月 3 日

孙中山与金斯莱②的谈话

1921 年 9 月 18 日

记者称:余今日晋谒中国南方政府大总统孙逸仙博士于广州总统府办公室内,谈论中美间外交关系,及未来之美京大会议问题。孙总统大意注重美国今日必与日本抗争,压抑其侵略野心,如美国今不以口舌与日本力争,则将来必至用枪弹死战。孙总统并注重美京会议问题。美京会议中国南方政府尚未经邀请。孙总统以为此会如无南方政府代表与会,则哈定非独不能维持和平,且将兆未来战祸。

孙总统于本年五月间,曾致一详书于哈定总统,以为今总统之召集美京会议,于彼书颇有影响;惟哈定总统未复孙总统,且尚未承认南方政府。孙总统希冀美国调查菲律宾委员团之乌德将军及科比氏来广州

---

① 二国:指英、日两国——原编者注。

② 金斯莱系美国记者——原编者注。

一行，两人亦未至；委员团中有数人从香港来广州，然为非正式的（游）〔旅〕行，未谒孙总统。

孙总统曰：余希冀美政府洞悉中国之真相，照目前情形，则美京裁兵会议难冀有佳结果。

记者发问曰：指就中国而论耶？

孙总统答曰：然。就美国论亦然。

同座中有第三客插言曰：余意裁兵之结果，将兆未来之战祸。此第三客亦为美人，曾久居远东，熟悉远东情势者。

孙总统向第三客倾首，复郑重其词曰：美国欲避除战祸，只有一法，即为及今以口舌与日本力争。如美国今不协助中国，抵拒日本，则美国将来必至与日本开战。我政府已不啻与日本宣战。

孙总统续云：如美国承认我政府，反抗"念一条件"、取消《迎胜石井条约》，则可免战祸。因日本今必不敢轻启战祸，即万一欲战，则不两月必败。惟如美国今弃去时机，毫无挽救，则五年之后，日本俨有中国，移殖其数百万盈余人口至中国，控有中国北部所有富源，届时欲图封锁日本，难乎其难矣。

孙总统又云：中国南部人民，今力争美人所主张之开放门户主义，美人或不知此事实。惟美人欲助中国南方政府，今须从速，否则无及。因美国如不早助中国南方政府，南方政府或竟不能待美国之赞助，而为日本侵略压力所推倒也。

上海《民国日报》，《美报记孙总统之谈话》，1921 年 11 月 21 日

孙中山给外交总长的训令

1921 年 12 月 9 日

大总统训令

外交总长：

自我国拒签德约，山东问题遂成为国际悬案。我全国上下所祷祀以求者，惟有拒绝直接交涉，请求世界公判之一途。乃警电传来，徐世

昌竟欲违反民意,与日本直接交涉。除布告反对外,合将原文录发,仰
该总长迅将全文通电,唤起舆论之注意。切切。此令。

上海《民国日报》,《大总统命令》,1921 年 12 月 24 日

孙中山复全国国民外交大会电
1922 年 2 月 7 日

上海全国国民外交大会鉴:来件收悉。贵会特伸大义,否认北庭,
并经发布宣言,拥护正式政府,甚感甚感! 徐世昌以满清余孽,洪宪遗
臣,为复辟之罪魁,实叛国之首祸;而乃与其私党运用阴谋,盘踞北京,
僭窃伪号,民国而有历事五朝之冯道俨然称尊,此中华人民皆当引为深
耻者也。贵会今日之组织,实痛心疾首于外交之失败。夫卖国之举,无
一非徐世昌之所为,承诺二十一条,当时为袁政府之国务卿者徐世昌
也。高徐、顺济之路权,以其借款而充伪总统选举之运动费者,亦徐世
昌也。昔国人误于因循,徐世昌乃乘间而售其术,迨凡尔赛会议、华盛
顿会议,均由徐世昌而失败。国人始悔噬脐之莫及,觉补牢之太迟,奔
走牺牲,欲以民气为外交之后盾。顾徐世昌不知悔过,反使军警施其暴
力,压抑人民。盖亡国之大夫,不可与图存;又况石敬瑭、张邦昌之居
心,吴三桂、李完用之行事,尤足惧耶。最近之鲁案直接交涉,及九千万
盐余借款,在徐世昌亦不过视为故常而已。若夫梁士诒者,帝制犯也,
可以同恶相济,则以之为伪阁总理,盖又徐世昌与共和宣战也。他若蹂
躏教育,摧残实业,且任其野蛮之军队,纵火而劫宣武,决堤而溺嘉蒲,
率兽食人,又其余事。故欲列其罪状,罄竹难书。总而言之,有徐世昌,
必不容有民国;有民国,绝不可有徐世昌,此理易明。贵会亦见及于此,
足征国人之觉悟。吾国存亡之机,我军胜负之数,胥系于此一念间矣。
文三十年来,本革命之精神,为救国之事业,忠于主义,始终不渝,去年
受国民付托之重,责以戡乱图治,扫除凶逆,改造社会,不敢不勉。特为
四万万人讨卖国之贼,故不得已而用兵。甚愿贵会弘此远谟,发为说
论,使天下咸喻政府伐罪吊民之意,得竟吾人拨乱反正之功,则贵会所

造于民国者甚大。孙文。阳。（印）

上海《民国日报》,《大总统督师北伐复电》,1922 年 2 月 22 日

申讨徐世昌与日本协约的布告
1922 年 2 月 20 日

华盛顿会议,徐世昌所派伪代表与日本协定条件,丧失权利,甘为国民公敌。特将徐世昌罪恶再行揭布,若再姑息,势必益恣诡谋,偕亡无日,讨贼救国,愿与国民益起图之。

上海《民国日报》,1922 年 2 月 21 日

（三）对日外交

说明:从护法军政府开始建立,对日外交一直是孙中山及其领导的南方政府对外交往中最为看重的部分。孙中山等南方政府官员对日本政府寄予厚望,与日本政界要人头山满、犬养毅、田中义一等一直保持着频繁的书信往来,他们希望日本政府能支持南方政权,为南方政府提供财政及军事援助。

孙中山等致寺内正毅等电①
1917 年 8 月 25 日

寺内首相、本野外相、犬养毅、涩泽男爵、头山满诸氏:日本国力与文明,有今日以盛大者,实肇自于维新。中国素尚守旧,国力衰弱,然得以苟安旦夕者,未始非日本之荫庇也。故此后东亚文明之兴废、亚洲民族之存亡,全视中国之政治能否适合于国家的生存而决。当满人之治

---

① 此件所标时间系上海《中华新报》发表日期。该电由孙中山、程璧光、林葆怿、李烈钧、吴景濂、王正廷等联名签署,经张继、戴季陶携带赴日本交寺内首相——原编者注。

中国也,贵族官吏布满全国,道德废颓古难寻例,凡可以助长人民进步、国家发展者均被压抑殆尽。二十年来,吾人为中国国民图永久之安宁幸福,为亚洲民族谋文明之进步发展,决计将妨害此目的之中国旧势力,歼除清净,而创造以国民多数幸福、亚洲和平为目的之新国家。差幸此爱国爱洲之精神,暂次弥蔓焕发,不仅国民相扶相助,即友邦人士,亦深寄同情。故武昌首义,天下响应,不数月而中华民国于焉肇造,旧官僚之势力遂为此爱国爱洲之精神所压服耳。吾辈为图平和之速复,不愿竞争实权,犹令彼辈掌握民国政权之中心,方(翼)〔冀〕其思想行动,痛改旧察。乃数年以来,怙恶不悛,专横暴戾,较昔尤烈。若长此不图消灭,则将来贻误东亚大局,致祸中国国民,(最)〔曷〕堪设想。夫吾人之目的原在平和,但姑息以求平和,致东亚全体招不测之乱亡,吾人亟亟以为不可也。此吾辈所以联合全国爱国爱洲之陆海军人,力兴讨逆之义军,以期扫除叛逆,还我民治也。日本为中华民国之友邦,日本国民为中华民国之至友,吾人深望日本朝野上下,对于中国国民爱国爱洲之精神,与讨逆护法之行动,与以道德的同情,使中华民国定坚固之基础,则两国家及国民的永久之提携,必因此道义精神更致巩固,而两国国民所共同希望之亚洲共和与文明发展亦得实现。否则恐混乱国规,沮丧元气,遗误我东亚发展之时机耳。假令中国失此容易改革之时机,以招将来之危亡,恐影响所及,日本亦因之受莫大之危险耳。唇齿辅车之义,今日尤为切要。故今所希望友邦者,至深且厚。谨沥陈中华民国国民之精神的要求,以告友爱乡邦之政府及人民,幸垂鉴察!

上海《中华新报》,《孙程等对于日本朝野之陈情》,1917 年 8 月 25 日

孙中山与河上清的谈话
1917 年 9 月 15 日

孙中山表示,希望日本方面给予"武器、军火和大量贷款"。"这样,我们就能推进到扬子江流域,将我们的政府迁移到华中的某一战略要点,然后,向北京进军。"

孙中山声称,一旦完成任务,为了中国和她的邻国的完全解放,将与日本结盟,并且宣布"亚洲是亚洲人的"这一原则。孙中山特别说明,一旦他掌握了权力,将愉快地将满洲交给日本管理,对此,孙中山解释道:当然,我们乐意将满洲保持在自己手中,但是,我们不像你们那样需要它,我们认识到你们巨大的正在增长的人口迫切需要活动场地,中国在南方有丰富的发展余地,千万中国人民已经或正在去苏门答腊、爪哇、西里伯斯岛、婆罗洲、海峡殖民地、法属印度支那、暹罗、缅甸等地,成为富裕者,并且每年寄回家乡几百万美元。这样广阔的区域合法地属于亚洲,它们是中国的希望所在,比满洲更能给人以指望。

K. K. Kawa,Kami(河上清):Sun YtaSen's Great Asia Doctrine(《孙逸仙的大亚洲主义》,载日本辛亥革命研究会《辛亥革命研究》,第 5 号,1985 年 10月),转引自《近代史研究》1988 年第 6 期杨天石《孙中山与"租让满洲"问题》

国会非常会议致日本当局电
1917 年 10 月 30 日[①]

日本东京寺内内阁总理大臣、本野外务大臣钧鉴:敝国伪国务总理段祺瑞摧残宪政,蹂躏国法,我国之人痛心疾首,矢志驱除。近西南护国军方与段氏作战于川湘,人心所归,捷报频至。段氏之亡,可立而待。该伪总理情见势绌,近闻藉口出兵欧洲,拟向贵国借款,购备军械,实则用以屠戮异己,宰制国民。果成事实,战祸延长,直接破坏敝国之安宁,间接扰乱东亚之和平。中日唇齿之邦,休戚与共,援助一人以仇全国,想我亲善之友邦当不出此。务望贵大臣严词拒绝,以表两国亲善之真诚,四万万人感无既矣。中华民国国会非常会议全体议员叩。

《军政府公报》第 19 号,1917 年 10 月 30 日

---

① 此日期为《军政府公报》发表日期——原编者注。

孙中山等联名致日本当局电

1917 年 11 月 20 日

东京寺内首相、本野外务大臣、外交调查会、贵族院、枢密院、众议院、各政党领袖公鉴：中日邦交，年来益敦睦谊。此其故固由贵国本维持东亚和平之力，同情于我国国民革新事业之诚意有以致之；而我国民循世界潮流，竭心力以摧灭暴戾不法之旧势力，实为之动机也。循斯轨道，相携以进，两国前途互有幸福。

昔者袁世凯违背我国民公意，坏法称兵，我国民起而击之，贵国亦仗义而言之。在我国民以袁氏为逆，背世界潮流之罪魁；在贵国以袁氏为扰乱东亚和平之乱种故也。

段祺瑞昔虽反对袁氏，而政治腐败，实不失为袁氏嫡派。故自任总理以来，凌辱元首，压迫国会，招集军人谋叛，酿成宣统复辟，种种举动，世界之立宪国民久闻而冷齿。我国民为达革新政治之目的计，不能不起兵致讨。即在贵国，为巩固东亚和平计，当亦于我国民表无限之同情。

乃者报纸宣传，段氏近以出兵兴师之名，向贵国借款数千万，购军械药弹无算，拟在北方新编军队十师。此等风说，迭据传说，似非无因。且段氏自受我国民出兵征讨以来，势穷力蹙，事实昭然。出兵欧洲，非其所能，或者假托名义，向贵国诈取军械巨款，用以压迫护法之国民。若贵国助不法之旧派政治家，以摧残护法之革新政治家，以人道主义言之，亦属背道而驰。某等固深望此种谣传为非确也。倘段氏不量，果向贵国有此要求，甚望诸公勿为所动，严词拒绝，斯可减少逆军之战斗力，使义军速奏勘定之功。他日我革新之国民，起而掌握政权，与贵国永远维持东亚和平之心，握手同行，以增中日两国人民之幸福也。临电神驰，无任企祷。孙文、陆荣廷、唐继尧、谭浩明、陈炳焜。哿。

《军政府公报》第 27 号，1917 年 11 月 23 日

孙中山复犬养毅、头山满电
1918 年 3 月 20 日

来函敬悉。现正在粤筹备召集正式国会，阁下所欲面谈之事，倘为南北调和问题，则唐少川先生优为之，无文亲来之必要。若为东亚百年根本之大计，非与文面谈不可者，请即电复。

《国父全集》第三册(转录史委会藏原稿)，转引自《孙中山全集》第 4 卷，第409 页

孙中山复头山满、犬养毅函
1918 年 3 月 28 日

头山、木堂先生道鉴：

　　奉读三月十日大教，备悉故人爱我之厚，本思即遵雅意东渡；惟因正式国会已定于六月开会，在此两月中，文万难去国远行，当即托驻粤武官依田大尉电致菊池良一兄，转述鄙意。电文略谓："尊函见招，未知何为？如因南北调和之事，文已将鄙意托之唐少川兄；若为东亚百年大计，非与文亲商不可者，请示其详，当亲趋聆教。"此电去后，数日未获复音，不胜遥念。用特专派朱君大符来前，面陈一切，并盼雅教，务恳详示一切。

　　谨略将此次护法战争之目的，为故人陈之。文奔走革命二十余年，迄于辛亥，始得有成，以二十余年来惨澹经营，所得者新建之共和国体耳。为国体之保障者为约法，而约法之命脉，则在国会；第一次国会之唯一职权即为制定宪法。宪法一日不布，则政本一日不立。然一般官僚武人辈所以必欲解散国会者，实即欲自根本上推翻共和国体耳。故第一次宪法草案甫成，而袁世凯解散之，第二次宪法草案方通过二读会，而段氏又解散之。当国会第二次被解散也，参议院之第一次改选已毕，距众议院之总选举仅不过百余日，而大总统改选期，亦不过一年矣。若官僚武人辈能为正正堂堂之政治竞争，则应由选举中图扩充其势力，不应诉诸武力，以蹂躏国会，破坏约法。盖国会既被解散，则数十年革

命事业之成绩,固全被推翻,而将来国家根本之宪法亦无从制定,国本动摇,大乱无已;故以拥护约法之故,诉诸武力,盖不得已耳。

文之淡于私人权利,执事所深知,苟共和之国体能巩固,则抛弃政权可也,共和国体若危,文视之为唯一之生命,必尽其所能以拥护之。故解决今日时局,以恢复国会为唯一之根本。只此一事,倘北方当局者能毅然断行,则文已十分满足,不求其他条件也。背乎此者,则无论示以何种条件,文必不甘承认之。何也? 为图中国之长治久安,实舍巩固国体外,无他道耳。

世人纷纷以南北之分限为言,文甚鄙弃之。盖为此言者,不过欲利用南北之恶感,以自营其私而已。

以上所陈,文之本怀,恳赐明察。其他关于时局之情形,朱君当能详陈之。方今欧局大变,世界风云日急,一俟国会正式开会后,倘能分身,必当亲诣台端,面筹一切。

再:尊函谓前曾惠书,但此间并未奉到。

昨得东京友人书,谓木堂先生执事于议会终了后,将来敝国视察,不识确否? 倘木堂先生能屈驾来游,尤所深盼。谨布腹心,不尽一一。
专颂
道安

孙文顿首
中华民国七年三月二十八日

《国父全集》第三册(转录史委会藏原件),转引自《孙中山全集》第4卷,第421—422页

孙中山致加藤等函
1918年3月28日

加藤、尾崎、犬塚、寺尾、床次、秋山、田中、森山先生执事:

久违道范,时切遐思,敬维政德日隆为颂。

敝国时局混沌,急切难得解决,而欧洲风云又复变幻莫测,两国相

依唇齿，贵国为东亚先觉，执事为日本达人，尚望努力自重，为东亚造福，文亦必竭尽所能，以副尊意。

兹委朱君大符东渡，特具函奉候。敝国最近情形，朱君当能面道其详也。专此，敬候

起居

孙文顿首

中华民国七年三月二十八日

《国父全集》第三册（转录史委会藏原件），转引自《孙中山全集》第 4 卷，第422—423 页

孙中山在日本门司对记者的谈话①

1918 年 6 月 10 日

曩居日本时曾罹胃病，归国后适值国家多事，于役繁杂，致不获养生。今得稍卸仔肩，故再来贵国。拟在箱根静养，即在该地歇夏，若接见贵国朝野名士之事，余殊无此希望。

今军政府改组，余虽仍被选为总裁，而就任否，兹尚未决。因若就任须深思详虑而后出之，今匆忙中亦未得考虑之暇。此次南北战事，南方目的原在平和。惟致平和之道，不可不自恢复约法、国会始。段祺瑞对于南方之本意，原无何等主意。徒以人为目标，尽力以伐南方之人。彼既如此，是南方纵若何渴望和平，两方面终不能相容也。最近之北军无战意，段阁已濒于危机，渐可以促进调和诸说。余往途中，亦未由知此消息，果为若何。如北方真有爱平和之意，余与余同志者亦极表同情。而条件若何，当从多数意见。余个人亦未能任意为何等决定。

至日本对于中国诸事，余已解大元帅职，不直接当折冲樽俎之任，则于各事亦全然不甚明了。就林使之措置，亦未知其是非究竟。两国

---

①　孙中山偕胡汉民等 6 月 1 日自汕头乘轮启行，取道台北赴日本，于 6 月 10 日抵门司——原编者注。

亲善欲其实现,要不在方法之问题,而在双方之意思如何。若果有真希望亲善之意思者,却不问方法,亦可翘待而至者。日本既真有其意思,乃尚时有误会,则当格外求其如何可以致真亲善。斯诚是一重要之事。余固尝为一希望两国亲善者,今后更当运思致力于此。至如借款于北方,虽有困苦南方之嫌,而余亦不能确实知之。第南方今日全不欲从日本借款,余亦不负欲求借款之意。余更无自日渡美之意。

上海《民国日报》,1918 年 6 月 18 日

海防捷报刊载日本对于军政府态度新闻
1918 年 10 月 12 日

十月十二日海防捷报:日本对于广东军政府之态度

广东国民党机关揭登东京来函,内开:日本政府允照本年六月间接受前国务总理唐绍仪君礼节,待遇广东军政府所派之陆军少将章士钊君。据此情形,是日本已非正式承认广东军政府,盖目前尚不能正式承认也。

中国第二历史档案馆藏外交部驻云南省特派员办公署档案

孙中山答日本《朝日新闻》记者问①
1919 年 6 月 22 日

兹承贵记者问:中国人何以恨日本之深,及有何法以调和两国感情?

予当竭诚以答,并以此告吾日本之故友。予向为主张中日亲善之最力者。乃近年以日本政府每助吾国官僚,而挫民党,不禁痛之。夫中

---

① 第一次世界大战期间,日本对德宣战,出兵攻占了我国山东青岛等地。大战结束后,日本通过巴黎和会承继了德国在山东的权利,引起我国人民的强烈反对。此件系孙中山就要求收回青岛和山东权利等问题答《朝日新闻》记者问。谈话日期不明,上海《民国日报》6 月 24 日发表,此系东京《朝日新闻》最先用日文发表的日期——原编者注。

国民党者,即五十年前日本维新之志士也。日本本东方一弱国,幸得有
维新之志士,始能发奋为雄,变弱而为强;吾党之士,亦欲步日本志士之
后尘,而改造中国,予之主张与日本亲善者以此也。乃不图日本武人,
逞其帝国主义之野心,忘其维新志士之怀抱,以中国为最少抵抗力之方
向,而向之以发展其侵略政策焉,此中国与日本之立国方针,根本上不
能相容者也。

　　乃日本人之见解则曰,中国向受列强之侵略矣,而日本较之列强无
以加也,而何以独恨于日本尤深也?呜呼,是何异以少弟而与强盗为
伍,以劫其长兄之家,而犹对之曰:兄不当恨乃弟过于恨强盗,以吾二人
本同血气也。此今日日本人同种同文之口调也。更有甚者:即日本对
德宣战,于攻克青岛之时,则对列强宣言以青岛还我。乃于我参加欧战
之日,则反与列强缔结密约,要以承继德国在山东之权利。夫中国之参
战也,日本亦为劝诱者之一也,是显然故欲以中国服劳,而日本坐享其
利也。此事以中国人眼光观之,为何等之事乎?即粤语所谓"卖猪仔"
也。何谓"卖猪仔"?即往时秘鲁、智利、古巴等地,垦荒乏人,外洋资
本家利〔用〕中国人之勤劳而佣值廉也,遂向中国招工。乃当时海禁未
开,中国政府禁工出洋,西洋人只得从澳门招工,每年由澳门出洋者,以
十数万计。此等工人,皆拐自内地,饵以甘言厚利,诱以发财希望,而工
人一旦受欺入于澳门之猪仔馆,终身无从逃脱矣。而猪仔头(即拐卖
工人者)则以高价售之洋人,转运出洋,以作苦工。工人终世辛劳,且
备受种种痛苦,鞭挞残杀,视为寻常,是无异乳猪之受人宰食,故名此等
被人拐卖之工人曰"猪仔"。曩者日本之劝中国参战,而同时又攫取山
东权利,是何异卖中国为猪仔也。夫猪仔之地位,固比家奴为尤下也。
家奴虽贱,倘服务勤劳,奉命惟谨,犹望得主人之怜顾而温饱无忧也,而
猪仔则异是。是故当时澳门之为猪仔头者,无论如何贪利,断不忍卖其
家奴为猪仔也;必拐诱休戚不相关之人,而卖为猪仔也。以中国视之,
则日本今日尚不忍使台湾、高丽服他人之劳,而己坐享其利也,是日本
已处中国于台湾、高丽之下矣。是可忍孰不可忍?倘以此为先例,此后

世界凡有战争，日本必使中国参加，而坐收其利矣，此直以猪仔待中国耳。尤有甚者，昔澳门之猪仔头，亦不过卖人为猪仔，而取其利于洋人而已。日本今回之令中国参战也，既以此获南洋三群岛以为酬偿矣，乃犹以为未足，而更取山东之权利，是既以中国为猪仔矣，而犹向猪仔之本身割取一脔肥肉以自享也，天下忍心害理之事，尚有过此者乎？中国人此回所以痛恨日本深入骨髓者，即在此等之行为也。而日本人有为己辩护者，则曰日本之取山东权利，乃以战胜攻取而得者也。果尔，则日本何不堂堂正正，向列强要求承继山东权利于攻克青岛之时，而乃鬼鬼祟祟于中国参加欧战之日，始向列强要求为酬偿之具也。夫中国尚未隶属于日本也，而日本政府竟已对中国擅行其决否之权，而且以行此权而得到列强酬偿矣，此非卖中国之行为而何？

夫此回欧战固分为两方面，旗帜甚为鲜明者也：其一即德、奥、土、布，乃以侵略为目的者；其一英、法、美、俄，乃以反对侵略为目的者。故英、美之军在欧洲战场战胜攻取，由德国夺回名城大邑，不啻百倍于青岛也，且其牺牲，亦万千倍于日本也，而英、美所攻克之城地，皆一一归回原主也。日本为加入反对侵略之方面者也，何得以战胜攻取而要求承继山东德国之权利耶？若日本之本意，本为侵略，则当时不应加入协商国方面，而当加入德、奥方面也。或又谓中国于参战，并未立何等功绩，不得贪日本之功。而不知此次为反对德、奥之侵略主义而战，则百数十年为德国侵略所得之领土，皆一一归回原主也。彼波兰、捷克二族亦无赫赫之功也，而其故土皆已恢复矣；我中国之山东青岛何独不然？且丹麦犹是中立国也，于战更无可言功，而德国六十年前所夺彼之领土，今亦归还原主矣。是中国以参加战团而望得还青岛，亦固其所也。乃日本人士日倡同种同文之亲善，而其待中国则远不如欧美。是何怪中国人之恨日本而亲欧美也。

日本政府军阀以其所为，求其所欲，而犹望中国人之不生反动，举国一致，以采远交近攻之策，与尔偕亡者，何可得也？是日本今日之承继德国山东权利者，即为他年承继德国败亡之先兆而已。东邻志士，其果有同文同种之谊,宜促日本政府早日猛省,变易日本之立国方针,不向中国方面为侵略,则东亚庶有豸乎。

孙　文

上海《民国日报》,《孙中山先生答朝日新闻书》,1919年6月24日

孙中山与《益世报》记者的谈话①
1920年1月26日

记者问:山东问题应否与日本直接交涉?

孙答:君知我前此之意见否?

记者:愿闻其详。

孙曰:余本主张"二十一条"应作废。日本并应于租借期满后,退出满洲各地。高丽独立问题,按照《马关条约》,中国亦应过问。余所主张如此,则山东问题不问可知矣。此次日本通牒,可以置之不理。盖日本绝无可以占据胶州、青岛之理由。试观英国于欧战时,以兵力夺回德人占领比国之地,及美国以兵力夺回德人占领法国之地,均已无条件交还比国、法国,不闻英、美强行占据。日本既属协约国之一,应取一致行动,岂独能占据吾国之胶州、青岛乎?乃日本竟强行占据胶、青,无异强盗行为!日本可为强盗,吾国断不能与强盗交涉,更不能承认强盗有强夺吾国土地之权利。况吾国既已拒签德约,自无再与日本直接交涉之理。与其现在与日本交涉,何如当时签约?今约既未签,而与日本交涉,不蒙德约之利,徒受丧失胶、青及其他权利之害,天下宁有如此之愚人乎?且美国之保留案,虽非全为中国,然反对日本之占据德国在山东之一切权利,而不交还中国,亦属一大原因。吾国若不顾美国之好意,而与日本交涉,则必失美国之同情,将使美国视为不堪扶助,殊属失策

---

① 京、津《益世报》驻沪记者佐治(徐谦),1月26日午后3时在上海孙宅拜访孙中山,请发表关于德国归还山东殖民权益和日本占领胶州、青岛等问题的见解。孙中山谈话的记录,由记者整理后发表——原编者注。

之甚。吾国现实与美联络,而日本之强横,可无所惧。此时若不知世界大势,又不顾国家人格,倘一经与日本交涉,胶、青既失,他国必且效尤,瓜分之祸随之,美国亦爱莫能助,真可谓万劫不复矣。非然者,吾国宁可极力坚拒日本,而以抵制日货及其他断绝经济关系之法对待之。纵使日本以兵力压迫吾国,极言之,吾国为塞尔比亚,日本为奥国,亦不(可)〔过〕再惹起一世界大战争,其结果日本将受莫大之祸,吾国尚可无覆亡之患,且可因此而有振兴之望。要之,日本绝不敢冒(味)〔昧〕用兵,则山东问题吾国拒绝交涉。日本亦惟有条件之交还而已。此言余尝告诸日人,使达知日政府。今即以余言告诸国人可也。

上海《民国日报》,《孙总理之鲁案谈话》,1920 年 2 月 1 日

孙中山致田中义一函①

1920 年 6 月 29 日

田中先生阁下:

久疏音问,时切驰思,惟德业日隆,动定吉祥为颂。

文避处沪滨,不直接与闻时局者经年,然关于国际关系之变迁,世界(思)〔潮〕流之移易,固亦注意研究之。至于亚洲之危险,及两国国交之恶化,此乃文之所素引为己责者,更未尝不时时计及,思有以救济之。鄙见所及,亦往往为日本人士之来访者告。今则时局益迫矣,其恶化之原因,颇关系日本之政策。盖日本为世界强国,亚洲先进,挟海陆军及资本之力,以主张东亚之特殊地位,凡东亚弱小之国,其治乱安危,未有不系于日本之意向者。据文所知,日本政治权力,恒以陆军为中枢,而对于亚洲大陆政策,尤(为)〔惟〕陆军当局者之马首是瞻。先生为日本现代军事上之最高指挥者,在事实上,亦能操纵群僚,主持政局,而于文之心事,亦知之最深。敢举最近之感想及希望,一一述之。

近代日本对于东亚之政策,以武力的、资本的侵略为骨干,信如世

---

① 田中义一,时任日本陆军大臣——原编者注。

人所指；而对于中国，为达日本之目的，恒以扶植守旧的反对的势力，压抑革新运动为事。始则极力援助袁世凯，酿成民国四五年间之乱事。帝制问题既发生，中国人民排袁势力，勃然爆发，日本舆论，亦反对袁氏，日本当局知袁氏绝不能再维持国民信用，欲与中国排袁之势力相结纳，以图伸张日本在中国之势力，而又不欲民主主义者获得中国政权，因利用一守旧顽固且甚于袁氏之官僚，如岑春煊者，使主南方政局。而在北方，则又假宗社党人金钱武器，贻后日无穷之祸。此中经过，先生为主要当事者之一人，当尚能记忆也。袁氏既殁，日本政府利〔用〕北洋派之武力，倡为援段之说，黎元洪之失势，国会之遭解散，无一不与日本之援段政策有密切关系。张勋复辟，说者亦谓出于日本有力者之赞同。其时适阁下游历中国，行未数月，而复辟之祸便起；且有人疑阁下与张勋之复辟有关。文虽未敢尽信其说，然亦不能断其真伪。盖中国复辟运动，与日本陆军系之政策，尝有不可离之关系在也。国会遭武人压迫而解散之后，文以护法为义不容辞，因纠合同志，帅领海军，建护法军政府于广东。是时日本政府，标不干涉中国内政之名，行援段氏压民党之实，数以武器、金钱援助北京政府，使战祸延长，及今未已。当文领袖军政府之时，曾致正式公文于各国政府，声明吾人护法之理由，各国皆已收受；其拒不受者，惟日本一国。就此过去之种种事实论，则人之谓日本政府对于中国所持政策，专以援助反动党排除民主主义者为事者，将无可剖辩矣。

当护法军兴，南北相持者两年。其时日本所持政策，非标调和之名，行援段之实乎？数月以来，段氏鉴于穷兵之无益，武力主义之不容于世界，不容于国人，亦将幡然悔悟其昔日之非，愿与民党协调，弭兵祸而兴民治。乃双方谋和之协商尚未开始，而阻碍和平之恶耗已至，张作霖之突然入京，其征候也。张氏入京之目的，道路喧传，谓为阻段氏与民党言和，且与复辟阴谋有关，事之确否，虽未敢必，然而征诸前年张勋入京后之变局，固足令人疑骇也。张作霖本一胡匪，其能得今日地位者，纯出于日本之提挈。日本友人中曾列内阁之某君，尝谓张为日本政府之寒暖计，一切行动，无不仰日本政府鼻息。此论，文深谓然。就年内张之行动观之，已历历不爽。则今兹张之赴京，纵不出于日本之所指使，亦必为日本之所同意。倘风传果确，是日本又将移前日援段以破中国平和者，为唆张以破中国之平和。文窃为中国前途忧，且为东亚之和平虑。

近年以来，中国人民对日恶感日深，根本原因，实由于日本之政策与民国国是不相容，故国人咸认日本为民国之敌。若再以乱中国之和平为事，则国人之恶感更深，积怨所发，其祸将不止于排货。阁下为日本陆军之领袖，握政界之枢纽，当能鉴于世界之大势与东亚之安危，一变昔日方针，制止张氏之阴谋，以缓和民国人民对日之积愤，两国人民国际的感情，或可渐趋融和。阁下亦尝以亚洲之和平为说者，尚望深筹而熟思之。肃此敬颂

道安

诸维亮察不宣。

孙文　六月二十九日

上海《民国日报》，《孙中山致日本陆相书》，1920 年 7 月 9 日

孙中山复宫崎寅藏函
1920 年 10 月 5 日

滔天先生鉴：

两接手书，一祝一吊。所祝者尚未确，而所吊者已成真，良深痛恨也。惠州屡攻不下，至今尚在恶战之中。朱执信兄往虎门收降，为敌军一部所暗算，殊为不值。日者广州已附我，惠州当终归我有，可无疑义。

按今后支那大势，吾党不独可以得志于南方，且不久可以统一中国。英、美对我方针，近来大表好意，白人外患，可以无忧。此后吾党之患，仍在日本之军阀政策。倘日本仍行其扶旧抑新之手段，则中国之内乱，未有已期也。如此，则吾人亦不能不倒行逆施，亲英、美以排日也，而其咎则当归之日本。深望日本民间同志，有以纠正军阀之方针，不为

同洲侵略之举,而为同舟共济之谋,则东亚实蒙其福,而日本亦终享其利。东亚经纶百年大计,无愈于此者矣。日本同志幸为图之。此复,并候

大安不一

　　头山翁、木堂翁、寺尾翁,统此问好不另。

孙文谨启　十月五日

《孙中山全集》第5卷,第354—355页

孙中山与上海通讯社记者的谈话

1920 年 11 月 8 日

　　记者:山东问题之救济法,因现下舆论纷呶,尚未定有举国一致之最后办法。请孙先生表示意见。

　　孙答:余始终未尝表示何等之意见。惟现下照余个人观察所得,则此时似不必用狮子搏兔之全力,尽注于该问题之上;实应将目光放远一步,专行注力于满洲、高丽两方面。其第一步办法,应先要求取消《马关条约》,扶持韩人独立,以缓其冲。第二步办法,要求取消二十一条卖国条约,以锄其攫取山东之根。因养成今日之局势者,皆此二十一条中承继山东德人权利一条有以酿成之也。该两步办法如能办到,则吾国藩篱已固,山东问题亦即可以连带解决。故余意目下殊可不必汲汲于山东一隅之问题也。

　　记者:两步办法极佳。惟如何实施之法,可得闻乎?

　　孙答:目下似宜先行造成一种强固之舆论,以博各国之同情。后日列强如有大半表同情于吾,然后再定实施之法,或直接向日本要求,或提交国际联盟会公判。公道自在人心,胜算即不难预卜云。

上海《民国日报》,《孙中山先生之外交谈》,1920 年 11 月 9 日

孙中山与宫崎滔天、萱野长知的谈话①
1921 年 3 月 12 日

世界在变化。不过中国国民始终还是中国国民。随着时代的变化，虽然也可以看出思想多少有些进步，但其实质仍是中国的。如果我中国国民对我们的主张有几分了解，我将喜出望外；多年来我们所主张的三民主义，我认为它没有更改的必要，并期待此一主义得以贯彻实行。至于说什么亲美之类的话，现在在彼此之间也再无说明的必要了。若有人还有疑问的话，那么，与其问我，不如去问日本当局好些。因为欲以亲美派、亲英派等名目强加予我者，不过出于日本当局的一厢情愿罢了。

据《宫崎滔天全集》(日本平凡社 1978 年 2 月出版)第一卷《广东行》译出
(李吉奎译，黄友谋校)，转引自《孙中山全集》第 5 卷，第 482 页

孙中山致犬养毅书②
1923 年 11 月 16 日

木堂先生大鉴：

山田君来称，先生此次入阁，将大有为，可助吾人未竟之志，以解决东亚百年问题，闻之狂喜。久欲修书商榷，以广东军事尚未解决，遂致未果。

今以曹锟窃位，举国同愤，西南已声罪致讨，行将令四川、湖南、广东三省之师及滇、桂同志各军大举北伐，同时联络张作霖、段祺瑞、卢永祥，同力合作以破国贼。惟曹锟之甘冒不(讳)〔韪〕而公然窃位者，其先固有强国为之后盾，故敢有如此也。按之列强传统之政策，当不愿中

---

① 1921 年初，日本有的报纸评论孙中山在搞"赤化"和亲美活动。宫崎等人于是年 3 月自日本经上海、香港赴广州，访问孙中山。当宫崎等人谈到在日本有人把孙当作过激派或者亲美派的时候，孙中山笑着作了答复。宫崎的这一谈话记录，曾发表于上海《日日新闻》——原编者注。

② 犬养毅当时是山本权兵卫内阁邮电大臣兼文部大臣——原编者注。

国之致治图强,故有历次反对革命之举;此次吾人举动,亦当受列强种种之挠阻,可无疑也。贵国对支行动,向亦以列强之马首是瞻,致失中国及亚洲各民族之望,甚为失策也。今次先生入阁,想必能将追随列强之政策打消,而另树一帜,以慰亚洲各民族喁喁之望。若能如此,则日本不忧无拓殖之地,以纳其增加之人口;吾知南洋群岛及南亚各邦,必当欢迎日本为其救主也。请观尼泊尔、不丹二国,虽受英国统治百有余年,而仍纳贡称藩于中国,是民族之同情大于政治之势力也。倘日本以扶亚洲为志,而舍去步武欧洲帝国主义之后尘,则亚洲民族无不景仰推崇也。

自欧战而后,世界大势已为之一变。强盛如英,加以战胜之余烈,尚不得不退让而许爱尔兰之自由,允埃及之独立,容印度之解放,其故何也? 此即欧战而后,发生一种新世界势力也。此势力为何? 即受屈部分之人类咸得大觉悟,群起而抵抗强权之谓也。此部分人类以亚洲为最多,故亚洲民族亦感此世界潮流,将必起而抵抗欧洲强权也。今之突厥①,其先导也;波斯、柯富汗②,其继步也;其再继者,将有印度、巫来由③也。此外更有最大最要而关系于列强之竞争最烈者,即支那之四万万人是也。其能奴此四万万人者,则必执世界之牛耳也。故列强中初有欲并吞之者,而阻于他强,遂有议而瓜分之者,不期适有日本崛起于亚东之海隅,而瓜分之谋又不遂。当此之时,支那之四万万人与亚洲各民族,无不视日本为亚洲之救主矣。不图日本无远大之志、高尚之谋,只知步武欧洲之侵略手段,竟有并吞高丽之举,致失亚洲全境之人心,殊为可惜! 古人有云:"得其心者得其民,得其民者得其国。"倘日本于战胜露国④之后,能师古人之言,则今日亚洲各国皆以日本为依归矣。英国今日之许爱尔兰以自由,允埃及以独立,即此意也。倘日本能翻然觉悟,以英之待爱尔兰而待高丽,为亡羊补牢之计,则亚洲人心犹

---

① 突厥:今土耳其——原编者注。
② 波斯、柯富汗:今伊朗、阿富汗——原编者注。
③ 巫来由:今译马来亚——原编者注。
④ 露国:露西亚,今译俄罗斯——原编者注。

可收拾。否则,亚洲人心必全向赤露[1]而去矣,此断非日本之福也。夫赤露者,欧洲受屈人民之救主而强权者之大敌也,故列强之政府出兵攻露而各国人民则反攻其政府,故英、佛、米等国皆以其人民之内讧而不得不撤回征露之师。今亚洲人民之受屈者比欧洲人民尤甚,故其望救亦尤切,本洲既无济弱扶倾、仗义执言之国,故不得不望于赤露。波斯、阿富汗已遂其望矣,支那、印度亦将赖之。吾切望日本深思而善处之,幸毋一误再误!夫当欧战之初,日本溺于小信,昧于远图,遂失其一跃而为世界盟主之机会,以贻世界有再战之祸。日本志士至今回顾,犹有痛恨太息者,想先生或犹忆灵南坂之半日长谈也。先生昔以不能行其志而拒入大隈内阁,然今先生竟入阁矣,想必为能行其志之时,故不禁为先生长言之、深言之也。

夫再来之世界战争,说者多谓必为黄白之战争,或为欧亚之战争,吾敢断言其非也,其必为公理与强权之战也。而排强权者固以亚洲受屈之人民为多,但欧洲受屈人民亦复不少,是故受屈人民当联合受屈人民以排横暴者。如是,在欧洲则露、独[2]为受屈者之中坚,英、佛为横暴者之主干;在亚洲则印度、支那为受屈者之中坚,而横暴者之主干亦同为英、佛;而米国或为横暴者之同盟,或为中立,而必不为受屈者之友朋,则可断言也。惟日本则尚在不可知之数,其为受屈者之友乎?抑为受屈者之敌乎?吾将以先生之志能否行于山本之内阁而定之。若先生果能行其志,则日本必将为受屈者之友也,如是,则对于再来世界之大战争不可不准备也。然则准备之道为何?请为先生陈之。

其一,日本政府此时当毅然决然以助支那之革命成功,俾对内可以统一,对外可以独立,一举而打破列强之束缚。从此日支亲善可期,而东亚之和平永保;否则列强必施其种种手段,以支制日,必使日支亲善永无可期,而日本经济必再难发展。夫欧洲列强自大战而后,已无实力

---

[1]　赤露:即苏俄——原编者注。
[2]　独:指德国——原编者注。

以推行其帝国主义于东亚,然其经济地盘之在支那者已甚巩固,故其所虑者,为吾党革命之成功有危及之耳。彼列强之深谋远虑,实出日本之上,故常能造出种种名义,使日本不能不与之一致行动以对支那。不知日本于支那之关系,其利害适与列强相反。凡对支政策,有利于列强者,必有害于日本。而日本事事皆不得不从列强之主张者,初固以势孤而力不敌,不敢稍露头角而与列强抗衡,习惯成自然,至今时移势易而犹不知变计;且加甚焉,事事为列强作嫁衣,致支那志士之痛恨于日本,较列强尤甚者此也。今幸而先生入阁,想必能将日本前时之失策与盲从列强之主张一扫而空之,其首要则对于支那之革命事业也。夫支那之革命,为欧洲列强所最忌者。盖支那革命一旦成功,则安南、缅甸、尼泊尔、不丹等国,必仍愿归附,为中国屏藩;而印度、阿富汗、亚刺伯、巫来由等民族,必步支那之后尘离欧而独立。如此,则欧洲帝国主义经济侵略必至失败。是故支那之革命,实为欧洲帝国主义宣布死刑之先声也,故列强政府之反对支那革命无所不至者此也。乃日本政府不察,亦从而反对之,是何异于自杀也。夫日本之维新实为支那革命之前因,支那革命实为日本维新之后果,二者本属一贯,以成东亚之复兴,其利害相同密切本有如此,日本之对于支那革命何可步武欧洲而忌我害我耶?为日本国家万年有道之长基计,倘支那无革命发生,日本当提倡而引导之,如露西亚今日之对于波斯、印度,又如先生昔年之命宫崎与吾党联络者方是。至于支那革命已经发动,日本当倾其全国之力助成之,以救支而自救,如百年前英国之援助西班雅,如近日米国之援助巴拿马乃可。乃日本对于支那之革命,十二年以来,皆出反对行动;反对失败,则假守中立以自文,从未有彻底之觉悟,毅然决然以助支那之革命,为日本立国于东亚之鸿图者。此皆由于先生向未得志于政府之所致也。今先生自为政府之一员矣,吾人不得不切望之、深望之也。此非独为支那计,亦为日本计也。

其二,日本当首先承认露国政府,宜立即行之,切勿与列强一致。夫列强之不承认露国政府者,以利害之冲突也。佛以国债之无偿,必要求露政府担负还债,而始承认之。英以印度问题不得解决,必欲露国政府为其领土之保障,如最后之日英国盟焉,而后承认之。米亦以债权关系,即佛之债权多有转嫁于米者,露国既废除国债之担负,米亦大受损失,故与英佛一致行动也。顾日本则如何?于此而犹兢兢与列强一致者,其愚真不可及也。不观欧洲诸小国乎?其与露国无关系者,乃有与英佛一致行动;其与露国有关系者,已悉先承认露国矣。而日本与露国固有最大之关系者也,初以误于与列强一致行动而出兵,后已觉悟而曾单独与露国代表开数次之会议矣,乃竟以承认问题犹与各国一致,而致感情不能融洽,遂碍种种之协商不得完满之结果,殊为惋惜。夫日本与露既有密切之关系,而又无权利之损失如列强者,而对露外交犹不敢脱离列强之范围,是比之欧洲之一小国亦不如也。何日本之无人一至于此!或谓日本立国之本与苏维埃主义不同,故不敢承认之,此真坐井观天之论也。夫苏维埃主义者,即孔子之所谓大同也。孔子曰:"大道之行也,天下为公,选贤与能,讲信修睦。故人不独亲其亲,不独子其子,使老有所终,壮有所用,幼有所长,矜寡孤独废疾者皆有所养,男有分,女有归。货恶其弃于地也,不必藏于己;力恶其不出于身也,不必为己。是故谋闭而不兴,盗窃乱贼而不作,故外户而不闭,是为大同。"露国立国之主义不过如此而已,有何可畏!况日本为尊孔之国,而对此应先表欢迎,以为列国倡,方不失为东方文明之国也。倘必俟列强承认之后,而日本始不得不从而承认之,则亲善之良机已失矣。此所谓"为渊驱鱼、为丛驱雀"也,行将必有排日本之强国利用露国为之前锋,则不独日本危,而东亚亦从此无宁日矣。如此,则公理与强权之战,或竟以日本而变成黄白人种之战,亦未可知也。须知欧战后,不独世界大势一变,而人心思想亦为之一变,日本外交方针必当随而改变,乃能保存其地位于世界也,否则必蹈独之覆辙无疑也。试观汉那鲁鲁之布置,新加坡之设备,以谁为目的者乎?事已至此,日本犹不联露以为与国,行将必受海陆之夹击而已。夫英、米海军各已强于日本者数倍,而露国陆军在于今日实天下莫强焉,不可不知也。以孤立之日本而当此海陆之强邻,岂能有幸? 故亲露者为日本自存之一道也。

　　以上二策,实为日本发扬国威、左右世界之鸿图。兴废存亡,端系乎此。日本于欧战之初,既误于所适而失其为世界盟主之良机矣,一误岂容再误? 维先生详审而速图之。

孙文谨启

民国十二年十一月十六日写于广州

据《孙中山选集》(人民出版社一九八一年重版本)转录广东省社会科学院
所藏原件照片,并参照中国革命博物馆藏信稿校补,转引自《孙中山全
集》,第 8 卷,第 401—406 页

孙中山与日本记者的谈话①

1924 年 11 月 22 日

　　记者:若如先生日前所谈,鉴于世界大势,认中日提携之为急务而东渡,似宜更赴东京广与日本朝野名士会商?

　　孙:此次北上顺道赴日,因须急行,不能如此延缓,特因上海无开行天津之便船,由神户换船赴津较为便利。

　　记者:中国内乱以来,列强对华压迫有加,先生已觉察之否? 又先生对此有何感想?

　　孙:列国之事非余所知,但就此有须一言者,如余常所主张:关于列国之租界问题务必要求早日归还中国,余个人亦必毅然主张之。甚望曾与中国立于同样境遇、有其苦经验之日本与以同情。

　　记者:如早日尊说,先生北上之目的,为列席民国改造之大会议,提议改造之根本策而不参与其后之实际政事,唯真心忧国。欲实现改造之大负,似不能无身先任政之热忱,请问不遽立于庙堂者何故?

　　孙:由来中国迭起纷乱,统一不能实现之根本原因不在内政问题,

---

　　① 孙中山于 11 月 22 日离沪。这是孙中山临行前在"上海丸"轮中,与日本记者的谈话——原编者注。

而在外交问题。列强对于中国提倡共管、瓜分等说,临以压迫的态度,致政事改良及其他要事均难进行。故余与其当此纷乱之政局立于庙堂,无宁立于国民之地位,对国民间说所以必加猛省之故,对外国国民说明目下各国对华之侵略政策有害世界之和平,唤起彼邦国民之舆论以促列强之反省。因此,余认与其在中国国力尚未充实之际立于庙堂,无宁以国民资格努力唤起内外国民之舆论。至"元老会议"云云,特属谣言,非余之所知。余之北上,盖在以所抱负提议开一大国民会议耳。

　　记者:若以国力充实为念,无身先立于国事方面之热忱软?

　　孙:唯中国之国情尚不之许,若余立于支配国政之地位,必非议、攻击采取非道之对华政策之列强政府,结果或与诸外国发生冲突亦未可知,对于中国决非得计。反之,余立于国民之地位,如上所述,努力唤起内外国民之舆论。若我国民与外国民之联合进攻,即能对抗欲取误谬政策之任何国之政府,盖可信而无疑。又,中国之迭起纷乱不在内政问题,而其源在国外亦可举例而言之:即枭雄吴佩孚山海关败逃天津,在几无可往之穷境时,而某国怂恿其由扬子江回洛阳,并允对其入扬子江与以一切援助。若如某国之怂恿,吴将不来扬子江方面。与余同志之某国同志对某政府此种行动,已为猛烈之反抗。因之依于同情我等之彼国民之力,某政府今已断然中止援吴。由此以观,余立于国民而活动于中国为重要之事已甚明显。要之,中国扰乱之原因,即在对华抱有野心之列国,迄今当有事之际,利用一部分武人使然耳。即中国之国政愈乱,彼等欧美列强对华实现其压迫的野心之可能性愈多,中国非完全排除此等外力,则国家之统一不能永久,而欲排除外力,仅中国一国民之力现尚有所不能,必依其国民之觉悟促其本国政府反省始能实现。故必立于国民之地位,指导觉醒我国民与外国之国民联合,以促欧美列强之反省。环顾中国,现得当此重任者唯余一人,非列国欲图共管、瓜分之扰乱行为完全排除之时,余决不立于民国之当道。

　　　　上海《民国日报》,《中山先生离沪前之谈话》,1924 年 11 月 24 日,转引自《孙中山全集》第 11 卷,第 359—361 页

孙中山在日轮上海丸上的谈话

1924 年 11 月 24 日

记者问：先生这次到日本是为何原因呢？

先生答：我本是想由上海到天津，因为上海没有船位，就是半个月之内也没有船位；由上海到天津的火车又不通，所以绕道日本到北京去，这是我来日本的第一个理由。第二个理由，是日本为我旧游之地，熟朋友很多，我借这个机会来看看旧朋友。我现在到了贵国，既蒙这样多数国民的欢迎，又诚心来听我讲话，我便借这个机会把我的一片心事说出，请诸君转达到贵国全体国民。我们中国国民想同日本国民联络一气，用两国国民的力量，共同维持东亚大局。要达到联络两国国民的目的，方法很多。不过现在已经有了这个目的，究竟是用什么好方法呢？请大家研究，请大家指教；并请指教日本国民现在对中国国民的感想是怎么样？

东京朝日新闻社中国部长答：我今日发言并不是代表大家，只贡献我个人的意见。我相信日本人大概的意见，都是一样。就第一点说：要达到维持东亚大局的目的，必须中日两国国民联络一致，同心协力，合成一个力去做，才可以成功。要分开成两个力去做，一定是失败，无论哪一个都是失败，我认定这是一个要点。至于要联络两国国民的方法，必须互相提携。不过两国国民各有各的希望，各有各的责备，并且希望太过，所以责备也太周，弄到结果，各有各的困难，以致彼此都想联络，都不能实行。研究到这个地步，中日两国国民非互相了解不可。要互相了解，也就是联络之一法。好象在民国八年，日本民间常有许多人希望中国和平统一，便主张中日两国国民互相提携，同时又有许多人认定这是对外太柔软。但是现在已经了解，互相提携是中日两国国民联络之必要。先生离日本很久，这次再来，必定见日本人对于中国的心理和从前不大相同，一定有隔世之感。先生这次住日本的时期虽然不久，但是一定可得到这种感想。就第二点说，日本人近来对于中国的感想，大概相同。日本人对于中国的希望，每每都是很急，这种很急的希望，有利也有害。日本人近来最大的希望，就是要中国赶快统一，整顿内治，发展实业。这次中国发生事故，已经知道北京的军阀势力推倒了，政治势力和从前大不相同，也知道段祺瑞要听国民的公意，要联络孙先生处理国事。

此时日本人相信中国还是乱，不过同时又信段祺瑞听国民的公意，和孙先生联络，来处理中国国事，中国前途一定有希望。这是日本人大多数的心理，不过我这是用个人的意见发表罢了。

先生曰："统一"是中国全体国民的希望。能够统一，全国人民便享福，不能统一，便要受害，日本人在中国不能做生意，间接也要受害。日本人热诚的希望中国统一，这是我们中国人相信的。不过统一之可能与不可能，不关乎中国的内部问题。中国革命以来，连年大乱，所以不能统一的原因，并不是由于中国人自己的力量，完全是由于外国人的力量。为什么中国不能统一，其中的原动力完全是由于外国人呢？这个原故就是因为中国和外国有了不平等的条约，每个外国人在中国总是利用那些条约来享特别权利。近来西洋人在中国，不只利用不平等条约来享特别权利，并且在那些特权之外来妄用条约，滥用条约。这种外国人只顾自己的私利，不问良心，不顾道德，专在中国捣乱。现在中国这种捣乱的外国人，实在不少，每一个外国人在中国，就是一个皇帝。这一个皇帝，就很可以利用一个大武人来听他的话，或者是利用一部分的人来听他的话。由于这种情形，外国人在中国不只是利用不平等的条约，并且滥用那些不平等的条约。外国政府和主张公道的人，在本国或者不知道他们这些人在中国的行动。因为他们本国不知道，便一意孤行，为所欲为，所以中国人便因此大受痛苦。

记者问：今天当面听到先生的讲话，及在报上读先生离沪时的讲话，已经明白了先生的意见。照先生的意见，以为中国内乱的原因是在外国。外国之所以能够致乱的理由，是因为有不平等的条约，不过那些不平等的条约，是有根据和历史的。那些条约的根据，或者是由于借外债，或者是由于别种赔偿，总有权利抵偿的关系。我们日本人也希望中国能够废除那些条约,不过那些条约都是有历史上的根据,先生有什么方法可以废除呢? 用普通人看起来,要废除那些条约是不可能的。因为那些条约都是有权利抵偿的关系,先生要废除,他们便要讨回权利,没有权利给他们,便不能做到。先生一定要做到,是用什么方法呢?

先生答:那些不平等的条约,各国政府同人民老早知道不公平,自己问良心不过,所以便有主张更改或废除的。譬如在庚子年中国一败涂地,英国立有马凯条约,还主张治外法权要改良,海关同租界要交回,由此可见外国人问良心不过,还是有很公平的主张。就是近来华盛顿会议,也主张放松束缚中国的条约。由此又可见凡是问心不过的人,都有公平的主张。而且要世界真是和平,要各国在中国不致因权利相争,更非废除那些条约不可。要做这件事没有别的困难,困难是在外国的外国人,不能完全知道那些条约的不公平。在中国的外国人,又非此不能生活,若是有那些条约,他便可以骄侈淫逸,假若废除那些条约,便断绝他们的生路。他们因为要保全自己的生路,所以总是以那些条约为护身符,总是利用那些条约来扰乱中国,不许中国统一。因为怕中国统一了,便用公文向外国政府要求废除,外国政府一废了,便断绝他们在中国的生路。外国主张公道的人,一定是主张废除的。不过那些在中国做官的、当侦探的和做生意的许多外国人,为保全自己的生活,所以要保全那些不平等的条约,所以借那些条约来捣乱。我们中国此刻能不能废除那些条约,关键不在别国人,完全在日本的国民能不能够表同情。若是日本国民能够表同情,中国的条约便马上可以废除,倘若不能表同情,中国便一时不能废除。依我看来,日本在三十年前也受过了这种痛苦,如果有同情心,推己及人,自己受过了的苦,当然不愿别人再受,当然要帮助中国废除那些条约。中国只要得了日本的帮助,想要废除条约,是不成问题的。就眼光很小的日本人看来,以为中国废除了那些条约,日本要失去许多已往的权利。就拿自由增加关税一层论,日本的生意目前便要受损失。但是用远大的眼光看起来,这种损失都是眼前的小权利,如果帮助中国废除了不平等的条约,当然可以得中国的人心，日本完全得到了中国的人心，以后的大权利便无可限量。譬如中国废除了条约，要行保护税法，自由增加关税，日本自然要受损失。但是日本帮助中国，中国国民真是感激日本，中日两国便可以合作互助，另外再立互助的条约——象经济同盟和攻守同盟那些互助的条约，都可以再定——假若中日两国真正做到了攻守同盟，日本所得的权利，当然要比现在所享的权利大过好几百倍或者是几千倍。若真是有远大眼光的人要为将来几百倍几千倍的大利，当无不可牺牲目前和以往的这种小权利。诸君今天欢迎我，我为贵国的将来大权利起见，所以劝贵国牺牲目前的小权利。

《革命文献》第 10 辑，第 83—86 页

孙中山与头山满的谈话①
1924 年 11 月 26 日

由戴天仇传译孙氏来日目的，欲望废除各国与中国所订不平等条约。头山满闻此，默然半晌答云：所谓废除不平等条约，然则我日本在满、蒙既得之权利，将如何处置？至于具体办法，莫非欲将旅大收回耶！

孙云：旅大收回一层，余实未想到此，惟香港、澳门则有意收回。其中对于澳门为甚，因澳门之被葡萄牙割据，条约上未有载明，不过葡萄牙乘我内乱之际，五百年前，私自割据而已。但现在葡亦不敢伸张势力于内地，否则不堪设想。旅大如不扩大其势力，则无成问题之必要，香港亦然。

头山云：此言诚然，两国地位立脚关系，当互相援助，然后可谓之真正日支亲善。

孙云：今日有希望于先生者，有二问题，此两种问题，请竭力帮忙，具望贵国朝野充分谅解。其一、撤销治外法权，其二、中国关税独立。

---

① 1924 年 11 月 24 日，孙中山抵神户，25 日头山满来访，在神户东方饭店密谈至深夜，次日午后继续谈话——原编者注。

治外法权撤废,谅贵国人士,无不表同情。惟关税独立,因今日日本在中国商业地位,较之英美立于同等地位,或有过之,故关税权一为中国收回,日本难免受多大影响。其实不然,日本之金融、航业、运输等势力,远不及英美。但中国关税独立时,日本之地位亦大有向上之望。一方面虽受损失,一方面亦有利益,可断言也。

头山云:尊意颇有同感之处,以后当尽力行之可也。

上海《时报》,《孙中山在神户记》,1924 年 12 月 4 日

孙中山对神户商业会议所等团体的演说

1924 年 11 月 28 日

今天,我在这里受到的欢迎,可以说是空前的,对此我不胜感谢。

诸位,所谓大亚细亚主义究竟指的是什么呢?亚细亚固有的文化,不论是政治方面、道德方面、工业方面都比欧洲的文明更为优秀,但是,为什么我们现在还要承受他们的压迫呢?亚细亚民族渐渐地从五百年的长眠中觉醒过来了,现在正亟待从这种压迫中挣脱出来。这种觉醒的契机,其实就是从三十年前,日本废除不平等条约,与欧美各国争得了同等的待遇开始的。

尽管如此,在亚细亚民族中,至今还受着西方压迫,几乎处于殖民性境况之中的,仍然是大多数。暹罗如何?波斯如何?我一想到这样的现状,就觉得不可思议,我们为什么一定要受到如此的侮辱?总而言之,我们不能不承认,二千年前我们就具有的以正义、道德为基准的文化,结果是不能战胜西洋近时才发生的以武器武力为主的无道义性的文化。

在当时,亚洲民族对日本的伟大功绩是感谢不已的。亚细亚民族正在埋头于独立运动,为此,我们将永远不会满足于中日团结这样的狭小的范围,而必须推进东亚民族的大团结。

亚细亚民族,有占世界人口二分之一的八亿人民和富饶的土地,有我们以道德为基础发扬起来的优秀文化,如果再能谋求一个大团结,那

么我们一定能有效地防御西力的东渐,能对付那以武力为基础的所谓西洋文化。

最后,孙先生阐述了欧美各国憎恶苏俄的原因,他讴歌了苏俄否定西洋文化、以正义和人道为基础的文明。

《近代史资料》总第 68 号,陆晓燕译《孙中山在神户》,原载日本神户《又新日报》1924 年 11 月 30 日

孙中山在日本门司与记者的谈话
1924 年 12 月 1 日

记者问:我们多年没见过先生,适逢先生路过门司的机会,所以特来问候,并请问先生这次经过日本的感想。

先生答:我这次绕道贵国,蒙贵国朝野人士极热诚的欢迎,我是十分满足、十分感谢的。我到日本的目的,已经在日本各新闻纸上发表过了。所发表的主张,最重要之一点,就是在求日本援助中国,废除中国同外国所立的一些不平等条约。我们中国此刻所受不平等条约的痛苦,在日本三十年以前,也是曾经受过了的,后来日本同欧美各国奋斗,才除去那种痛苦。我现在希望你们日本,己立立人,己达达人,扩充痛定思痛的同情心,援助我们中国来奋斗。

记者问:近来我们得到北京许多电报,听到说现在有许多人要选举先生做大总统,如果能够成事实,先生是什么态度呢?

先生答:我的态度,是决计推辞。中国一日没有完全独立,我便一日不情愿做总统。要中国完全独立之后,我才可以承认国民的希望。照中国现在大多数的国民希望,要我做大总统,大概他们都不知道自己在国际上的地位。中国现在是做十几国的殖民地,有十几国的主人,我们是十几国的奴隶。如果我是做大总统,在政府之中身当其冲,天天和十几个主人来往,便随时随地要和主人冲突。中国现在的地位,不能够和主人有冲突,所以我现在不能够做大总统。我先要处于国民的地位,同各国再交涉,废除从前不平等的条约,脱离奴隶的地位,到那个时候,

才再可以同国民说做他们大总统的话。

记者问：先生这次到北京去，推什么人做总统呢？

先生答：我现在日本，看不清楚，不能够说出何人。

记者问：中国南北不调和，是过去的事实，以后还有没有这种事实呢？

先生答：这个关键，也是在不平等的条约。如果北方有胆量，能够赞成南方的主张，废除那些不平等的条约，于中国前途有大利益，南北才可以调和。若是北方没有这个胆量来赞成南方的主张，中国不能够脱离奴隶的地位，就是南北一时调和，于中国前途只有害而无利，南北又何必要调和，何必要统一？这个理由，要另外有一个证据，才可以说明，诸君才可以懂得清楚。诸君知道我们中国在满清的时代南北是统一的，只有一个政府。从瓜分中国的论调发生了之后，各国都想在中国沿海口岸先占一个根据地，然后才由此发展，进占中国内地。所以德国占青岛，俄国占旅顺、大连，法国占广州湾，英国占香港、威海卫。此时香港的海军当局计划香港的防守事宜，看见香港对面的九龙地方有许多高地，对于香港都是居高临下，香港若是得不到那些高地的防卫，在军事上便极不安全。英国人的这种思想，并不是怕中国人利用那些高地来打香港，是怕外国人占领了中国之后，利用那些高地来打香港，所以便想预先向中国取得那些高地。照英国人原来计划，是以那些高地的分水岭为界，只要水向香港流的地方，划归香港政府防卫，至于水向中国流的地方，都可划归中国政府防卫，香港便极安全。这个计划定了之后，英国人便告诉驻北京的英国公使，和中国政府交涉。英国公使接到了那个计划之后，打开香港的地图一看，以为香港的原来计划，只要求中国割十几方里，那个要求太小。他看到北京的政府很软弱，很容易欺负，可以多要求，所以向中国政府提出来的不只要求十几方里，而是要中国割两百多方里。当时北京的统一政府非常的怕外国人，当然是听外国人的话，准英国的要求。英国公使一接到了中国政府照准的公文之后，便通知香港的英国政府，于是香港政府便派兵进九龙内地接收那些领土。在本地的土人一遇到了英国兵,便和英国兵开战,便打败了他们。于是英国兵就退回香港,又再打电报到北京的英国公使,向中国政府交涉,说我们原来要你和中国政府交涉,取得那些领土,就是不愿意用武力,是想和平解决;现在我们去接收那些领土,本地人民已经是和我们开战,请你再向中国政府交涉罢。英国公使又再把香港的情形,向中国政府提出交涉。中国政府一得到了那个交涉,便打一个电报到两广总督,要两广总督执行,一定要把那些领土交到香港政府。两广总督一接到了北京统一政府的命令,当然是严厉执行,便马上派兵五千,去打退本地的人民,香港政府才是安全的得到了那两百多方里的领土。像这样讲起来,当时中国的北京政府虽然是一个中国的统一政府,但是另外还有主人,要听外国主人的话;对于本国的人民,就是杀人放火,也是要做。像这样的政府,虽然在名义上是统一,但是在事实上对于南方人民,只有害而无利,又何贵乎有这种统一政府?假若在满清的时候,中国政府不是统一,北京政府的压力不能达到南方,以南方的强悍,专就香港而言,便不致失去那些领土。所以我这次到北京去,是不是执全国的政权,南北是不是统一,就在地方政府能不能够赞成我们南方的主张,废除不平等的条约,争回主人的地位,从此以后,再不听外国人的话,来残害南方的人民。如果这一层做不到,南方人民还是因为北京政府怕外国人的关系,间接还是受外国人的害,南北又何必要调和?何必要统一?我又怎么情愿去执政权?若是这一层能够办得到,中国可以完全自由,南方人民再不间接受外国人的害,南北便可以调和,便可以统一,我也情愿去执政权。

记者问:陈炯明何以反叛先生呢?

先生答:因为图个人的私利,勾通了吴佩孚。陈炯明也不全是反叛我,是反叛我们国民党。

记者问:先生要废除中国同外国所立的不平等条约,对于日本所希望的是废除那几种条约呢?

先生答:如海关、租界和治外法权的那些条约,只要是于中国有害的,便要废除,要来收回我们固有的权利。

记者问:先生对于日本同中国所立的二十一条要求,是不是也要改良呢?

先生答:所有中国同外国所立的一切不平等条约,都是要改良,不只是日本所立的二十一条的要求。二十一条的要求,也当然是在要改良之列。中国的古话说:"己所不欲,勿施于人。"假若美国对于日本也有二十一条的要求,你们日本是不是情愿承受呢? 当然是不情愿的。既是自己不情愿,拿出恕道心和公平的主张出来,当然不可以己所不情愿的要求来加之于中国。你们日本便应该首先提倡改良。

记者问:先生对于国外的问题主张要废除条约,对于国内的问题是不是要主张废督裁兵,中国才可以统一呢?

先生答:对于国内的问题也是要先废除条约。因为中国近来的兵与督,都是外国条约造成的。

《孙中山选集》下卷,第 912—916 页

孙中山与日本某访员的谈话①

1924 年 12 月 5 日

某访员问:现在局面无论何人出而收拾,不能不有赖于财力。高见以为何如?

孙中山答:据予所见,政府如经全国国民承认,则所需政费可由国内筹出。向外国借债,恐贻将来祸根,不可不慎重从事。但在未征集国民全体之意思以前,使用少数外资亦未可知。

问:阁下力主亚细亚民族之结合与不平等条约之排除,其详可得闻乎?

答:亚细亚民族不可不排除不道理之欧美人势力,盖是项势力一经排除,则中国问题自然解决。日本表面上似不受欧美势力之压迫,其实

---

① 12 月 5 日,孙中山在寓所张园接见了日本某访员——原编者注。

亦与中国同样。明治维新后,由锁国解放,吸收欧美之文化,结果反陷于欧美祸。日本自日俄战争及欧洲大战以来,思想上,即外交上、经济上,亦莫不追随欧美,对于本乡本土之亚细亚反度外视之,且由轻蔑之结果,至与中国发生疏隔。过去无论矣,以后尚望日本速归于亚细亚主义,而尤以承认俄国为其第一步。

> 北京《晨报》,《孙文之谈话》,1924 年 12 月 6 日,转引自《孙中山全集》第11 卷,第 466 页

（四）对英外交

说明:在护法军政府成立之初,南方政府在争取列强对其政权的承认的同时,在对英外交上起初对英国持批评态度,1917 年 5 月在借朱执信之名发表的《中国存亡问题》中,孙中山对英国的殖民帝国主义外交的本质进行了揭露与批评,当时南方政府对英外交未获进展。然而,到 1923 年初,孙中山到广州第三次建立政权之前,为使新政权获得列强更广泛的支持,孙中山开始转变对英政策,尝试寻求与英国政府改善关系。孙中山的改善关系的努力获香港英国殖民政府的积极响应,1923年 2 月,孙中山时隔多年后再访香港,并获港督司徒拔的接待。然而,由于英国政府的反对,南方政府尝试与英国改善关系的努力受挫。

1. 对英认识及与英国朝野的交往

大英帝国之基础①

除去印度,大英帝国不过世界之三等国,此英人所自认者也(《中

---

① 以下内容取自 1917 年 5 月出版、由孙中山口述、朱执信执笔的《中国存亡问题》,章节编号省去——原编者注。

央公论》引喀逊语）。英国之帝国,以何者为基础乎？伦敦之市场,何所资而能为世界市场之中心乎？英国之外交,何以常能使人尊敬为第一有力者乎？以偏在欧洲西北三岛之地,而其所领土地周绕地球,自诩国旗不逢日没,其操纵之,操何术乎？非巴力门政治之力也,非二强国海军标准政策之力也,非条顿种绅士精神之力也,所恃者印度而已。惟有印度,始能控御此周绕地球之殖民地;惟有印度,伦敦市场始得为世界中心;亦惟有印度,英国始得至今执欧洲之牛耳,横行于世界。英国之君,称为大不列颠合众王国王兼印度皇帝,英之所以为帝国者,在印度不在英伦也。

往者英相张伯伦,以其所领之统一党,倡帝国主义,而以殖民地互惠关税为入手办法,即说明此意义者也。英之殖民地遍于五洲,自英本国而南,占有非洲之大部分,而握埃及以为交通之枢纽,且取直布罗陀、摩尔泰、亚丁以联之,而以好望角副之;出红海而东,萃于印度,展而及马拉半岛,则星架坡为之枢,锡兰、香港以副之;其东南则有澳洲,越海而为坎拿大。盖其领地统治之法,随地而殊,坎拿大、澳洲,皆有自治政府,英国之主权仅于对外认之。而澳、坎对外,所以姑认英之主权,非以为母国利也,以其若离英独立,则海陆军之费较现在必且大增,现在可以轻税薄敛支持,将更而为重税,故宁依附英国,以保对外之安宁。其用心如此,故英国欲求国家所须要之资源,不能仰之澳洲、坎拿大也。今日母国布征兵之制,强制劳役之令,不敢望之澳、坎也（去年十一月澳已否决征兵案）。非洲之地虽亦巨大,而人口较疏,地势分散,必不可用以为发展之基。只有印度、马拉,比较地位适当,而向来统治,惟英人意所欲为,初无扞格,故以为联合之基础最适。而马拉半岛消费生产之力,均远在印度之下,所以不能不舍马拉而取印度也。张伯伦之策,乃在改高英国之税率,对于外国输入之货加以重税,而于本国及属地来往之货物,则特免其税以励之,所谓特惠也。以此特惠之结果,澳洲之农产及印度、马拉所产各原料,可以专擅英伦之市场,不容他国货侵入,而英伦工业制品亦可专占坎拿大与澳、非等大市场,而拒绝外国货之流入。使此政策完全实行,则经济上英国全国农工商业皆能自给,以其余力操纵世界市场,论其根本所需,不必求之国外而已足。所谓农工商三位一体主义者,即此之谓。而英国之帝国主义,亦于此计划实行之后,始可望其进展也。从前欧洲之取殖民地,无异蜂之取蜜,所志者在吸其精华,以益本国,绝不存一联为一体之念。故其所谓殖民地者,单以能使本国得益若干为算计之基础,以经济之利害,决经营之方针。然在二十世纪,此种中古之政策,不适于用,自不待言。张伯伦之帝国主义,乃由是倡。彼以为殖民地与母国,当视为一体,痛痒相关。母国之工业,即藉殖民地以为销场,而农产则由殖民地供给。然而此所谓销场者,专视人口之多寡。英国全国人口,不过四万万内外,其中三万五千万为印度人,本国人及印度人外,所余人口仅数千万耳,足以证明英国若无印度,即不能成为帝国矣。

抑英国之获得殖民地,非有一计划以整然之组织行之者也。始得领地于美洲,旋夺法之坎拿大,未几而合众国独立,值拿破仑战争之后,乃以种种手段,继受荷、葡两国所领,且占有澳洲。于此参差错落之殖民地中,谋其联络,然后占有苏彝士河、好望角、星架坡等地以为根据。印度之经营,乃自一公司始,资本裁七万(磅)〔镑〕耳。中间有葡萄牙之先进,复遇法、荷之东印度公司与为竞争。适印度小国互相攻击,而皆借助于外人。克雷夫,印度公司中一书记也,凭其智力,煽构印度诸王,假以资粮器械,己则乘之收其实权。自十七世纪以来,迄于一八五七年之叛乱,印度统治皆委之于公司,英国政府初不过问也。暨乎叛乱戡定,一八五八年英国始声言并合印度,一八七七年英国始以维多利女王兼印度皇后。其时公司所以付与母国者,面积一百七十六万方英里,人口三万万余。自兹以降,英人复尽力谋其扩张,且保护维持其殖民地。然而,作始非有计划,故当然为大英帝国之基础者,至于二十世纪之初,犹以偏隅待之,所有政治上之施设,往往背驰。此则凡属逐渐长成者所同有之弊害,小之如一都市,当其始未有计划,任意以延长之,则其形必成为不规则之状,其交通配列必不如意,其天然应有之中心与实际现存之中心乖离,统治改良,种种阻碍,皆由斯起。论世者试以中国之南京、北京、广州、汉口,日本之东京,比之美国之华盛顿,可以知其差异矣。彼南京、广州、东京诸市,非故意为此不规则也,任其自然发达,以变田园为市街,由田园进而任意附益于都市,不由都市自立计划以取用田园,则其糅乱无纪,必不可免。英之殖民地,亦正类此。本来既无秩序,则一旦求整其统系,自属非易。然无论如何,英国经济之基础,即其国家之命脉,在于印度,事至了然。若此基础失去,则大英帝国亦惟有瓦解而已。除去印度,虽以澳洲、坎拿大亦不足以为英伦工业品之销场,不足以完农工商之〔三〕位一体之实。既不免求销场于外国,则国内自给之策完全破坏,母国与殖民地浸益疏远,终至各相离异,不复有为。故无印度者,澳洲、坎拿大皆成为无意味,而非洲与马拉半岛更不足数矣。故英国所以能保有国旗不遇日落之殖民地,以印度也。

英国之所以得握世界商业上之实权,以世界市场置之己国之支配下者,以其国之出产力与消费力,俱优越于他国,而其生产、消费各在一地,即在国内营通商转运之业,已臻极盛,挟此基础,以为商业,以为航业,他国不能与争也。夫世界之货物,有其生产地与消费地之距离,视其两地之距伦敦更近者,其价反待决于伦敦之市场,此非以经济社会关联较多,他物集于伦敦,一物不能独异之故乎?凡世界市场买卖,虽以货币计数,而买者之资源,必由于卖一种货物,卖者又常以其资金购取他种货物,故有一地为多数货物贸易之所者,其他货物当然趋而附之。英国以其对国内之贸易,集中于伦敦,随之对国外之贸易,亦集中于伦敦,此贸易之额,既已甚巨,故二者以外之贸易,亦为其所吸引,而伦敦自然成为商业之中心。除去印度,则英国之商业已去大半,其根本既伤,自无吸引之力,而雄制世界市场之资格,从此失矣。印度之存亡,即英之存亡也,无印度即无殖民地,无商业,无航业,内不能自给,外不能取足于他人,虽欲苟存,安可得乎?

不观乎西班牙、葡萄牙之历史乎?彼二国当十六、七世纪间,中分地球,各取其半,以为势力范围,其所领殖民地,势驾于并时诸国〔上〕,

徒以不能谋其统一协合，母国与殖民地，两不相亲，稍有不利，即离而独
立，或他属焉。今之非洲海岸诸地，暨南洋英、荷领土，往者非皆葡领
乎？葡萄牙惟不能占有好望角与埃及诸殖民地，遂无由联络。西班牙
亦坐不能收联结中美、南美诸地之效，所以入十九世纪，纷纷变为独立
之国。盖其对于母国，本皆无经济之关联，其离叛固事势之所使然，不
足怪也。荷兰承葡萄牙之敝而起，一时雄视东方，亦以不得经济上之联
结，一失星架坡、麻六甲于英，其地位遂大低落。使葡萄牙与荷兰得英
之印度，则东方岂容英国为霸，使英不得印度，则不特马拉半岛无由经
营，即坎拿大、澳洲亦久已师美国而独立矣。英国惟得印度以繁荣其商
业，因以担任此巨额军费，以保持其海权，使澳、坎托其庇而安焉，此所
以不蹈西、葡、荷之覆辙而强盛百年也。

　　事固有始行之甚易而莫之行者，亦有偶然行之不知其关系之大如
是，而幸收其良果者。英之设印度公司，在他国之后，侵略全由公司画
策，母国初不之知。即克雷夫当时，岂知其经营印度，关于英国之荣枯
若是哉！事后推论，归功尸名，亦适有运会焉。嗟乎！使中国而遇有若
印度公司者存，恐当英国并合印度之际，中国已相随俱尽，尔时英国欲
吞中国，易与吞印度同耳。当一八六〇年之交，中国方南北争持，未有
所定，清帝北走道死，举国无以抗拒外人为意者。使戈登袭克雷夫之
策，以中国之兵征服中国，决非难事也，况益以国家之助乎？当是时葡、
荷已衰，法、德未起，在东方无与英争殖民地者。自克列迷阿半岛一役，
英、法联合助土敌俄以来，英常以法、普之交恶为利，乘其间隙以图利于
东方。当时虽以英、法联军攻陷北京，论东方之根据，法实无有。英国
当时如不但以通商贸易为满足，而求并吞中国，实无一国可以牵制英国
者。假令英国以十年之功，收中国于掌握之中，则法国正败于普，德意
志帝国新成，而亚洲已全入英国统治之下矣。使其然也，则今日之大英
帝国，非特保有印度莫能摇动，且可以并中国、印度为一团，取世界最大
之市场，纳诸囊中，而莫敢窥伺之。非特无此次之战争，即在将来，苟非
英见内讧，恐亦无人能问英鼎轻重。使吾人为英国人，必不能不痛惜

当时英国无人，坐失此万劫不可复得之机会，而吾中国人则又不能不深幸英国之无人，使吾人今日犹有研究中国存亡问题之余地也。

吾不云乎，事有始行之甚易而莫之行者，亦有偶然行之不知其关系之大若是，而幸收其良果者。故吾人追论英之偶然而得印度，偶然不得中国，为英国计者，惜其未收全功，为中国计者，幸其不蚤覆没，皆从其已事而征其效。然而，英国有帝国主义之实行，有互惠关税等等政策，所以保持其偶然所得者，使不以偶然失之也。而我中国则何如？幸不见并于英，且不知戒，而轻心以掉之乎？英国〔虽〕失并吞中国之机会，心未尝忘中国也。值法国于战后专力经营殖民地，与英角力，德国寻又起而乘之，英国犹欲以瓜分之结果，占有中国之大部分，以为印度之东藩，补往日之失策。而计划未遂，忽有日本起于东方，日本一出，战胜中国，虽曰从此中国败征益无可隐，而实际瓜分之局，转以日本之突起与俄国之远略而中破。俄国既与土战胜，势可突出地中海矣，而英嗾德以挠之，使不得伸，易志而东图我新疆，与彼印度。英国为自保计，不能任俄国之发展，而于东方陆上之力不能制俄，值日本之新兴，遂利用之以为敌俄之具。东方既有此角逐，利益更难平均，因之瓜分说破而均势之说代之。日、俄战后，日之地位更固，而英国亦无法使瓜分之际日本满意，日本亦知瓜分之后己国地位无由巩固，力主保全中国。盖法、德之着手东方，为英国并吞中国之障碍，其政策遂变为瓜分；而日本之勃兴，又为欧洲瓜分中国之障碍，再转而为均势保全。于是英国不得不以保守印度为满足矣。虽然，英之帝国，保守印度，固曰足矣。为他国计，亦能容英国之保守印度以为满足乎？人皆知其不可能也。以英国之帝国主义，恃印度以为基础，故英人必百计求保印度，不惜以万事为牺牲也。

英国百年来之外交政策

欲论英人之用何术以维持此帝国，不可不先溯之于英国向来对外之政策。

英国自战胜西班牙之无敌舰队以来，其对外有一定之国是，即联合较弱之国以摧抑当时最强之国是也。当十八世纪之后半期,英国以法为标的,对于法之战争,以路易十四、十五之强盛为欧洲最故也,非修百年战争以来之宿怨,亦非属望于欧洲之领土。惟英国欲维持自国之利益,则不许欧洲大陆有一强国发生,苟其有之,必合诸国倒之而后已。此对法之战争,结穴于滑铁卢一役,自此以后,至于今兹,百年之间,英国霸权未尝衰竭。虽然,其间保存维持之业,亦复非一。自法国摧败以后,英国不复忌法,而俄国逐渐发展,势将南吞土耳其,既并土耳其,必据埃及、制红海,而地中海之权失,印度之门户亦不固。故于十九世纪之中期,英国舍法而敌俄,举土耳其而御俄罗斯,动则曰扶弱锄强。当是时,土耳其之奉回教,无异今兹,其苛待基督教徒或又甚焉。然而,不惜悬军远征以助之。今日则曰:土耳其之文明已不适于欧洲,须逐之使复归亚洲之故土。狐埋狐搰,翻云覆雨,曾不知愧也。实则前之保土耳其,所以保印度,今恐德因土耳其以取印度,则不能不合俄以攻土耳其也。既一败俄于一八五三年之战,又于一八七七年俄战胜土结约之际,强结德以抑俄。盖自拿破仑败后,英常亲法而敌俄,则以法已失势,俄方日强也。

　　然一方法国自见败于普之后,思有所取偿,而俾斯麦亦欲斗英、法使自敝,因嗾法国致力于殖民地之扩张。于是,法国占突尼斯,占阿遮利,占安南,占马达加斯加,而伸张其势力于摩洛哥,于是乎得罪于意大利,又得罪于英。俾斯麦因是收意大利以入于三国同盟,而激英使敌俄、法。英于斯时,实远俄、法而亲德,至其极,遂生东方之冲突。英人自度在东方力不能胜俄,乃乘日本怨俄之干涉辽东割让一事,怂日以拒俄。日本之与俄战,在日人言之,则为取朝鲜也,为保全东三省不使俄人驻兵占据也。自英人言之,则不过日人为英人守卫印度,驱除其东方之敌人而已。方俄之盛,日饴日人以攻俄,及俄蹶日强,则又百方窘日。此即英国百年不易之国是,以为忘恩负义,以怨报德而讶之者,未知英国之历史者也。

　　一方得日本以制俄,一方德国之势又日隆,于是英国又弃法、俄不以为敌,而转搂诸国以敌德,然后造成此次之战争。盖俾斯麦之为德国画策也,曰让法取海外之殖民地,而德国自以全力修治内政,内政整理既毕,始可外图。于时法果以扩张殖民地与英大冲突,英国欲专埃及之权而法挠之,法国欲固其力于摩洛哥,而英国又以直布罗陀之关系,不欲法国占此非洲北岸之突出点,两不相下。既而威廉第二黜去俾斯麦,而图扩张势力于国外,以是经营非洲东西海岸之地,在在与英冲突。英国不得已,始与法国协商,法国承认英国在埃及之权利,英国亦承认法国在摩洛哥之优越权。于时,俄犹未败于东方也。及俄国既败,英、法益亲,法遂实行前约,以兵力干涉摩洛哥,德国乃出而抗议。是时,法之外务总长笛卡西与英为约,一旦法、德决裂,英当以二十万兵助法,经由丹麦进攻基尔运河(此种计划正与德之强行通过比利时同,英国不过偶未逢此实现之机会而已,何人道公理之可言)。后卒以调停终局,而英之义华第七与法外交总长笛卡西遂始终成就英、法之联结。统此以观,百年之间,英与法再为敌,再为友,于俄一为友,一为敌,于德一为友,一为敌。要之,当其最强之际,英国必联他国以敌之,及其有他国更强,则又联之以共敌他国。二世纪间,英国之外交政策未尝变也。其以一国为友也,非有诚意之结合,不过利用之以攻击他国,以友国军队为己之佣兵,敌其所忾而已。及乎强敌既挫,惟有友强,则又转而以友为敌,而英国始终居于使嗾之地位。战则他国任其劳,胜则英国取其利,此则数百年来未尝变者也。故论英国之外交,断不能谓某国必可为英国之友,亦不能谓某国必为英国之敌,抑且除印度及与印度有关之数地外,虽为英国向蓄有势力之地,亦不惮移以赠人。如摩洛哥,固英国宿昔所经营者,为搂法以伐德,不惜以让诸法,从可知英国向来为破灭欧洲最强之国,不惜以种种为牺牲。而其所以必破坏欧洲最强之国者,不外以保存其帝国,换言之,即不外以保全印度耳。自道德上言之,必损己以害人,信为罪恶。然以利害而论,为英国谋者又何以加于兹。故英国之结日、结法、结俄,均以其强不逮德国,故纠合而为之首领,使屈从于己支配之下也。其于土耳其,亦思用此策,以绝德国东出之途,同时又不使俄国得志。然而,英人有恒言曰:"血浓于水。"故又常助土耳其支配下之白人,使离土独立而收以为己党,自希腊之独立而已然。而于塞尔维、门得内哥罗,与罗马尼亚、勃牙利,又以对俄国之关系,英亦阴祖之。故土卒不甘为英之牺牲而合于德,藉不然者,英国已以土为俄国之饵,而君士但丁久在俄国统治之下矣。不观夫土未与英、俄决裂之前,英国之所以诱土助己者乎?英国上下无不以为土国厚受英之保护,以有今兹,而不计其对俄之宿愤,以为一旦揽致土国,即可乘势满足俄之欲望也。夫英国之利用他国也,方其得势,则牺牲他同盟国以满其欲望。及其势不足以为助,则又取以为他国之牺牲,此其历史已彰彰然明矣,论者以为土苟维持中立,尚可免英、俄之攻击。不知为英之与国者,方其有力,英必乐与以种种之利益,使与俱敌其敌,及其无力,英亦必重苦之以快他国之意。无他,英之求友邦,贵能为英尽力;今既无力,自然应以其国为英之牺牲。譬如饲蚕者,三眠以前,束稿伐桑,昕夕觑候,惟恐不逮,孝子之养父母,无以过也。茧抽丝尽,则命鑊鼎镬,骸饱鱼鳖。今日英之友邦,皆蚕也。其犹得英之承迎者,丝未尽耳。故如塞尔维受俄之命以图奥,即间接受英之指挥以图德者也。首发巨难,亡其宗佑,亦可谓忠于其事矣。而英人之待之固何如?方勃牙利之未附德也,英人不尝与勃牙利议,割塞之地以饱勃之欲,使参战乎?当时议固未成,而英国亦以此藉口,谓巴耳干外交失败,非己之罪。夫英国欲饱勃之欲,何不牺牲己之利益以求之,何不牺牲俄之利益以求之,而必以塞为牺牲者,塞之力已尽,勃之力方可恃也。亚巴尼亚非塞尔维日夕所想望者乎?以人种言,以地理言,皆近于塞。塞以外无通海之途,迫而与土战,倾国以争此地,卒为奥所抑,不能逞志。今者塞既为奥所败,若以英、法之援而得亚巴尼亚,固曰义当尔也。然而英、法为联意计,不惜以亚巴尼亚为意之势力范围。观其所以待塞尔维者如此,则知假令土耳其附英、俄而敌德、奥,英国亦必不保护土耳其,以令俄国餍望。此无他,土之力先尽于俄,故其利益不免为俄之牺牲也。今试观察此全战役,英之得与国,有不以利益饵之者乎?如其于意大利,于罗马尼

〔亚〕,所谓参战条件者,非土地之预约乎? 其于日本,非以山东与南洋诸岛为饵乎? 其以利诱勃牙利,诱希腊而不成者,更不可悉举。而问其所以许与人之利益,有一为英国自所捐出者乎? 无有也。非约取之于敌,则使友邦忍苦痛以与之。英国之利益不伤,而有力之国皆用命焉。此真蚕人抽茧,豆人煮豆之术也。刍狗之未陈也,袚而祭之,其既陈也,驱车以轹之。夫英国不仁,以万国为刍狗,塞尔维罹其网而丧其邦,土耳其幸不从英而已。其从之也,欲俄国之进兵,必以亚美尼亚、君士但丁与俄;欲勃牙利之从,必又割其西偏以与勃;欲希腊起,又将割其西南以与希。夫巴尔干诸邦,皆为可左可右之国,而无国不有领土之野心。故土耳其苟为英友者,巴尔干诸邦必悉诅英。非土耳其之声号足以来之也,其膏沃形胜之领土,足使诸国奔走熙攘。而来者逾多,土境逾蹙促,英收其利,土蒙其害。故苟无其力,慎勿为英之友。苟无其力而为英之友,必不免为英之牺牲。若其无力而欲免于牺牲,中立上策也。不然者,与其为英之友,无宁为英之敌。此无论英之终局为胜为败,必无疑义者也。塞尔维与土耳其,其最良之标本也。南洋之矿山主,买人以开矿,其未至也,优之百方,虑其不至也,一旦入工所,计无所逃,则畜类遇之矣。英之所以待友邦者若是而已。为国者其将师塞尔维乎? 抑将师土耳其也?

　　则有问者曰:英之不欲牺牲自国〔利〕益,固也,均是以他国利益为牺牲,何必友邦? 虽中立,英国亦何所爱惜,而不害其利益。曰:是非不欲也,不能也。英之友邦,得友之名而已。其举动皆惟英之命是听,故英国用其力,则为之保护其利益,不用其力,则求善价以沽。其利益有保护之权,故亦有赠与之权。譬如摩洛哥与埃及之交换,英苟无力于摩洛哥,法岂肯以埃及与为交换,法苟无力于埃及,英亦岂允以摩洛哥与之交换。故微生高乞醯其邻,以与乞者,邻既以醯与高,则醯固高之醯也,不必问其所从来,乞者终戴微生之德。若微生使乞者自乞诸邻,则邻犹中立国也,虽所与不止于醯,人惟感邻之惠,而微生不与焉。此亦犹中立国之利益不足以为饵,而英国之急于求友邦,若不暇择者,非以其力足恃，乃以其利益可以为英国牺牲也。中立于此乃可见其真价矣。

英之此政策行之二百年，以致今日之盛大，每于战胜一强国之后，英国若无所利于欧洲之土地者，于是以义侠自鸣。试以英国政治家之心理，置之检镜之下，知其言之必不由衷也。英国之领地遍于世界，无论何国，苟于欧洲有优越之权力，即于英国对于殖民地之利益生冲突，从而英国为保其殖民地计，不得不与之战，使其强国所志，在于他所。如法与意，目的只在非洲北岸，犹易妥协也，然既在欧洲为最强之国，则必不以是为满足，其目的必在于印度。而无印度是无英帝国也，故英国尤不得不合他国而与之战，惟其谋之于未事，制之于未形，故人但见为仗义锄强，而不知其举措无一非为印度之保全计也。

虽然，自有此空前之战争，而英国地位已大变，平和而后，将仍持此策不变乎？抑且改弦更张乎？此现在所须研究者也。吾人以最上之智慧，绝对之忠诚，为英国谋将来保全印度维持帝国之策，则有其必变者，有其必不变者。以最强之国为敌，此必变者也，以较弱之友邦供牺牲，此必不变者也。英于此战争以前，每摧抑一强国，必得数十年之苟安，于此从容以备他国之兴。其所破者，创巨痛深，数十年间，未得复起也。其所防者，数十年未及长成，已逢英之摧败矣。故其政策可以无变。自德之兴，而英国之步骤乃乱。方欲遏法，法未衰也，又以防德之故，不得不助法。方欲遏俄，俄未全败也，又恐日之一盛不可复制。于万不得已之中，巧收俄、法以敌德，而劫日本使从之。辛苦十年而后得今日合纵攻德之结果。平心而论，从英国者为祸为福，姑不与计，英之外交，终不可不谓之大成功。然而，其成功同时，有为英所深不愿者。何则？假令战而胜德，德未成死灰，复燃未可知也。法纵不加强，俄必坐大。自从战后，俄、日知互角之不利，故两国各相亲而疏英。德国覆没之日，即俄、日鼎盛之期，英欲与俄为敌，则无与制俄者。且前此使日敌俄，英之元气未尝伤也，今与德战，虽幸而胜，国富民力已殚矣，是不惟不能自与俄战，即欲他人与俄战，亦莫为用。何则？土、塞之教训，已深入欧洲诸国政治家之心，英欲再求忠诚之仆如塞耳维者，终不可得也。往者英为盟主以攻一国,丰功伟绩,英人尸其大部,故其敌固畏英,其友亦畏英。至于此战,则群知英之易与,无复尊崇之心,其于战后无复宰制欧洲之望明矣。更假令英国于此役不能战胜,则俄国已晓然于英之不亲己,将来必不尽力。即日本亦必深悔从前之误,舍去不援。当时之国,仍以德为最强(现在德国胜利之势已可推,即成为美总统所谓无胜败之媾和,德已居最强之位)。英欲以德为敌,在今日尚不能有成,何况今后!此又事至明白,无可讳言者也。然则,英国为将来百年之计,不得以最强之邦为敌,必以最强之邦为友,相与中分世界之利益而俱享之,自己国以外皆可以为牺牲,而其选择牺牲,由亲者始。此即英国所以报其倾国以保卫印度之友邦之厚惠者也。

协商国胜后之英国外交

　　主加入协商国者,辄言协商国必胜,反之者多言协商国必败。夫以为胜而附之,与以为败而去之,本为一国之道德上绝不能容许者。而主张之者必计较利害,若曰苟有利焉,无恤乎道德。此亦一说也。今姑无与争协商国之胜败,试与设想,协商国全胜之后,英国之地位如何?今日英国所恃以敌德国者,非英国之力也。英国以几及二倍之海军,不能封锁德之海港,而肆德国潜艇之跳梁。拥五百万之大兵,而其战功略不可纪,于海于陆,皆失其威信。其犹得执协商国之牛耳者,能为经济之援助耳。暨乎战后,英国更无可以制人死命之武器,则代德而雄于欧洲大陆者,必有其国。法之为国旧矣,且于此一战,实已殚其精力,不能于战后骤望发展。意虽旧邦新命,而其海陆军两无可恃,在今日以最有利之状况进战,尚不能得志于奥国,至于战后,意已成孤立之况。在英、法尚视为疏远,在德、奥则积有深仇,其不能为英患亦明。其在东方,则英国可袭十余年以日制俄之策,引美国以敌日本,所不可如何者,俄国而已。俄国自十八世纪之初,彼得改革以来,无时不有并吞世界之计划,所谓彼得遗训者,久已为世人所公认。而俄国之地势,实又足以成之。盖俄之为国,在欧洲为受敌最少者,其北则北极之下冰雪之区,其东与南,皆为荒野之国,力不足为俄害。而其土地则足以满俄国之欲,其向来有战争,皆从其西面或西南面而起,其胜则略地增长势力,不胜则退撄其天然之险,人莫能屈之。征之于历史,彼得与瑞典王加罗十二战,尝一败矣,而不为之屈。休兵八年,卒复其仇,获波罗的海沿海之地。此后又参与七年战争,遂乘波兰之弱而分割之。及拿破仑战争之兴,屡为法国所败,而拿破仑终无如俄何。一八一二年,法人悬军远征,以破竹之势,大胜于哥罗提诺,遂占莫斯科,然终不得不退兵,以自致来布芝之覆没。俄国虽败,不为法屈,而反以屈法者,其地利使然也。十九世纪之中叶,俄将伸志于土耳其,会英、法之抗拒,君死军败,地削垒陷,乃至黑海舰队之出入,亦不得自由。然而俄之国力,毫不以是摧败,又东而出于波斯湾。俄之经营中亚细亚也,自十九世纪之始而已然,至一八七三年,占有里海之要港加斯福斯克,遂进而吞高羌,又窥阿富汗斯坦,以与英人利益冲突,波斯遂为英、俄两国之争点。迄一九〇七年,英、俄始为协商,波斯北部为俄国势力范围,其中间为中立地带,其南则为英国势力范围,以是三十年间之努力,终不能达占有波斯湾之希望。其在东方,又遭日本之打击,并其所已有之地盘而失之。若是者,在他国有一于此,必为败亡,而俄罗斯自如也。其胜则威瑞典,收芬兰,割波兰,取中亚细亚;其不幸亦不过莫斯科之退军,斯巴斯图堡之城陷,柏林条约之改订,旅顺、南满之退却,波斯湾之让步而已。故俄国挟此自然之地位,先为不可胜以待人之可胜,英国固无如俄何也。英国之外交微妙而敏迅,吾人不惮称为世界之最,且尤不能不佩敬其主持者有远识而不摇。即如今兹之战争,英国本为间接之利害关系,直接有关者固俄、法也。德国之压迫法、俄,以其优越之陆军力也,使法、俄而退让者,德亦未即侵及英国之封。然英国知苟德国得志于法与俄,即为世界最强之国,至尔时英始与德为敌,则无所及。故豫料德国之必为己,而先联法、俄以攻之。夫法与俄诚有恶于德而结同盟,而于德外交固向无冲突,至摩洛哥问题,与波、哈二州合并问题起,始成葛藤,渐演成以战争解决之局。而此二事皆有英国居于法、俄之背后,励其决心抗德,此英国外交之用心,固远非凡人所测也。此次战役,英国本尽有中立之余地,而英不愿也。不惟不愿中立,且于正为商议调停之际,忽以曾向德使警告德国须豫定甘与英国开战之言告法使,此其强硬固不得不谓之有计算,有斟酌之行动。抑且对于德国之提议保全法国本国及殖民地以求英国中立,及问英国,如德能尊重比国中立,英国亦能中立否? 英国概以行动自由不受束缚、不能豫约中立复之(故英国谓为比利时而战绝不可信)。此皆足证英国苦心孤诣,不欲法、俄独与德战,而勉加入焉,正以其深忌德国故也。其忌德国非有他恶感,亦畏其强耳。然去德国而得俄,其足为英患无异。且往日德之祸法、俄为直接,而祸英为间接,故俄、法为英用。异日俄起,则直接受祸者惟英国,此英国所甚无如何者也。俄人方为英攻德以获利,而英又联他国以攻俄,则人将尽以俄为戒,不敢为英尽力。此又英国政治家所逆见者也。且德既败,则必弃其东进之策,而与俄无利害冲突。意、法本与俄近,美国本不干涉东欧、中亚之事,日本又已先事亲俄,英国欲求俱与敌俄者,必不可得,无已,惟有改其故步,因利乘便以联俄。虽然,联俄非可以口舌毕其效也,英国欲收俄国不侵印度之利,必先有以利俄国,而所以利俄国者,又须为英国势力所及,不徒以口〔舌〕为惠。故如以非洲饵俄国乎? 则非洲之领有,不过稍增其面积,毫不足以为发展之资。且如媵以埃及,则英国与印度之联络,不得不复于好望角之旧途,此为制英国之死命,英所不能容许。即俄国占有此非洲北岸,亦终无由满足其野心明也。将在亚洲方面为让步乎? 则收波斯、阿富汗斯坦于俄国域内,益以危印度之边藩,而俄之野心,亦断不能满足。故结局,欲与俄联,须捐印度,英不捐印度,则须求与印度相当者以赠俄。则在今日有为第二印度之资格,而为俄所满足,无逾中国者矣。故英、俄交好之日,中国必不免为同于印度之牺牲。

　　盖凡所需乎殖民地者,以本国生齿日繁,富源已尽,藉之以免人口过剩之患也。然其所求以为殖民地者,如为荒寒待辟之区,则必费多额之金钱,始可望其发达。而发达之后,又恐其羽毛丰足,背弃母国,故英之殖民也，已失合众国，又将失澳洲、坎拿大。此无他，新领地之生产力，一由移住之人成之，其本有之人民稀少，无生产力，因之亦无消费力。及其培植成功，则其生产者又足自给其消费，而无以益其母国。夫人民乐故土，多亲族友朋之牵率，利不什不徙其居。得殖民地之国，所最希望者，其殖民地能供给己国之原料，同时为工业制品之销场，因之使本国之人，可不出国门而得丰足之给养。惟然，故需其殖民地本有多数之人口，且为勤于工作者，则其原料丰富，而其消费力亦大加。彼全由本国人开辟者，始则无此消费力，终则成为自给之组织，不可得而压抑也。惟对于异种之人民，可以不公平之待遇，使常安于低级农夫之位置，而永收贸易之利，以为己国工业品之销场。故在今日之世界，求得新领土者，必以此为最上之标准，而中国与印度其首选也。

为俄国计，均可以资己国之发展，则亦不妨舍印度而取中国。盖俄国于西伯利亚铁道复线之输送力之下，久有北满、外蒙、新疆之布置，成一包围之况。苟英国助俄以抑日，则其南下犹行所无事耳，是故英国于战后苟欲与俄更为协商，俄必乐为承认。于是，英国可收阿剌伯、波斯、阿富汗斯坦诸地，以及西藏，而北以外高加索、昆仑两山脉及里海为天然之境界。此局既成，则法、意及巴尔干诸邦，均立于英、俄之下位，而地中海两岸之地，悉成英之势力范围。英之指麾欧洲大陆，无异今日指麾西、葡，而英与俄一为海王，一为陆帝，两不相妨，百年之安，可坐而致也。此英国战胜以后之态度，不难豫想。如使英之政治家，于此战后千载一时之机会，尚不知出此为英国谋之上策，吾不信其为真爱英国者矣。

协商国战败或无胜败讲和后之英国外交

今更豫想战败后之景况，则英国为此次战役之首领，同时据有媾和之权，故常能于有利之时机为媾和。若欧战以无胜负终，媾和之时期，亦惟英国决之。所以然者，英国及协商诸国，始料以数倍之力加于德、奥，则战争可不期月而决，既而事与愿违，寖成持久之战，于是俄国屡有媾和之说。法国凯约一派，亦有平和运动，英国察而先制之，遂成所谓非单独媾和条约，日、意后亦加入焉。以此约故，各国非得英之同意，不能媾和，而英国欲媾和时自然能得各国之同意。盖于财政上英国对于法、俄，实有操纵之力。而对法之煤，对俄之武器，一旦断其供给，皆可以制其死命，虽欲不同意而不能。故非单独媾和条约者，不啻以媾和全权委之英国者也。挟此媾和之全权，以与德遇，无论胜负，英必能使德国对于英国之提议乐为承诺，以图日后之亲交地步。故虽在战争中，英国常握有可得与德接近之地位，而其实行则视左之二条件：

一、英国有联德之必要否？此本章所当论者也。

二、各协商国守约之能力如何？今日俄国已屡有单独媾和之传言，意国亦公表德、奥若加兵，而英、法不能为助，则势恐不支之意。俄、意能甘居比、塞、门、罗四国之惨境与否？不失为一问题。若竟单独媾和，则英失其巨利。

英国既握此全权，则于协商国不得胜时（包以无胜负和之场合在内），英国必思所以利用此者。而英国之地位如前第五章所述，不能用百年来旧策，以最强之国为敌，即当以最强之国为友。协商国如不得战胜之结果，德之军国主义决无打破之期，罢战之后，最强之国仍是德意志，则豫言英国之亲德，决非妄测也。

德之形势与俄反对，故其立国基础，其历史，各不相同。俄为负嵎之国，受攻击者只有西南方面，复有沼泽之阻，与严寒冰雪之困难。德则不然，其地四战，接境之国旧不相能。故俄以退撄持久立国，而德则不能不猛进。征之近世之史，俄虽屡败，不见其损，而普鲁士自有国以来，非战功煊赫，即国势衰颓，决无能暂时保守之理。而其军制，经三度之改革，即三树功名。始以非烈特力大王之力，发挥其军国精神，遂一跃伍于强国。拿破仑战争时，一旦败衄，即全国失所倚恃，王后路易沙以为法所侮，力倡复仇之议。当时以法国之限制，常备军额极稀，商何斯德乃采用后备、续备兵役之制，豫养成多数之军队，于是在拿破仑战争末期，普之兵威，在大陆诸国上。暨乎威廉第一，再改革兵制，扩充军备，即破奥、破法，建造德意志帝国。盖以其地形无自然扩张之余地，一出而图发达,则有战争,一不利于战争,则阻其发达。其为国如是,故协商国一不得胜,必且见德国之伸张其势力于世界。而无论何国,苟新伸张其势力,必不免与英国利害冲突者。又英国挟有若许殖民地之自然结果,前所已述者也。

英国对于此德国之发展,将何道以御之乎? 以力既一试而知其不可矣,则惟有与之均分利益,一如战胜时之亲俄。盖非然者,德国之发展,必先见于地中海,而埃及危,又见于波斯湾,而印度危。亡埃及则丧其喉咽,亡印度则失其本根,此英国所不能堪者也。英国非不欲长为欧洲之雄,不使一国与之比肩称霸,然以事实言,则战胜亦万不能达此目的。乃不得已而有与德提携之事,此则所谓必要生出可能者也。

英国为达此目的故,于德国不愿与英接近之际,常尽力打消和议,使德人知其然,而后以适当之条件,满足英之愿望,则由英国可以主宰媾和。盖当英国订此非单独媾和条约之时,固已决定能梗和议又能促成之者惟有英国,则德之于英,特与以便宜,持为不破坏和议之条件者,虽使协商国战败,亦不难想象其然也。

英国既有联德之必要,又非不能联之者,则亦不能不筹画所以满德之欲望者矣。德于非洲,虽亦有领地,然横贯非洲之策,今已不能实行。而实际但以非洲沿岸为殖民地,于德人更为觖望,即在波斯方面,德人之经营不过以为进取印度之准备,亦决不以但取中亚细亚为满足也。于是,英国为图满德国之欲望,必当以中国为饵,与其联俄同。夫两国之联盟,匪以其条约而有效者也,真正原因,乃在其利害之共同。英国本无急切与德冲突之必要,业如前章所已言,此次交战,既不能达摧抑最强国之目的,英国为保其存在,不得不弃其所欲得之利益,以保其所已得之利益。而德国苟以英国之助,得其所欲得之利益,即为利害共同,而联盟之事自生。譬诸意大利,本与法为近属,且得法之助以立国,而一旦争非洲北岸之地,与德、奥有共同利害,则加入三国同盟以敌法。及其战土以后,利害与奥冲突,而对法缓和,则又复活其同种之感情,与建国之旧恩。故知国际恩怨、要约,两不可恃,同种云者,亦不过使利害较易共同之一条件。其他感情上之事实，随时而变更，非可规律久远之政策也。欲两国之真正利害共同，必有能割舍之决心，所谓协调者，各着眼于永久之计画，于将来两国发展所必须者以交让行之。若是，则德人可抛其窥取印度之心，并抛弃其经营非洲之计画，而专意经营远东。于是乎英可以仍为帝国，而德亦可快其东向之心。故战后之英德同盟，为最自然之事实。

又自历史言之，自非烈特力大王以来，英国非与普为攻守同盟，即守严正中立，除此数年间短期之冲突外，英、德之间本未有葛藤。言其种族，则盎格鲁撒逊，固亦条顿之一分枝，而其交通往来无间。德人之血与英人之血，递为灌输，其亲密乃在法、比之上。英、美、德、奥相去真不远耳，一旦释兵解仇，则条顿同盟成立，比之德、奥之同盟，尤为易易。故闻英、德同盟而惊者，殆未知历史者耳。世人有疑此者，请视日、俄。日、俄以倾国之力相搏，事才十载，日、德之宣战，距朴资贸斯条约，不过八年有余。当日、俄媾和之际，吾在东京，亲见市民热狂，攻小村和议特使为卖国，以桂总理为无能，焚警舍，击吏人，卒倒内阁，舆论未闻有赞成和议者。曾几何时，而人人以狂热欢迎俄人之捷报。夫感情随事而逝，亦随事而生，一国当时之外交，必决诸恒久之利害，决不能以暂时之感情判之。以日、俄之前事，可以判英、德之将来矣。不宁惟是，英之于德，自俾斯麦退，始肇失和之端。自英王义华第七访法，始定拒德之计，然在三数年间，奥国并吞其委任统治之波、哈二州之后，德国即向英国提出亲交之议。及一九一一年摩洛哥事件结束后，英国又特派其陆军总〔长〕哈尔田秘密赴德，共议协合之法，其条件之详，虽不可知，而其主要之点，为两国减少其海军扩张竞争，及有事时两国互守中立，已显然共喻。后其交涉卒归不调，要之两国皆非无意。此事在英人言之，以为无伤于法、俄之好，然其实际果如是乎？一九一一年英国外交总长葛雷在议院演说之言曰："新友虽佳，若云得此须失旧友，则所甚厌。吾等尽所有之手段以求新友，然决不为是而绝旧友。"其言则善矣，然当哈尔田赴德之翌日，法、俄驻英大使急趋英国外交部，人皆知为质问哈氏赴德之〔事〕件,则葛雷之演说,果能不爽乎? 此交涉不过终于不调而已。设其成立,则英、德之联合早已实现,或者并今日之大战亦不发生,未可知也。而谓英国战后不能与德同盟乎? 英国以通殖民地事有名之约翰斯顿,于大战开始前一年,著《常识外交政略》一书,谓:"英国上下正注意于意、土战争一问题,以中欧之军国主义、征服主义、武力主义为忧。其实,英、德妥协至易,而英、俄调和至难。英欲与德接近,则容德国之出亚特力海,及君士坦丁,则在大西洋英国可以避与德冲突。"此即代表战前英人不愿与德开战之一部分人之心理者也。此种思想,于战后最易传播,又无疑也。故战后英、德之接近,在英国有其必要,有其可能,而以非单独媾和条约故,又能收德国之好感,则战后之以中国为交换目的,又必不可逃之数也。

是故英国无论为败为胜,英国国运皆有中坠之虞,惟有改从前之政策,结合强者,与同其利,始可自计百年之安。与人同利而不自损,则必于向属己所支配有可藉口视为己从属之国,掬其利益,以饱贪狼。此无间于为德、为俄,中国必先受其痛苦,而以其人之性质,及其智识之差等而言,俄人之待遇中国人,又较德人为酷。征之前史,无可讳言。彼主张协商国之必胜,而欲加入者,以为协商国胜后可得若许之利益,增若许之光荣,不知俄人之在其后,其惨状乃恐较协商国之不胜为尤甚也。无论协商国〔之〕胜否,中国加入,必为英之牺牲。故无论胜否,日本必受中国加入之恶影响,假令英国以中国属俄,必复其前日南趋之故步,南满、朝鲜,先不容日人之鼾睡,此可无疑者也。日、俄近日虽结协约,不外利益之调和,俄以此一心对德,至于强敌既挫,俄国与英亲善,自然可择取东方膏腴之地,以快其心。英既欲俄不取印度,则将于中国助俄以抑日本,此皆理之所宜有者也。然则,日本将何以自处乎? 南进则与英冲突,北进则与俄冲突,自守则不足,求助则莫应。故英、俄之结合,即日本国运之衰亡,亦即黄人势力之全灭,亚洲之永久隶属欧人,事至显明,无劳思议。反之,英国不胜而联德,则德亦将继俄之位,抑日本以自张。故中国加入之前途,不特中国存亡所系,亦为日本兴衰所关,此亚洲同人所当注意者也。

《中国存亡问题》,转引自《孙中山全集》第4卷,第66—88页

孙中山致康德黎夫人函

1919年3月20日

亲爱的康德黎夫人:

惊闻康德黎博士横遭意外,十分难过!但使我感到很大宽慰的是康博士履险如夷,不屈不挠。您和博士不畏艰险,意志坚强,凡事勇毅沉着,对我是一个莫大的鼓舞。

您和博士对我国一向极为关切,对我国今日所取得的成就,贡献尤多。我深信您一定很乐于了解我所拟全部计划,故特寄上有关国际开发中国计划一份。我也将此计划分送英国政府内阁的每一阁员。希望您能将英国人士对此项计划的反应情况及早函告。如果这个计划在英国反应良好,我便于最近的将来,前往英国一行。目前我不便出国,因为国内尚未和平安定。敬盼早赐回信。

谨向您和博士致以最尊敬的祝愿。

非常忠实于您的孙逸仙
一九一九年三月二十日于上海

《孙中山全集》第5卷,第35—36页

孙中山致康德黎夫人函

1920年8月10日

康德黎夫人鉴:

兹寄上余最近之演讲稿数份,请在英国广泛发布,藉向海外广大的群众说明中国之实际情形。

希望贵伉俪尊体康健。

孙逸仙　八月十日

《孙中山全集》第5卷,第301页

孙中山致康德黎函
1921 年 4 月 2 日

我亲爱的康德黎博士：

随函寄上甫经出版之近作——《中国的国际开发》，藉以向先生及夫人聊表感谢与敬爱之情。

我极希望柯尔逊爵士（Lord Carzon）为此书写一序言，如蒙先生携带我的函件与该书，亲往请求，则不胜感激之至。另请先生给予协助，请将此书在英国发行。在美国，我也将发行此书。伦敦有一名叫詹金斯（Jenkins）的发行人，似为一位企业人才。他曾多次来信，希望发行我的任何文学著作，但因我当时尚无英文写作，故未曾回信。先生可否代我访问这个发行人，并且与他安排此书的发行？我愿将英文本版权，给予接纳此书之任何商人；如果无人接纳，则请函示，并告知需要若干出版费用，以便我将稿件寄给你。此书及所用地图，均有若干错误，我将寄上订正本，以便重新印行。此事敬烦先生惠予照顾为感。

希望先生及夫人均极康健。我目前工作非常繁忙，因此没有机会离开。我甚盼会晤先生之公子，甚盼他来东方时，可以相见一叙。

接读先生最近来信，至感愉快，尚请常赐来示。

向你和康夫人谨致以最热忱的祝愿。

孙逸仙　四月二日于广州

再者：请要求发行人为此书编一目录表及索引。又此书每页仅印三十行，以便增加页数与厚度。逸仙又及。

《孙中山全集》第 5 卷，第 485—486 页

2. 与英国改善关系的努力

傅秉常回忆联英之尝试

余甫自沪抵港之际，展堂尚在广州，未卸省长职，突然发表余为两广交涉员，事先未尝征得余之同意也。哲生竭力怂恿接受此职。余乃

赴广州,访展堂、精卫、仲恺诸人。展堂告余曰,中山先生即将南下,而香港方面犹未取消前次阻止中山先生登岸之禁令。此次任余为交涉员,意在借重余与香港方面之深厚关系,俾中山先生得顺利登岸也。

当时香港总督为司徒拔爵士(Sir Reginald Stubbs),港绅中周寿臣与罗旭龢(Sir Robert Kotewall)两人同余有世交之谊,亦为港绅中较具影响力者。余经周、罗两绅之介绍,乃得往访港督,与彼长谈之结果颇为圆满。余力言香港与广东合作之必要,否则香港之安定与发展将受种种妨害。当时英国公使朱尔典(Jordon)驻北京,彼所代表之英国外交部政策乃为反国民党者。余告港督,香港政府隶属英国殖民部,殖民部之政策及目标与外交部不同。港督深讳余说,对于与广东国民党合作转趋热心。故不仅取消限制中山登岸之禁令,且遣人至码头迎候,一度甚至拟邀中山先生驻总督府。港督既如此礼遇,华人代表港绅又热心协助,故香港商人市民之态度亦与前迥异。

中山先生与港督两次商谈港粤合作,均极融洽,并曾应邀莅香港大学发表演说,香港商民亦纷纷计划赴穗投资。中山先生深觉如能与英合作,实为上策。此时期中山先生在港精神上极感愉快。

联英之尝试终未成功,乃因受到两部分人士之反对,英国方面外交部始终反对,香港政府中,华民政务司海勒德(Helifed)亦不赞成。广州方面英国驻穗总领事詹姆斯爵士(Sir James Jamerson)竭力反对。中山先生返穗后,陈友仁亦至,友仁与英领事积不相能,终至决裂。不久俄人鲍罗廷等接踵而来,于是正式开始联俄。与鲍罗廷交涉,余曾负责其中一部分工作,然深感失望。假设联英成功,则日后之局面必定改观。

《傅秉常口述自传》,第27—28页

巴尔敦(S. Barton)致克来佛(R. H. Clive)①函
1923 年 1 月 17 日

第 12 号

爵士:

我很荣幸地报告本月 11 日孙中山的随从陈友仁约我进行会晤的情形。

陈先生说,鉴于最近陈炯明将军队伍的被挫败,孙博士可能随时返回广东,他(陈先生)希望私下和非官方地了解,去年夏天孙博士离开广东前他与英国当局间所维系的那种关系是否有任何改善的期望。

我回答说,很明显,我不能对孙博士在广东以所谓中国宪法总统名义建立的独立政府统治下发生的任何事件进行讨论;而且我也没有必要这样做,因为国王陛下政府在 1911 年辛亥革命爆发时即已对外公布了其政策,且这项政策从那以后并未发生改变。该政策赞同中国实现稳定和统一,任何中国领导人,想要确定其目标是否可能得到英国的同情,他只能按照上述政策声明的准则设定目标,如此才能得到其想要的答案。

陈先生称,孙博士所有行动皆出自爱国动机,并且他真诚地希望与英国尤其是香港殖民地建立友好关系。

我指出,从结果判断,孙在广东建立的政权令中国更加的衰弱与混乱,而非统一与稳定。即使去年夏天他失败后,孙博士不是将其影响力置于他声称赞同的统一方面,而是处心积虑地挑起新的内战和从其在上海的法租界内的基地激起劳工骚乱,中国现处于辛亥革命以来最恶劣的局势之下。

陈先生冷嘲热讽地坚称,孙博士对陈炯明将军的叛变寻求报复是很自然的事,为北伐所招募的军队必须保留,北伐流产后,为避免解散,他们才被派到福建作战;同样,在一个相对安全的外国租借地内建立行

---

① 巴尔敦,时任英国驻上海总领事;克来佛,时任英国驻华代办。

动基地,总比去其他地方冒不必要的危险要好,因此这也是很自然的事。此外,孙博士在发动这些军事行动的同时,他也与其盟友张作霖和段祺瑞保持联系,致力于统一。他也与吴佩孚互派了代表,但后者坚持与张作霖断绝关系,作为达成协议的前提条件,孙博士认为,与张结盟不论是对与错,现在值其失败之时都不能抛弃后者,因为如果这么做,将把张推向日本人的怀抱。

我评论道,按照孙在报纸上所发表的公开宣言,他似乎赞同与日本建立友好关系,更不用说苏俄与德国了。

陈先生承认的确如此,但称目前与这些国家示好,至少是由于英国与其他列强对孙缺乏同情而引发其不满所造成的,孙博士其实与列强有许多共同之处。然而他带着某种庄重的神态补充道,坦率的开局会认真地结束,他再次重复,孙博士此刻非常渴望采用一种途径,以确保我们的同情,对双方关系的任何改善,他将拿出对此感谢的证据。

我询问道,是否孙博士明确决定返回广东,并在那里对列强承认的中国政府重新开始全面地反抗。陈先生回答道,孙博士正被要求返回广东以防止动乱,但他还未决定行动的路向,他很有可能留在上海继续磋商统一事宜。

我发表意见说,如果孙博士希望使列强相信他致力于国家的统一,而不是个人的地位,当选择在广东重建独立的政府(尽管事实上北京的"非法"总统和"非法"国会目前已不存在),还是在所有人面前宣布自己倡导统一这样的时机到来时,他还是有可能有这样一个机会,尽其本人和他的党派之所能,通过和平的手段,来重获统一。

这不是第一次孙博士的随从们对我使用此类语言,去年 11 月,伍朝枢先生表示希望见我,也讲了孙博士希望与英国改善关系类似的话,但是我必须坦言,即便与陈、伍先生相识十年,也没能激起我对这两位宣传家多大的信任。

可以肯定,自从去年夏天孙博士返回位于法租界的庇护所后,这里的国民党总部对他们所实施计谋的成功结果是非常的兴高采烈,但是,这个党和它的领袖将来是否比他们过去表现得更加关注国家的利益，这一点尚有待观察。

谨致

巴尔敦（签名）

FO371/9181 pp. 17-20

巴尔敦致克来佛函

1923 年 1 月 22 日

第 19 号

爵士：

继续本月 17 日第 12 号函，我很荣幸地报告陈友仁先生本月 19 日再次来访的情形。

他称，他已把本月 11 日与我会谈的结果通知孙博士。孙博士暗示，鉴于他自身生命安全受到威胁，他不可能前往北京；他依然在考虑继续与吴佩孚就统一问题举行非正式磋商，然而与此同时，由于缺乏公认的领导人，广州的局势日趋严峻，那里的一名将军已经显示出反叛的迹象。

孙博士担心，如果他在未得到与香港恢复良好关系的保证下返回广州，很有可能造成动乱，他可能被迫寻求与某些其他列强建立良好关系。

在间接提到新闻报道中所述孙博士与本月 17 日到达上海的苏联特使越飞的关系时，陈先生说，孙博士坚持认为，由于自身衰弱，中国必须与邻国苏联政府达成协议，但这并不意味着孙博士本人信奉共产主义。许多国民党重要人物对布尔什维克的理想寄予同情，这是事实，但孙博士与越飞先生的关系不过是出于一种不惹恼一个强大邻国的自然愿望，其行为动机就像英国与苏联业已达成有限协议的例子一样。

本月 18 日孙博士宴请越飞先生时陈先生在场，孙博士讲到了英国当局对他计划访问香港所提的条件，认为对他是"一个侮辱"，他补充说，当日本听到此事时，立即透过俄日协会和加藤男爵向他发出了访日邀请。

越飞先生请求孙博士允许他访问广州，对此孙博士回答说，以他目前的地位，他还不能给出一个明确的答复。

当我询问陈先生，如果孙博士确实致力于中国的重新统一，那为什么他的代理人还在上海为福建地方招兵买马？为什么地方军事当局本月 10 日应福建当地商人之请停止装送一船 500 人的队伍之后，第二天又让其启程了呢？陈先生坦陈对此并不知情，但称浙江的卢永祥将军目前一直在恳求孙博士不要将粤军撤出福建，理由是吴佩孚正在江西集结军队，试图为北方收复福建和浙江两省。

最近从其他途径获得的情报证实了这一说法，情报说从海外运来的军火已经在位于浙江沿海的海门湾登陆，在浙西南至江西边界一带，有大批的军队在调动。

我的印象是，孙博士对他在广东和南方各省恢复其原有的地位的能力不是很有信心，因此特别渴盼他本人能确保获得来自近邻香港殖民地的同情。

陈先生特别坚持，我应该采取某些行动，将孙博士目前的态度转知英国的有关当局，并暗示说非常希望孙博士与香港总督间举行一次会晤。然而我重复道，既然孙博士坦言陈词与他的行动间存在如此大的差异，从我个人来讲，我看不到任何改善关系的希望。

你觉得我们对这些建议发表任何官方评论合适吗？我冒昧地建议，我们授权国王陛下驻广州总领事，来负责向香港总督阁下转达孙博士驻广州的代表就此问题所作出的任何评论与意见。我将随后通知陈先生这是其与香港联络的适当渠道。

德纳姆（Denham）先生今天从这里启程前往香港，我托他捎一封信给麻克类爵士，随信我附上我的第 12 号函件和本函，以及我的解释，在得到您的指示前，这些内容将不会通知港督和杰弥逊先生。

谨致

巴尔敦（签名）

CO129/482 pp. 150-152

四十二年前国父经过香港盛况

民国十二年二月十七日，国父由陈友仁、古应芬、许少清等陪同，从上海乘"杰斐逊总统轮"抵达香港，目的是转往广州。当天香港气候寒冷，港口大雾弥漫，但是香港市民因为预先知道国父将在干诺道中的卜公码头登陆，因此从下午开始，就有大批欢迎的群众在卜公码头等候，香港华人海员工会更租了许多汽船，船上张挂彩旗，悬起鞭炮，下午五时左右，由中环直驶出筲箕湾的鲤鱼门海外去迎接，沿途大放鞭炮，整个香港海面，洋溢着一片喜气。

当天因为气候不佳，"杰斐逊总统轮"直到下午六时半才在港口出现，同时也不再照预定计划在海面停留，而直驶入对海的九龙仓码头，因为大邮船靠岸需要很多时间，因此在卜公码头等候的新闻记者，看见总统轮转驶向九龙仓，便纷纷雇了电船追过去，但是码头把守严密，在国父未下船之前，不许任何人进入，连新闻记者也不例外，好在国父并未在九龙仓码头下船，仍旧按照原计划，乘汽船横渡港口，在卜公码头着陆。

国父一出现在码头，顿时掌声雷动，欢呼四起，国父步出码头后，即乘汽车直驶半山区干德道九号，下榻于杨西严先生私寓。这时全香港都传遍了国父已抵达香港的消息，于是全市鸣放鞭炮，由下午八时一直放到十一时，这是香港有史以来对任何人前所未有的盛大欢迎。

二月十八日中午，国父应港督葛罗斯汾之邀，在港督府进午餐，下午到西摩道何东爵士（何世礼将军之父）寓邸与何爵士欢谈并共进茶点。二月十九日上午，国父应邀到香港大学发表演说，这是此番国父经过香港的一个高潮。

当天上午，香港大学礼堂内外挤满了学生和来宾，在讲台上与国父同坐的，除了陈友仁之外，还有港督葛罗斯汾、港大副校长布兰特的夫人、香港西商会主席皮西士博士以及何东爵士。

当国父由何东爵士陪同进入礼堂时,受到听众热烈的欢迎,港大学生们起立鼓掌达数分钟之久,他们挥动着帽子,欢呼声与拍凳声夹成一片。

港大学生会主席何世俭(何世礼将军之兄),首先致介绍词,他的介绍词讲得非常中肯而得体,他说孙中山先生是香港华人西医学堂的毕业生,香港华人西医学堂就是香港大学的前身,这是香港大学的光荣。他说用任何语言来介绍孙中山先生都没有必要,因为孙中山的名字就是中国的同义字,孙中山先生的经历如果用书本记载下来,无疑的将是最吸引人的事迹,如果爱好自由是伟大的考验,那么孙中山先生将与伟大共存,因此现在在我们面前的,就是这么一位中国的伟人,一个真正的君子,和一个胸怀广阔的爱国者。

国父一站起来,礼堂中便响起了很久不息的掌声,国父说他回到香港大学来,就好像回到了自己的家一样,由于旅途匆忙,他并未作演讲的准备,他想趁这个机会,回答一些常常被人问起的问题,他说这些问题,他不止被问过一千次,但是从来都是没有机会答复,他认为当日在港大礼堂听讲的人,也许有许多人也会提出同样的问题,因此他就在这里答复。

国父说人人都问他革命的思想是怎样产生的,要回答这个问题,就要回溯到三十九年前的往事,国父说当时他在香港华人西医学堂读书,每年有两次假期回到故乡香山县,每次回去,都要自己作自己的警察和保护者,第一件事是把长枪拿出来,看看有多少子弹,准备晚上应付意外。他说香山县的满清政府官吏已经是贪污枉法、无恶不作,但有一次他到广州,发现那里的情况更坏,几年后他到北京去,更发现那里比广州还要坏几百倍。

国父说,当他在华人西医学堂念书的时候,有一次回到香山,发觉街道实在太肮脏,他乃亲自动手打扫,不久就有许多年青人追随他的行动,大家齐心合力,就将村内外的街道,打扫得干干净净,当时在香山做知县的是一个比较开明的人,很赞成他的做法,并叫他第二年暑假回去,再带领打扫街道。但是过了一年,他再回到乡下,却发现那个开明的知县已经丢了官,新上任的是一个用五万两银子买得乌纱帽的人。

国父说他从西医学堂毕业之后,更加深入社会和各阶层接触,深刻体验的结果,知道他必需放弃救人的职业,而以救国为他的终身事业。

国父说中国的积弱,是由于许多世纪以来都没有一个好政府,他认为中国一旦有一个好政府,以中国人民的勤劳与智慧,中国一定会成为世界上一个第一流的国家。

国父结束了他的演讲之后,听众热情高涨,许多港大学生拥到讲台前面,把他举起来,一直抬到礼堂外面,拍照留念,然后送他出去。国父在登上汽车之前,被介绍给三位听讲的美国妇女,其中一个名叫珍·罗斯福,是当时美国总统西奥多·罗斯福的堂妹。

国父于二月廿一日清晨,离开半山区干德道九号杨西严先生寓所,乘汽车到干诺道中省港码头,搭“香山”号客轮前往广州,随行者除了上海回来的军政要员之外,还有若干在香港加入的,一行共七八十人,包下了“香山”号全部西餐房。香港警察从干德道一直护送他们到码头,码头外齐集了送行的市民,码头内则有大批武装及便衣警察,因为国父离开上海时,曾经传说北洋军阀要买人在船上谋害他,因此这一天“香山”号轮上的二三等搭客被搜查的特别严格,船上的警卫队,也都荷枪站在西餐房的入口处守卫。

在轮船开行之前,国父和他的随行人员,曾在甲板上出现,国父谈笑自若,并频频向送行的群众挥手致意。

八时正,“香山”号汽笛长鸣,启碇开行,华人海员工会又派了好几艘汽船送行,燃起鞭炮,岸上的送行市民也欢声雷动,互相呼应,场面极为壮观动人。这些送行的船只一路尾随“香山”号,驶出港外数里才折返。

翌日的《德臣西报》有这样的描述:“香港市民如此热烈的欢迎孙博士,其盛况在香港的历史上是空前的。更难得的是,这种热情完全是发自每一个市民的内心,没有任何外力的强制与胁迫……孙博士以前曾在香港受教育,孙博士的伟大,也就是香港的光荣……"

其实,国父的伟大,何仅是香港的光荣,他该是全中国的光荣,全亚洲的光荣,乃至全世界的光荣。

附记:笔者负笈海外,近因收集某项资料,于图书馆中偶然发现一九二二年之香港《德臣西报》合订本一卷,信手翻阅,获悉当年过港一段史实,乃据以为成本文,以纪念国父百年诞辰。

《传记文学》第7卷第5期,台北1965年,第21—22页

孙中山在香港大学的演说①

1923年2月19日

我此时无异游子宁家,因香港及香港大学,乃我知识之诞生地也。我本未预备演说,但愿答复一问题,此问题即前此屡有人向我提出,而现时听众中亦必有许多人欲发此问者。

我以前从未能予此问题以一相当答复,而今日则能之。问题维何?即我于何时及如何而得革命思想及新思想是也。我之此等思想发源地即为香港,至于如何得之,则我于三十年前在香港读书,暇时辄闲步市街,见其秩序整齐,建筑闳美,工作进步不断,脑海中留有甚深之印象。我每年回故里香山二次,两地相较,情形迥异,香港整齐而安稳,香山反是。我在里中时竟须自作警察以自卫,时时留意防身之器完好否。我恒默念:香山、香港相距仅五十英里,何以如此不同?外人能在七八十年间在一荒岛上成此伟绩,中国以四千年之文明,乃无一地如香港者,其故安在?

我曾一度劝其乡中父老,为小规模之改良工作,如修桥、造路等,父

---

① 孙中山应香港大学学生邀请作此演说。原报载无演说具体日期,今据《民国日报》2月28日的报道定为2月19日。原报载中的第三人称"彼",此处均改作第一人称"我"——原编者注。

老匙之,但谓无钱办事。我乃于放假时自告奋勇,并得他人之助,冀以自己之劳力贯彻主张。顾修路之事涉及邻村土地,顿起纠葛,遂将此计划作罢。未几我又呈请于县令,县令深表同情,允于下次假期中助之进行。迨假期既届,县令适又更迭,新县官乃行贿五万元买得此缺者,我无复希望,只得回香港,由市政之研究进而为政治之研究。研究结果,知香港政府官员皆洁己奉公,贪赃纳贿之事绝无仅有,此与中国情形正相反。盖中国官员以贪赃纳贿为常事,而洁己奉公为变例也。我至是乃思向高级官员一试,迨试诸省政府,知其腐败尤甚于官僚。最后至北京,则见满清政治下之龌龊,更百倍于广州,于是觉悟乡村政治乃中国政治中之最清洁者,愈高则愈龌龊。

又闻诸长老,英国及欧洲之良政治,并非固有者,乃人经营而改变之耳。从前英国政治亦复腐败恶劣,顾英人爱自由,佥曰:"吾人不复能忍耐此等事,必有以更张之。"有志竟成,卒达目的。我因此遂作一想曰:"曷为吾人不能改革中国之恶政治耶?"

中国对于世界他处之良好事物皆可模仿,而最要之先着,厥为改变政府。现社会中最有力之物,即为一组织良好之政府,中国则并无〔良〕政府,数百年来只有败坏一切之恶政府。我因此于大学毕业之后,即决计抛弃其医人生涯,而从事于医国事业。由此可知我之革命思想完全得之香港也。

我既自称革命家,社会上疑义纷起,多所误会,其实中国式之革命家,究不过抱温和主义,其所主张者非极端主义,乃争一良好稳健之政府。我经多年之工作组织,卒将满清推倒,而建立一民国以代之。民国成立仅十二年,然自愿存在,必永久常在无疑。在此十二年间,困难至多,人民深遭痛苦,乃责革命家之造乱,谓旧时君主较愈于今。然此事实漠视数重要问题,凡民国以人民为主人,我之目的,即在使中国四百兆人皆跻于主人地位,而如何取得此地位之法,一般人似皆未知之。此次改革如造屋然,旧屋已倒,新屋未成,将来造成之后,幸福无量。今日之痛苦,实极小之代价而已。

中国以外,革命家之同志甚多,而反对者亦不少。反对派人谓中国改造民国之机会尚未成熟,以恢复帝制为宜。然十二年来复辟企图已有二次,一为袁世凯,一为清帝,均经失败。夫民国政治之未成功,乃因尚未全上轨道,而在过渡中耳。果欲中国长治久安者,必须首先完成此工作,即必须将新屋建造竣工。革命党所遭反对元素甚多:第一为满人,力图扑灭新思想;第二为官僚,务与革党为敌;第三则为军阀。必此等阻力悉除,中国始能永久平安。

党人今仍为求良政治而奋斗,一俟达此目的,中国人民即将满足而安居。试观海峡殖民地与香港,前者有华人一百万有奇,后者有华人六十万,我等未往该两地之前情形如何不必论,今则皆安居乐业而为良好公民,可见中国人民乃容易管理者也。

学友诸君乎!诸君与余同受教育于此英国属地,并在同一之学校,吾人必须以英国为模范,以英国式之良政治传播于中国全国。

上海《民国日报》,《补记孙先生在港演说全文》,1923 年 3 月 7 日

孙中山在香港工商界集会的演说①

1923 年 2 月 20 日

予此次来港,蒙工商各界到码头欢迎,殊深感谢。惜当时香港政府为保护予计,未许诸君下船相见,未免抱歉。但香港政府已向予表明意见,自后彼此互相协助,一致行动,各商人亦可与予一致行动。从前因各商家协助革命,为政府逮捕,今可无虞,当可与予一致行动。予所希望于各商家者,亦系望其与予一致行动耳。当予前在上海时,北京政府及各省要人,均派代表来与予磋商统一问题。予曾发表宣言,主张先裁兵后统一。予发表宣言后,当得各方面赞成,且有裁兵会之组织;惟曹锟、吴佩孚欲以武力统一,未表赞成,故事未就。但予为实践宣言起见,

——————————

①　2 月 17 日孙中山由沪抵港,20 日邀集香港工商界领袖约 40 余人商量在广东实行裁兵筑路问题——原编者注。

当从广东裁兵始。或谓广东若裁兵,他省来攻奈何? 予将应之曰:兵不贵多而贵精,苟广东有一十万兵,将其裁去一半,余一半之精兵,当能卫省及保护地方而有余。至所裁之兵用以筑路,则全省道路自通,地方自然发展,则兵之工价,虽厚于兵饷亦无妨,而兵当〔工〕〔甘〕于筑路,而不愿当兵也。不过筑路须款,是目前最要问题。然借款亦已有把握,因今日下午上海银行总理士梯云君请予茶会,余曾以裁兵借款事告之,他极赞成,愿向小吕宋、爪哇、星架坡各分行借出,不需特别抵押,所用以抵押者,只将来所筑路,或其方法系将道旁之地以现在之价值定购,待路通价涨时,即以溢利还债。至借款用途,系照予日前宣言办法,系由本省农、工、商、学、报五界各举代表一人,连同债主派出一人共同监督。若各商家赞成此事,和平统一之希望目的,当可立见。

上海《民国日报》,《孙总统对港商界之演说》,1923 年 3 月 1 日

孙中山在广东各界人士欢宴会的演说(节略)
1923 年 2 月

更有外交问题,关系于全体。或者以为广东尚未统一中国,似无外交之可言。不知广东之外交,最密接者为港澳。前者港澳政府,对于民党虽多误会,然自陈炯明背叛后,英人已有觉悟,知中国将来必系民党势力。故近来港督方针亦为之一变。此为吾人最好之机会也。

吾人可乘此良机,加倍努力,一致合作,实行兴利革弊,则厚望多矣!

《国父全集》第二册(转录《中宣新编》)

麻克类(Macleay)致寇松①(Curzon)函
1923 年 2 月 28 日

第 139 号

---

① 麻克类,时任英国驻华公使;寇松,时任英国外交大臣。

勋爵大人：

　　我很荣幸地向您提及克来佛先生上月 13 日第 112 号函件，该信提交了一份国王陛下驻上海总领事关于孙逸仙博士据称希望与英国驻中国及香港的有关当局改善关系的报告，并且我还想向您汇报，在经过上海时，我接受了陈友仁和伍朝枢先生（已故杰出人士伍廷芳之子）的来访，他们显然是代表了孙博士。

　　从会晤中，我得到的印象是，孙逸仙认识到他不可能期望其他各省自愿加入，从而在南方另建一个独立的共和国。他可能要准备制订出某种统一方案，依据方案，他在南方——至少在广东或许还有广西的地位和权威将得到承认，且不受到中央政府的挑战。在当前这个时刻，统一问题（意味着除了调和主要军阀派系外，没有什么可担心的）取决于要将以张作霖、段祺瑞（安福系）和孙逸仙集团为一方、曹锟和吴佩孚集团为另一方的派系聚在一起，当然，由于这些集团内部和联合体内部的分歧，以及西南各独立省份的态度，统一问题颇为复杂。

　　我对陈先生和伍先生所用言辞与巴尔敦先生使用的言辞很相像，我解释道，我们对孙逸仙无任何个人恩怨，但是，推进中国的统一与稳定是国王陛下政府的既定政策，如果孙博士坚持在南方建立一个独立的政府，那他很难期望获得我们的同情与支持。

　　在我本月 26 日第 32 号电文中，我曾很荣幸地报告，孙逸仙在明显弥合了他与桂系的分歧后，已经返回广州。是否这意味着他在南方重获权力还不明显，然而，如果他的确恢复了权力，如果他通过采用避开在英国领土上挑起劳工事端以及其它方式，来展现其与英国当局改善关系的真实愿望，则毫无疑问，我和港督阁下及国王陛下政府驻广州总领事观点一致，均认为我们一方应准备以友好的姿态对待他的进步。无论他在中国的政治命运如何消长，他在华南和在海峡殖民地、马来岛屿及美国的华侨间一直拥有巨大的影响力，这一点毋庸置疑，也是我们一直需要考虑的一个因素。

谨致

麻克类

CO129/482 pp. 147–149

梅尔思(S. F. Mayers)①关于与孙逸仙
在广州会谈情形备忘录

1923 年 3 月 13 日

政治形势

如前面备忘录所述,孙博士说,将粤汉铁路并入政府系统须待国家的统一。

我问他,是否他能够给我详细解释一下分裂持续的原因,主要政党领袖们在争夺什么? 在有对华经验的外国观察家看来,似乎没有什么紧要的原则性问题,他们仅仅是个人的争权夺利。国家的这一形势不仅让百姓蒙受不可言状的苦痛,而且定会给它的对外关系带来困难。与我们利益攸关的铁路发展无限期地陷于停顿,北京政府的财政濒于崩溃,这些不久将导致中国的海外信誉受到毁损。

孙则以质问在这种情形下列强为何无动于衷作答,他们应该采取某种行动以保护自身的利益。

我评论道,这也是北方的几位要人在私下谈话里所极力倡导的,甚至张作霖也坦陈希望看到外交干涉——解决问题的唯一希望。当时外国列强不愿干涉中国的内部事务。

孙博士称,列强在 1917 年毫不犹豫地将中国拖入了战争,这是个在这个国家重启内争的大错误,并且去年他们在反对派即将掌权统一之时支持了吴佩孚。他(孙博士)一直与日本密切合作使中国置身欧战之外,但是当北京政府受美国的鼓动转而与德国及同盟国断交,向日本借钱并浪费在所谓的军事准备上——他们的行动没有得到任何合乎

---

① 时任英中公司驻华代表。

宪法的批准——他觉得有必要再次与其作对,另立一个南方政府。落实临时约法是其一生的工作,当段祺瑞无视所有的宪法原则,他没有选择,只有发起另一场反对端——步其前任主子袁世凯——试图建立的独裁统治的变乱。他(孙博士)将一如既往地尽其力量之所及捍卫宪法原则。

我建议道,如果中国明智地利用参战的机会,段的违宪举动本身不会对这个国家造成危害。在对中国宪政进行仔细的考察后,我确信其并不可行。我们看到,几届不同的议会全然失败,如同许多其他国家的议会政府一样,也只是证明了其腐败与阻碍进步的作用。宪政对于中国思想来说完全是外来之物,因此很难看到其那怕是取得一般意义上的成功。

孙博士说,事件的发展出乎他的预料。早在辛亥革命以前很多年,他在伦敦就向已故的柯乐洪(Archibald Colquhoun)①先生解释过他在中国创建共和国的计划,后者起初认为这样一个政府制度上的变化不可行,但是当细读过孙博士的计划后,他得出结论,计划会取得成功。该计划开始是军政时期,随后将很快过渡到训政时期。在训政时期,政府以县为单位,由军政长官任命的县长治理——县的数量约为 2000,县长负责通过县议会的手段帮助人民实现自治。最终,经过这一训政时期,国家将实现由民选官员和议会制政府的治理。

然而,辛亥革命发生的过早,当他 1911 年底返回中国时,他发现人们要求立即全面实现共和制得热情高涨,因此他不得不被迫放弃他的渐进计划。对运动加以限制是不可能的,袁世凯在将局势引回到最初军政时期的计划上取得了特别的成功,但是,由于转向帝制思想,他毁掉了他所做的一切,同样段祺瑞也未能将共和运动引回军政时期。吴

---

①　柯乐洪(1848—1914),英国探险家、新闻记者和殖民地官员。1881 年—1882 年他从广州到八莫,探测中国到缅甸边境的铁路线,结果写成 Across Chryes: Being the Narrative of a Journey Through the South China Borderlands from Canton to Mandalay 和 Amongst the Shans 两书。曾任《泰晤士报》驻远东记者并为英国政府做情报工作——原编者注。

佩孚现在也想这样做,这是不同敌对的领导人通过协商一致达成统一的障碍。如果不是列强支持吴佩孚,统一去年即已实现。

我对列强支持吴佩孚的说法表示异议,有些列强看到一个有爱国心和诚实度的新的人物的崛起富有同情心,但他们并未给他任何形式的援助,并且现在已将他视为一个失败者。更公平地说,他的对手张作霖获得了外国的援助。外国列强一致倾向不支持任何个体领导人,他们向北京政府委派代表,他们所想要看到的是一个可以提供有益援助的北京政府。然而,这种观点却看不到希望,张作霖和吴佩孚都在为将来的内战做准备,而且广东这里似乎也战云密布。

孙博士说,北方的立场完全归因于吴佩孚的顽固态度。张作霖意识到应该裁军,并且非常愿意解散他的军队,因为这样他可以每年节省3千万元经费,但他不能解散他的军队,除非吴佩孚和曹锟也这样做。在南方,他(孙博士)想立即着手裁军事宜,如果他"呆在广州"的话。他可以解散半数拥有武装的军队,而不管北方领导人如何行为。他可以通过发行财政债券轻易地募集所需资金。一旦处置完吴佩孚,击败或迫其败退,他毫不怀疑张作霖一定会步其后尘,因为他已将张作霖置于其控制之下。他拥有一股比军事力量更为强大的力量,必要的话,通过这股力量,他可以团结张作霖。张作霖不能抵抗他(孙博士)所拥有的这股力量,它比军事力量要强大。

我或许太过谨慎,没有去询问这股神秘力量的名称,我推测它可以被称作从消极抵抗到布尔什维主义的任何东西。

最后,孙博士说,他的所有想法都有赖于他有机会"呆在广州"而实现。去年他还是一个失败者,他不带任何积怨地评论道,现在战胜他的陈炯明已经被逐出了……

注:广州当地的舆论认为,孙博士不可能重建政权,除非他能搞到钱。地方竞争者正密切地关注他,他没有军队,尽管他自称"大元帅"。他的追随者则称他为"总统"。

1923 年 4 月 12 日驻华使馆致外交部函附件 1,FO371/9181 pp.153–155

孙中山在欢宴广州军政各界时的演说中谈外交问题

1923 年 3 月 17 日

　　其次为外交问题,亦有应注意研究之点。从前香港政府态度,对于吾人有多少误解,致令吾人政策迄未能自由实现。目下香港政府之态度已变更,表示赞助之忱。回忆广九、粤汉铁路接轨一事,港政府曾迭向我粤政府请求,当时因所持态度如此,故未肯容纳。但现下彼之态度已变,若再以此为请,似未便拒绝,或因此伤及感情,致彼恢复其旧日态度,宁不可惜! 在反对者,以两路接轨之后,广州商务将被香港挽夺,此亦一有力之理由。惟须知交通之利便与商务之发达成正比例,将来各省货物咸集于广州,而后输出香港放洋,则广州定必顿成最大之贸易场。此事果有利无害,可以容纳,否则,当然不能容纳。且香港从前反对黄埔开港;今则允以经济援助,故接轨一事,似更不能完全拒绝,应请各界将此种外交问题详细研究。在言论界,尤当负指导之责。其次为澳门外交。此问题之解决,比香港方面繁难。因界务未清,时起冲突,划界交涉,虽经许久时间,未得解决,俱因彼此各持极端之故。惟吾人与澳门相处已久,应求相安无事。此事似应交第三者之海牙国际联会公断,较易解决,想以第三者地位加以裁判,或不致偏阿。此事亦请各界及言论界研究研究。此关于外交问题者也。

上海《民国日报》,《孙中山先生宴各界演辞》,1923 年 3 月 25 日

孙中山命傅秉常与英领事交涉令

1923 年 3 月 21 日

　　着广东交涉员傅秉常即与驻广州英总领事交涉,请香港政府放逐陈炯明、叶举、翁式亮、金章、黄强、锺景棠、锺秀南、陈永善、黄福之等逆首迅出香港,免至扰我治安。此令。

孙文

十二、三、二十一日

据中国革命博物馆藏原件,转引自《孙中山全集》第 7 卷,第 246 页

殖民地部致外交部函
1923 年 3 月 31 日

爵士：

我奉德文郡公爵之命，通过您向凯德莱斯顿侯爵寇松转交一封随附香港总督关于广九、粤汉铁路线连通问题的来电。

寇松勋爵从往多年的通信中应该很清楚，香港政府与殖民地大臣对建造这条连通线放在非常重要的地位。如果能获得北京政府以及华南现政府的同意，建造这条铁路线，如果对该工程的财政支持不与国王陛下政府对国际财团的条约义务相冲突，德文郡公爵真切希望应对此事寄予最优先考虑。

CO129/479 pp. 513-514

威尔斯利①(Victor Wellesley) 致麻克类函
1923 年 4 月 5 日

亲爱的麻克类：

我们刚收到北京 1 月 24 日第 50 号函件，该件提交了巴尔敦与陈友仁会谈的报告，没有做出评论，会谈中陈友仁称，他来访的目的是想私下非官方地确认，孙逸仙与英国当局是否能有改善先前已存在的关系的可能。

我们认为，孙可能是一个无耻的、制造危害的幻想家，他的所谓善意不值得信赖，然而与此同时如以报告所言的方式对待他的建议，我们能否从中获得多少东西，则颇令人怀疑。

我们不想过度地干预现场当事人的判断，因为当事者处于判断这些事件的更好位置。你应记得曾与我讨论过艾斯敦(Alston) 和张作霖会晤的颇为不幸的经历，因此我不禁想到，在对待孙的主要心腹时，我

---

① 时任英国外交部常务次官。

们应明智地少采取一种毫不妥协的敌视态度。我们肯定能做到采用更加安抚的态度,当然我们也不能向对方传递任何虚假的印象,即我们或是害怕孙逸仙的影响,或是对他爱制造危害的习性无动于衷。简言之,巴尔敦可能说的是同样的意思,但也用的是不同的方式。

如果你同意此点,或许你可以就此给巴尔敦一点暗示。

忠实于您的

维克多·威尔斯利(签名)

FO371/9181 pp. 22−23

弗莱彻致司徒拔①备忘录

1923 年 4 月 25 日

阁下:

前交通总长梁士诒先生和叶恭绰先生昨日来我处茶叙,何东爵士陪同并做翻译,他们讨论政治问题长达两个小时。

2. 关于目前广东局势,他们认为,吴佩孚已经错过其千载难逢的机会。他不是一个执政者,也不是一个具备选定一名有素质执政者的行家。因此,他在北京树立的傀儡一个接一个的失败,他不能使政府获得稳定,这种能力的缺失令其日益丧失民心。

3. 另一方面,张作霖则是一个好的执政者,尤其是一个好的理财家。他初到满洲时,那里有 1800 万元的债务,而今他已将其转变为3000 万元的盈余。这里面没有日本人的钱。大部分的收入应归属中央政府,但张却以为国家托管之名将其把持。

4. 拯救这个国家有赖于让分治的各省实现和平,各省的首领须为本地人。山西省在过去十年间治理良好,树立了一个很好的榜样。张作霖在满洲最成功,赢得公众的支持很大程度上也是基于他是本土人的事实。张作霖和孙博士正沿着联合与和平的正确路线前行,用军阀的手段

---

① 弗莱彻,时任港英政府代理布政司;司徒拔,时任香港总督。

解决问题绝无可能。值得注意的是，孙博士已经放弃了完全依靠国民党的激进主义做法，开始任命一些挑选出的人员到官方岗位，而不考虑其所属党派，此举使他在商人阶层赢得相当大的支持。孙博士将非常有可能成功地立足，尽管此时明确断言还为时尚早，因为我们还不知道吴佩孚会派什么样的援军。张作霖正在为孙博士提供资金援助（我猜测叶先生来此正是为此目的）。由于许崇智在汕头，陈炯明还不能离开惠州。

5. 梁先生强调了上海有出现危局的可能。浙江督军卢永祥和上海军事指挥何丰林拥兵万余，他们与吴佩孚有隙，后者正怂恿驻上海的海军舰队攻击他们。这支舰队由 3 艘大舰和 10 艘老旧小舰组成，海军司令 To Shih-kwei 没有和舰队在一起，各舰指挥官现已宣布独立，然而，如果舰队转投吴佩孚，他将对上海发起进攻，如此城市周围将爆发激战，上海的给养将被切断。梁先生坚持，危险非常真切，他建议应向总领事发出警告。

6. 在叶先生的支持下，梁先生强烈建议，尽管面临重重困难，应抓住时机建造铁路联通线。我指出困难所在，经过长时间讨论，他们说，他们将探索利用商人捐募的资金由私人建造的可能性。一旦它成为既成事实，中国政府肯定准备接管，无论如何，由于拥有一个很大的中央车站，这只是一个偿付的问题。

梁先生得出结论，本政府对孙博士所采取的政策，在香港和广东均取得了最为满意的效果。

弗莱彻（签字）

1923 年 4 月 25 日

CO129/480 pp. 62-63

司徒拔致殖民地大臣函

1923 年 4 月 26 日

公爵大人：

我很荣幸地向您转发一份所附由代理布政司弗莱彻（Fletcher）先

生提交的有关与梁士诒先生和叶恭绰先生会谈的备忘录,会谈是应叶先生正式拜会之请而举行的。

当然,备忘录中所表达的意见从本质上讲具有很大的党派偏见,但是,由于它们出自两位在中国政坛颇负盛名的前官员之口,还是有些饶有趣味的。

谨致
公爵大人
您恭顺的仆从

司徒拔

CO129/480 p.61

司徒拔致殖民地大臣电

1923 年 5 月 9 日

孙逸仙告诉我,为援助广东某些部门特别是税务、土地和审计部门,他希望谋取一名或多名英国专家的帮助,他请求由我来提名。

你是否同意把我下属的官员借给他用?或是我请求海峡殖民地出借某些官员?

为了香港的利益,最理想的状况是,将广东的管治置于一个令人满意的基础之上。至要推断这些官员不是被孙逸仙雇用(至今他尚未恢复总统的称号),而是被约法政府雇用,我看北京方面不会提出任何合乎情理的异议。

CO129/480 p.111

外交部致殖民地部

1923 年 5 月 23 日

爵士:

关于上月 23 日本部 F930//930/10 号函件,我奉外交大臣之命,在此转交一封国王陛下政府驻北京公使有关拟议建造的广九、粤汉铁路联通线的急件。

很显然,促使孙逸仙改变态度提出当前建议的主要动机(即便不是唯一动机的话),是他需要立即获得现金贷款,没有这些贷款的话,他是不会同意这一计划的。北京政府自然不会同意这一计划,它涉及到给孙逸仙提供一笔活钱,而这一计划也完全违背了国王陛下政府的政策。

在这种情形下,外交大臣完全赞同麻克类爵士的意见,即我们不可能践行当前建造这条铁路线的建议。

谨致

您恭顺的仆从

纽顿(Newton)

CO129/482 p.186

麻克类致寇松电

1923 年 5 月 28 日

英国为广东政府提供顾问

从个人来讲,我强烈地认为,我们的正确途径是不接受孙逸仙的请求,从而保持我们的友好中立政策。目前的形势是,这位领导人与中央政府已经爆发一场公开的大战,对我来说,在此形势下,出借官员明显背离我们现今所采取的不干涉不同军事将领间争斗的政策。在中央政府看来,出借官员将是一种对其支持与同情并几乎相当于承认的表现。公众舆论整体上赞同这种观点,其他人也可能质疑我们的动机,尤其是美国人,他们一直以妒忌的目光注视着我们在广东省的行动。

孙逸仙的过往记录对我没有吸引力。他的政策自私自利,很明显,他只致力于这样一种统一,前提是当统一达成时,他本人须被接受为领导者,允许他实施其政治理想,但这与整个中华民族的观点相去甚远,尽管他们在南方迎合了部分人的主张,迎合了中国年轻的极端主义者、劳工和海外华人的观点。

尽管他最近的地位得到了加强,但却一直受到强势的直系派别难以平息的敌对的威胁。

再者,他干涉了英国的盐政管理,以对抗重组贷款协定的条款。

他还与印度的分裂主义者和共产主义者有交易,并且很有可能与布尔什维克分子达成了某种谅解。

鉴于他目前所采取的态度,香港总督1月6日电文中所提条件难以协调,但是我理解香港政府为了殖民地利益,希望与广州事实上的政府找到某种合作基础所面临的困难处境与抱有的希望。

即便如此,我认为我们不能对孙逸仙寄予任何的信赖。

我将您本月18日电文的内容通知了广州,现在我从杰弥逊先生处收到如下答复:

"孙逸仙最早提出借用官员时,也就是在最近他受到攻击和他同时宣布企图把广东改造为一个模范省之前,此举似乎无可厚非,然而,自此之后,他开始聚拢起某种个人专断内阁性质的东西,尽管名义上他还只是个大元帅,这种个人专断的政府不可能在南方甚至在整个中国演变成一个常规意义上的政府。

再者,通过最近干涉盐政的举动,他已经显示出对有关协定的漠视。

他的地位一点也不稳定,并且他也没有钱。

从另一方面来说,如果内战停止了,或许可以说香港政府出借官员帮助这个省的非军事重组没有破坏中立原则,而该省的福祉与殖民地的利益密切攸关,而且,只有当了解北方政府不会做出任何改革的尝试(即便他们能够这样做)时,上述行动才具有某种正当性。"

CO129/482 pp. 248-250

殖民地大臣致香港总督电

1923年5月29日

广东铁路建议。关于你3月23日的电报,在咨询北京方面后,外交部认为,孙之所以支持有关铁路的建议显然是出于其对即刻获取现金贷款的需要,没有这样一笔贷款,他是不会同意此项计划的。北京当然会拒绝同意这一计划,因其涉及对孙提供自由支配的现金。对孙单独贷款间接牵扯政府,这将违背国王陛下政府的政策。因此很遗憾我不能批准你的建议,尽管国王陛下政府完全意识到这条连接线对于香港的重要性。

CO129/482 p. 251

威尔斯利致殖民地部次官函
1923 年 6 月 4 日

爵士:

　　关于你上月 12 日的来信,信中要求对香港总督请求准许借英国专家给广东政府以援助其重组税务、土地及审计部门做出评论,今奉外交部长之命回复如下:该建议曾电呈女王陛下驻华公使和驻广州总领事征询其意见。

　　2、外交部今收到对此事的回复电文,现将该电附后供殖民地部大臣参阅。

　　3、外交部长完全同意麻克类爵士的意见,即在目前形势下同意孙逸仙所提要求,将会被外界普遍认为是一项同情与支持甚或几乎为承认的举措,因此继续采取此前我们一直坚持的友好中立态度更为可取。

　　谨致

　　您恭顺的仆从

维克多·威尔斯利(签名)
FO371/9181 p. 163

布里南(Brenan)①对上函的批注

中国人不可能自愿寻求外人对其政府管理的援助,很难相信他们

---

① 布里南,时为英国外交部官员。

会真正地给这些英国专家(如果聘用的话)什么重要的工作去做,尤其是像税收、土地和审计这样的事情。

孙逸仙此举的动机可能是其获取英国支持与同情计划的一部分——我们不必因此缘故即拒绝——但是在同意之前我们应征询驻北京公使与驻广州总领事的意见。

FO371/9181 p. 126

殖民地大臣致司徒拔电

1923 年 6 月 16 日

在咨询北京、广州方面后,外交部认为,在目前形势下,同意孙逸仙所提要求,将会被外界普遍认为是一项同情与支持甚或几乎为承认的举措,继续采取此前我们一直坚持的友好中立态度更为可取。因而我不能批准你的出借官员的建议。信函随后发出。

CO129/482 p. 251

孙中山给伍朝枢的训令

1923 年 9 月 18 日

大元帅训令第二九九号

令大本营外交部长伍朝枢

据南洋砂朥越国民党分部刘友珊及郭川衡函称:"敝处辖境咪厘埠于七月九日煤油矿华工某,因与一番妇言词暧昧,忽来一爪哇人持刀行凶,遂至口角互殴,同逮警区。当时有华工少数同业,目睹爪哇人骄横无状,不忍袖手旁观,追随探视,或亦有所陈情于警署长官。而同时华侨工商各界数十人以未明肇事真相,耳目喧传,麇集署前。不意警署长官遽下令迫群众退散,于时人数杂沓,多隶鲁籍,言语不通,未遑趋避,而士兵已操械任意冲挞,未几复实弹开火。排枪一发,当场惨毙华侨一十二名,重伤者四十余名,异赴医院不治者二名,而流弹直透人群,致对街无辜商店亦遭池鱼之殃。案情重大,实我华侨数十年来罕闻之浩劫。噩耗传至敝处，阖埠震惊，刻已函致驻哑庇中国领事，请其电促政府从速严重交涉。查本案原起双方，或各不得辞其咎，然商店营业，行人驻足，于律何罪，竟至惨死？彼居留政府弁髦法律，草菅人命，至于此极，来日大难，殷忧未已，剥肤捣髓，行无噍类。国民一息尚存，势难缄默，国体攸关，政府亦恶得置若罔闻？伏思我孙总理爱国爱民，海内外同志共守不渝，于兹事出非常，骇人听闻，意外之变，其必速筹相当对付之策，而有以慰我异域侨胞于水深火热之际无疑矣。同人等不胜徬徨盼切之至"等情前来。据此，查南洋群岛之开辟，我华侨实居首功，今日侨居南洋各岛之同胞，即当年荜路蓝缕、披荆斩棘者之后裔，该所在地政府对于我华侨，论功宜有相当报酬，论法宜予尽力保护。乃年来南洋各岛中，我华侨被该处土人惨杀之耗，迭有所闻，而尤以此次杀毙十余人，杀伤四十余人为最烈。该所在地政府，既迭颁苛例，剥削我华侨之自由，复屡纵容军警，伤残我华侨之生命。该所在地政府如此行为，对外为蔑视国际友谊，对内为弁髦自国法律，不惟人道正谊所不容，亦文明国家法律所不许。合行令仰该部长即向英国领事提出抗议，要求依法补恤惩凶，以慰侨望而警凶横，是为至要。切切。此令。

中华民国十二年九月十九日

《陆海军大元帅大本营公报》，1923 年第 30 号

孙中山致麦克唐纳①电

1924 年 1 月 28 日

　　中国国民党各省区及华侨代表大会，现开会于广州，通过议决案如下：查本党政纲关于促进民治、增益社会幸福诸大端，皆与英国劳工党之宗旨相同。今英国劳工党已获得在英国历史上空前未有之胜利，中国于潜势上实世界之最大商场，亟需机械工具为经济上之发展，故深足资助英国劳工政府以解决种种经济问题，尤以失业问题为最要。惟中

---

① 麦克唐纳，时任英国首相。

国政治上、经济上之发展,现因北京及中国大部为军阀与反动派所盘据,以致妨碍进行。兹特决议致电英国劳工党杰出之首领,庆贺其成功及其党之成功。并希望此后英国之对华政策,不复援助军阀与反动派,而能予中国之民治主义与解放运动以自由发展之一切机会焉。中国国民党代表大会主席孙文叩。

《广州民国日报》,《国民党电贺英首相》,1924 年 1 月 29 日

(五)对美外交

说明:孙中山极为推崇美国的政治制度,护法政府成立后,孙中山力主对美友好,并利用各种机会争取美国方面对南方政权的支持,但孙中山和南方政府的种种努力,并未获美方的回应。相反,在很长一段时间内,美国政府一直是主要在华列强里面对南方政权持积极反对态度者之一。

孙中山在宴请美领事会上的讲话
1918 年 3 月 16 日

今晚承美国领事韩君及各界诸公光临,无任荣幸。惟中国建造共和,已阅七年,尚风潮汹涌,无一定办法。美国为世界第一共和国,吾国共和,是美国首先承认,即所以承认国会也。国会不幸被奸人迫而解散两次,实逼处此,至开非常会议,预料美国当为欢迎。但此会为非常会,当有非常责任。过此以往,又是宪法问题。宪法为国家根本大法,与国之存亡相始终。盖宪法成立,国之根本,庶难摇动。故望议会诸公,速开正式(开)〔议〕会,早颁宪法。宪法成,国本斯固。吾国数年来,叠遭变乱,张勋复辟,督军造反,大逆不道之事,无所不有,此为建造共和国应有文章,实足为吾民一大教训。现又有复辟之谣,以吾国人心论,当信其再无此事实发现。况世界潮流趋势,集于共和,吾信吾国将必成一

光华灿烂之共和国。总领事是美国人,美国是新世界之老共和国,吾国为旧世界之新共和国,新世界之老共和国民,与旧世界之新共和国民,相聚一堂,曷深欣慰。但美国为先进文明国,事事皆足为吾国模范,尚希进而教之,予颇欢迎。

上海《民国日报》1918 年 3 月 26 日

孙中山致威尔逊电①

1918 年 11 月 18 日

威尔逊大总统阁下:谨贺阁下当此世界大战主持扑灭武力主义大获全胜,民治民权,拥护功高,有史以来,未之前闻。

去岁阁下曾劝中国加入战团,予曾极力反对者,盖深知吾国武人必假此时机摧折民权,不幸言中,殊感予心。一年以来,事实具在,想各友邦,亦应鉴及。

去岁吾国国会,对于欧战加入问题,方在讨论之中,逆首张勋密承前内阁总理段祺瑞意旨,乘(饥)〔机〕图乱,迫散国会,致成复辟,谓如此则可扑灭民主政治也。所幸友邦未示欢迎,国民群起反对。段祺瑞阴察大势,知事不成。时冯玉祥旅长已起兵讨贼,段祺瑞乃变策附和冯旅,自称讨逆首领,盗取恢复民国之名,欺掩世界与国人耳目矣。

予闻帝政盗复,民国废坠,即于一千九百十七年七月五日,率中国海军一部南抵广州,从事征讨。及闻段祺瑞所举事件,有先予而为之者,余乃贺其爱国之诚,劝其恢复国会。不意竟失余望,且阴谋诡计,有出于意料之外者。张勋复辟,实彼嗾成,盖段祺瑞谋推覆欧美民治制度之旨至今未艾也。

余在广州筹复国会,南部军人初亦怀疑,只以予得舆论之助,始获一致行动。广州人民既欢迎余之主张,广东省议会亦通电各省国会议

---

① 上海《民国日报》于标题下注明"由英文译出"。报载此电未署日期,现据 1918 年 12 月 4 日孙中山复蔡元培函所云:"于十一月十八日致电威总统。"——原编者注。

员请赴广州。艰苦经年，国会议员得法定之过半数，两院乃同时开会。一岁之中，北方抗义之兵，一再南下，南人为自卫计，亦与主持民治主义者结合为护法之战。南方各军不必尽在余指挥之下，而与北方激斗者，则北方以武力压迫南方为之也。夫今日之战，非南北之战也。广州国会议员来自北方者实居半数，北人处武人专横之下，无可告语，遂孑身南来，盖武力主义对民治主义之战也。北方武人知南方主义，既公且正，非武力所能强服，乃创一伪国会以抗抵正当民选之国会，图淆世界人民之听闻，而行其以伪乱真之技，谋亦狡矣。

自日本寺内内阁改组，北方金钱武器供给之源，于焉告竭。外援既失，无可依恃。北方武人私向南方提出和议以真伪两国会同时解散，国家官吏两派瓜分为调停之条件，南部军人或不受其愚弄。盖北方武人以为国家财产共同分占，人民权利任其蹂躏为诱惑南人独一无二之好机，而不知其策之愚谬也。

北方官场消息，谓美国愿中国止息内争，如南方不同意，北派武人将引美国势力压抑南方云云。当世界皆战之日，北方武人曾诬吾辈为反对战争。今和平发轫之时，北方武人又将转诬吾辈为反对和平。吾人不顾利害，曾挟民主主义尽力奋斗，虽日本以金钱武器假手北方摧锄吾辈，始终犹获生存。设美国以道义、物质之力为北方武人所假借以压折人民，则中国民权发达之望，生机必绝，唯搔首问天而已。

余为中国民权正义、永久和平计，代国民为诚恳之呼吁，敢明告阁下以唯一无二之平和条件，即民国国会须享有完全自由行使其正当职权是也。如此简单合理易行之条件，尚不能办到，则唯有继续奋斗。虽北方武人援引任何强大压力，吾人为民请命，皆所不顾。国会者，吾国革命烈士流血所得，民主政治立国之基，万不能坐视武人摧折也。此一次国会受约法上之委托，为民国创制永久宪法，断非非法机关所能伪造，况解散更为国法上所不许乎？昔袁世凯阴谋帝制，威灭国会，国民犹起义兵讨之，袁氏因以败也。今日之役，实为国会军第二次战争也。此国会者，即美国由阁下代表首次承认之中华民国也。阁下必主持正义,慰予请求,务所以拯救欧人者转以拯救中国。敬愿阁下代中国受压抑之人民致一语于北方武人曰:此国会乃阁下所承认之国会,务须尊重者也,此上。

孙　文

上海《民国日报》1918 年 11 月 23 日

孙中山致林森等函①

1919 年 1 月 11 日

兹有驻京美使署陆军武参赞德来达君,来粤调查南方近情。美国近日对我国扶助之心,异常恳挚;惟以向于东方国情未加注意,即欲助我,苦无着手之方。故德君此次南来,即系负有此项调查报告之任务。至粤以后,望兄等详以南方内容暨政治上应兴应革之诸大端,地方上一切利弊,下至赌博、盗匪等,悉以告之,俾有详密参考之资料,为美政府异日助我建设得所标准,所益实多。特此绍介,并颂

公祉

《中央党务月刊》,第 11 期,"特载",《致广州林子超等三人》,转引自《孙中山全集》第 5 卷,第 5—6 页

孙中山致唐继尧函

1919 年 1 月 11 日

久疏笺札,想筹策多劳,动定康豫。昆池西望,岂胜神驰。

兹有驻京美使署陆军武参赞德来达君来滇晋谒台端,有所咨询,尚希优加礼遇,详细答之。因此时各国对我,惟美国意最诚挚,有确实助我之热忱。惟美国向于东方时事未甚明了,近始注意调查。德君此次南来,即负有此种任务。望执事于南方近情暨地方应兴革之处,推诚详

---

① 此系孙中山介绍驻京美使署陆军武参赞德来达赴粤调查政治、社会诸情况,致广州军政府参议院议长林森等函——原编者注。

告,庶异日得此恳挚之友邦为我有力之援助,实所深盼。专函介绍,并颂

筹祺

《中央党务月刊》,第 11 期,"特载",《致云南唐蓂庚〔赓〕书》,转引自《孙中山全集》第 5 卷,第 6 页

孙中山致海外国民党同志函

1920 年 1 月 29 日

海外各埠同志公鉴:

敬启者:迭接海外各支分部来缄,称党务日见发达,吾党同志亦正磨砺以须,此则足为吾党庆也。兹有最近弟所计划举办二事,请各地同志赞成资助者,谨布如左:

一、设立一英文报机关

查芝加哥各同志曾办一英文月刊杂志,鼓吹本党宗旨;嗣以事故停版,然而此志迄未少衰,拟将该报移归中国,由本党干部继续办理。弟意以为吾党在本国上海设一英文杂志,冀于言论上得与外国周旋,同时以吾党政治上之主张、建设上之计划,宣传于世界,殊为切要之着。此其事有关于本党者甚大,姑举其要略言之。本党同志设立之言论机关,如《建设》月刊、《星期评论》、《民国日报》,以及海外各支分部所办之日报等,大声疾呼,功效显著。惟以中国文字外人无从了解,其所影响者止于吾国人,我党之精神义蕴,无从宣示于外国,凡有关于外交上之事,动以言论不能抒之故,因而痛受损失者甚多。况近日舆论喉舌,端在报章,试观各国之各大政党,无不一言既出,耸动全球,夫岂不借报章鼓吹之力?而我党独以缺乏外国文报纸机关之故,遂令虽有绝大之计划,亦无由披露于世界。是故吾党苟能设立一英文杂志,其利益诚不可量,最少则有下列之三项:

(一)直接参加于世界舆论,将吾党之精神义蕴,宣达于外,以邀世界对于吾党之信仰。

（二）生外交上积极的作用（期得精神上、物质上之援助）。

（三）生外交上消极的作用（排斥各种侵略主义）。

观以上要点，则吾党之实行设立一英文杂志，为必不可缓。兹因芝加哥同志有将杂志移归本部开办之议，现拟实行办法如下：

（一）开办费并第一年维持费，须二万元（概算另表开列）。

（二）此项经费，拟由各分部酌量担任，总期达到此数。

（三）各埠支分部认定此项数目通知本部后，杂志即行开始，所认定之款，务请于通知本部后三个月内汇沪，以为经费。

（四）杂志发行伊始，世界未能周知，阅者之数未能增长，维持生存仍赖各支部、各分部每年代销至若干份；至一年后发行增加，则此报可以独立，无须捐助。

概算表如左：

（一）英文印字机全副，连运费约计四千元。

（二）纸价（每年十二期，每期印三千册，每册约一百页），约计六千元。

（三）印刷工费约计二千五百元。

（四）主笔、翻译、司事及杂役等薪工，约计四千五百元。

（五）邮费约计一千二百元。

（六）屋租约一千二百元。

（七）电灯、燃料及其他杂用，约计六百元。

二、创办最大最新式之印刷机关

本党向有爱国储金一项，原为备本党救国之急需。此项储金，应以充最有实效之用途，方不负我党同志拳拳之意。若以之充军饷，究非有效之举。盖现在属于本党之军队，如在四川、陕西、湖南、福建、广东等处，不下十余万人，月饷动需百万以外，谓储金一项而能供其浩大之饷糈，实属不能。抑或仅供一部，则受歧视之消。况各处军队，皆靠就地征发以自养，此又无待于储金一项。若为将来大举计，则以本党最近两次举事时所得之经验而论，亦非有大宗固定之巨款不济，储金之为助甚微。故苟以吾党同志热心所集之储金，择一最为有裨于党、有益于国之事而举办之，诚莫如设立一大印刷机关，其理由如下：

自北京大学学生发生五四运动以来，一般爱国青年，无不以革新思想，为将来革新事业之预备。于是蓬蓬勃勃，抒发言论。国内各界舆论，一致同倡。各种新出版物，为热心青年所举办者，纷纷应时而出。扬葩吐艳，各极其致，社会遂蒙绝大之影响。虽以顽劣之伪政府，犹且不敢撄其锋。此种新文化运动，在我国今日，诚思想界空前之大变动。推其原始，不过由于出版界之一二觉悟者从事提倡，遂至舆论放大异彩，学潮弥漫全国，人皆激发天良，誓死为爱国之运动。倘能继长增高，其将来收效之伟大且久远者，可无疑也。吾党欲收革命之成功，必有赖于思想之变化，兵法"攻心"，语曰"革心"，皆此之故。故此种新文化运动，实为最有价值之事。最近本党同志，激扬新文化之波浪，灌输新思想之萌蘖，树立新事业之基础，描绘新计划之雏形者，则有两大出版物，如《建设》杂志、《星期评论》等，已受社会欢迎。然而尚自慊于力有不逮者，即印刷机关之缺乏是也。

夫印刷机关，实出版物之一大工具。我国印刷机关，惟商务印书馆号称宏大，而其在营业上有垄断性质，固无论矣，且为保皇党之余孽所把持。故其所出一切书籍，均带保皇党气味，而又陈腐不堪读。不特此也，又且压抑新出版物，凡属吾党印刷之件，及外界与新思想有关之著作，彼皆拒不代印。即如《孙文学说》一书，曾经其拒绝，不得已自己印刷。当此新文化倡导正盛之时，乃受该书馆所抑阻，四望全国，别无他处大印刷机关，以致吾党近日有绝大计划之著作，并各同志最有价值之撰述，皆不能尽行出版。此就吾党宣传宗旨之不便言之。至由营利上观察，现在出版书报，逐日增加，商业告白与时俱进，而印刷所依然如前，无资力者不能改良机器，扩张营业，故印刷事业为商务印书馆所独占，利益为所专，而思想亦为所制。近者陈竞存兄提倡在广东设西南大学，已有成议。大学成后，于印刷事业上又增一新市场。吾党不起而图之，又徒为商务印书馆利。综观近日印刷品之增进，其所要求于印刷机关之供给者甚多,断非一二印书馆所能供其要求,又断不能任一二家所垄断。试观日本一国印书馆,大者何止十数,小者正不可胜计。其营业之发达,乃与文化之进步为正比例。今者我国因新文化之趋势,一时受直接影响者,如全国各学校之改良教科、编印讲义,硕学鸿儒之发愤著作等等,均有待于印刷事业之扩张。至于商场上之各种新式告白,需求更切。故以现势度之,此种印刷机关,营业上必可获利。以故吾人深感现在之痛苦,预测将来之需要,从速设立一大印刷机关,诚不可谓非急务矣。果能成事,其利如左:

(一)凡关于宣传吾党之宗旨、主义者,如书籍、杂志等类,可自由印刷,免受他人掣肘。

(二)本党常有价值券、褒奖状,以及各秘密文件、图籍等,均不必远托外国。

(三)本党自行编译各种新式教科书,以贡献于吾国教育界。

(四)国内各种有益于思想革新之著作,可以代印,并可改良告白,以益商业。

(五)仿有限公司办法,可为本党之一营利机关。

据上理由,设立此印刷机关,拟先暂定为资本伍拾万元,拟分作伍万股。此项资本,拟以爱国储金充之。如不敷此数,则各支分部之已办储金者,请益集多数,其未举办者,请早日极力举行。以本党在外国数百之分支部计,每支分部集千数百元,即可成此最有裨于党、有益于国之大事业。此而能举,则革命之成功,必可操券(此印刷机关绝对不招外股,实以吾党精神贯注之)。现本党极力筹度,务祈早日实现。(请)〔若〕在外同志有印刷上智识及技能、足赞助此事者,均请将姓名、住址开列寄来,以便请其回国相助。如未有此项熟识之人,亦应就近派遣子弟专习种种印刷技术,以为将来此项人才之预备。此诚久远宏大之事,望诸同志极力赞助,〔俾得〕早日成事为幸。

右凡两端,均请贵支分部赞助。如荷同意,速惠复音,俟本部得各支分部复信后,即行编定详细章程奉上。专此,并颂

公安

孙文谨启　九年一月二十九日

吴拯寰编《孙中山全集》第四集《与海外国民党同志书》,转引自《孙中山全集》第 5 卷,第 207—212 页

中国人之直言①

1920 年 4 月 3 日

中国不需要钱。我们需要智力与机器,但不需要钱。中国不能够经常对外进行借款。

北京政府正进行借款。美国人必须认清:北京政府不能代表这个国家;广州政府(案:指岑春煊、陆荣廷控制下的广州军政府),也同样不能代表中国。比较能代表中国的,倒是上海的商人,以及正在长成中的中产阶级——他们不多过问政治,而只想把国家的实业建立起来。

年青的中国——学生运动、抵制日货、鼓励本国实业、反对签订巴黎和约的中国,才是可以负责对外偿债的中国。外债的是否要赔偿,须视债务的性质,而非由于债权者的压力。当一个人不可能作任何别的打算时,往往会采沉船的行动。日本与其他国家,如果把政治的借款强加于吾人之身,则他们自己也将面临自招祸患的境况。

我们有大量的原料……可能比世界上任何国家都丰富。我们不需要进口什么东西。然而,我们的需要日益增加,我们的生产程序很慢,进一步说,我们购买你们的成果,较我们自己制造还要便宜。因为我们还不懂大规模的生产,我们还不能依现代的基础来组织我们的工业。不过,这种情形不会维持很久,中国利用自己的原料与自己的劳力,制造自己所需要的物品的日子很快即会到来。如果我们要缓慢而愚笨的

---

① 原文最初发表于 1920 年 4 月 3 日美国《独立周报》(英文版),题为《中国人之直言》,周由廑用文言体译刊于同年 4 月 30 日上海《时报》。1975 年黄季陆等人编撰《研究中山先生的史料与史学》一书,陈福霖将此文译为《平白的话》。今题目据《时报》,译文据《研究中山先生的史料与史学》——原编者注。

进行,我们可以等待着,到自己能够制造机器,但那是非常不经济的办法。为什么我们要决定停留在落后与衰弱的情况?或是要以主权为担保而去借款?没有别的国家给予此种选择,为什么要强迫我们这样?日本已在这样压迫我们中国,但是我们相信美国是我们的朋友。因此,我们希望从美国借到两样东西:机器和教导我们如何使用机器的专家。

资本家们过去都是与政府打交道。他们喜欢由于一个政府的担保而予以借款。可是俄国、德国以及巴尔干诸国政府的崩溃,应可使银行家们认清政府的地位并非十分安全。法国人以为俄国的君主政府能永久存在,因而他们在俄国的投资也必能永久安全。事实却并不是这样的。每一个国家群众的觉悟,以及群众们决心不以他们未来的命运作抵押来支持自私的当权者的事实,已使政府的借贷成为最不安全的交易。你们真的相信,欧洲诸弱小国家的人民,有能力去赔偿大量的战债?你们以为任一国家的命运为另一国家的银行家们作为抵押时,这个国家能决定它的将来?我是不能这样相信的。

资本家们也时常贷款给中国政府,但以后就不成了。当一个真正的国会集会时,我们将根除北京政府一切的非法借款;如果日本要为钱而与我们作战,那么就让他们来吧!那将导致世界上另场战争——银行家的战争,但我们决定要这样做。中国每一(家)〔间〕学校里每一男女学生,都保证这样做。他们可以为了金钱而毁灭我们,我们也有足够大的空间拖他们同归于尽。任何银行家借款给中国北京政府,等于在挖他们自己财政上的坟墓。

你们美国银行家们,正犯着模仿英国和日本先辈们的错误。他们与北京政府谈生意,有的人提出让我们分享一点利益的话,来侮辱我们南方革命人士。我们不要任何的利益,我们要进行抵制,正如我们要求北京所采取的行动。我们没有南北之分,我们都是,以中国人的身份,认为如果美国那边有钱来,一定要采用机器、工程师、有效率的专家、管理等形式。

我的建议是:美国的资本家们与中国人联合,共同开发中国的实业。美国人提供机器，负担外国专家们的开支；中国人提供原料和人力。合作的基础建立于平等互惠的原则上。美国的资本当可获得应得的利益，但非过度的报酬。这样的一种关系，对美国的资本家而言，应该也是值得从事的，因为他们在国内正遭逢到各种的障碍。我更进一步提议由美国方面起草合约的条文，如此中国可于一定时期之后予以撤销。其基本的原则应当是具有厚利的短期的投资。这一情形，不能视作是政府贷款的牟利性质，今天象西北利亚铁路债券（Trans-Siberia bonds）那样的贷款又有何利可图？而且你何以知道任何政府到明天将有何变化！

另外一个应予说明的问题：中国不能永久购买那些本国易于制造的物品，那样做是极其不合理的。中国迟早是要自己制造自己需要的东西。你们的产品将不再能够在中国与中国的国货竞争。因之，你们只有开始在中国与中国合作设厂，否则迟早都要被驱出中国市场。何以不开始在中国设厂？何以不在此地制造货品？

——上海

台北中华民国史料研究中心编：《研究中山先生的史料与史学》，台北1975年，转引自《孙中山全集》第5卷，第247—249页

孙中山在上海欢迎美国议员团时的演说
1920年8月5日

中国现在是在极端混乱的状态里头。这三年之间，南北打仗。现在南边又分为云南、广西两部；在北边也就最近有直隶、安徽两派的战争。中国自古以来，再没有这样混乱的了。这个情形，似乎由坏变到更坏，卒之弄到许多国民绝了想出解决中国问题方法的希望为止。

然而在我相信，这问题如果循着正路走去，一定有解决法找得出的。要解决中国问题，须先晓得三层：

（一）这个不是纯然关于外国人的问题。二十年前，中国当八国联军占领北京的时候，随着他们喜欢怎样处置，几几乎瓜分了去了。有许

多国赞成立刻瓜分中国，但是，当时美国国务员约翰海发出一件通函到各国，从此这个问题就打销了。若使现在的中国问题，仍旧纯然关于外国人，那外国政治家们，立刻可以想出一个解决法。

（二）这个问题，又不是纯然关于中国人的问题。中国人常常自己弄妥关于中国人自己的问题，不要他人干预。他们可以把那独裁的政体，变做民国，而且一切关于内政的问题，中国人自己可以解决得了。

（三）这个问题是复合的问题，不专关于中国人，又不专关于外国人，实在是两个混合起来的，所以顶难解决。一定要先把种种情形研究清楚，才能找出解决法。如果你看定了这个问题的性质，那找解决这个问题的关键，倒是很简单的。

我已经看出了如何才能够停止中国现在的混乱。这个问题解决的关键，就是废除二十一条款。如果这二十一条款能够废除，就再没有混乱了。

二十一条款之历史：

二十一条款是什么东西呢？许多人都想着以为这单纯是日本蚕食中国的。如果真是这样，那不过很简单的一个问题。因为一个统一的中国，尽可以对抗日本的压迫。然而实在这个条款，是由中国人起的。袁世凯有意承认日本这些特权，作为日本帮袁世凯做中国皇帝的代价。当初，日本还是逡巡犹豫，不敢提出这么激烈的条款。当时日本的外务大臣加藤高明男爵，预先留心查察袁氏是否可以答应？等到他看清袁氏愿意答应之后，他就要求袁氏绝对守秘密，在日本未提出以前，不许泄漏这个条款的内容。及至提出了以后，新闻泄漏了出来，中国人、外国人，各方面纷纷起来反对，就是袁氏自己的人也反对起来。袁氏于是乎告诉日本政府，叫他始终坚持，遇有必要的时候，就出兵来显一显武力。日本听了袁氏的策画，就派兵到中国来。当时日本人民都攻击日本政府这种无名举动；那日本首相就声明，这只是满、鲜驻屯军期将满，所以政府派兵去交代。这个完全是饰词，因为这些兵，是在所要的期间两个月前派出去的。但是日本首相就以此压止了国中的反对。

然而在中国,袁世凯就把日本派兵当做直接威吓,他好叫中国人相信他,除非答应了二十一条款,不然,日本就用武力。此种顶深的密谋,从来公众没有晓得的。却是除了了解这种事实以外,要寻中国问题的正当解决法,真是困难。

当时,日本舆论以为这个是日本政府外交上大失态,所以加藤外务大臣逼着要辞职。

中国全部的人,虽然一致反对这件事,袁世凯却命令他的首相、现做北京总统的徐世昌,和他的外交总长陆徵祥,签订了硬把二十一条款压在中国上头的协定。等到二十一条款成为已成事实,日本人民也不再责备政府了。

二十一条款的效果:

这二十一条款所决定的,差不多完全把中国主权让给日本了。在这种协定底下,中国就要成了日本的附属国,日本的陪臣国,恰和日本从前在高丽所用方法一样。

二十一条款签押以后,日本军阀和政治家就起手整理他东三省和中国其他地方上面的优越权。此时日本政府看清了他们可以用外交来征服中国。于是乎英国只管有很可以注目的努力,来拿中国加进协商国里头去,日本却禁止中国,不许他参加世界大战争。

美国参战:

世界上的事情忽然变了,美国和德国绝交,并且请中国照他的样子做去。许多中国的有识者,都说这是从日本手里头救出中国来的唯一道路了。北京政府决定了跟随美国之后,不多几天,上海的日本总领事跑来找我,传一个消息给我说:"他的政府要要求中国和日本连起来,而且对德宣战。"我问他日本政府为什么忽然间在这件事上变更政策?他不能够满足答复我。我就立刻十分耽心,晓得日本这种新动作,是有一个阴险的事情藏在里头。我告诉日本总领事说:"我赞成日本维持中国中立的老政策,但是要用我的十二分力量,来反对日本把中国放在日本保护底下来参战的新计划。"

　　我那时看出日本不能希望单拿外交来征服中国，就在请中国参战这个表面名称里头，打算着用军事统辖来征服中国了。我晓得这是没有救的，因为所有协商（侧）〔国〕的国家，都要中国参战的。所以，他们不知不觉就帮了日本在中国上面得了军事的统辖。

　　我所能够走的，只有一条路，就是把中国拉开做两半。那北京政府已是因为盲从日本，给他缚住了。我就在广州建立一个政府，果然能够牵制着日本军阀的计划。日本政府随着段祺瑞的意思，供给饷械，想打灭我们南边。我们虽然拿着很缺乏的军装，而且内中不一致（因为南方军阀常常听北京来的指挥），然而还能够做到成一个要顾虑的抵抗。等到战斗起了以后，南方军阀看见舆论主张太强，逼着也要走到我们这一边来了。

　　世界事情又一变：

　　欧洲大战忽然间完了。五强国连日本也在内，递一个共同劝告书到南北两政府去，劝告速成国内平和，那就中国可以作为一个统一国家，派代表到巴黎和会去。经过若干犹豫之后，两边政府的议和代表派出到上海来了，和议开了。

　　在这当中，日本军阀已经想出了征服中国的成案，就是用中国的军阀来征服中国。于是制造出两个军阀头子来：在北京的军阀头子是段祺瑞，另外又做一个军阀头子在奉天。这个奉天军阀头子张作霖，得了日本的帮助，所以能够扩张他的势力，现在已经有三十万兵。段祺瑞所管的兵约有十万，于是乎中国的兵力，就在日本的统辖底下。当和议开的时候，我主张恢复合法国会，容他行使法律上职权。因为照约法，一切外国条约要经国会批准，才有效力。我晓得这合法国会是不会批准二十一条款的。我的目的，就是用国会的行动来废除二十一条款。北边不肯答应恢复国会，撤回北方代表，自然上海和会从此而止了。

　　此后不久，段祺瑞起首对我接头，他说："南北战争，就是他和我的战争；其余南北他种军队，都是中立的。"他求我提出可以做平和协定基础的条件。我提给他第一个条件，就是废除所有对日密约。关于这一件,我和段祺瑞由个人代表来交换意见,将近一年,到底段氏允了我的条件,答应废除军事协约。于是我和我的同僚商量,发一个宣言,声明我们准备照从前一样的条件做基础,来重开上海和会。当时,段氏就拿个人名义方式复一个电,又由边防处发一个通电,宣言军事协约作废。从此引起最近的北方纷乱,结局成为段氏的失败。

段氏是被两种势力打破的,一种是吴佩孚做头领的排日势力,一种是张作霖做首领的亲日势力。吴佩孚是有全国舆论和外国的力量帮助的,许多人都以为段氏一打倒,这个情势总好一点。然而现在我们看清了,这是由不好走到更不好去。正是跳离了热锅,跳进了火炉。我的用日本所练的边防军,来打日本的计划,自从段氏失败以后,就销灭了。

不论现在有甚么商量在这里进行,我们对于留存二十一条款的(提)〔条〕件,万不承认。二十一条款和军事协约,是日本制的最强韧的铁锁链,来绑中国手脚的。实行二十一条款之统一的中国,就是日本把中国整个征服去了。我们革命党,一定打到一个人不剩,或者二十一条款废除了,才歇手。中国的大混乱,是二十一条款做成的,如果废除了他,就中国统一马上可以实现。

把这复杂的问题,详细研究过之后,我们晓得这个不是单纯的中国人问题,也不是单纯的外国人问题。所以要各种力量都并合起来做工夫,连中国人、连日本人中间的民主分子,都要算进去,帮助废除二十一条款。

用笔比用剑还有力,这是约翰海的通函能够防止瓜分中国,所已经证出的。我相信你们有名誉的团体,跟着我所指出的方向,发出好议论,也一定一样有力。所以我请你们议员团员帮忙解决这中国问题。

你们不久要到日本做客了。我相信你们可以用你们做人客的好力量,倡导废除二十一条款。这就是解决中国问题的唯一方法了。

上海《民国日报》,《中国问题之解决》,1920年8月7日、8日

孙中山与美国《华盛顿邮报》记者的谈话①

1922 年 4 月中旬

广东合法政府北伐之目的,不在中国北方人民,而在日本及为日本外府之北庭。溯辛亥革命之役,吾人调和心理,失于过急,在当时以为可免战争流血,而结果则并革命所成就者尽失之。袁世凯当国,中国入帝制派之手,迄今战祸频仍,牺牲性命,不可胜计,咸系少数军人政客,为个人私利而动兵戎。卖国之徒遂将矿产、森林、渔盐种种利权,售于日本,故急起直追,推翻北庭以撤销日本之外府,刻不容缓。盖中国若不推翻日本在中国之势力范围,日本必利赖中国之天产及人民,以遂其穷兵黩武之帝国主义。能维持太平洋和平之国家,非英国,实中国也。吾人今日自救,即可以使全世界免除日本武力之危害。北方同胞亦逐渐醒悟,将与吾人同心协力,推翻日本之外府。

推原北庭之所以能存在者,良由列强各国之承认,倘各国否认之,中国即能统一于民意合法政府之下,然后解散无用之军队,整理财政,禁止贿赂,则国库充裕,外债即可清偿,故列强多承认北庭一日,即多重苦中国人民一日,亦即中国真正民治之政府,不能早实现一日。美国自来对于中国毫无攫取土地之野心,亦未利用中国衰弱以营私利,故今日否认北庭,当然事也。

《民信日刊》1922 年 5 月 7 日《孙总统与美京邮报访员之谈话》,转引自《孙中山全集》第 6 卷,第 101—102 页

(六)对德外交

说明:孙中山晚年对联德外交一度给予厚望,有资料称孙中山

---

① 此次谈话在梧州进行,具体日期不明。据孙中山于 4 月 16 日由桂林抵梧州,20 日赴肇庆,故酌定为 4 月中旬——原编者注。

1917年南下护法即得到了德国方面的资金援助。其后,孙中山更派专人赴德国,寻求德国政府的承认与支持,但孙中山的联德努力未获成功。寻求西方列强承认与支持的种种努力连遭失败后,孙中山最终选择并走上了联苏的道路。

《革命逸史》载孙中山从德国接受经费开展护法之事件[①]

民六六月,总统黎元洪被督军团逼胁解散国会,国人大愤,孙总理在上海力图起兵护法,而绌于经费,会有素与亚伯相识之美籍某国医士告亚伯曰:如孙公有起兵护法之决心,某国愿助资百万。亚伯以告总理,总理大悦,惟嘱亚伯坚守秘密。亚伯曰:吾乃基督教徒,当指天为誓。自是每当夕阳西下,亚伯恒偕女友吴□□乘马车游行各马路兜风,顺道至虹口某医士寓所携去大皮箧一具,其中累累皆各国钞票,外人虽侦伺严密,无疑之者。未几遂有程璧光率海军南下及广州召集非常国会之举,亚伯之力为多焉。事后亚伯拟措资创办亚林臭药水厂,求助于总理,总理助以万元,即酬其是役奔走之劳也。此事已隔多年,亚伯以信誓旦旦,讳莫如深,有时酒后狂醉,始为老友道之。

《兴国州人曹亚伯》,冯自由《革命逸史》第2集,中华书局,1981年,第53页

朱和中致孙文函[②]
1922年1月1日

大总统钧鉴:

---

①　孙中山从德方取得经费开展护法事,后为德国外交部档案所印证,参见相关研究:李国祈:《在德国档案中有关中国参加第一次世界大战的某些记载》,《中国现代史专题研究报告》,第4期,台北中华民国史料研究中心,1974年,第317—342页——原编者注。

②　此函和下一电,连同孙中山致廖仲恺、曹亚伯关于联合德国的函件,由于1922年6月陈炯明叛变,廖仲恺所用公文包被窃,致使此三件孙中山联德的函电,落入陈炯明手中。陈在香港《电信报》公布上述函件,并将此作为孙中山崇信"过激主义"的佐证,加以攻击——原编者注。

谨禀者,自十年七月十六日领得毫银六千二百元,内有半年安家费(即薪金),一千二百元当即汇寄京寓。当支船票费千元,置装费千元,尚存三千元,由德华银行汇兑马克十万二千(当时每元换马克三十四枚)来德。抵德以后,头一月,以各处奔走、四出联络,用去一万二千马克。第二月用去七千马克。第三月极力搏节,用去六千马克。以后不能再省,因德国工人每月亦需用三千马克,至今尚存七万五千马克。惟自得辛慈之助,进行愈速,范围愈广,若设公事所,则用费将三倍于前,需要所迫,体制所关,除本人饮食日用之需外,不能苟简。即请自三月一日、八月三十一日饬拨半年安家费(即薪金)一千二百元,由但秘书焘汇寄北京礼士胡同九十一号,朱子英夫人陈氏查收,以安家小;饬拨此间用费三千元,换成美金或英镑由广州长兴街德华银行代办处汇来,千万勿再换成马克,以免亏累。此间用费,若蒙惠拨,即可度支至年底矣。此间诸事,方得门径,进行方殷,半年期满,绝不能中止回国。因此请款饬拨以后,即请示知。肃此。叩请

勋安

朱和中叩

十一年一月一日

香港《华字日报》1922 年 9 月 23 日,转引自陈定炎编:《陈竞存(炯明)先生年谱》附录,台北李敖出版社,1995 年,第 856 页

朱和中致孙文电

1922 年 3 月 1 日①

前驻华德使辛慈熟悉吾国情形,曾充驻俄陆军特使八年,与俄人感情亦洽,精通英、俄、法语;且思想新颖,手段敏活,其所主张亦合民治潮流,洵为德国不可多得之人才。方中未抵柏林以前,辛即主张华、德、俄

---

① 此函实为电报,用"陆海军大元帅行营用笺"抄致廖仲恺,日期为"东",似系 1922 年 3 月 1 日——原编者注。

三国联盟,与钧旨暗合。近自与中接洽后,决拟不问他政,专办此事。是以决定同组一公事所,以资筹备。现允定两个月筹备完竣,伊即请命于其国务总理来华。中愚见拟以辛为总理员,其他合科选定主理员,其余人员、材料、办法由主理酌定,总理专备钧座咨询,主理员筹商何项人员先行来华,何项人员陆续前来,何项材料即日需要,何项材料继续运输,何种办法即日拟定,即日实行,何种办法继续拟定,随后推行,均由钧座与总理员核夺。如此则东西声气互通,纲举目张,进行自速。惟辛慈名望颇重,须用假名,虽一般德人亦不可使知。届时当电报所〔乘〕船名,即请于该船抵港时,派轮密迎入幕为祷。至来华以后,是否受聘,另是一事,兹不遵赘。来电辛以□代,肃请钧裁。中叩。东。

香港《华字日报》1922 年 9 月 23 日,转引自陈定炎编:《陈竞存(炯明)先生年谱》附录,第 857 页

孙中山致廖仲恺曹亚伯函

1922 年 3 月 8 日

仲恺、亚伯兄同鉴:

兹得朱和中来函,所图各事,已有头绪。

其有需两兄协办者,特将所关之函付来共阅,(此函阅后付丙。)便知应付矣。一要仲恺兄照所请,发给四千两百元,分寄北京、柏林,寄柏林者,要买美金或英镑,不可买马克,因恐马克有跌无起,美金、英镑则有起无跌故也。并付来支条一纸,交由会计司出账可也。二要亚伯兄在广州等候,辛慈到港,则亲往接,直带他来大本营。此事要十分秘密,故接此信之后,则要着电报处留心欧洲或欧亚沿途各埠所来电报,如有 H 字样来者,即如期往港俟船便妥矣。

朱和中处,于未接他此信以前,已有信着他回国,然无论如何,此三千元当寄。汇款时可加一函,转属他回国之期,由他自定,如尚有重要事件须办者,当可稍留;如无要事,当以早回为佳;最好能与辛慈齐来,则诸事更为融洽也。

又,亚伯兄在广州等候时,由会计司每月支公费叁百元;到大本营时,则由大本营支,广州可以停止,并付支令一纸。

辛慈之事愈密愈佳,如非万不得已,则政府中人,亦不可使之知也。此致,并候

大安

此信看完付丙。

孙文　三月八日

对联俄联德外交密函的辨证①

1922 年 9 月 29 日

孙君对于用斜体所作之数字(译者按:指港报中依布尔什维克理想一语)最为注意。彼认此数字乃一愚而妄之说词。孙君以为,诬彼之词载于一南方某著名方面之机关报,本无答复必要,但有不能已于言者。何以云该报之说为愚? 因谓中国已存有产生俄国布尔什维克主义的事情之同一历史及经济情形,决无人能真信之故。何以云该报之言为妄? 因孙君从未计划、且从未想及变中国为一共产主义国家之故。试阅彼所著《中国之国际发展》一书,即可知彼实抱有欲切实发展及利用中国莫可限量之天产,必须外国资本及技术合力提携之见解,极为强固,且彼曾屡次向美国、英国及其他方面招请此等合作。

孙君特别提及德国及俄国。据彼之意,德国之解除军备及取消在中国之治外法权,就中国方面而论,业已使彼(指德)自处于非侵(掠)

---

① 此文系上海孙中山秘书处就陈炯明公布孙中山在广州任大总统期间有关联俄联德外交文件的辨正。该密函原刊于香港《电信报》,上海《民国日报》载有译文。孙中山从当时形势出发,确有与俄、德合作的计划。联德计划,因故未能实行。联俄外交,则自 1921 年年底孙中山在桂林会见共产国际代表马林之后,加紧进行。否认密函内容的真实性,可能是出于策略上的考虑。《辨证》最初发表日期不明,现据《孙中山对于报载外交密函的辨正》报导推定——原编者注。

〔略〕国之列。

孙君又以为,自苏维埃俄罗斯崛起后,中国从前政治独立及领土完整之最大危机之一已经消除。苏维埃政府苟一日继续固守其非侵(掠)〔略〕政策,中国即一日无所惧于俄罗斯。

孙君熟思审虑,以为中国在其目下革新之阶(级)〔段〕中,极需要以对等及完全主权国待诸列强之赞助。彼信德国及俄国现已情形变迁,政治改更,中国能以对等之条件与之周旋。故彼赞成一种与彼两强更加亲善为目的之政策。彼以为此种政策,最利于一非帝制及非顽强之中国。孙君最主要之考虑,即在于是。彼或被谥为亲德或亲布尔什维克,此种怨毒之词,虽曾不幸阻碍许多他人尽其严正而真实爱国爱同胞之责任,但殊不足以吓孙君。

孙君最后述及某种信稿,即彼知为陈炯明以一种显然目的而使其揭布于香港者。孙君谓:彼为护法政府首领时所为之任何行动或事情,彼除向国会外,并无任何解释之义务。但若谓前指之信稿证明彼曾谋根据布尔什维克理想缔立中德俄同盟,则彼以为应阅信件之中文原稿。现拟将此等函件译成可信之英文供众览。然即就陈炯明机关报所登颇劣之英译文观之,其诬诋之辞,亦属无据,徒见其为宣传作用而已。

重庆《国民公报》,《孙宅秘书处辨正外交密函》,1922 年 10 月 24 日,转引自《孙中山全集》第 6 卷,第 563—565 页

邓家彦回忆在德活动

总理先派朱和中主持德国留学生之党务活动,朱返国后,继派余前往。一面与卢尔区实业家 Stinnes、德国参谋长 Von Seck 等人连络,一面秘密进行党务。当时之所以未敢公开以国民党支部主持人身份赴德者,盖顾虑英法等联盟国之反对,与北京政府所派公使魏宸组之破坏也。此时国民党海外部长由林森担任,邵元冲主持美洲党务,余主持德国党务。

《邓家彦先生访问记录》,中研院近代史研究所,1990 年,第 16—17 页

民国十一年春，余见总理与陈炯明之嫌隙日深，前途堪忧；而余既非军人，未能掌握势力，无从效力，再三考虑之余，决计远游求学德国。托马君武向总理婉陈，初总理不许，犹欲任余为宣传局长。盖伍廷芳接替陈炯明，出任广东省长未久，郭泰祺原任宣传局长，此时方调任广东民政厅长，总理遂欲令余接长宣传。嗣总理见余留学之意甚坚，乃未强余所难，惟以两事嘱托，一则为相机联络德国实业界与军界有力人士，再则为就近主持留德学生之党务。余抵德后，某次总理来信且谓，如有促成中德合作，致中国于富强，"则功业当在四万万人之上矣。"……

余在德期间，与彼邦外交部人士颇有往还。亦尝赴陆军部造访参谋长 Von Seck 将军，彼等方热心训练后备军。又赴卢尔区把晤煤矿大王 Stinnes，并参观西门子电力公司。

留学生党务活动则已于前次谈及。

此时余与总理通信甚密，总理之复信余皆保存，与黄克强、宋教仁、朱执信诸人之手稿同置一皮包中，后因仓卒出走，竟尔遗失，深觉可惜。仅剩两函，已刊印于《国父全书》中。

《邓家彦先生访问记录》，第 91—92 页

孙中山致邓家彦函
1923 年 8 月 18 日

孟硕兄鉴：

六月二十三日函悉，此间现在财政极困，说不起买军械事。至于飞机，自己可造，日前已造成第一架，比之外国所造者尤甚；此后当陆续自造，不须外来矣。

兄前各信多已收到，曾亲答一函，未知收到否？此间因需德专门技师，然零星延聘，无补于事，必也与德国资本实业家如 Stinnes 者及其政府订一大建设计划，中国以物资人力，德国以机器科学，共同合作发展中国之富源，改良中国之行政，整顿中国之武备。总而言之，即借德国人才学问，以最速时间，致中国于富强。此步达到，则以中国全国之力，

助德国脱离华塞条约之束缚。如德国政府能视中国为一线之生机，中国亦必视德国为独一之导师。以德国今日废置之海陆军人才及制造武器、组织军队各等计划及经验，悉移来中国，为中国建树一强固国家，互于资助，则彼前战败而失去种种权利，必可由助成中国之富强而恢复之也。未知德国多数之政治家，有此眼光否？望兄乘留德之机，向其政府及实业家游说之。如彼等有此见地，知两国相需之殷，通济之急，不以欧亚而歧视、种族而区别，则人道之大幸也。倘德国志士将从此途用工，成中德两国之提携，其功业必比于丕斯麦者尤大也，而兄又为成此事之中介，则功业亦当在四万万人之上矣。幸为相机图之。此候

旅安不一

孙文八月十八日大本营

《国父全集》第三册，转录《会书》之十，函札

二、反帝事件与交涉

说明：自孙中山 1917 年南下护法建立政权，孙中山及南方政府即与在华各帝国主义列强展开了直接交锋。孙中山对帝国主义列强的态度一直具有两重性，即一方面欣赏西方的自由民主制度，希望效仿西方，同时现实的考虑，也促使孙中山做出了种种努力，希望谋求西方列强对南方政权的支持；而在另一方面，以孙中山为代表的南方政权又对近代以来西方列强对中国的侵略奴役具有一定的认识，并屡有批评。南方政权建立后，遭到了西方列强的敌视，因此，南方政府一方面在谋取寻求西方列强的承认与支持的同时，也与西方列强展开了针锋相对的斗争。南方政府首先围绕着收回海关关余与列强进行了交涉与斗争；商团事件中，南方政府对帝国主义在背后的支持进行了斗争。随着南方革命形势的发展、对帝国主义列强侵略本质认识的逐步加深，以及国内民族主义思潮高涨的影响，南方政府的反帝斗争也达到了一个前所未有的高度，最终爆发了举世瞩目的省港大罢工。

本章主要资料来源：

英国国家档案馆藏英国外交部档案 FO371、英国殖民地部档案 CO129

大本营秘书处编：《陆海军大元帅大本营公报》，广州，1923 年

中国社会科学院近代史研究所中华民国史研究室等合编：《孙中山全集》第 1—11 卷，中华书局，1981 年—1986 年

广东省档案馆编译：《孙中山与广东——广东省档案馆库藏海关档案选译》，广东人民出版社，1996 年

中国第二历史档案馆编：《五卅运动和省港罢工》，江苏古籍出版社，1985 年

罗家伦主编:《革命文献》第18辑,台北,1957年

洪钧培:《国民政府外交史》第1集,上海华通书局,1930年

《傅秉常口述自传》,中国大百科全书出版社,2009年

钱义璋:《沙基痛史》,广东人民出版社,1995年

中国国民党党史史料编纂委员会:《总理全书》之六、之八,台北,1955年

中共中央党史研究室第一研究部译:《联共(布)、共产国际与中国国民革命运动》(1926—1927),北京图书馆出版社,1998年

上海《民国日报》

《工人之路》,1925年—1926年。

(一)关余事件及交涉

说明:南方政府建立之初,主要是为了解决财政上的困难,1918年年中,护法军政府首度向公使团提出要求分摊关余。时值第一次世界大战结束,巴黎和会召开前夕,国内外一派和平气息,列强借机敦促中国南北方举行和谈,便向北京政府施压。而北京政府急于缓解财政上的危机,面对列强的施压,被迫同意南方政府有权摊分关余,后南北双方代表经过谈判,军政府分得13.7%的关余。1919年7月,军政府获得首批关余,其后,关余均按比例如数拨付,直到翌年3月,军政府发生分裂,伍廷芳携"应用文件、印信及关税余款"离粤赴沪。随后,公使团以"避免助长内争"为由,将军政府应得的关余份额,暂交总税务司代为存储。到1920年底,公使团不再同意"将属于中央政府之全部关余,摊交未经承认之政府"。其后,总税务司安格联串通北京政府,将全部关余拨充内债基金,连南方政府应得部分关余一并划入。从1921年1月起,孙中山领导下的南方政府向在华列强重提要求摊分关余,并展开多重交涉,由于列强的反对,交涉未获结果。1923年9月,孙中山回广

州第三次重建政权后,再次向西方列强就关余问题提出严正交涉,双方剑拔弩张,广州方面威胁要夺取海关,而西方列强则派出军舰,陈兵白鹅潭,以武力相威胁。后经美国驻华公使舒尔曼协调,北京政府同意从关余中拨出若干,供南方政府用于疏浚西江。南方政府获取关余的斗争获得部分成果。

1.1918 年—1921 年南方政府收回关余行动及交涉

军政府外交部咨政务会议文
1918 年 11 月 25 日①

为咨陈备案事:

  窃本部对于海关税务事宜,屡经交涉,不遗余力。兹接准英、美、法、日驻粤总领事先后函称:北京政府请求提用关税盈余,已由协约国各公使拒绝,并请军政府勿误解此举为鼓励南方延长战争之意。对于关税,勿加干涉等语。用特抄译各该领事来函及本部复函仍商酌提关税余款各节,陈请察核备案。谨咨陈
政务会议

外交部长伍廷芳

上海《民国日报》,《军政府请提关税余款之交涉》,1918 年 11 月 25 日

伍廷芳复英美法日驻粤总领事函
1918 年 11 月 25 日②

径复者:

  昨接大函,转述贵国驻北京公使训令,备悉一切。协约国各公使决不允北京政府请求提用关税余款,实足证明其不再赞助北方继续战争

---

① 该文未署时间,现据《民国日报》刊载日期——原编者注。
② 该函未署时间,现据《民国日报》刊载日期——原编者注。

之盛意。且见其为中国人民利益计,与为其本国人民之利益计无异,殊为钦佩。查军政府本不愿国内延长战争,惟切望中国得早日回复合法之统一政府而已。尤有进者,海关关税有偿还外债之关系,本军政府从未有意为不合理之干涉。今承协约国各公使拒却北京政府提出关税余款,则军政府之态度,尤属始终如一。惟正式国会被解散后,尽人皆知北京政府曾提关税甚巨,今使护法各省亦得提用关税余款,照北方之数相等或至少依照比例之数,以作地方行政之用,方觉合于公理。相应函复,请将此意转达贵国驻京各公使为荷。顺颂

日祺

伍廷芳　启

上海《民国日报》,《军政府请提关税余款之交涉》,1918 年 11 月 25 日

协约国驻广州领事致军政府函
广州,1919 年 1 月 16 日

以下署名的协约国驻广州诸领事代表,对广州南方政府的建立表示祝贺,并有幸向该政府递交一份由英国公使转来并有其签名之电报的抄件及译本。同一电报尚有比、法、意、日、葡、俄及美国的外交代表副署。

签名:詹姆斯·威廉·杰弥逊爵士(英国驻广州总领事)　J. 伯威(法国驻广州总领事)　艾伯特·威·彼拉多(Albert W. Pontius)(美国驻广州总领事)　赞农尼·恩德·武尔披齐(意大利驻广州总领事)本田(K. Ohta)(日本驻广州总领事)　奥斯德维考(A. N. Ostroverkhow)(俄国驻广州总领事)

附:电报之抄件

北京政府已正式申请发放现存关余,总计不超出 1200 万元。用途如下:

偿付第四年内债本金需款 300 万元;国外的外交费用需要 180 万元;首期摊付广东治河经费需用 100 万元;向上海缫丝厂贷款 100 万银两;余款用以支付前线撤军费及拖欠之军饷。

鉴于双方已停止敌对行动,协约国政府认为他们可以再行反对发放这项专款。因此他们已知照外交部,除非拖延已久且又行将召开的南北议和会议于 1 月 25 日前,在说明上项基金为全国普遍利益计的不同用途上达成协议,才能如期解款。

签名:达涅尔·华蕾 约翰·纽厄尔 朱尔典爵士 保罗·塞缪尔·芮恩施 保罗·麦叶 奥古斯特·柏卜 恩·阿·库达切夫 阿尔梅达·卜兰道 小幡酉吉①

《孙中山与广东——广东省档案馆库藏海关档案选译》,第370—371 页

伍廷芳致柯尔乐②函
广州,1919 年 2 月 26 日

亲爱的柯尔乐先生:

随函寄去一份抄件,从中可知北京政府已正式申请发放现存关余,总计不超过 1200 万元。其最后一项开支是,拟将余款用以支付前线撤军费及拖欠之军饷。我想了解这项余款是否已付给北京政府? 如付,又系何时解付的?

尚请电询总税务司,请求明确答复。一旦接到回音,请速告知,不胜感谢。

伍廷芳 谨启

《孙中山与广东——广东省档案馆库藏海关档案选译》,第371—372 页

伍廷芳致安格联函
1919 年 3 月 6 日

(北京)弗朗西斯·安格联爵士:

---

① 华蕾、朱尔典、芮恩施、麦叶、柏卜、库达切夫、卜兰道、小幡酉吉分别为意大利、英国、美国、比利时、法国、俄国、葡萄牙和日本驻华公使——原编者注。

② 时任粤海关税务司。

　　关于我去年9月11日通过您送交公使团领袖的备忘录,及本年1月17日我对比、法、意、日、葡、俄和美国外交代表电报的答复,其中详细陈述了本政府要求适当的一份关余的理由。考虑到本政府财政短绌,亦鉴于上海南北议和会议中断,和平的早日恢复尚未可知。为此,本政府恳请将此事提交公使团,切望由关税中向本政府支付300万元。不应忘记:自内战以来,业已支付北京政府数百万元。尽管本政府代表六个对关税收入大有贡献的独立省份,但在此之前从未获致应有的份额。再说,现急需款项支应拖欠之军饷,以防骚乱并维持和平。旋即可知,此要求最为合理。非不得已,本政府不愿采取任何令人不快的手段。因事情紧迫,刻不容缓,如蒙本月10日前电复,不胜感谢。

伍廷芳　1919年3月6日

《孙中山与广东——广东省档案馆库藏海关档案选译》,第372页

伍廷芳致柯尔乐函

广州,1919年3月18日

亲爱的柯尔乐先生(亲启):

　　为答复您今天所告关于昨晚收悉总税务司电的来信,此事经认真考虑后,请将如下决定电告总税务司。

　　请告知总税务司:由于南北议和的双方代表以及公众舆论业已一致反对民国八年的公债,故而总税务司的建议——由护法军政府促进并鼓励销售民国八年公债券,以达成向本政府提供300万至500万元的协议——是不可能接受的。请托总税务司获致外交使团对我两份电报的明确答复。该电报强调,万一发现年底海关税收由于垫支给本政府而不敷抵偿外债,护法军政府则保证弥补亏短之额。

伍廷芳　谨启

《孙中山与广东——广东省档案馆库藏海关档案选译》,第373页

伍廷芳致粤海关税务司函

上海戈登路 3 号,1920 年 4 月 20 日

亲爱的先生:

我非常遗憾在离穗前没有机会拜访许多朋友,想您会理解这种情况,因李锦纶先生谅必向您解释过我的处境,以及导致我离开军政府的原委。我离开广州,是因为众军阀对我施加压力,以便取得海关专款,而浪费于非法目的和军事用途上。当我接收这笔委托于我的资金时,我认为我的责任是务使这笔款项的支配符合国家利益,而不能用于加强任何党派的军事实力,或纵容破坏和平。

我确信您会向总税务司阐明此事,并请求今后把海关关余汇往上海我的帐户上,当照例给您加盖公章的收据。我的公章已随身带来,意欲照旧行使我的职权。

您务必请求总税务司,不要理睬那些不顾中国利益、只会蝇营狗苟的政治冒险家。

关于您的请求,我已和同事们商量过,将从每一期关余中拨款六万元以供广东河道工程局使用。这是一项有利于国计民生的事业。我衷心地支持。

请将此信的副本连同电报一并寄送安格联·弗朗西斯爵士。

一俟收到总税务司回音即请赐复。

伍廷芳　谨启

《孙中山与广东——广东省档案馆库藏海关档案选译》,第 373—374 页

温宗尧[①]致安格联函

广州,1920 年 5 月 6 日

尊敬的弗朗西斯爵士:

---

① 时任南方政府外交总长。

现附上照会副本一份,供阅。照会已由广州的外国领事即电送外交使团,内容是关于扣留交托于你的、按比例我们应该享受的最近一期关余。文件不叙自明,我们请求您对此事给予协助。这固然关系着外国人在西南各省的利益,而它造成的影响亦同样会涉及中国人民。这笔钱并非拟用于战争,而是用于支付军饷,避免军队闹事。这样,从目前到南北方之间问题得以解决、可以裁遣军队这一过渡时期之内,社会秩序便有可能得以维持。

我们并非责难外交团让北京政府按其份例获取关余,因北方亦需维持稳定秩序。但令人感慨的是,当我们为着与北方同一目的而正需用钱之时,我们按份额应得关余却被扣住,这既不成理又欠公正。故恳请您向外交团阐明事实,并请其迅即发放款项给我们。静候佳音。

温宗尧　谨启

附:中华民国军政府外交部致外交使团照会

1920 年 5 月 4 日　广州

致外交使团团长柏卜阁下及其同事——全体驻华外国公使阁下:

西南政府惊闻北京外交使团团长 1920 年 4 月 30 日致广州首席领事的急电。其副本由该领事于 5 月 3 日转交广州外交专员呈西南政府知悉:最近北京政府请求发放的一期关余,为数 4000000 海关两,其中应拨给西南政府的数目为 548000 海关两。鉴于目前西南之局势,外交使团希望尽量避免任何导致加剧国内纷争之事,已指示海关总税务司将此期西南方面的关余款项存起待命。

这部分关余合法地属于西南政府,因关余份额是根据 1918 年粤省通商口岸的数目分配的。所以,无论西南的局面如何,这部分关余理应拨给西南政府。况且,在南北为恢复统一而举行和谈的期间,需要这笔款项以用于维持西南政府辖下省份的和平与安定,用于制止前线军队重开战事。若这笔钱不予拨付西南政府,从而使资金缺乏而无法维持安定秩序,西南政府则不能为此负责。

北方的情形从各方面来说,并非胜于西南的局面。如果藉口形势问题而扣压南方合法的款项，而北京政府方面却如数得到其关余份额，这对南方政府说来是不公正的。

请不要以为因伍廷芳和那批激进而好争吵的国会议员背弃西南政府而去，这个政府就会濒临倒台。恰恰相反，西南政府由此而变得比以往更强有力、更团结，南北达成和平与恢复统一也更有望。那些离开西南政府的激进好辩的议员仅占少数，而留穗的国会议员仍构成多数。他们以国家利益为重，他们要看到的是和平的实现和国家的重新统一。西南政府和留在此地的国会议员们的目标是一致的，因此，议会和政府正通力合作，向着共同的方向迈进。

此外，目前在广州执政的西南政府，是一个法律上及事实上均具备资格的政权。虽然各国政府还未予以正式承认，但实际上他们已经这样做了。因为，自西南政府建立以来，西南所有的外国领事均已直接或间接通过我方官员与本政府来往。况且，西南政府严格地履行各项华洋缔约的责任。我们已经这样做了，并将继续这样做，以尽力保护在本政府版图之内的所有外国人——无论是商人、传教士、旅游者或者是官员——的生命和财产。由此可见，拨付给西南政府的关余，过去没有用于战争，将来也不会用于战争。而是用于维持安定，为使中国人和在华外国人的生命财产，均得到保障。

虽然，西南政府拥护迄今唯一可行的宪法，但是，由于伍廷芳及其同党（激进好辩的国会议员们），顽固坚持无法付诸实现的理论，南北和平与统一的问题至今仍然被无限期地拖延着。而今，随着伍廷芳及其同党的离去，南北和平及统一道路上最大的障碍被搬开了。

最后，西南政府恳请外交使团，认真考虑上述事实，实事求是地观察西南局势，并指令把现由海关总税务司掌握的海关关余款 548000 两，迅即拨付给西南政府。

外交总长　温宗尧（签字）

1920 年 5 月 4 日（广州）

《孙中山与广东——广东省档案馆库藏海关档案选译》，第 374—377 页

伍廷芳致外交使团团长函

1920 年 12 月 2 日

（北京）外交使团团长帕斯托—德莫拉·路易斯阁下：

　　自从去年 4 月以来，由于西南局势的关系，根据外交使团的决定，南方之关余份额，一直由海关总税务司保管。8 月，我被通知说，由于无法找到公平合理之根据，外交使团决定不在南方各派系之间作关余的摊分。现在，西南的局势已恢复原状，即回复到可接受资金分配的情况。目前除了我们本身之外，无人够格声称有权得到关余。此外，现政府已为其掌管之下的各省，准备了一个宏大的建设与发展规划。此规划之实施，以及为替补一直征收至今、然现因公共福利而被取消了的财政税收等方面，都急需资金。为此，我代表我的同事们，敬请外交使团、并通过阁下您，通知海关总税务司，请其将自从扣存关余以来，海关之南方份额累积资金汇给我。并且，此后每期款项亦应如前一样，到期即予付汇。

政务总裁·外交总长兼财政总长　　伍廷芳（签字）

1920 年 12 月 2 日

《孙中山与广东——广东省档案馆库藏海关档案选译》，第 377—378 页

广州英国领事致北京英国公使急电

1921 年 1 月 15 日

　　第 3 号电报

　　中国粤海关。有关电文：1918 年 9 月 2 日第 28 号电报，您 9 月 5 日第 25 号复电和随后传达外交部 1918 年第 484 号电文内容的第 26 号电报。

　　代理海关税务司告知我：今晨伍廷芳召见他。伍宣称他们拟发布一道训令：南方政府要在 1 月 19 日接管粤海关。不会干扰外籍职员，但南方要接收所有缴纳的税款，并且最后会交出约占 13% 的南方份属的外债本息偿还金。伍又宣告，他们要求委任代理总税务司与南方政

府合作。

税务司答复伍说,此举将会招致利益相关的各国和债权人极大的不满,他不能允许阻挠其把税款汇往上海。

伍声言他会再和同事们商量,不过表示没有多少考虑的余地。

税务司正电告总税务司,万一他的消息在传递中被延误的话,他请您通知总税务司。

综上所述,我是否按照 1918 年确定的方针行事,抑或采取缓和之策为好?

鉴于事态急迫,我已紧急向外交部报告此讯,也通知了香港银行和香港政府。

詹姆斯

《孙中山与广东——广东省档案馆库藏海关档案选译》,第 378—379 页

安格联致伍廷芳急电
北京,1921 年 1 月 16 日下午 5 时 40 分

急电粤海关转交伍博士:您的来电收到。自与中央政府断绝关系以来,海关作为在南方的政府机构,一贯承认地方当局的权威并听取其训示。我确信,对国际协约下之现行外债本息偿付协定试作任何干预,大不列颠都会对此作出迅速的反应。这种行动必然会激起冲突,故冀三思而行。

安格联

《孙中山与广东——广东省档案馆库藏海关档案选译》,第 379 页

伍廷芳致安格联函
1921 年 1 月 18 日

(北京)中国海关总税务司弗朗西斯·安格联爵士:

您的来电收悉。不要对政府诸总裁此举产生误解。我们丝毫无意损及外国债权人的利益,我们的意图仅仅是军政府理应取代所谓北京

政府的地位。正像您作为整个中国海关的首脑一样,当军政府绝对控制了中国数省之时,您有必要承认我们在这些省份的权力。令人不解的是,怎么会有人把我们此举与干涉现行债务本息偿付协定联系起来。

我已向外交使团发出一份急件。我们相信,他们会带着同情的态度考虑我们公平合理的调整,而难以理解您为何会期望来自不论哪一个国家的任何异议。

我提醒您,作为一名中国的政府官员,请不偏不倚地执行您的职责。

伍廷芳(签字)

1921 年 1 月 18 日

《孙中山与广东——广东省档案馆库藏海关档案选译》,第 379—380 页

安格联致伍廷芳电

北京,1921 年 1 月 19 日上午 10 时

粤海关转交伍博士:您第二次来电已收悉。倘若对您前次来电有所误解,我表示歉意。但为了充分了解情况,请您确切告知:您打算采取何种行动,是否要修改现行的偿债协定? 此类协定关系到南方诸省洋、常各关税收汇寄于我的帐上。我始终承认南方政府的权威,只要这种权威不与中国〔履行〕债务相抵触。关于会对那些协定产生影响的建议,凡经代表缔约,对方的外交使团所批准的,我愿意表示同意。

安格联

《孙中山与广东——广东省档案馆库藏海关档案选译》,第 381 页

伍廷芳复安格联电

广州,1921 年 1 月 20 日

转交弗朗西斯·安格联爵士:您 19 日的电报已收悉。我们的目的只是将迄今由北京政府行使的海关管理权转至军政府手中,而决不会侵占外国债权人享有的抵押关税。我注意到,您既然以总税务司名义

承认军政府的权威,因此本政府拟任命威尔逊先生——似乎是充任代理总税务司的合适人选——来管理南方海关行政与税收。

伍廷芳

1921 年 1 月 20 日　广州

《孙中山与广东——广东省档案馆库藏海关档案选译》,第 381 页

安格联致伍廷芳电

北京,1921 年 1 月 23 日下午 8 时 30 分

粤海关转交伍博士:外交使团于星期一举行会议,以便研讨您在报上发表的宣言中所要采取的行动。我确切地得知:此事已通知列强,并引起极严重的关注。尽管您加以否定,据认为您的宣言宗旨是试图从我手中夺去与南方税收相关的偿债款项,并在整个海关范围内改弦易辙。即使您能像 1918 年那样,设法使一触即发的局势缓和下来,我确信列强不会仅仅停留于抗议上,故而恳请您依旧果断行事。您预期的行动不可能成功,还将毁坏中国由于善理外债而在国外维持的最后一点经济信用。只要声明此宣言的发表未经必要授权就够了。

安格联

《孙中山与广东——广东省档案馆库藏海关档案选译》,第 382 页

伍廷芳再致安格联电

广州,1921 年 1 月 24 日

弗朗西斯·安格联爵士:如果您把 1 月 18 日的正式声明解释为宣言,这就错了。这准是传达之误,要不就是您全盘误解了。军政府无意采取任何有损外国债权人利益的行动,亦已再三强调不变动你们所关注的人事或机构关系。在这些保证的前提下,如果还是要追究本政府从未有过的动机,这是荒谬的。作为负责任的政治家,军政府的委员们决不会做任何估计会影响中国在国外之信誉的事。我认为,军政府提议委任现行海关机构人员为代理总税务司,管理西南方面海关的行政

和税收,是经过充分认真考虑的。作为仅有的引人注目的变化,只是相对西南海关来说,本政府取代了北京政府而已。令人不解的是,外交使团如果不是为北京政府辩护,又有什么值得大惊小怪的呢?我们请您就此发表一个声明。

伍廷芳

《孙中山与广东——广东省档案馆库藏海关档案选译》,第 382—383 页

伍廷芳致威尔逊函

广州,1921 年 1 月 27 日

粤海关税务司 A. 威尔逊先生:

随函附上我今天致领事团作辩解的信的副本。

在清楚地阐明本政府的立场后,毋庸赘言,既然看到我们的做法并没有妨碍海关工作的顺利进行,您和总税务司便不应在此举实施之中设置障碍。本政府为着公正起见,决定执行该项命令;若强行反对,则后果不堪设想。但我真诚地希望,为着公众的利益,这种情况不会发生。

如果您认为适宜的话,可将此副本之梗概电告总税务司,并请他给我一个明确的答复。

伍廷芳　谨启

《孙中山与广东——广东省档案馆库藏海关档案选译》,第 383 页

中华民国军政府外交部致广州领事团函

广州,1921 年 1 月 27 日

(衔略)诸位先生:

你们本月 26 日传达外交使团团长一则通知的急件已收悉。

在复函中,我必须申明,军政府作出本月 15 日的决定时,从未有过打算,并且现在也不会以任何强制的方式干涉海关的行政管理或现行债务偿还协定,更遑论有丝毫损害外国债权人的利益。

关键是受了所谓北京政府故作姿态的蛊惑,这点,本政府在 1 月 18 日正式声明中有过这样的说明:

"北京当局既没有议和修好或实现国家统一的真诚愿望,也没有这样做的能力。他们从上海召回议和代表,甚至在军政府一再要求之下,他们也没有另派代表。他们可笑地宣称:国家的统一,无须首先商定上海议和会议的条件,以期回避南方提出的虽有益于国家,但明知无益其私己之利的条件,同时向列强骗取大笔贷款。他们担心一旦有贤明的人士参予国政,就不允许他们一仍旧习。他们目前正在成百万地挥霍以各种协约和条件取得的借款,既不为从事建设,也不为造福人民,而只是为了加大和增强他们的权位,并压制人民的权利。"

"由于有北京的这类人物,凡有理智的人都不会对国家的统一抱有希望。军政府各成员在渴望恢复和平与真正的统一方面,决不会居人之后。尽管北京政府是毫无希望了,但他们知道为了所辖诸省的组织与改革,为使整个国家振奋和觉醒以求自救,没有理由不去做他们力所能及的事。"

正式声明中,如下一段充分说明本政府发布该训令是理所当然的:

"军政府凭借权利采取这项行动是正当合法的。海关毕竟只是国家政府机构之一,国家委以职权者,社会公仆。既然军政府已在事实上与法律上对护法诸省的一切行政、财政及其他各方面行使绝对专有的管辖权,那么中国海关在这些省份却听北京政府之命来执行职务并从中征税,又将税收挪作有害国家利益的其他用途,岂不悖谬反常、荒诞可笑?"

"军政府既承认海关是有效的组织机构,为中国提供了良好服务,其政策则是:管辖权虽自北京政府转至军政府,但一点也不会影响在职人员服从海关的权威与章程。既然海关税款已用于抵押不同时期的各种外债,这便无意使债权人利益蒙受任何损失。西南诸省税收将承担所摊付的适当比例的外债份额,这将是税款用途的首要一项开支,正如直到目前的做法那样。"

为了执行本政府决议并能同时保障外国债权人利益,拟采取下列措施。其内容外交次长已经与英国总领事充分洽商。措施如下:

1.军政府委任威尔逊先生为海关代理总税务司,管理护法省份内各海关的行政和税收,他要听取本政府的训令和指示。

2.在护法省份海关辖区所征的全部关税均汇给代理总税务司。

3.所征关税均以代理总税务司名义存入外国银行,如:汇丰银行、东方汇理银行、台湾银行、花旗银行,以及中华银行和其他华资银行,如:省立广东省银行。存入外国银行的总金额大体相当于偿付外债所需的数目,存入中华银行或其他华资银行的总金额大体上即为关余资金。

4.总税务司可电报提汇、或向代理总税务司支取西南按期摊还的外债金额;收支差额由军政府自行处置。当然,若在外国银行所存的税款不足偿付债务,则向中华银行或其他华资银行取款垫足;反之亦然。

以上清楚表明,外国在海关的利益是安全而有保障的;海关行政管理也没有被染指的可能。

至于所提及1918年3月曾保证仅拨用三分之二的盐税,但未能切实遵守一事,须加以说明:是当时听命于督军莫荣新的盐运使,把这笔款存入了一家国内银行。把一位曾为土匪的人物与现任的政府各总裁相提并论是荒唐的,况且我们已提出把所征的关税以代理总税务司名义存入外国银行,所以挪用海关款是不可能的。故任何人担心本政府此举将损及外国债权人利益的,不外是杞人忧天。

鉴于事实如此,请你们把我的复函电告北京,请求外交团考虑我们之诚意,不致于为本能地反对我们的北京诸辈所迷惑,转而支持我们竭诚以使国家走上正轨的努力。

藉此机会向你们致以崇高敬意。

　　　　政务总裁·外交总长兼财政总长　伍廷芳(签字)

又启:谈到上述问题时,我拟连带提及另一当务之急的事情,亦请你们一并通知外交使团。在经历持久的谈判之后,中华民国军政府在两年前与外交使团和弗朗西斯·安格联爵士达成了协议。据此,总税务司应定期地把按比例分配的关余的一定份额交给本政府。首期款项是1917年7月收到的,第六期也就是最后一期款额于1920年3月收到,自那以后就再未向军政府付过款。拒付的理由是,在我于1920年3月末离穗后,国会内部分裂。现在,除了军阀和已告退的人外,军政府各位总裁大都已回到广州,在政府里行使职权;政府逐步正常化,实际情形日见好转。经多次向外交使团和总税务司交涉,要求继续定期付款,并把自去年4月以来积存的关余份额付汇,但时至今日仍杳无音讯。这不是违反了外交使团及总税务司和本政府之间的协议吗?我们需要金钱并非为着利己之目的,而是为了从事建设及其他急切需要改革的方面。以上曾引用的正式声明中有如下一段,能确切表明我们的立场,我提请外交使团注意:

"广东省的情形令人悲叹。四年来,桂系军阀独断专行地统治着广东:每一寸公有土地或被出售,或被反复用作抵押;课征种种非法而荒诞的捐税;非法并秘密地准予各种专卖权;准许各种各样的赌博;就连妓院也得奉献部分赢利以肥其私囊。另一方面,广州国库空虚,眼下政府正被一大群债主围索。"

"尽管这些事情非常掣肘,但军政府和现今之广东省政府自执政以来,便取缔了赌博和各种形式的彩票,这较之许可赌博,每年要损失几近1000万之巨的税收。在不到两个月内,他们已废除了督军职衔(军阀称号)以及酷似督军的七个镇守使的官职;他们还裁撤了毫无效用的道尹;他们已和平地解散了210多个营约计63000人的军队。他们雷厉风行地禁止种植和吸食鸦片。他们首次把地方自治政体引入中国;他们计划中的其他改革措施是:实行地方自治;增加教育经费——这近来被有辱斯文地置之不顾;改革司法制度——这对任何井然有序的政府都是极其必要的;借助外国企业以开发本省。"

"诸总裁完全了解,他们所从事的是一项艰难而辛劳的工作,而资金不足,缺少能干忠实的助手,则使这项工作愈加繁重。在清扫奥吉亚斯王的御厩①时,必然会招致被解职的、腐败无能的官吏们之仇视,其政敌及其他人则会乘机进行攻击。他们不敢以一贯正确而自诩,但他们可以宣言,他们办事的宗旨完全是正大光明的;他们愿意以其政绩而求得公正的舆论与世评。他们请求中华民众在获致真凭实据之前,不要轻信报界怪诞不经的报道。他们邀请有心这样做的任何人来广州参观并亲自作出判断。他们在无所畏惧地贯彻其政策的同时,还衷心希望得到国人及外国舆论的支持。"

应当清楚地看到,倘若我们的申述被置之不理,我们正当的愿望受到各种方式的压抑的话,那么,北京政府和军阀们就会将之视为他们的政策得到了认可。这样,中国可悲的局面就只能依然如故,而那些曾直接或间接促成这种局面的人,要承负严重的道义上的责任。

伍廷芳(签署词首字母 W. T. F)

《孙中山与广东——广东省档案馆库藏海关档案选译》,第 384—388 页

安格联致伍廷芳急电

北京,1921 年 1 月 28 日下午 11 时 40 分

粤海关转交伍博士:我无法支持,也不能干预。此问题关系到中国作为一个主权国与列强之间的国际协定。你们要做中央政府本来在开始时就不能被允准做的事。由于这般做法会被视为侵犯外国利益,并且肯定会受到抵制,所以,您会失去同情,贵政府或许会猛醒过来。如此,非但不能迫使北京政府就范,反而为他们帮了忙。至于关余的具体处理,由于汇率跌落,国家丧失偿付能力在即,我不同意哪怕仅仅是考虑继续拨付的问题。最好还是放后一步,多考虑一下整个中国严重的财政局面吧。

安格联

《孙中山与广东——广东省档案馆库藏海关档案选译》,第 389 页

---

① 指奥吉亚斯王的牛厩。奥吉亚斯系希腊神话中的厄利斯王——原编者注。

伍廷芳致安格联电

1921 年 2 月 1 日

　　（北京）中国海关总税务司弗朗西斯·安格联爵士：为避免外交团和外国公众对本政府的真实意图继续产生误解，并根据您的建议，本政府决定暂时推迟对海关的进一步的行动。请您尽早把下列细目提供给我：（1）用关税抵押的未偿还外债总数；（2）包括上年在内的过去 20 年中，每年的：（a）所征关税总额；（b）支付外债的本金与利息款额；（c）拨付给北京政府的关余额；（3）今年和明年应付的外债本息款额；（4）关税抵押方面所有的协定及文件之副本；（5）自去年 3 月至今，存积的西南各省的关余数额。请电告我延付本政府这部分关余的原因，且务请从速解拨，因我已向外交使团交涉。

伍廷芳（签字）

1921 年 2 月 1 日　广州

《孙中山与广东——广东省档案馆库藏海关档案选译》，第 389—390 页

安格联致伍廷芳电

北京，1921 年 2 月 2 日下午 4 时 15 分

　　粤海关转交伍博士：谢来函。我认为您的决定是顾及整个中国的利益，具有真正的政治家风度。准备送交您函内所列细目的备忘录。延迟付汇去年这部分关余是因您从广州引退造成的局势所致。如果您表明所需款项是用于建设的目的，不但为了治理河道，而且眼下要为 2000 万挨冻受饿的中国灾民提供救济，这样的话，相信拨款一事将会顺利。同时，贵政府无视"善后借款协定"，插手盐务署的问题，也可能得到解决。

安格联

《孙中山与广东——广东省档案馆库藏海关档案选译》，第 390 页

安格联提交伍廷芳的备忘录

北京,1921 年 2 月 2 日

伍廷芳阁下要求向他提供有关中国金币债务某些项目的详情,我想就其问题的顺序逐一开列。

1. 以关税为抵押的未偿外债总额。

以关税为抵押的未偿外债是一笔用金结算的债务,即:中国借入金币,亦要用金币还债。作为一个使用银币的国家,中国不得不按当前兑汇比率购买金币来偿还债务,而谁都知道,这种兑汇率波动很大。这笔用金结算的外债的总额是固定的,就是:a. 借债 72820000 英镑;b. 赔款 67500000 英镑。(注:赔款数是 450000000 海关两。① 换算成一种金币债务,便可按各自固定的兑汇率,支付各种金本位制货币。上述款数是按照战前兑汇平价,换算成大体上等值的英镑。)

加上年息,中国分期偿还债务每年须摊付:a. 外债 3897372 英镑;b. 赔款 3632336 英镑。

中国用于上列年度债务的白银总数,随兑率而升降。近年内,1 上海两②的兑率曾低至 2 先令 2 便士,也曾高达 9 先令。在预算抵偿债务所需的白银数目时,总税务司通常按低于现市价 6 便士的兑率计算,以留有充分的余地。目前汇率是 3 先令 3 便士兑 1 上海两,所以,计算时的汇率为 2 先令 9 便士兑 1 上海两,这样,一年用于偿还债赔两款本息所需白银为 54761512 上海两。

2. 包括上年在内的过去 20 年中,每年的:a. 所征关税总额;b. 支付的外债本息款额;c. 拨付给北京政府的关余额。

a. 参见附表 A。表内数字是总计数字,内未扣除征税费用,而且包括了另外入帐、又不能用于偿付债务本息的吨位税。

b. 总税务司没有 1912 年以前的数据,那时的债务还本付息基金由

---

① 海关两,亦称关平两——原编者注。

② 上海两,系上海对外贸易时使用的计算单位——原编者注。

上海道台拨支,故没有纪录在案。在 1912 年和 1913 年,为了付清所欠赔款,只好作出专门的协定。因此,仅可得到从 1914 年起的完整数字。1914—1920 年债赔两款本息合计额见附表 B。

　　c. 1919 年之前没有关余发放。因为那时受兑汇率的影响,关税收入不足清还债赔两款。债款和赔偿基金都得从优先偿还赔款的盐税中提取。1919 及 1920 年的兑汇率反常升高,并由于有了《修订进口税则》,关税收入也增加了,这样才产生了关余,并且发放了如下数目:1919 年 23039382.73 上海两;1920 年 23150000.00 上海两。

　　3. 今年及明年应支付的外债本息额。

　　此数额只能估测。兑汇率正急剧下降,不把汇率减到某个低数位的估测是没有任何价值的。按 2 先令 6 便士兑 1 上海两计算,今年及明年的岁额为 60237664 上海两。假若兑汇率跌为 2 先令 6 便士,或即使只低至 2 先令 9 便士,就要再从盐税抽款来还债,显然这时就不存在关余了。

　　4. 关于关税抵押的所有协定及文件之副本。这些副本在中央政府手里,应向他们申请要。

　　5. 西南诸省自去年 3 月以来被扣存的关余数目:2513950.00 上海两。

总税务司　安格联(签字)

1921 年 2 月 2 日　北京

《孙中山与广东——广东省档案馆库藏海关档案选译》,第 390—392 页

伍廷芳致安格联电

1921 年 2 月 4 日

　　弗朗西斯·安格联爵士:积存关余一旦付汇给我,政府诸总裁预备捐赠 25 万元给北方赈灾。我保证从每期拨付关余中留出 6 万元做广东治河经费,并拨部分款项用于救济东、西江近来遭受动乱的地区;原应允给西南大学和里昂大学的数目当照数解拨,其余的用于公路建设。

这笔款可望交汇时, 请通知我。

伍廷芳

1921 年 2 月 4 日　广州

《孙中山与广东——广东省档案馆库藏海关档案选译》,第 392—393 页

伍廷芳致安格联电

1921 年 2 月 17 日

　　弗朗西斯·安格联爵士:美国国务院已将其对关余的看法通知了我。据此,您作为那笔基金的保管人,现可自行处理之。您既已承认本政府的权限,故请您即把从本政府辖下各省内所征得的,并已由您代为储管的积存关余汇付给我。

伍廷芳

1921 年 2 月 17 日　广州

《孙中山与广东——广东省档案馆库藏海关档案选译》,第 393 页

安格联致伍廷芳电

北京,1921 年 2 月 18 日下午 1 时 30 分

　　粤海关转交伍博士:我已阅悉美国国务院通知。根据美国公使馆的解释,此通知便有了截然不同的意思,即:未经中央政府同意,不能拨付去年积存关余给南方政府。这也是您的代表郭泰祺的观点。

安格联

《孙中山与广东——广东省档案馆库藏海关档案选译》,第 393 页

安格联致伍廷芳急电

北京,1921 年 2 月 23 日下午 3 时 30 分

　　粤海关转交伍博士:我已和您的代表会谈。我们一致认为,如下安排都能够被各方愉快地接受。就是:拨给广东治河经费 42 万港币;西南大学及里昂大学共拨 105 万元;赈灾款及惠州地区救济金各 25 万

元;余款仍由总税务司存管,以充国债还本付息基金。如果您表示赞同,那么我将尽力争取此处的准可。您的代表亦在联系沟通。

安格联

《孙中山与广东——广东省档案馆库藏海关档案选译》,第394页

伍廷芳致安格联电
1921年2月25日

弗朗西斯·安格联爵士:您2月23日电报收悉。广州市的道路情形令人叹息,而在边远地区甚至根本没有道路可言。这项建设关系着全部改革的基础,为此迫切需要资金。把南方的一部分关余用作偿付国债本息意味着我们须承担双重债务,而北京在这方面却得以豁免。但是,如果除了您在电报内提到的用于偿付债务本息余款数额之外,我们尚得到30万元用于城市道路,70万元用于乡村道路,那么,我准备建议我的同事达成裁决。

伍廷芳

1921年2月25日　广州

《孙中山与广东——广东省档案馆库藏海关档案选译》,第394页

安格联致伍廷芳电
北京,1921年2月26日下午1时50分

粤海关转伍博士:我电报内提及的债务本息基金,是指国内银本位债务,不是国外以金本位结算的本息债务,此项内债需要所有可用现金。我认为,如果中央政府不提出来的话,扣留关余的问题是不可能解决的,而中央政府或许会自行其是,要求得到扣起的用于偿还国内债务的资金总额,并终将得到它。所以,我建议作出我认为的那种让步,这样提出来的方案就有被这里各派即予接受的可能。我希望您同意这点。

安格联

《孙中山与广东——广东省档案馆库藏海关档案选译》,第395页

威尔逊致伍廷芳函
1921 年 3 月 2 日

亲爱的伍博士：

遵伍朝枢先生电话之嘱,昨天早晨我发电报给弗朗西斯·安格联爵士,询问其 2 月 26 日的来电是否即对您 2 月 25 日电报的答复,因该电文中并无提及公路资金的条文。今天早上我接到了如下回电。

威尔逊　谨启

附:安格联回电

1921 年 3 月 1 日　北京

粤海关:是的! 通知伍博士,他迟迟不接受我的半边面包提案,令我担心出现一点面包也弄不到的结局,因中央政府正单方面地把我撇开。

安格联

(威尔逊附笔):伍博士托我电传下面训示今天送交南方代表郭泰祺。

附:送郭泰祺先生的译电

1921 年 3 月 2 日

我准备接受弗朗西斯·安格联爵士的提案,但是他又来电说,担心北京政府单方面把他撇开。请通知他,现时我不能电告接受一个连他本人也觉得或许无法贯彻的提案。不过,请他仍继续提案工作。一旦他认为方案能实施时,我即致电宣告接受。

《孙中山与广东——广东省档案馆库藏海关档案选译》,第 395—396 页

安格联致伍廷芳电
北京,1921 年 3 月 3 日上午 11 时 20 分

粤海关:谢伍博士电讯。这将有助于我与外交使团等协商。请通知伍博士,一旦获悉北京政府的意向,我即提交我的方案,希望他们仍

能给予考虑。

安格联

《孙中山与广东——广东省档案馆库藏海关档案选译》,第396—397 页

伍廷芳致安格联电

1921 年 3 月 24 日

　　弗朗西斯·安格联爵士:在最近的三周时间里,我乐意把有关关余问题整个交由您处理,没有提出过质疑。现据悉,外交使团打算把关余资金发放、或者已经发放了给北京政府,只留下一小笔治河经费。如果属实,令人不解的是并未从您处获知一点消息。南方要提出最强烈的抗议,由此而产生的后果,我们将不予承担责任。请把确凿的情况通知我。

伍廷芳

1921 年 3 月 24 日　广州

《孙中山与广东——广东省档案馆库藏海关档案选译》,第397 页

安格联致伍廷芳电

北京,1921 年 3 月 28 日下午 1 时 25 分

　　粤海关转伍博士:我并没有接受或担当过诸如您的代理人之类的任何职务,这方面素来不存在商量余地。在非官方和非正式的场合里,我总是竭尽所能地提出或许您能接受的解决办法。但是,正当我与您联系时,北京政府已把问题提出,这以后,我就不能适当地介入了。您的代表郭泰祺了解我的处境,务请您向他询问详情。我不能充任您与外交使团交往的中间人。

安格联

《孙中山与广东——广东省档案馆库藏海关档案选译》,第397 页

伍廷芳致安格联电

1921 年 3 月 28 日—29 日

弗朗西斯·安格联爵士:请电告我外交团关于关余决议的确切条文和所附带的条件,例如发款方式与费用目的等等。希望在我的 3 月 26 日电报抵达之前,并未有任何支付。若不幸果真如此,则请告知我所付的准确数额。

伍廷芳

1921 年 3 月 28—29 日

《孙中山与广东——广东省档案馆库藏海关档案选译》,第 398 页

安格联致伍廷芳电

北京,1921 年 4 月 2 日下午 12 时 45 分

粤海关转交伍博士:被扣存关余作如下分配:中国驻外使馆经费 70 万上海两;防疫经费 20 万上海两;广东治河经费 42 万上海两;其余偿付国内债务。首尾两项已拨付完毕。

安格联

《孙中山与广东——广东省档案馆库藏海关档案选译》,第 398 页

伍廷芳致安格联电

1921 年 7 月 25 日

(1)自 1 月份至今全国海关的总收入是多少? (2)同一时期内,海关支付偿还内外债的数额,具列这些债务的各种项目及各项款额。(3)除了(2)所列项目外,用于其他目的的开支数目,具列这些开支项目及款额。(4)关余有否增长? 若有,则增加的数目是多少? 这批关余有没有直接或间接地拨付过给北京政府? 如有,拨了多少、什么日期拨出的? 请弗朗西斯·安格联爵士电复第(4)项。1921 年 7 月 25 日。

《孙中山与广东——广东省档案馆库藏海关档案选译》,第 398—399 页

伍廷芳致安格联电

1921 年 8 月 6 日

弗朗西斯·安格联爵士：谢回函。中国现时的危急局势有目共睹，故应扣起北京政府的关余。若北京政府申请之，则请通知我，并在未接到我的回函之前，不要作出任何拨解。

伍廷芳

1921 年 8 月 6 日　广州

《孙中山与广东——广东省档案馆库藏海关档案选译》，第 399 页

安格联致伍廷芳电

北京，1921 年 8 月 7 日下午 8 时 45 分

粤海关转交伍博士：全部关余要求用于内债的还本付息，而且只能这样使用。

安格联

《孙中山与广东——广东省档案馆库藏海关档案选译》，第 399 页

傅秉常回忆参与关余事件之始末

军政府成立后，对于海关收入除扣除赔款外，尚有盈余，在其管辖区域内粤海等关税收，所余部分应交与其财政部，计累积达一二百万元之数。此笔款项即所谓"关余"。伍廷芳兼任财政部长，主持分配关余款项事宜。军政府所在地正为桂军盘据，中山先生嫡系粤军远驻漳州（陈炯明任粤军总司令，下隶两军，自兼第一军长，许崇智任第二军军长，蒋总统中正任第二军参谋长）。中山先生屡派人来，嘱余于关余之分配上设法照料粤军。盖因余早于一九一七年入党，此时为具有国民党员身份而供职军政府者。后亦终因此案，伍廷芳先生率余离粤，与桂系军人决裂。

当时中山先生深觉与桂军无法合作，派郭泰祺往劝伍廷芳先生离粤，并相约辞去政务总裁。郭嘱余帮助劝伍先生离去。伍先生亦觉察

桂系无法信赖,而萌去志。但当时有两项困难:一是关余款项如何携走,而不为桂系截留;二是自己如何脱身。此时提名莫荣新任广东督军,伍先生寓所卫兵均系桂军,伍先生家人多感此举危险而纷纷劝阻。后伍先生意决,令朝枢于前一晚藉口看戏,先行脱身。次晨伍先生偕余散步外出,潜往车站搭车赴港,关余款项则已先行汇存香港、上海两地之外国银行,时为民国九年(一九二〇年)三月。

伍先生去后,广州政府即发表温宗尧继长外交,陈锦涛接管财政,并分向港、沪之英国法庭起诉,银行存款即被冻结。伍廷芳父子遂留港涉理诉讼,余则奉派北上,担当上海方面之诉讼交涉。中山先生见余年轻,恐有差失,派汪精卫、徐谦相助。结果,香港方面诉讼失败,所幸款额有限,影响不大。至于上海方面之交涉,余决定采取不同策略。开庭辩论时,避免涉及此款之法律问题,而只坚持上海会审公廨无权审理。因伍廷芳虽离粤,而迄未辞职,至今仍为财政部长,有权处理该笔款项。至于伍廷芳本人之职位,系军政府内部人事问题,上海法院无权过问,关余款项只是偶然存入上海之银行。判决结果为:会审公廨无权亦无意干预中国内政,但伍廷芳不准利用上海租界保护此笔款项。余往告中山先生此次官司虽打输,但款项却仍可获得。因为只要伍廷芳不在租界,法院即无法干涉;同时,法院判决命令只下达伍廷芳本人,而不涉及银行,银行不受拘束,亦无权利与义务冻结此款。

及伍廷芳先生抵沪,同意余看法,先派余往上海一家存款较小之广东银行,向主持人李煜堂说明上述理由,洽商提款。李与其律师商量后,允许提款,旋汇丰银行亦准予提款。支票签字地点均写杭州,此款遂陆续全部提出。以后粤军回粤,迎中山先生重返广州,即赖此款供军需之用。

《傅秉常口述自传》,第 12—13 页

2. 1923 年南方政府收回关余行动及交涉

孙中山致北京外交使团函

1923 年 11 月 5 日

广东领事团领袖真密孙阁下：

兹付上通牒及照会二件,乞即转交外交团领袖,转请列国公使察核施行。该函系西南各省要求均沾关余事。窃念敝国关余除拨还外债外,所余尚多。此项关余,北政府多用以偿欠债,而用他项收入以为兴兵侵伐西南。西南各省因不得不另自筹正当之款,兴兵以自卫。故西南各省所受之损失正倍,盖一则以生息之款移于北京,为其构兵以害西南;一则西南不得不另筹相当之数,以为自卫之计。此项不平之事,吾人实不能长此忍受。兹附上公函二件,一则述西南各省要求均沾关余之理由,一则述将来之用途。乞一并代为转呈,俾便及早核夺赐复为荷。

附:大本营外交部长伍朝枢照会

为照会事:

(一)粤海关税前于一九一九年与一九二○年间,因广东宪法政府之请求,每年内应还抵押外债部分外,所有关余皆归本政府之用,计截至一九二○年三月止,关余之交付其由伍廷芳博士经手者六次。嗣以七总裁意见不合,内部瓦解,关余之付遂以中止。迨一九二○年底政府恢复以后,当请外交团将该年所有积欠关余二千五百万余两全数交还,并请以后继续应付等情。总税务司以及北京外交团全体对于此请竟不赞同,最后以美国国务院来一训令,遂致此项关余尽付与北京政府。

(二)美国国务院对此之态度,前曾咨函伍廷芳博士,略谓"实因银行团方面有受关税收入之委托责任,其目的即为满足此项关税收入之用途,至其关余则外交团领无条件的奉还于曾经外国所承认之中国政府"云云。吾广东政府亦正为此点而争,盖关税收入除扣还各项外国债款外,所有关余固纯为中国政府自身之物也。如果今日之北京有一

"中国的政府"存在,可以无条件的收受关余者,则广东政府当可以无条件的收受同样之关余。然不幸今日之北京已无所谓"中国的政府"存在,而此"中国的政府"不存在者亦已几年矣。此种事实具在,为中国国人所共认,即外国人亦将承认之。言其近例,则临城之案及今日北京之政象,均足以证之。一九一九年间,各国曾正式禁止各项军械运入中国,并于正式公文中流露无一政府"其权力所及,可以支配全部中国"之语。是故所谓北京政府者,其权力之所及,谓能支配全国者数载不闻矣。北京政府亦不过为今日国中政治之一部分,惟其据有中央政府之旧址,故得外交上之承认。数年以来,北京政府屡向西南各省宣战,今日四川、广东之流血足为证明。今以由西南各省所收之关税诿诸其敌,不用于本境各种建设之用,而假手于敌人作戕杀其子弟、涂炭其人民之器具,此诚不可忍之事也。我西南各省人民以关税之收入,充履行外人之一切债务,实有应尽之责任;若谓以其部分之关余充北方军阀以杀吾民之用,不顾公理,违反正谊,此又为吾人民所誓死而反对者也。

(三)是故外交团务宜训令银行团,在各种外国债项履行之后,须将所有关余无条件的交与总税务司,以尽中国全体国民信托之责任。本政府只愿将关余与北京政府作比例的分配,并请将一九二○年以后西南各省份下关余全数补还。

(四)反对此说者,或谓自一九二一年三月以后,所有关余已拨为整理内国公债之基金,而总税务司又受北京政府委托保管此项基金,现实已无关余之存留。西南各省亦将此点细为考虑,然终不敢承认此说。今言其要点如下:

甲　如果西南各省已植定其一部关余要求之根基,则断不容北方军阀有侵害其权利之举动。自实际上言之,最近六年间西南各省对于北京政府之一切行为均认为无效,故一九二一年三月北京政府之命令自失其效力。

乙　且"关余"两字有其至意存焉,关余者,即对于外国债项上直接由关税项下付还后所余之数也。就此意义观之,则关余为数甚大,而此关余中之一部分,其由来也属于西南各省,而西南各省固自有取得此部分关余之权利。倘北京政府以其自身之部分履还其所有之债务,此属于北京政府之事,吾人固不得而干涉之,惟北京政府绝不得以西南各省部分之关余以充其目的。且西南政府对于北京所订各债款,其属于军事上、政治上之用途而用为抵抗西南之用者,西南更难承认之。此外北京政府借款中,甚有借自少数私人银行,其目的专以投机为事,其利率又奇高,此种内债亦皆为西南所反对焉。

丙　如果总税务司一面承认上述议案有效,一面对于第三节所指之办法表示犹豫,不肯采纳,即宜指明仍须存有的款足敷办理此事之用。一九二一年三月北京之命令,规定关余如有不敷应用时,须指定下列两项收入法:一、每年一千四百万元之盐余;二、每年烟酒收入一千万元。此外由交通部每月垫款五十万元,至此项收入足敷偿还之用为止。上述两项收入,前只付给七八个月,职是之故,以后所有公债基金只由关余项下拨付。观此则知西南分内之关余扣除后,如果遵守北京之命令,尚有大宗款项可为公债基金之用。现在北方军人既取用盐税、烟酒、铁路等收入以为征粤平川之用,则公债基金不得不专赖关余。

(五)兹据各方面情形而观,第三节内所述之事项自可迎刃而解,深望从速设法,以便办理此事。西南各省所争之关余,拟即用于下列各途:一、改良广州市政经费二百万元;二、建筑省道经费二百万元;三、整理金融经费四百万元;四、浚河经费一百万元;五、改良蚕业经费五十万元;六、设立农事试验场经费三十万元。关于教育者:一、改高等师范为大学经费五十万元;二、改康记(译音)医学为医业大学并改良校舍经费五十万元;三、师范学校经费二十万元;四、改良农业学校经费三十万元;五、遣送学生赴外国留学经费三十万元;六、购置军舰以剿海贼经费一百万元。以上共需洋一千二百九十万元。凡稍悉南方情形者,均认此款实为至急之需。

上海《申报》,《粤海关事件之外交文书——孙中山与外交团往来函电》,
1923年12月18日、19日

孙中山同《字林西报》记者谈截留广东关税问题

1923 年 12 月 7 日

先生曰：广州担负护法战争之军费，历时已久，北京则用在粤所收之税以攻粤省，外交团知而不问。查两广关税，岁以千万元计，此原为粤人之款，故予拟截留之，予将令税务司缴出粤省关税之全数。如不从命，则将另易总税司。如北京乏款付到期之外债，予愿酌量拨出一部分，以供此用。

记者问：此计划何时实行？

先生答：殆在后此数日内。且不欲预先照会外国领事，因款属粤省，与彼等无干也。

记者问：外交团如照一九一九至二〇年办法，以关税付清外债利息后，若有盈余，则将粤省之部分拨出付之，则先生可免施截留之举否？

先生答：如将前因美政府反对停止缴付之欠款付清，余亦可作罢，惟恐外交团不能照行耳。

记者曰：以关余为抵之内债，因粤欲截留关税，价已大落，牵动市面。

先生答：此项内债，且以盐税及交通部入项为抵押品，此二款尽可弥补关税之不足。

记者问：各国如从事阻止截留，是否将与各国抗？（按目下广州港内泊有英炮船四，日炮船一，美、法各二）

先生答：予力不足与抗，然为四大强国压倒，虽败亦荣，果尔将另有办法。

此时记者再三请其明示办法。

先生只隐示拟与苏俄联盟，盖苏俄代表波罗定氏刻方羁旅于广州也。且谓切愿与列强维持友谊，对英尤甚。惟谓列强若长此以精神上及财力上之助力予北京政府，则护法战争无日终止。北京政府藉海关之机关，列强之保护，而得向一省取款，即用以与该省作战，不公孰甚？此实万不能忍者。

　　记者问:若粤省截留如愿,他省必即步其后尘,则海关制之全部,将因粤省此举而破坏矣。

　　先生答:列强若撤销所予北京政府之助力,自不难挽回此举也。

《总理全书》之八,谈话,第142—145 页

关于粤海关事件宣言①

1923 年 12 月 9 日

　　余于本年二月间回粤时,决计实行改造事业。乃直系利用北京政府为傀儡,以金钱武力肆行捣乱,侵略粤省,致余之改造工作未能实行。直系之破坏政策,苟彼一日能用被发放之剩余国家收入(译者按:即指抵押外债以外之余款②),以充此政策之费用,必一日继续厉行之,此乃显然也。此等剩余国家收入,现多解交北京,供直系利益之用。但其中有一部分,为余之政府辖境内之关税,倘将其保留,代为裨益粤省人民之用途,则直系即无从染指。今欲粤省得享和平秩序,以后粤省关税解交直系之举,必须停止。本政府因此意在行使其固有之权,管理支配此等税款;并要求总税务司及广州税务司,于中国东部所收关税,足够应付关税所抵押之外债时,保留本政府辖境内所收一切关税,供本政府拨用。彼等均为中国政府之公仆,对于粤省,自在本政府节制下,并应服从其命令也。至列强对于此事,绝无干涉之权。因在本政府辖境以外之各埠税关,每年所收税款,除抵当所押外债之外,尚有剩余数百万元,于外债抵当,毫无妨碍也。中国对外条约中,从未有一约许列强全体的单独的有权干涉中国海关(完全为一中国政府机关),于中国并不拖欠关税所抵外债之时。且列强固亦承认关税余款之处置及使用,乃纯为中国内政问题也。至于目下关税半归列强管理之办法,本非为任何条

---

　　①　原报载无具体日期,现据 1923 年 12 月 13 日北京《益世报》所载,定为 9 日——原编者注。

　　②　按语系《民国日报》编者所加——原编者注。

约所特许,实纯系列强所为之一种约外举动,此乃无可讳言者。利用此款,以武力捣乱余之乡土,列强在情理上亦应加以反对。兹更有声明者,本政府愿担任:倘中国他处关税收入不足应付对外债务时,本政府当依其所收关税,随时酌量抵补。

上海《民国日报》,《大元帅对粤海关事件之宣言》,1923 年 12 月 13 日

伍朝枢致上海总商会等电

1923 年 12 月 11 日

　　上海总商会、银行公会、钱业公会、天津银行公会均鉴:奉孙大元帅交下贵会东日快邮代电,备悉一切。

　　庚电备悉。查民国十年北京政府整理国内公债一案,西南政府始终并未承认。一因其为非法政府之行动;二因整理案内之公债,有为南北政府对敌时期内所借之债,其用途直接、间接有害于南方,其借债情状,高利重扣,有类赌博故也。即退一步言,整理公债案,原指定担保品三种:一为关余;二为盐余,年拨一千四百万;三为烟酒税,年拨一千万。在烟酒税未能拨足以前,由交通部收入年拨六百万,照案整理,绰绰有余。乃据整理公债处布告,盐务、交通两款,共交数月,即未照拨,截至本年八月底共欠整理公债款三千一百三十万,算至本月,当不下三千八百万。若谓盐款无余,则闻北庭最近尚得十月份盐余二百九十万,又汇理银行放还扣款二百一十八万,共得五百零八万,其有余可知。夫西南应得关余之一部,各方面久经承认,民八、九年亦曾照办。整理公债,乃北庭自借之款,理应自还。乃凭总税司之力,恃外交团为护符,以西南之关余,为还己债之基金,转移盐务、交通等税收入,以贿选总统,用兵西南,事之不平,孰逾于此? 总税司既以保管基金自任,则不应专取之于关余,而置盐务、交通于不问。况盐款存在外国银行,北庭取用时,先得外人之许可。交通收入,如京奉铁路,亦有存款外国银行。总税司若履行职务,则整理各债还本付息,无须愆期,基金何至动摇。为贵会谋,应请总税司秉整理公债案付予之权,向保管盐务、交通各款之机关及银

行直接交涉提拨,则西南虽提取关余,于公债基金仍无影响。要知西南对于关余,断不能贲盗以款,必据理力争,始终不懈,或更不得已而辟南方港口自由贸易,虽牺牲税收,亦于地方商务大有裨益。所虑破坏基金之责在北,而不在南,在浪费数万盐、交之款,而不在争区区一分之关余。尚望贵会详查真相,熟权利害,毋惑危词,致堕奸人宣传利用之狡计。掬忱奉复,诸希鉴察。伍朝枢。真。

《陆海军大元帅大本营公报》,1923 年,第 41 号

孙中山与东方通讯社记者的谈话

1923 年 12 月 12 日

由广东政府要求广东收入之关余,固当然之事也,乃以之交付北京政府,而以供压迫南方之资,是明明为干涉内政。要知广东政府欲使用之于教育行政之事,决不用于军费。若列强拒绝此正当要求,则余惟免税务司职,将关税扣留之;设并此法亦不行,则惟有以广东为自由港,俾南北俱不得收入之;使列强以武力反对此要求,余亦惟有以武力对抗之。盖为曹、吴军所破,为余之耻辱;若依正当之理由,以列强为对手而为其所破,余意决不为耻。余故始终实行之,以期贯彻目的而后已。

上海《民国日报》,《大元帅对关税问题之决心》,1923 年 12 月 14 日

孙中山致真密孙函①

1923 年 12 月 13 日

领袖领事阁下:

附上照会一纸,请即代致北京外交团,请其解决为祷!

附:伍朝枢照会

为照会事:

(一)广东外交部长关于要求均沾关余事,于十一月五日托驻粤领

---

① 真密孙,也译作杰弥逊,时任英国驻广州总领事。

事领袖真密孙君致北京外交团一照会,本部长于十一月二十八日接领袖领事来函,谓该照会已达到北京外交团,并正在各公使考核之间云。

(二)本部长以后又催北京外交团从速解决此事,但此后未接其答复。本部长欲外交团特别注意者,即为该照会第四段第一节所称,十月十二日银行团代表向北京外交部质问北政府擅自移用关余,并抗议以后不得再有此种计划。

(三)本政府于照会中声明,北京政府于一九二一年三月间所发之擅自处置本政府所要求及应得之税款命令为无效。本政府所要求之理由极充分,且早经承认有效。自本政府要求后,本政府曾已收到该款不少,其间虽有间断处,竟为政争问题,至今人尚承认为有效,实无时被人拒绝,凡有违背本政府所要求而擅自移用该款者,不论其久暂,实无异一欠债之人,于知其产业非完全属于自己时,则将其所有产业交与中人以为抵塞债主之用。

(四)该款之分配法,既系背法及不公,又曾经银行团代表反对,此后若继续进行,将发生危险现象,故本部长主张必将关余之分配法完全再订,凡属有关之机关,若本政府,须令其共同参与。

上海《申报》,《粤海关事件之外交文书》,1923 年 12 月 20 日

伍朝枢叶恭绰[①]致北京总税务司函

1923 年 12 月 14 日

径启者:查本政府所辖地域内,凡各财政机关之收入,应归我政府处分,海关税收当然亦在其列。前民国八、九年间,护法政府曾经收取关余六次,成案俱在。且现时北京政府系属非法,为国人所否认,当然无权处置我政府管辖地内之海关税款。至对外方面,经本外交部长按照约章迭次交涉,以外人对于海关税收,除偿还以关税作抵各外债及赔款外,所余之款谓之关余,其应如何处置,外人无权干预。本年十二月

---

　①　叶恭绰,时任广州军政府财政部长。

十一日,外交团答复,对于此点已完全承认。是此种关余,外人既不能过问,本政府辖境内之关余又非北京非法政府所能擅取,其应归我政府所有,毫无疑义。本日奉大元帅令,本政府管辖地域内本年各海关一切税收,除对于以关税作抵之外债及赔款,应按比例摊扣清还外,所余之款须妥为保管,候本政府命令支付,嗣后亦须按照以上办法,每月结算一次,以重税收。至于自民国九年三月以后所有积存,本政府应得之关余,着由海关税收项下如数补还,由部转行总税务司遵照。等因,特达。此致
总税务司安

大本营外交部长伍朝枢

财政部长叶恭绰

中国社会科学院近代史研究所:《陆海军大元帅大本营公报选编》,中国社会科学出版社,1981 年,第 260—261 页

北京政府军事处报告

1923 年 12 月 14 日

民国十二年十二月十四日总税务司安格联来本处,会办接见。安云,孙文近日因我不允分拨关余,强占海关则有顾忌,而滇军饷项又无所出,恐其归附陈军反戈相向,是以不能不极力将广东财源搜刮净尽,以供滇军。其第一步办法,拟先鼓动人民行其过激主义,次则由渠另派党人为税务司,硬来海关接收。惟现任税司必不允让。此次来电,有无论如何必使关旗常在关上飞扬之语,但如以武力强迫税司退出之后,各国必派水兵登岸,仍将新来之税司逐出。孙如不服,势必与洋兵开战,陈军乘此机会亦必来攻,则孙文必致一败涂地矣。再孙文因知不易强占海关,故声明欲与海关华员家属为难,以为抵制。昨接该关税司报告:近有海关华员戴天泽之子,在街上为孙文党人用手枪由背后击毙等语。现已电令九龙关税司驰赴广州调查。近日情形因恐粤关所发电报为孙截留,俟得来电,当令粤关税司劝令中国关员先将家眷搬往香港暂

避,免再发生危险,俾可安心办公。

告以孙文举动实属可恨,想因其近日强拉人伕,劳动界均甚切齿,必不为其鼓动。至关员家属自宜保护,个人亦应设法安置稳妥地方居住为要。

安云,海关华员个人当另设法,使在沙面租界居住。

中国第二历史档案馆藏北洋政府大总统府档案

《新民国报》报导

1923 年 12 月 15 日

粤政府接收关余问题,迭经伍部长向北京公使团、沙面各领事、香港总督各方面交涉多次,日来各方面对于粤政府提出各种理由,多已谅解。某某数领事及某督,均谓粤政府所持理由极为正大,即彼等设身处地,亦万无不力争之理,咸允电知本国政府及驻京公使,请勿坚持前议,坐使北廷坐收南方关余,而供军阀残民经费。因此沙面及北京二方面空气骤形一变,渐呈佳象。惟其中尚有一绝大阻力,即驻京美使及驻沙面美领均受曹锟运动,公然违背本国民意,反对粤政府收回关余事件。查驻京美使就职以来,日以诌媚吾国武人为事,曹锟未贿选前,美使曾亲赶保定谒曹,谓曹如当选,美可率先承认,内外人士闻者咸为诧异不置。此次接收关余事发生,美国使领均从中作梗,实阴受曹锟之意旨。近数日,美领复扬言,已电请菲律宾总督迅派兵舰六艘来监视等语,尤足动粤人公愤。日来广州市民闻此消息,异常激昂,群拟在十六日公民大会提议应付方法,大抵二十年前之抵制美货运动,又将见于今日。识者咸希望美国外交当局有所觉悟,免至为中美邦交之障碍云。

中国第二历史档案馆藏北洋政府京畿卫戍总司令部档案

谢英伯致美参众两院议员电

1923 年 12 月 15 日①

电云：美国华盛顿参众两院议员鉴：本议员前在贵国留学，素知贵国在国际上为酷爱和平及主张公道之国家，故对于贵国常抱极好的友谊感想，即我国大多数人民亦莫不如是。今则此感想几乎完全消灭矣。其原因是因为贵国驻北京公使，对于此次曹锟贿选从而赞助之。曹锟与其部下吴佩孚，均为主张以武力管治中国之军阀，用此政策，遂造成中国近数年之内乱。今贵公使竟赞助曹锟，圆成其总统之梦，即无异于间接延长中国之内乱。此为最近之事实，为我国报纸宣传者。今我南方政府孙大总统收回广东关税余款，此事本届我国内政范围，外国人似不应出而干涉者，贵国驻北京公使竟声言以武力对待，大倡威吓之论调，于此数日间，竟命令战舰六艘集泊珠江河面，其意未知是否替曹锟压迫我南方政府。现在我国人民愤激之极，本议员与执事等均有代表人民之责，谨将贵国公使对华政策之失误大略电达，望执事等有以劝告该公使，所有举动切勿过伤我国人民之感情，俾太平洋东西两岸之共和国家，得克保其良好的友谊为要。中国众议院议员谢英伯。

中国第二历史档案馆藏北洋政府京畿卫戍总司令部档案

广东公民大会请愿文

1923 年 12 月 16 日

为请愿事：

窃以民为邦本，故环球各国莫不以民意为依归。我粤患兵祸久矣。综此祸患，无非北庭利用金钱饵军阀以贼吾民，贼民之资，亦即吾民血汗所输之关余款项，是则欲其澄清粤局，当以收回关余为要图。况我政府自与残贼军阀奋斗以来，所资以为军事之用者，亦纯为粤民捐输所

得。是吾民之所以亟欲收回关余,无非欲轻担负,切肤之痛,众意相同。现经集合全省公民,一致表决,誓为政府后盾,请愿帅座即日收回关余。伏乞赐准施行,勿为强权所屈,用慰人群之望,不胜迫切待命之至。

谨呈

大元帅孙

请愿收回关余广东公民大会印

中华民国十二年十二月十六日

《陆海军大元帅大本营公报》,1923 年第 41 号

孙中山致美国国民书

1923 年 12 月 17 日

美国国民朋友们:

当我们开始发动革命、以推翻专制腐败政府并在中国建立共和国之时,就以美国为鼓舞者和榜样。我们曾热切期望能有一位美国的拉法叶特同我们一起为这一正义事业而战斗。然而,在我们为自由而奋斗的这第十二个年头,来到的不是拉斐特,而是一美国舰队司令率领较他国更多的军舰驶入我国领海,妄图共同压垮我们,以消灭中国的共和国。难道华盛顿和林肯的祖国竟断然抛弃了其对自由的崇高信仰,从一解放者而蜕化成一为自由而斗争的人民的压迫者吗?我们不能相信这一点,并希望你们舰队的官兵在炮击我们之前认真考虑这个问题,尽管他们的炮口已对准广州这一未设防的城市。

他们为什么要炮击我们呢?是因为我们提出了合理的要求,即经扣除由全国关税偿付外债的适当份额之后,我们有权在本政府辖境内征收关税,这是任何政府都拥有的权利,因为尽人皆知,这项税收理应属于我们。我们要象你们祖先之将茶叶倒入波士顿港湾,以阻止税收落入英国国库一样,竭力阻止此款落入敌手,用以购置武器屠杀我们。

你们目前的当权者或许竭力阻止中国的自由事业,不让这人类的自由事业得到别处的慷慨援助。但是,如果美国海军在本政府辖境内

强行征收关税,而使北京的卖国贼和军阀势焰更张,这实是一种罪恶和永洗不掉的耻辱。

孙逸仙　一九二三年十二月十七日于广州

《孙中山全集》第 8 卷,第 521—522 页

湖南旅粤学会致广州政府等电

1923 年 12 月 18 日

广州孙大元帅、各部总次长、各军总司令、军长、师长、廖省长、奉天张总司令、天津段芝泉先生、浙江卢总司令、云南唐总司令、四川熊总司令、全国各报馆、各社团、各学校均鉴:西南关余,原系我国国有税收,主权在我,他人岂容过问。况我西南政府为民请命,取而用之,是亦分所宜然,不图各国驻华公使横行干涉。而美使更信奸言,嗾令该国泊菲舰队六艘驶入广州,借示威胁,助桀为虐,实深发指。敝会为国家主权、西南大局计,不得不誓死力争,以为政府后盾,尚望国人声而援之是幸。

湖南旅粤学会叩。巧。

《陆海军大元帅大本营公报》,1923 年第 42 号

孙中山致英国会工党议员电

1923 年 12 月 21 日

广州政府现为十余艘巡洋舰、炮舰之联军所迫,势将决裂,武装军队已在沙面登岸,此举乃北京外交团从英使之请而为之,英使则从广州英总领事及英籍中国总税务司之请。夫中国为英货最佳之市场,不能以旧时外交所用之炮舰政策博取之。而求之之道,唯有能得华人欢心之政策,务请注意及此。

上海《民国日报》1923 年 12 月 22 日

孙中山致美国国务卿抗议电

1923 年 12 月

美国首倡华会,主持公道,举世同钦。今竟主动派军舰赴粤,干预中国内政,实属违反华会精神。请将军舰撤退,以符中美亲善之旨。

上海《民国日报》,《美国对粤海关事软了》,1924 年 1 月 1 日

孙中山给粤海关税务司的命令

1923 年 12 月 22 日

令粤海关税务司:(一)关款除应付赔款及利息外,余款解交西南政府;(二)自民国九年三月起,西南关余均应照交;(三)限十日内答复,如不遵命,即另委关员。

上海《民国日报》,《本社专电》,1923 年 12 月 23 日

广州军政府关于关余问题的宣言

1923 年 12 月 24 日

(一)中国海关实一中国国家机关,所有收入为国税之一部分。海关税收,按辛丑条约,作为拳匪赔款,及别项外债之抵押,除偿还此种债务本息外,所余之款则为关余。

(二)此项关余,平时系交与北京中央政府,迨民国六年因北京政府非法解散国会,并发生其他之种种叛国行为,护法政府,遂以成立,于民国八年分得关余一部分,即百分之十三点七也。

(三)此份关余,按月交与护法政府,共有六次。迨民国九年三月,政府内部分裂,因而暂停交付,以后此间政府曾经迭催照旧付款。复于本年九月五日照会北京公使团,以关余之处分,全属中国内政问题,非列强之权限所能及,各国对于关税之关余,仅还付以关税作抵之各外债而已。用特商请公使团,饬令银行委员会,立将关余交与总税务司,由总税务司摊分与本政府,且须拨还民国九年三月以后西南应得之积存关余。

（四）九月廿八日外交团简单电复，谓本政府照会正在考虑中，迨历三阅月之久，仍无切实答复。本月三日外交团忽来一电，谓近闻本政府不俟使团答复九月五日之照会，拟径行迫胁收管广州税关，此种干涉税关之举动，使团断难承认，倘若竟然为此，当以相当之强硬手段对付。

（五）本月五日本政府答称，中国海关始终为中国国家机关，本政府辖境内各海关，自应遵守本政府命令。且关税之汇交北京，不啻资助其战费，以肆其侵略政策，本政府今欲令税关官吏，以后不得将此款交与北京，应截留为本〔地〕方之用。且声明并无干涉税关及迫胁收管海关行政之意。此乃完全中国内政问题，无与列强之事，本政府静候三月，未得答复，而公使团竟责备本政府不应急迫从事，殊失情理之平。然本政府为尊重使团之表示及证明本政府之谦让精神起见，仍复延期两星期，不作如何举动，以再待使团之解决。

（六）本月十四日接到公使团由北京十一日电达详细考虑之答复，声称根据辛丑条约，列强对于关税，只有还付以关税作抵之各外债本息，及该约第六条所订之赔款本息之优先权，而无处分关余之权。

（七）使团复文尤证明本政府所持之理由甚为正当，而从前所有对于本政府的举动之怀疑，亦可冰释。盖关余之处分，本政府与列强既同认为中国内政问题，则本政府于所争收关余一事，仅须与总税务司交涉而已。即使北京政府不服，可以武力阻止本政府收取关余，而列强藉保护其尚未确定权利为名，集军舰于省河，实无异帮助北京政府，以压制本政府，诚不平之甚也。

（八）按以上情形，则本政府之应如何措施，显而易见。北京政府系属非法，且为全国所弃，当然无权处分本政府辖境内之关税余款。故本政府今日已经饬令总税务司：（甲）在本政府辖境内各关税收，除按比例摊扣还付以关税作抵之各外债及赔款外，其余应妥为保管，听候本政府命令交付。（乙）并将民国九年三月以后，所欠本政府应得之积存关余，照数归还。

（九）总税务司倘不遵命令，本政府当另委能忠于职务之人，为税关官吏，以免税务之废弛中断。苟因此而秩序有所紊乱，亦由总税务司之不允协助本政府管理各关税之所致也。

（十）关于此问题尚有道德上与法律上两要点，须略为声叙。就法律上言之，外债与赔款系以关税作抵押，非以海关屋宇及税关一切有形的产业作抵押。如遇必要时，本政府改委税关官吏，列强按诸条约，亦无干预其行使职务之权。且全国关税之收入，除本政府辖境内之收入以外，仍不下数千万，足以还付外债而有余，毫无疑义。列强明此，更无干预之理，是则关税官吏之更动，亦不致有危及外债之虞矣。

（十一）就道德上而言，列强对于关税之关系，多因庚子赔款而发生也。查此系一种罚款性质，施诸战败之国家，在欧战以前则有之，今查世界各种条约上并无此种罚款。即以凡尔赛之约而论，亦未尝征取罚款，只要德国赔补修建费而已。况今日英、美、法、日列强对于庚子赔款，各皆有意退还中国，用诸有益于中国事业乎！

（十二）至于北京政府历年所发行国内公债，内有直接间接为侵略南方，及为贿赂选举总统之费用者。民国十年北京政府厘定整理内债案，以关余、盐余与烟酒税作基金，且委总税务司为保管人。十二月十一日公使团之答复本政府文内，亦谓此种债务之清还，与公使团无关，因事前并未曾与之商榷也。本政府对于北京整理内债案，无论就道德法律方面而言，当然不能认为有效。盖就法律上言之，自民国六年以来，始终认北京政府为非法，其一切行为当然不能承认。就道德上言之，何可赍盗以粮，其理至明。若人民因本政府收取关余，恐影响内债基金，是乃过虑。盖按北京整理内债案，尚有盐余、烟酒税作抵，北京政府果按该案条例办理，基金决不致摇动也。

《总理全书》之六，宣言，第204—210页

孙中山与舒尔曼的谈话①

1924 年 1 月 6 日

中国有种种问题,扰乱其国家治安,破坏其生活力,危害其人民之生命财产,酿成对外侨及外国政府之不断的冲突,削弱其在国际间之威望。今之粤关余争端不过此许多问题中之一端耳。欲消除此许多问题,必须移去中国现状之根本原因。中国人民对于此项现状之妨碍外人,固引为遗憾,但中国人民自己受害最甚,岂不愿改良之乎! 欲改良此恶现状,而不注意于一根本原因。中国必须和平,必须遣散各省军队,使彼等释甲回里从事生产工作,全国乃可统一,而戴一对各地方各政治团体,或各公民个人负责之单独政府。中国并不与任何国作战,其所需要之武装队,只须警察或国民兵足以维持国内秩序、保护生命财产而已。目下各省为势所迫,不能不保有(身)〔军〕队,互相敌抗。即如南方因遭北京侵略,不得不奋斗以谋自存耳。

中国人民及多数领袖对于何东之和平会议计划热心响应,足证彼等极望此举之成功。但现已陷于停顿状态,则因有循私自利者,不愿加入以谋国家幸福故耳。时势至此,列强当用其势力。列强果真心为中国谋幸福者,果注意保护其公民在华利益者,皆应亟起相助。中国现状愈趋越恶,若不迅速救济,明春将见全国陷于战火之中。历年进步成绩或致荡灭,外人权利将遭毁损。彼时情形,以目下之关余案相比,不过一小问题耳。美国于此应为领袖,美之地位足以左右他国,又得中国人民信任,吾意美宜提议在上海或其他中立地点,召集一华人为主而列强代表得参预之会议,吾对此会议必躬亲列席。他人苟以国福为先者,亦必与吾同。此种会议之建议而出诸美国,列强及中国人民必皆重视之。

〔舒尔曼插话:美国向来对中国及他国内政取不干涉政策,恐美人舆论不赞成政府发起此种对华自大的举动。〕

---

① 1 月 6 日,孙中山在大元帅府接见舒尔曼。舒尔曼(Schurman, Jacob Gould),1921 年至 1925 年任美国驻华公使——原编者注。

不干涉中国内政,为在华会列强所一致赞同。但此不过一种空谈。试观今日有六国之战舰泊于广州港内,阻吾人利用应得之关余,而将此关余付诸北京,乃犹云不干涉内政,实则不干涉内政其名,外交团控制中国如一殖民地则事实也。盖各国人民皆愿和平,政府虽不愿,不能违民意。今召集中国会议同以和平及裁兵为目的,则华会正一好先例也。唯召集此项会议,亦可由中国人民声请,如是更无美国或他国干涉中国内政之嫌。中国人民既知此项会议有召集之可能,则请求之声必遍于国中也。

[舒尔曼插话:恐人民团体在武力环境之中未必敢运动裁兵,以干军队之怒。]

彼等苟知其呼吁将得响应,则必有作此请求之勇气,且此项和平会议既为中国幸福而设,其成功可有把握。中国舆论具有不可抗之强力,其权威过于执政者及军队,其重力能使人立即感之,故任何领袖不肯参加此会议者,将被认为国家公敌;而会议中之决断或协定,苟得人民之赞同者,亦必被尊重而实行。

上海《民国日报》,《大元帅对美使解决时局谈》,1924年1月13日

孙中山与北京《东方时报》记者的谈话①

1924年1月23日

记者问:建国政策如何?

孙答:建国宣言不日即当正式发表,条目悉载大纲中,阅者当知其详。

记者问:关余问题近日如何主张?

孙答:此事纯为中国内政,外人无干涉余地。如外交团抗不交付,复以兵力威胁,不独为吾国民之辱,亦所谓自号文明国者可耻之事。此

---

① 这是1月23日孙中山于中国国民党第一次全国代表大会会议休息间隙与记者的谈话——原编者注。

事良由总税务司安格联脑筋中深印帝国主义,欲图援助北方军阀,使中国内乱无已,抗不交与,极不合理,西南政府自当坚持到底,非达到收回关余目的不止。即以海关言,乃中国之海关,不过用客卿办理耳,仍为中国之官吏,受政府之指挥管辖。中国欲促进工商事业之发展,非进而收回海关不可。希望全国一致力争,以为政府外交之后盾,并望报界力任(故)〔鼓〕吹,务贯彻主张。至世界大势,则欧战而后,公理战胜,各国人民亦大有觉悟,大势亦因有变迁。现在英、美、义、法等国已将争先承认苏联,可知帝国主义压迫弱小,万难适存,军阀专横,又可能久恃耶?

上海《民国日报》,《东方时报记者之"粤游纪实"》,1924 年 2 月 9 日

(二)商团事件及交涉

说明:1924 年 8 月,南方政府控制下的广州爆发商团叛乱,在镇压叛乱过程中,西方列强进行了干涉。8 月 28 日,各国驻广州领事团向广州政府提出口头警告与抗议,要求广州政府对外国侨民的生命和财产安全负责。而英国似乎走得更远,英国海军派出军舰齐集白鹅潭示威恫吓,并将炮口指向中国炮舰。英国驻广州代理总领事翟比南则向南方政府发出武力威胁的抗议书。据此,南方政府向英国政府发出公开信,指责英国帝国主义是背后的主谋。然而,参阅这一时期的英国政府档案,在商团事件中,从"哈佛"轮偷运军火案开始,英国政府一直试图阻止军火走私,并且极力避免卷入中国的地方纷争,而在华英国海军的行为和英国驻广州代理总领事的行为,事先并未获政府授权,事后英国政府非常不满。商团事件背后的西方列强支持似乎限于民间,并未升至官方层面。

1.英国政府档案有关"哈佛"轮私运军火案内幕

英军驻华司令部军事情报日志节略
1924年8月1日—31日

挪威汽轮"哈佛号"于本月抵达广州,该船装载着一批一家德国商行托运的军火。申报的军火包括:来复枪4,850支,来复枪子弹1,150,000发;毛瑟式手枪4,331支,毛瑟式手枪子弹2,060,000发;各式左轮手枪660支,左轮手枪子弹164,200发。

这批军火的货主是广州的商团,但被广州政府扣留,原因是商团是通过假货物清单骗取的军火进口许可证。目前还未收到有关这批军火的详细情报,但据信,该批军火里含有一定数量的机枪(约100支),一些47毫米口径的山地机枪和可装配成两架飞机的散件。这批军火由不同国家制造,在比利时购买。请注意:德国和挪威均不是对华武器禁运协定的签字国。"哈佛"轮上的货物是公开以军火的名义申报和运进广州的。

译自英国殖民地部档案 CO129/485

英国陆军部秘密情报
1924年7月11日

呈送:殖民地部克劳森少校

据非常可信的报告,一艘由安特卫普开往香港、悬挂挪威旗帜的名为"哈佛号"的货轮载有一批标明为"机器"的货物,这批货物有可能是军火。

"哈佛号"大约7月1日离开苏伊士运河(这是一艘小吨位的船,有可能走亚丁方向的航线),估计这个时候随时会抵达科伦坡。

陆军部强烈认为,科伦坡的海关当局应当对这艘船进行搜查。

希望能将此次搜查以及他们就此所提供协助的详细结果以电报的

形式告知陆军部，对此我们将不胜感激。

如果"哈佛号"已经通过科伦坡，能否同样要求它可能靠岸加煤的槟榔屿和新加坡的有关当局予以援助搜查？

为防止该船转移违法货物，我们应尽早地在它的航程中对其进行搜查，这一点非常重要。

阿尔斯通少校（签名）

译自英国殖民地部常务次官格林德尔 1924 年 7 月 25 日致外交部常务次
官密函附件，英国外交部档案 FO371/10238

格林德尔（Grindle）① 致外交部常务次官密函

1924 年 7 月 25 日

先生：

在下谨奉殖民地大臣托马斯先生之命，向您并通过您转交外交大臣麦克唐纳先生一份发自陆军部、日期为 7 月 11 日的情报，该情报涉及"哈佛号"汽轮承运军火一案，与该情报一道，我还将随后就有关此事与锡兰总督、海峡殖民地总督的往来电文一并提供予您。

托马斯先生 7 月 21 日发的那些电报中所提到的情报出自秘密来源，为防止"哈佛号"躲过科伦坡当局的搜查，殖民地部分别向海峡殖民地总督和香港总督发去了电报。

迄今为止尚未收到锡兰总督对托马斯先生 7 月 11 日电报的回复，但是，据 7 月 23 日《每日电讯报》所登载的一份路透社电讯称：由于该船拥有合法的货物清单，在科伦坡的有关当局不可能没收船上所承运的货物。

托马斯先生非常愿意聆听麦克唐纳先生的高见：对香港总督 7 月 25 日的电报，我们应作怎样的回复？他同时认为有必要给海峡殖民地总督发出进一步的指示。

---

① 时为英国殖民地部常务次官。

格林德尔谨上。

译自英国外交部档案 FO371/10238

香港总督致殖民地大臣电
1924 年 7 月 25 日

（加急）。

关于你 7 月 21 日电，如果这艘船到达香港，你希望我扣留军火吗？我得到的建议是，在法律上我有这个权力。但是由于这些军火是公开装载在一艘未参加武器禁运协定签字国的船只，而且发运自同样是非武器禁运的参加国，因此在采取行动前，我需要你的指示，因为这有可能产生外交上的后果。

译自英国殖民地部常务次官格林德尔 1924 年 7 月 25 日致外交部常务次
官密函附件，英国外交部档案 FO371/10238

沃特洛（Walerloo）①致殖民地部常务次官急件
1924 年 7 月 26 日

先生：

在下谨奉外交大臣兰塞·麦克唐纳之命，就有关您本月 25 日秘密急件的内容通知如下：麦克唐纳先生认为，只要海峡殖民地或香港的政府拥有必要的法律上的权力，他不反对在"哈佛号"驶往中国的途中截获其装运的军火。

以愚之见，鉴于该船属未参加对华武器禁运协定签字国的船只，应电令香港和海峡殖民地总督，让其在采取行动前先征询其法律官员的意见。此外，如果在海峡殖民地采取行动，也应给海峡殖民地的总督发出同样的电令。

---

①　时为英国外交部常务次官。

沃特洛谨上。

译自英国外交部档案 FO371/10238

香港总督致英国殖民地大臣电
1924 年 7 月 30 日

（加急）。

关于您 7 月 28 日电，律政司已提供有关建议。日前我得到情报，该船有可能直接驶往广州。但是如果它先来此地的话，你希望我将它扣留吗？我倾向于建议不这么做，因为这有可能对沙面的局势产生负面影响。

译自英国外交部档案 FO371/10238

麦克唐纳在香港总督 7 月 30 日电文上的批示
1924 年 7 月 31 日

我看不出扣留这些军火何以会对沙面的局势产生负面影响，而据今天的《泰晤士报》，那里的局势正显现出改进的迹象。此外，这批军火预期将提供给中央政府的敌人。而且，鉴于我们的政策是试图阻止军火到达中国人手中，无论如何对其无动于衷也是不合逻辑的。

请在复文中指出如上的考虑。

译自英国外交部档案 FO371/10238

锡兰总督致殖民地大臣电
1924 年 7 月 30 日

7 月 30 日。关于您 7 月 11 日密电。"哈佛号"汽轮 7 月 19 日抵达科伦坡，船上载有约一百吨货物，承运清单载明货物为军火，目的地广州。我们查验了船长的文件，发现租船契约内含有一个协议书，协议书注明，该船应承运 150 至 200 吨军火，这批货物须按"机器"申报。随后进行的通信表明，在启航前，该船的船长显然拒绝接受将这批货物申报为"机器"的协议书内容。尽管如此,有迹象表明,该船到达广州后,打算提交一份表明这批货物为机器的货物清单。在广州负责接收这批军火的代理商是山打洋行。"哈佛号"船长因船只进港时有超过5英担(1英担约合50.802公斤——译者注)的爆炸品未储藏在弹药仓,而遭到200卢比的罚款。由于该船长的报告和货物清单完全合法,我们没对他采取其他行动,船上的货物我们不能合法的予以扣留。7月24日"哈佛号"继续航行。该船将开往广州。在靠泊香港前,我已将该船的详细情况电告香港总督,以便其采取类似的盘查行动。驻新加坡的总督同样得到了通知。

译自英国外交部档案 FO371/10238

英国殖民地大臣致香港总督电
1924 年 8 月 1 日

(加急)。

关于你7月30日的电报,外交部认为,如果船到香港时军火依然在船上,他们对截获军火无任何异议。他们认为,截获军火对沙面形势所产生的负面影响并不明显。他们指出,这批军火有可能运给北京政府的敌人,若不将其截获,无论如何将有悖于英国作为武器禁运协定参加国所应履行的义务。

译自英国外交部档案 FO371/10238

麦克唐纳批示
1924 年 8 月 16 日

除非锡兰和海峡殖民地有法律条文使他们能截获类似的船运货物,否则他们将无法阻止这类船只到达广州,因为货物一旦在欧洲交运,他们可以不需进入英国的领水轻易地通过香港。请海军部关注此份报道(指1924年8月14日英国《泰晤士报》的报道)。

译自英国外交部档案 FO371/10238

英国《泰晤士报》关于哈佛轮事件的报道

1924 年 8 月 14 日

广州爆发冲突——孙逸仙查没军火

香港 8 月 13 日本报记者报道

上月在科伦坡遭拦截的挪威汽轮"哈佛号"已到达广州,该船运来一大批源自德国的军火,收货人是商团。起初孙逸仙试图阻止卸货,现在他查扣了这批军火,包括 7000 支来复枪和大量弹药。商人们被大大激怒,因为他们为每支枪支付了 20 英镑,这批货总价值达 18000 英镑。

8 月 14 日

广州商团的团长、副团长,包括商会的主席由于害怕遭到攻击而逃到了这里。他们发表声明,称遭查扣的军火是在有正式许可证的情况下进口的,但该许可证却被突然和莫名其妙地撤消了。

两千名手无寸铁的商团成员拜访了孙逸仙的大本营,并且威胁要发动总罢工。孙逸仙呼吁冷静,表示一旦调查取得满意结果,他将准备退还这些军火。他解释道,许可证的获得不合常规,是在军火快运抵广州时才得到的。而且,政府还发现,商团成员和某些军官秘密商谈准备将军火偷偷地转运上岸。因此,他们怀疑这些人的动机,坚持进行调查这一大胆的走私行为。

"哈佛"轮的船长称,上岸的所有军火都交给了孙逸仙在黄埔的代理人。他拒绝透露他所接到的指示,但是说货船是位于汉堡的瑞克莫公司包租执行单程运输,他准备明天离开广州到本港。

译自英国外交部档案 FO371/10238

2.南方政府就商团事件的对外声明

孙中山致商团函
1924年8月19日

商团诸君公鉴：

陈廉伯所私运之军火，其一部分为诸君集资而购者，政府已可承认，行当令省长按照民团条例交给诸君，故对于诸君之枪支问题，已可作为解决矣。此外尚有二事，必须诸君协助政府以解决之。近日由商团本体及各方面发现出陈廉伯有极大阴谋，欲藉商团之力，以倾覆政府，而步意国墨素连呢之后尘。此事前一两月香港、上海、天津各西报已有访闻，登诸报章，言之凿凿。昨日陈廉伯托香港某西报著一论说，攻击政府、颂扬商团者，犹声声称广州商团为"化思时地"党，即意大利之资本家顽固党也；而沙面领事团亦有证明陈廉伯确有谋为不轨之事。闻其中策划者有外国人，定期八月十四日推翻政府，取而代之，以陈廉伯为广东督军，取消独立，投降北方。近日陈廉伯派代表往洛阳勾结吴佩孚，乃用商团名义。此等事实彰彰，中外人民皆知，证以此次庆祝牌楼各对联之口气，亦与此事吻合，实已不打自招。此等谋为不轨之事，竟公然明目张胆而为之，陈廉伯等之视政府为无物，于斯可见矣，商团中人当不能委为不知也。政府宽大为怀，不忍株连，故除陈廉伯一人外，分作两层办法：其一、其知而悔悟者能自行检举，政府当宥其既往，不事深究。其二、倘有执迷不悟仍欲图谋不轨者，则责成诸君自行指出，送交政府惩办。吾信诸君中大多数为深明大义，拥护共和之人，必不容有败类混迹商团中，假借名义而危害政府也。此事关系民国存亡，革命成败，而本大元帅必当彻底查究者。望诸君切实协助政府，淘汰商团内奸，使商团与政府联成一气，捍卫乡邦，剪除残暴。倘能如此，则本大元帅必倚商团为手足，视诸君为心腹，此不独商团之幸，亦广东之福也，政府实有厚望焉。兹派秘书林直勉、连声海、副官邓彦华三人为政府代表，来与诸君接洽，以解决以上两问题；并派邓彦华为常驻商团总所委员，协助诸君整顿商团内部。倘商团果能从此消除反对政府之嫌疑，则省、佛二地市内不需驻扎军队，以防不测，而商民更可安居乐业，共享太平，此实人民莫大之福利也。惟商团诸君图之。

孙文

民国十三年八月十九日

《革命文献》第 10 辑，第 46—47 页

孙中山关于商团事件的对外宣言

1924 年 9 月 1 日

自广州汇丰银行买办开始公然叛抗我政府后，余即疑彼之叛国行动有英国之帝国主义为其后盾。但余不欲深信，因英国工党今方执政，该党于会议中及政纲中，曾屡次表示同情于被压迫之民族，故余当时尚希望此工党政府既已握权在手，或能实行其所表示，至少抛弃从前以祸害耻辱积压于中国之炮舰政策，而在中国创始一国际公道时代，即相传为英工党政治理想中之一原则者。不意八月二十九日，英总领事致公文于我政府，声称沙面领团"抗争对一无防御的城市开炮之野蛮举动"，末段数语则无异宣战，其文曰："余现接上级英海军官通告，谓彼已奉香港海军总司令训令，倘中国当局对城市开炮，所有一切可用之英海军队，应立即行动。"兹我政府拒绝"对一无防御的城市开炮之野蛮举动"之妄言。须知我政府对于广州全市或因不得已而有所举动之处，只有西关郭外之一部，而此处实为陈廉伯叛党之武装根据地。此项妄言所从出之方面，乃包含新加坡屠杀事件及阿立察（印度）、埃及、爱尔兰等处残杀行为之作者在内，故实为帝国主义热狂之一种表现。他国姑勿论，最近在吾国之万县，英海军非欲炮击一无防御之城市，直至吾同胞两人被捕，不经审判，立即枪毙，以满足帝国主义之凶暴而始免于一击乎？然则是否因此种暴举可以行诸一软弱不统一之国家而无

碍,故又欲施诸别一中国之城市当局欤？惟予觉此项帝国主义的英国之挑战,其中殆含有更恶之意味。试观十二年来帝国主义各强国于外交上、精神上以及种种借款,始终一致的赞助反革命,则吾人欲观此项帝国主义的行动为并非企图毁坏吾之国民党政府,殆不可行。盖今日对我政府之公然叛抗举动,其领袖为在华英帝国主义最有力机关之一代理人。我政府谋施对付此项叛抗举动之唯一有力方法,而所谓英国工党政府者,乃作打倒我政府之恐吓,此是何意味乎？盖帝国主义所毁坏之国民党政府,乃我国中唯一努力图保持革命精神之政府,乃唯一抗御反革命之中心,故英国之炮欲对之而发射。从前有一时期为努力推翻满清,今将开始一时期,为努力推翻帝国主义之干涉中国,扫除完成革命之历史的工作之最大障碍。

孙文

一九二四年九月一日

《广州民国日报》1924 年 9 月 4 日

孙中山致麦克唐纳电

1924 年 9 月 1 日

伦敦拉姆齐・麦克唐纳阁下：

　　汇丰银行广州支行买办（陈廉伯）近组织一所谓中国法西斯蒂党之团体,其倾覆本政府之目的,现已披露。叛党拟俟由欧来粤之"哈佛"（译音）船所运入口之军械到手,即将实行之。该"哈佛"轮已于八月十日行抵广州,即被本政府扣留,由是叛党及反革命党在广州藉罢市名目,即已呈现谋叛状态。惟时予正拟适当方法戡定叛乱,不意忽接驻粤英总领事致本政府一函,内有数言如下："本总领事现接驻粤英国海军舰队领袖军官来讯,谓经奉香港舰队司令命令：如遇中国当道有向城市开火之时,英国海军加以全力对待。"夫中国反革命党既屡得英国历来政府之外交的及经济的援助,而本政府又实为今日反革命党之唯一抵抗中心,故余迫于深信此哀的美敦书之主旨乃倾灭本政府云,对于最近此种帝国主义干涉中国内政之举,余特提出严重抗议。

孙文

民国十三年九月一日

《广州民国日报》1924 年 9 月 4 日

孙中山致莫达电①

1924 年 9 月 24 日

鉴于拉姆齐·麦克唐纳先生在国际联盟大会近几次会议上有关格鲁吉亚独立、国际和平及正义等的言论,国际联盟可能有兴趣了解我在九月一日致麦克唐纳先生的抗议电。英国方面对我政府发出最后通牒,威胁要在我政府采取必要措施镇压帝国主义者和反动势力所煽动的广州叛乱时,对我采取敌对的海军行动。我就此提出抗议后,麦克唐纳先生迄未置答。

我理解他的沉默意味着英国对华政策仍然是坚持帝国主义的干涉行动,以及支持反革命活动以反对旨在建立一个强大、独立的中国的国民运动。

不足为奇的是,在援助了广州的叛乱和反动分子之后,麦克唐纳先生来到了日内瓦,装扮成一个追求高加索石油的"诚实的经纪人",对格鲁吉亚共和国的反革命加以支持。

孙逸仙 九月二十四日于韶关

《孙中山全集》第 11 卷,第 104—105 页

---

① 莫达(Matta),时正在日内瓦举行的国际联盟第五届大会担任主席。此电发往日内瓦——原编者注。

孙中山在神户欢迎会的演说中谈"商团事件"①

1924 年 11 月 25 日

（上略）

外国人在中国活动的，象教书的、传教的和许多做生意的人，都是很安分守己的分子；至于不安分的，只有少数流氓。这些流氓，在外国不过是小有手段，都是不能生活，一到中国，不上几年，稍为知道中国内情，便结交官僚，逢迎军阀；一逢迎到了军阀，便无恶不作，就是在不平等的条约之中所没有记载的事，他们都是包办一切，好象小皇帝一样。所以这几年来，无论哪一个军阀做事，背后总有几个外国政客的帮助。

譬如，广州商团购枪自卫，向来都是很自爱的，对于政府都是很安分的。广州政府无论是民党或者非民党，同商团相处都是安然无事。这两年来，有几个英国人不喜欢国民党，不愿意国民党的政府发展，便煽动陈廉伯，运动商团全体，在广州内部反对国民党的政府。陈廉伯原来是一个汇丰银行的买办，本来是个安分的商人，没有什么野心。因为他做汇丰银行的买办，所以那几位反对国民党的英国人便认识他，便日日运动他反对政府，说："如果你能够运动商团反对政府，我们英国便帮助你组织商人政府，你陈廉伯就是中国的华盛顿。"陈廉伯当初虽然没有野心，但是受了英国人的这种运动，既可以得英国的帮助，自己又住在沙面，得英国人的保护，安然无恙，于是他的胆量便雄壮起来，便发生野心。他便住在沙面，对于本党政府作种种的反抗运动。他当初所有的死党不过是几个人，运动成熟了的商团军士也不过是三五十个人，羽毛还不丰满，要反抗广州的革命政府还是没有办法。他于是又听英国人的话，向外国另外办军火，想另外组织军队。

他所办的头一批军火，是用一只叫做"哈佛"的丹麦船运进广州。当那只军火船一到广州的时候，便被我们政府查出来了。政府便一面

扣留那只军火船，一面派人调查那船军火的来历，才知道那船军火是用商团的名义运进来的。在那只船进口之前五日，陈廉伯也曾用商团的名义，向政府领过了一张护照。不过陈廉伯领那张护照的时候，曾声明在四十日之后才发生效力，由四十日之后起，另外到五十日止，那张护照都是有用处。陈廉伯当初之所以有这些声明的意思，就是他对于丹麦船所运来的这批军火，已经想到了种种偷漏的方法，以为不必用到那张护照便可以偷过；他所领的护照，是预备第二批军火到的时候才用的。后来果然有第二批军火由欧洲放洋。只因第一批的在广州失败，所以第二批的便不知道运到什么地方去了。所以陈廉伯才要所领的那张护照，就是在九十日之内都有效力。而这船军火运进广州的日期，和那张护照相差只有五日，便生出一个大疑点。更查这只军火船是属于丹麦商人的，丹麦在广州的领事是一个英国人代理，而那位代理的英国人又不在广州，是以我们便和英国领事交涉。英国领事和我们的私交很好，便将陈廉伯买军火的原委告诉我们说："你们还不知道陈廉伯的行动吗？香港和上海的外国报纸老早就说，陈廉伯要运动商团反对你们政府，你们还没有留心那种新闻吗？我老实告诉你罢，有几个英国人许久便教陈廉伯买军火、练军队，反对广州政府。这不过是头一批军火，以后还有二批、三批。至于这种主张，只是几个英国人的事，我可以报告我们公使，惩办他们。你们可以办你们的商团，对付陈廉伯。"我知道了这种详细情形之后，便把那船军火完全扣留。当时许多明大义的商团，也承认由政府办理，没有什么举动。

但是，陈廉伯在沙面受了英国人的鼓动，便煽动一般无知识的商团，要求政府发还扣留的军火；如果政府不答应他们的要求，便煽动广州全体商人罢市，抵制政府。所以有一日，便有一千多商团，穿起军服，整队到河南大本营请愿，要发还枪枝；若是不发还枪枝，第二日便罢市。我当那一日正在大本营，便亲出接见那一千多商团，对他们演说商团买枪的护照，就日期讲，陈廉伯已经声明在四十天之后才有效，这批枪枝只在领护照后五日之内便到广州，是一个疑点；就枪数讲，护照上载明的长短枪数,与这只船所载的枪数不符,是二个疑点。专就护照说便有这两个疑点,有了这两个疑点,那末这批军火,不是私运,便是顶包。并且把英国领事对我所说陈廉伯要运动商团,和另外买枪练兵来反对政府的情形,详细告诉他们。演说了一点多钟,他们听明白了之后,当时便很满足,第二日也没有罢市。以后我把陈廉伯的叛迹,更是查得水落石出,便老实告诉商团。但是在手续上,我还没有用公文,只用私缄。对商团各代表说,陈廉伯反叛政府的诡谋,我已经查清楚了。你们商团不是同谋的人,我自然不理;若是同谋的人,我一定要办几个,以儆效尤。那些陈廉伯的羽党,便鼓动全体商团,要求政府宽大,不能多牵连。政府便答应他们的要求,不但是没有牵连,并且没有重办一个同谋的人。

陈廉伯看见政府很柔软,便鼓动商家罢市,还是要求政府发还所有扣留的枪枝。政府也答应他们的要求,承允把护照上所载枪枝的数目,分批发还。在国庆日便一批发还长短枪四千枝,子弹一二十万。陈廉伯那些人看见政府一步让一步,很容易欺负,于是更鼓动商团在国庆日收回枪枝的时候,对于政府武装示威,开枪打死许多庆祝双十节的农团军、工团军和文武学生。因为陈廉伯已经预备了在国庆日收回枪枝之后便造反,所以预先便在西关招了两三千土匪,假充商团。最奇的是那些假充商团的土匪,在国庆日不但是打死人,并且把打死了的人刳肝剖肺、剁头断脚,把那些死尸分成无数部分,拿到沿街示众,惨无人道。当日,政府也没有把商团有什么处分。商团的不良分子,便从此以后目无政府,专唯陈廉伯之命是听,把广州全市商团的枪枝都集中到西关,在西关架天桥、筑炮台,用铁栅门分锁各街道,俨然把广州市分成了两部分:城内属于政府范围,西关属于商团范围。凡是商团范围以内,都是由商团发号施令。在商团发号施令的范围以内,不但是没有政府的警察,就是政府人员路过,只要被他们知道了,就马上有性命的危险。当时西关和城内,完全成了一个交战区域。那几日英国人便在香港英文报纸上挑战,说广州的实在势力已经到了商团之手,政府没有力量行使职权,政府人员马上便要逃走。其实政府还是想调和,但是西关的那些土匪顽强抵抗,无论政府是怎么样调和,都不能得结果。

到了十月十四日晚,凡是近政府各机关的高当铺,都收藏得有几十个团兵,居高临下,开枪打政府,一夜打到天明。到天明的时候,政府为求自卫起见,才下令还枪。到了政府还枪之后,稍明事理的商团分子便极愿缴枪了结,以免糜烂市场。而陈廉伯的死党还是在西关散布谣言,不说是东江陈炯明的援兵就到了,就说是白鹅潭的英国兵船马上便要开炮打退政府,只要商团多抵抗几点钟,便可以胜利。

当商团事变没有发生以前的十几日,英国领事本告诉了我们政府说:在白鹅潭的英国兵船,已经奉到了他们海军提督的命令,如果广州政府开炮打西关,英国兵船便开炮打广州政府。我得了这个通知,便用很正当的宣言,通告英伦政府和世界各国。英伦政府也自己知道无理,便制止他们海军提督,所以到后来政府和商团冲突的时候,英国兵船到底是守中立。从互相冲突之后,不上四点钟,各武装商团便缴械了事。于是香港英国的报纸,更以为是反对广州政府的好材料,便无中生有,乱造谣言,把广东政府骂得不值半文钱。其实广州政府和商团原来本是相安无事,因为有几个英国流氓居中离间,所以便弄到不和;到了不和之后,也可以用和平手段了结,因为那几个英国流氓又从中挑拨,所以便弄到杀人缴枪,以致商团受英国人的大骗。诸君不信,只看前几个月的香港英文报纸,许多都是恭维陈廉伯是"中国的华盛顿","广州不久便有商人政府出现"的论调,便可以知道英国人的居心。幸而英国人和陈廉伯的这次阴谋没有成功,如果真是成功了,广东便变成了第二个印度。

我们广东这次没有亡省,虽然是天幸,但是已经阻止了北伐军的进行,扰乱了广州市的商场,弄到全省不太平,都是外国人的力量在广东暗中捣乱。就是推到全国的情形,也是这一样。因为这些理由,所以我们才要防止外国人的力量再来中国捣乱。防止了外国在中国捣乱的力量,中国才可以永久的和平。要防止外国人在中国捣乱,便先要外国人在中国没有活动的力量。要外国人在中国没有活动的力量,还是在废除一切不平等的条约。废除了一切不平等的条约,才可以收回租界、海关和领事裁判权,中国才可以脱离外国的束缚,才可以还我们原来的自由。

（下略）

《孙中山先生由上海过日本之言论·中国内乱之因》,转引自《孙中山全集》第 11 卷,第 380—385 页

3. 列强对商团事件的反应

北京公使团关于广州商团托运军火案通函
1924 年 8 月 19 日

通函第 219 号。

关于 8 月 14 日通函第 215 号,本领袖公使很荣幸地给各国同僚传阅一封来自驻广州领袖领事的电报,内容涉及广州商团托运军火。同时也把根据 8 月 18 日公使团会议所做出决定而起草的复电文本给诸位传阅。

驻广州领袖领事致公使团电

1924 年 8 月 15 日

致领袖公使:

挪威轮船"哈佛号"10 日晨抵达此地,船上装载着大批来自比利时的来复枪、手枪、左轮手枪和弹药,该批军火由安特卫普的阿尔弗雷德·布雷穆勒公司承运,收货人是德国驻广州的山打银行,最终用户是广州商团。后者几个月前通过滇军的一名副司令私下以滇军的名义向广州的陆军局获得了进口许可证。

当发现买家的真实身份后,大元帅下令撤销许可证和解散商团。今天当局宣布在广州城内实施戒严。"哈佛号"处于滇军和政府炮艇的严密监视下,后者强令其起航前往黄埔,在那里它将被迫卸下军火,

以满足政府的利益。据信,炮艇威胁向"哈佛号"开火,除非它服从命令。

这是对海关权力的干涉,在此类事务上海关拥有唯一的管辖权。

领事团想要知道,在三方达成一致的情况下,是否需要列强提供在当地所拥有的海军援助,反对政府或任何一方查没军火,或者反对这批军火在政府发布许可证的情况下上岸。中国、挪威和德国都不是武器禁运协定的签字国,我们只能向在当地没有官方代表的比利时提出抗议。

公使团代理领袖公使致驻广州领袖领事电

1924 年 8 月 18 日

关于你 8 月 15 日电,在军事当局已经将这批军火运上岸的情况下,当然不再可能采取如你电文最后一段中所提及的那样海军行动,现在唯一的问题是,领事团应不应该提出一项正式抗议,抗议他们公然冒犯海关权力,强行将其监管下的船只逼离。公使团今天讨论了此事,倾向于由地方对此做出决定。请报告你和你的同僚们决定采取的行动。

译自英国外交部档案 FO228/2056

翟比南①致麻克类绝密函

1924 年 8 月 21 日

先生:

关于您 8 月 21 日发给我的有关挪威汽轮"哈佛号"运送军火至广州一案的第 36 号电文,在下非常荣幸地向您报告:与广州当局最初发给的许可证所登记的数量一样,船上所载的全部军火包括:来复枪 4,850 支,子弹 1,150,000 发;配有枪托的自动手枪 4,331 支,子弹 2,060,000 发;大小左轮手枪 660 支,子弹 164,200 发;共计 1,129 箱。然而,该船实际装运的军火似乎要比上述数目大很多。

---

①　时为英国驻广州总领事。

　　我拥有真实可信的证据表明,这是一个有各方人士参与的阴谋。

　　商团司令陈廉伯是汇丰银行驻广州分行的买办,此外,他还是一个富裕的商人。据现在的当局称,他是一个陈炯明的拥护者,但是,正如他本人在不只一处的场合中向我阐述的那样,他自己公开宣称的目标,是借助商团的力量,使广州从任何一派的军事控制下解脱出来,驱逐滇军和其他外省军队,建立一个由广州人统治、为广州人谋福利的政府。正是由于要实现这样一些目标,人们很容易对他们产生同情,尽管我们不可能支持他们为达成这些目标所要采取的手段。广州的商团军总数为 8,000 人,此外,在广东的其他地区另有 20,000 人的队伍。商团领袖希望,用"哈佛号"运来的军火至少武装 5,000 余人的商团士兵。

　　我推测,大概在几个月以前,陈廉伯曾向汇丰银行广州分行经理唐纳德·福布斯先生展开游说,向他力陈:如果驱逐压榨钱财、给广州城造成恒久混乱的外省军队,恢复该城的社会秩序,将给贸易的增长带来巨大的好处。他进而指出,只有通过商团的力量才能妥善的实现这一目标。然而,由于列强对华武器禁运协定的存在,他们不能公开地获取所必需的军火,因而只能通过走私将军火运进广州。陈廉伯对福布斯一向有很大的影响力,于是后者显然同意了将该建议提交给汇丰银行的总裁斯蒂芬先生。

　　此时广州的局势业已引起了汇丰银行高层的严切关注。据说,在1923 年,通过正当和不正当的税收、军需等名目,广州城共被榨取了一笔总数不少于 1 亿元的钱财。其中,只有约 3 千万元花费在了当地,其余的 7 千万元被外省军队主要是滇军征取,他们将这笔钱汇到了自己的家乡省份,这样,大量的钱财迅速流出广东,汇丰银行的储蓄相应地锐减。这显然是诱使斯蒂芬先生批准和支持陈廉伯计划的一个原因,而造成他同意陈廉伯计划的另一个原因,则是出自结束孙政权过度压榨的期望,整个华人商界也拥有同样的期望。

　　福布斯先生 5 月回国休假,由德寇西先生继任他的职位。德寇西先生个人对这起交易无须承担责任,他只是从他的前任手中接下了这件事。

整个事件从一开始就进行了精心的策划,这从"哈佛号"的租船契约中一眼就可看出。我本人并没亲眼看过这份租船契约,但是,粤海关代理税务司告诉我,契约中专门有一项条款规定,开发货清单时须将军火开成机器。有人告诉我,在安特卫普,这批军火就存放在政府的货仓内,比利时有关当局可能被箱内物品的假申报单所蒙蔽。事实上,当"哈佛号"开抵此地时,他们共准备了两份货物申报单,其中的一份填的是武器和安全火药,而另外一份则填的是机器。这后一份申报单目前就在汇丰银行的手中。

如果不是其中有位把握内情的人强力拒绝采取欺骗的手段,坚持主张军火应如实申报,这一阴谋肯定将获得成功,商团将得到他们的武器。在此我要补充的是,另有一名外国人也参与了这一阴谋,他的名字我不能透露,即使是在最严格保密的情况下。

关于军火进口的许可证,陈廉伯本人不可能从广州政府获得,因此,他通过贿赂滇军的副司令,以分给他部分武器为诱饵,才得到了一份许可证。签发的许可证是空白的,是陈廉伯填写的,填的就是前面所引述过的内容与数量。许可证本身无可挑剔,但是,当8月10日"哈佛号"到达黄埔时,广州当局得知了武器是运给商团的,于是,他们立即撤消了许可证,并要求海关税务司禁止该船卸货。

德寇西先生因此便以陈廉伯的名义前来见我,请求我帮助商团得到这批军火。当我表示对此无能为力时,他竟令人惊讶的宣称,香港总督和杰弥逊爵士全都批准了这宗交易,斯蒂芬先生不仅同意了这宗交易,而且汇丰银行还为此交易开了信用状。德寇西先生所言无疑充满了诚意,但是我回答道,就港督和杰弥逊先生而言,无论是谁,他们都绝不可能支持这一计划。关于这点,我随后就能证实。我在此附上一封1923年10月10日斯蒂芬先生写给杰弥逊爵士的信,从后者所作的批注看,建议是提交给了杰弥逊爵士,但他拒绝提供援助。至于香港总督,粤海关代理税务司刘先生(音译)前不久也就是"哈佛号"到达之前曾拜访过他。刘先生告诉我,港督在得知这一阴谋后非常惊讶,表示该船路过香港时要扣留这批军火。但是,"哈佛号"小心地避开了香港,从新加坡直接开往了广州。

第二天,也就是8月11日,陈友仁先生前来造访,问我是否能帮助广州当局阻止商团得到这批军火,他特别询问,如果他们用武力强行扣留这批军火,英国是否能派一艘炮舰前往黄埔,以示支持。我回答道,除非能清楚的获悉,广州的任何一派,不论是广州政府,还是商团或其他任何人,都不要这批军火,我才能提供援助。如果军火最终被政府没收,英国炮舰显然不可能予以支持。当听我告诉他"哈佛号"已经离开黄埔前往广州时,陈先生明显表现出不安,评论道这改变了整个局势,随后他就离开了。

正如领事团在电文中所言,广州政府随即派一艘炮艇和滇军士兵从水上和岸边对"哈佛号"进行了严密的监视。最终,在要对其开火的威胁下,"哈佛号"被迫于8月12日驶回黄埔,在那里,广州当局立即强制该船卸下了军火。在此,我附上一封广州公安局长致"哈佛号"船长的信,信中命令该船驶向黄埔。

"哈佛号"所载军火的收货人、德国山打洋行驻广州分行经理山打先生,给我写来一个便条,矢口否认军火来自德国。在此,我随信附上这个便条。从中我们可以看到,这批军火中的来复枪据说是在"一战"中从德国缴获的战利品,至于毛瑟式手枪,尽管据称产自比利时,但是可以想象这种枪也是由德国人在占领比利时时制造的。一旦证明这批军火出自德国,我想这便涉及到德国违反凡尔赛条约的问题。山打先生随后便逃到了香港,这无疑是想逃避因其参与这一交易而遭广州政府逮捕的境遇。

与此同时,争夺这批军火所有权的斗争日趋尖锐。除了广州当局和商团,劳工组织和滇军也均声称有权分享。

尽管如此,这一时刻的军事大局仍很好地控制在广州政府的手中。商团还无力在广州诉诸武力,据说他们的武器弹药极其匮乏,根本不是滇军和其他外省军队的对手。据我所知,这些外省的将军们决定支持孙逸仙。滇军至少也要为他们继续保持对广州城的控制而战,这很有可能,因为他们可以从中征取到大量的收入。

但是,商团依然打算使出其常用的大罢市的杀手锏。陈廉伯逃走后,商团总部迁至离广州城不远的佛山镇,由在那里的副总长指挥。据我所知,这位副总长精力充沛、非常能干。8月20日,商团在佛山和靠西一点的三水以及广州南郊的陈村宣布罢市。此外,(三角洲地区的)大良、容奇、江门以及东部的石龙据说今天也开始罢市。据报道,广州的罢市行动将在24日或25日展开。我接到的进一步报告说,在佛山,商团军包围了驻守在那里的5000名滇军士兵,并于21日晚解除了他们的武装。虽然这一点目前我尚未得到证实,但我的情报是可靠的。

与此同时,广州的商人们也已采取了一些预防措施,以应付可能发生的变乱。在沙面罢市行动结束后的24小时之内,他们将一批价值约4百万元的绸缎运到沙面保存,使存在那里的绸缎总量已值650万元。同时,大批金条也运到了那里,但是,当局目前已经阻止了这种抢运转移行动。

有大批华人逃到香港或将他们的家属转移。在转移家属的人当中,包括公安局长吴铁城。由于主张将所有军队撤到城外,吴被迫引退辞职。据说商团已经要求忠于陈炯明的前公安局长魏邦平出任这一职务。

至于"哈佛"轮,广州当局不但拒绝允许其结关离港,而且还卸下了其装载的一批主要由罐装牛奶和钉子组成的普通货物,这批货是运给香港的一家瑞典商行卡尔·鲍第克公司的。他们同时通知挪威驻当地的临时代表——一名英国商人说,他们已经任命了一个由伍朝枢、胡汉民(孙博士的秘书长)、省长、高等法院院长、海关监督组成的委员会,准备8月21日开会,以决定对这艘船所应采取的措施。那位挪威代表依照我的忠告向他们指出,为解决这一问题所成立的任何特别法庭,必须符合"联合调查条例"。因此,他拒绝出面作证,或出示他本人的任何文件,并且不让这艘船的船长和主事者这样做。

8月20日,陈友仁就此事前来拜访我。我指出,拟议中的委员会无权对一艘挪威船只作出裁决,我向他建议道,广州当局所应采取的最佳途径,就是归还他们从船上拿去的运往香港的普通货物,并让这艘船结关离港。陈先生同意照这个意思去劝孙博士,但是,我没有听到有关此事的进一步讯息。此致

总领事翟比南

译自英国外交部档案 FO371/10240

麦克唐纳的批示

1924年9月3日

对广州城所发生的任何战事,我们绝不能说我们要进行干涉,但我们可以发出一个警告:我们不能允许我们的船只或外国租借地受到威胁。

在任何情况下,孙博士都可以通过我们驻广州的总领事提出他想发出的任何抗议。

不要采取任何行动!

译自英国外交部档案 FO371/10244

麻克类致麦克唐纳电

1924年9月5日

第245号。

当地报纸发表了据称是孙逸仙发给您的一封电文的摘要,抗议国王陛下政府驻广州总领事向地方当局发出一道最后通牒。

有关事实简要如下:

由于孙逸仙和广州商团部队在移交最近抵粤的一艘挪威轮船上所装载的军火上争执不下,结果商团发动了罢市。为震慑后者,孙逸仙似乎做出了威胁姿态,准备派遣一艘炮艇炮轰广州城郊。8月28日,双

方看来就要交火。领事团为此向广东省长提出口头抗议,反对他们向一座不设防的城市开火,并警告他,当地政府应对外国居民的人身安全和财产损失负责。翌日,国王陛下驻广州总领事未经与我商量,擅自致信当地的外交总长,在叙述了领事团的口头警告后,该信最后结尾如下:

"本人现已收到驻穗海军军官的来信,称他已接到香港舰队司令的命令,如果中国当局向这座城市开火,所有英军将立即采取对抗他们的行动。"

在报纸上见到这封信后,我立即致电国王陛下驻广州总领事,问他是否发过这样一封信,如果是的话,为何不征求我的意见? 同时我还询问,是谁授权香港舰队司令发布的命令? 并且,外国租借地究竟受到了何种程度的威胁? 如果存在这种威胁的话。

今天,我收到了总领事的答复,在答复中,他声称,报上所引述的他那封信的内容很准确,他解释说,之所以没征求我的意见,是因为没有时间。在 8 月 28 日晚上,领事们接到警告,炮击预定将于第二天早上开始。各国领事及驻穗海军军官当即召开会议,随后,领事团团长连夜前往广州政府,向他们传达了一份各国领事所一致同意的口头抗议书。翌日清晨,(英国驻广州)总领事接到了香港舰队司令的来电,他认为有必要立即将电文的内容转达给(广州政府的)外交总长。总领事明白,舰队司令是在接到驻穗海军军官对领事团所采取的行动的叙述后,自行决定做出如上举动的。总领事最后称,将遭轰炸的那片城区紧靠沙面,负责任的中国官员警告他说,外国租借地会有危险,而且身处那片城区的传教士和其他外国机构所面临的危险更为严重。他补充道,此事最后被终止了,没有发生不愉快的事件。

译自英国外交部档案 FO371/10244

麻克类致麦克唐纳电

1924 年 9 月 5 日

第 246 号。

关于我第 245 号电文。

驻广州总领事对所发生事件的解释对我来说不能令人满意,并且他的解释也不能完全证明他以及海军有关当局的所作所为的正当性。我看不出,为什么在领事团已经提出口头抗议,并且根本无任何迹象表明孙逸仙打算实施他的威胁,驻广州总领事还认为有必要递交这样一份最后通牒。我认为,在目前这种情况下,此举无论是对总领事本人还是海军有关当局来说都超越了他们的权限。在任何情况下,非常明智之举是,即使是发出武力干涉的威胁,这一举动也应由所有相关列强共同做出,而不是由我们单独做出。此外,目前在广州对外国租借地和外国人生命财产的威胁,似乎还不足以使我们有充分的理由采取如此激烈鲁莽的行动。不幸的是,此举为孙逸仙和这里的布尔什维克分子提供了一个进行猛烈反英宣传的良机。

译自英国外交部档案 FO371/10244

麻克类致麦克唐纳绝密函

1924 年 9 月 6 日

先生:

就有关您 9 月 5 日发给我的第 245 号电文,在下非常荣幸地向您转交一封国王陛下政府驻广州总领事发给我的信函,该信函上的日期为上月 21 日,在这封信中,驻广州总领事对挪威籍轮船“哈佛号”运送军火至广州一案作了一个令人感兴趣的回顾。在此值得一提的是,挪威是对华武器禁运协定的非签字国。

这艘船是上月 10 日从比利时开抵广州的。船上载有大批军火,发货者为安特卫普的阿尔弗雷德·布雷穆勒公司,接货者为德国山打洋行广州分行,山打洋行是为广州商团代理订购的这批军火。商团组织起初是为维护广州的治安而组建的,但是,从广州领事翟比南的信函中可清楚的看出,商团组织的成员愈来愈厌恶孙逸仙博士及其随从的滥用职权和恶劣待遇,于是,商团司令——一个叫陈廉伯的汇丰银行的买办,显然想为他的商团组织获取军火,其目的是推翻广州现政权,从滇军和其他雇佣军手中解放这座城市。

翟比南先生对据称汇丰银行的官员们与商团合谋破坏武器禁运协定的行为、以及"哈佛号"到达广州后所发生的一系列事件,进行了详细的阐述。不知已故的斯蒂芬先生和其他汇丰银行的官员们是否真的被他们的买办所引诱,卷入这样一场不光彩的武器走私交易,这件事几乎难以令人置信。也许杰弥逊爵士秋季返回广州后能够对此事作出些新的解释,但就目前而言,我建议暂不深究此事。然而,在此我要补充一点,中国海关的总税务司最近曾就此事拜访过我,他显然拥有翟比南先生信中所述案件的一切详细内幕,但是,由于他手下的粤海关税务司——一名英国臣民及海关衙署比较高级的官员,也卷入了此事,安格联爵士不可能对此事透露半点信息,除非强迫他这样做。

当"哈佛号"在中国炮艇的开火威胁下被迫停止卸货返回黄埔后,驻广州的各国领事团立即致电北京的各国公使团,询问:鉴于中国海关在此事件中的正常管辖权遭到了侵犯,如果孙逸仙政府或其他党派强行扣压军火,外国海军是否该提供援助。然而,与此同时,广州军事当局实际上已经将武器弹药卸下了船,因而,要求海军进行干涉的提议也就自动消亡了。但是,经与同僚协商,公使团团长在给广州领事团的答复中说,领事团可以自行决定向地方当局提出抗议,抗议其侵犯了中国海关的权力,强迫"哈佛号"离开海关的监管区。经过适当的考虑,领事团最后决定,在未接到海关税务司的正式请求前,不向地方当局提出这类性质的抗议。但是,领事团团长随后却要求北京公使团团长发布指示:将来如果发生类似的案件,领事团应如何采取行动。这方面的问题各国外交使团现仍在考虑之中,不过,当公使团将有关广州领事团上述问题的信电往来送我圈阅时,我作出了如下批示:中国地方当局扣压一艘外国商船的举动,侵犯了该船悬挂的国旗所在国的航行权,这一事件似乎应由那个国家的驻华公使或领事代表出面处理,在这样的情况之下,我认为没必要向英国驻广州总领事发布指示,以应对领事团提出的那种假想案件。这类案件应由案件所涉及的相关国家,依据各自的是非曲直自己进行处理。

孙逸仙博士扣压军火的举动,理所当然地引起当地商人的普遍不满,结果导致广州和一些邻近城镇商人发动总罢市。这场罢市活动似乎已经平息,关于这方面的情况,我将在接到翟比南的详细报告后,再具函予您汇报。

您最恭顺卑微的仆人麻克类谨上

译自英国外交部档案 FO371/10240

英国外交部致麻克类密电

1924 年 9 月 12 日

第 170 号。

关于你第 246 号来电(9 月 5 日,英国致孙逸仙的最后通牒)。

代理总领事的行动属判断失误。看来他不应写信,他应该采用其他途径,非正式但却坚定地让孙知道,炮轰将造成严重后果。

如果你同意,你可以照此意对他提出申斥。

香港舰队司令下令英军单独采取行动似乎要受更多的指责,我建议,应向海军部指出,要制止海军军官在事关政治后果的问题上擅自行动的趋势,这一点很重要,并且我们还应要求他们对此采取适当的行动。你同意吗?

我们是在假定炮轰城郊不会对沙面造成严重危害的基础上,提出这条建议和下达以上关于代理总领事问题的指令的。

译自英国外交部档案 FO371/10244

麻克类致麦克唐纳密电
1924 年 9 月 16 日

第 255 号。秘密。

关于您第 170 号来电。

我已向广州的代理总领事提出温和的申斥,解释了为何他的行动被认为是草率和鲁莽的原因。

至于香港舰队司令的行动,看来他好像是对形势的严重性产生了误解,在此我冒昧地建议,让驻华海军总司令命令手下提交一份有关这一事件的报告也就足够了,与此同时,为避免海军军官不恰当地擅自行动以引发政治上的后果,我请求阁下发布命令:除非发生英国的租借地确实受到攻击这样的极端事件,或是当英国臣民和其他外国人的生命财产面临直接威胁时,(而动用武力)以作为保护他们的最后手段,国王陛下政府并不认为英国海军进行武装干涉甚至是威胁动用武力,是正当合理的。鉴于中国局势的动荡,我认为,剥夺我国海军军官在类似事件中采取自主行动的一切权力的做法,也是不明智的。

译自英国外交部档案 FO371/10244

沃特洛致海军大臣密函
1924 年 9 月 19 日

先生:

本人奉外相林塞·麦克唐纳先生之命,向你转发国王陛下驻北京公使本月 9 日发来的一封编号为 245 号的电报,电报中他报告了国王陛下驻广州代理总领事向广州有关当局发出最后通牒一事。

外相与驻京公使此后进行了多次信电往来,交换意见,麻克类爵士最后将讨论结果通知了代理总领事:他发那封信属鲁莽行为和判断上的失误。他不应该向广州当局发信,而应代之以通过其他途径,非正式但却坚定地让他们明白,炮轰将造成严重后果。因为正是由于他的这种行动方式,才给中国的布尔什维克分子提供了一个进行猛烈反英宣传的机会。

　　代理总领事显然是在接到香港舰队司令发来的电文后采取行动的。该电文是舰队司令自己决定发给驻广州的海军指挥官的,内容是:如果广州城遭到炮击,所有英国军队将立即采取行动。尽管麦克唐纳先生不愿建议剥夺远东地区英国海军军官的一切自主行动的权力,尤其是在当前中国政局还很动荡的情况下,以防止在华英国人的生命财产受到突然和严重的威胁,但是,就目前这一事件而言,他倾向认为香港舰队司令所发电文中使用的言辞(报道如实的话)非常不恰当。英国利益似乎并未受到如此直接或是严重的威胁,以致英国海军有充分的理由在没有其他列强军队的合作下单独采取了行动。为此,他建议给麻克类爵士发指示,叫他让英国海军驻中国站总司令下令手下提交一份关于这一事件的报告。与此同时,并授权麻克类要求海军总司令发布一道命令,目的是避免将来他手下的海军军官由于擅自采取不恰当的行动而造成政治上的不良后果。这道命令的内容是:除非发生英国的租借地确实受到攻击这样的极端事件,或是当英国臣民和其他外国人的生命财产面临直接威胁时,(而动用武力)以作为保护他们的最后手段,国王陛下政府并不认为英国海军进行武装干涉甚至是威胁动用武力,是正当合理的。

　　林塞·麦克唐纳先生将很愿意了解,海军大臣阁下对此建议是否有不同的意见。

译自英国外交部档案 FO371/10244

斯蒂芬(Stephen)①致杰弥逊私函
1923 年 10 月 10 日

亲爱的杰弥逊:

　　陈廉伯(本行买办)一直在告诉我有关商团的情况,从辛亥革命以

------

① 时任英国汇丰银行总裁。

来,他们在不时地发挥着良好的作用。当然,这些你可能都了解。

他说,商团在册的有 1 万人,但他们中只有 5 千人有武器,所以他们急于获得来复枪和机枪以装备其余没武器的人。他进一步说,海关税务司和孙逸仙个人对他们获取武器没有异议。

这件事可以很顺利的进行,因为我想香港政府将会对任何可能采取的、使广州城获取和平与良好秩序的措施持仁慈的默许态度。

你以为如何? 你的态度怎样?

此致

斯蒂芬

译自翟比南 1924 年 8 月 21 日致麻克类绝密函附件,英国外交部档案 FO371/10240

麦克唐纳在麻克类1924 年 9 月 6 日绝密函上的批示

1924 年 10 月 21 日

汇丰银行领导层卷入这宗交易,对我们来说太难以置信了。艾第斯爵士在给《早邮报》的信中否认参与此事。如果已故的斯蒂芬先生确实参与了此事,而且据称汇丰银行广州分行经理福布斯或那名买办在其间发挥了作用,香港总督和杰弥逊爵士也与此事有关,如果这些说法没有夸张的话,他们参与这项交易肯定会被公众所知,并将在公众间造成非常不好的印象。但是,尽管如此,正如麻克类爵士所言,也许杰弥逊爵士下个月返回广州后,能够就此事做出些新的解释。

译自英国外交部档案 FO371/10240

北京公使团关于广州局势通函

1924 年 10 月 31 日

通函第 316 号。

本领袖公使很荣幸地向诸位同僚传阅一封驻广州领袖领事的来信,内容涉及 10 月 15 日在广州所发生的严重骚乱。

　　领袖领事与广州方面的外交交涉员之间的往来通信附在本文后面。

　　诸位将会看到,这封信没有日期,但信封邮戳上的日期是10月21日。

列强驻广州领袖领事、日本驻广州总领事天羽英二致北京公使团领袖公使函

先生:

　　我很荣幸地以我的同僚及我本人的名义向您通报,长期以来人们所预料的孙逸仙博士的军队和商团间的冲突(对此我曾于9月1日通过日本驻北京公使用电报通报过阁下),终于在本月15日达到高潮。早晨5点,孙逸仙博士的军队开始进攻商团,随后双方爆发巷战,直到下午4点枪炮声才停止。但是士兵们的劫掠却持续了一整天,有好几处地方从清晨就燃起大火,火焰一直肆虐到第二天早上。关于人员、财产损失情况,目前还没有准确的数字,但是根据各方面的情报,粗略估计约有600余间房屋被焚毁,交战双方约300名士兵阵亡,还有一些不明人数的平民被杀,抢劫和大火所造成的损失约有3千万元。

　　领事团于15日上午紧急开会,并向广州“政府”的外交交涉员发出一份照会,警告他们要对目前骚乱所造成的外国人的生命和财产损失负责。此点在随后发出的照会中又进行了强调。

　　在向您以及您的尊贵的同僚通报广州近来所发生的大屠杀的同时,我很荣幸地随同此通报附上四封领事团与广州外交交涉员就有关保护外国人生命财产问题的往来照会。

　　谨此。

领袖领事、日本

FO228/2056

司徒拔致艾默里(Amery)①函

1924 年 12 月 31 日

先生:

　　非常荣幸收到您 11 月 11 日发出的有关"哈佛号"运送军火至广州事件的密件。

　　我不能从外界就此次商团事件获得任何情报,因而我只好采取唯一可行的步骤,即通知汇丰银行现任总裁巴罗先生,说你需要本次事件的情报,问他是否愿意就此说些什么,以便我能够向你汇报。

　　巴罗先生向我提交了一份备忘录(见附件),他已将该备忘录送给牛顿·斯塔勃爵士一份,请他转交外交部。

　　巴罗先生所说的"曾与本政府讨论过该事"的猜测是错误的。斯蒂芬先生确实从未与我讨论过此事,而且我也不知其他任何人知道此事。我不理解斯蒂芬先生在 1923 年 10 月 10 日致广州总领事的信中所作出的评论,他认为"香港政府将会对任何能确保广州城和平稳定的措施采取一种仁慈默认的态度"。我猜想他之所以有这样的看法,是因为他知道我的观点——即在广州建立一个稳定政府对本殖民地以及英国的对华贸易极为重要。他认为只要他能向我表明我们的总领事赞成这一计划,肯定会诱使我对运输军火一事的默许。我觉得特别难以置信,象斯蒂芬先生这样与我相知甚密的人是否真的会有如此的想法,但是如果这不足以解释的话,我很迷茫该说些什么。

　　据我回忆,斯蒂芬先生只跟我谈起过一次商团的事,那是 1923 年的某一天,到底是在他给(广州)总领事写信之前还是之后,我记不清了,可能是在这之前吧。他告诉我说,商团将要组建,有人要他向我确认,如果孙逸仙同意,我是否能允许他们从我们储存的大量罚没品中购买一批军火。我回答说,我可以肯定英国政府不会同意,没有政府的批准,我当然不能做任何事情。此事因此搁下了,我完全可以肯定他再也

---

　　① 　时为英国殖民地部大臣。

没提起过此事。

可以说一直到"哈佛号"抵达广州后,我才搞清船上装运的军火是给商团的。在我7月25、30日和8月2日所发的电报中还一直以为这批货是给孙逸仙政府的。

至于翟比南先生在写给麻克类爵士编号为140号的信函中所说的,那次与粤海关代理税务司刘(音译)先生的会晤,是发生在6月10日,但那个时候他当然还不知道是由什么样的船来运送这批军火,而我个人更是从未想到"哈佛号"运送军火会与武装商团的建议扯到一起,这一点想必刘先生在拒绝给予支持时也忽略了。

司徒拔谨上
译自英国殖民地部档案 CO129/485

巴罗①关于哈佛号运送军火案的备忘录

1924 年 12 月 27 日

首先,我要解释一下,在1923年秋最初着手此事时我正在国内渡假,是已故的前总裁斯蒂芬先生个人一手操办的,一直到他1924年5月回英格兰休假为止。从很大程度上讲,我所提供的情况大部分来源于同他本人的谈话。

斯蒂芬先生想让我明白,他之所以默许该银行为这笔生意提供金融支持,是因为他相信商团组织是广州城维护法律与秩序的一个主要因素,正如以往记录所显示的那样。商团能为华人商界提供保护,使之免受麇集于该城的雇佣军的非法盘剥,因此,任何能使商团增加效率的举动,一般来讲,都是为了全体百姓的安宁和贸易上的利益。

由于知道孙博士本人和广州政府已经认知并批准此计划,斯蒂芬先生非常满意所有这一切对广州政府和广州中国海关而言合乎规范。他在1923年10月10日写给杰弥逊爵士的信中充分表达了这一信念,

---

① 时任汇丰银行总裁。

在这同一封信中他提到了香港政府,它促使我推测斯蒂芬先生已与这里的当局(香港政府)讨论了该事件。总而言之,斯蒂芬先生在五月份离开此地前向我保证,所有与此事密切相关的各有关当局都得到了通知,一切在有序的进行。

汇丰银行与此次武器运输的关连,仅限于我们的驻汉堡办事处与汉堡的山打洋行就为其广州分行签发跟单汇票进行了交涉。本公司的买办陈廉伯正是以商团总司令的身份与这家分行订购的武器弹药。需要补充的是,陈廉伯除了是本行的买办外,他还是一个有名的绸布商和广州华商界极具影响力的人物,而且他还与当地的慈善组织等联系密切。事实上他做我们的买办名要大于实,本行华商方面的业务实际上主要是由他弟弟来处理的。

巴罗(签名)

译自香港总督司徒拔 1924 年 12 月 31 日致英国殖民地大臣艾默里密函附件,英国殖民地部档案 CO129/485

(三)沙基惨案及交涉

说明:1925 年 6 月,为声援上海发生的英日殖民者镇压工人游行酿成的五卅惨案,广州、香港的工人开始举行罢工,6 月 23 日,广州各界 10 余万人在东较场集会,抗议帝国主义的暴行,会后举行了大游行,当游行队伍行至英法沙面租界对面的沙基时,租界内的英法军队向游行队伍开枪扫射,停泊在白鹅潭的英国军舰同时向岸上开炮,酿成游行人员当场死亡 50 余人、重伤 170 余人的惨剧,史称"沙基惨案"。

惨案发生后,南方政府向英法提出强烈抗议,并提出交涉,要求英法派员向南方政府谢罪、惩办相关军事长官、各国军舰撤离、沙面租界交由南方政府接管、赔偿死伤人员以抚恤金等要求。南方政府的正当要求遭到驻粤英、法领事的拒绝,交涉未有结果。

1. 沙基惨案的发生

广州陆海军大元帅大本营关于上海五卅惨案宣言
1925 年 6 月 7 日

近日上海租界当局,嗾使巡捕对于徒手巡行之学生开枪射击,致当场殒命者多人,因伤致死者累日不绝。连日复以同样行为施于徒手巡行之工人,综计数日之内,死者数十,伤者数百。帝国主义者此等残暴凶忍之行为,足证其已自外于人道,犹复鼓其簧舌,谓工人、学生宣传过激。姑无论此次巡行目的昭然,绝与宣传过激无涉,即使有之,此等宣传过激之事实,在彼辈国内已成数见不鲜,彼辈极其忮刻所至,对于认为宣传过激之群众,亦未闻指麾大帮武装巡捕对于徒手巡行者恣其屠戮。彼辈于其国内若有几微类似此等之举动,则其暴行早已引起其一般国人之公愤与各国一致抨击。为此暴行之政府早已不能存在于其国内及保留国家人格于国际。今以此暴行行之,于彼辈心目中所谓殖民地、次殖民地,则夷然若无足异。彼辈平日以正义人道相标榜之报纸舆论等,且为此等暴行作祖护掩饰之词,尤足证彼辈平日对于所谓殖民地、次殖民地之人民,向不以平等相待,惟知以暴力诈术诈取财产,以遂其经济侵略之欲,于其生命及人格毫无所顾恤。彼辈之为此暴行,适足使世界上一切被压迫之民族对于帝国主义者之暴戾恣睢,更得极深刻且显著之印象。同时尤足使中国人民回溯自鸦片战争以来所受之惨酷待遇,而坚其卧薪尝胆之志趣。本政府兹郑重宣布:上海租界当局此等暴行,实为人道之蟊贼,及中国国家暨国际之非常损失与侮辱;救治之道,不当仅注意道歉、惩办、抚恤等枝节问题,尤当从废除不平等条约、收回租界着手,以谋根本解决。同时并郑重宣布:帝国主义者敢于在中国境内指使所蓄养之鹰犬,为此白昼杀人于道之事,皆由前此北京政府阘茸媚外所造成,而最近段祺瑞以尊重不平等条约交换临时执政,尤足使帝国主义者养骄长傲,无所顾忌。张作霖于此次战胜以后,倚赖帝国主义之信念益坚,亦为造成此次暴行之原因。此等军阀与帝国主义互相勾结之现象,本政府誓秉大元帅之遗教,努力奋斗,必使之消灭然后止。愿我全体国民,共起图之。

大本营总参议代行大元帅职权广东省长胡汉民

中华民国十四年六月七日

《革命文献》第 18 辑,第 11—12 页

沙面中国工人援助上海惨案罢工委员会罢工宣言
1925 年 6 月 22 日

英、日、美、法等帝国主义,不但饮我中国人民之血,而且食我中国人民之肉。不但榨我等之血汗,而且取我等之生命。其压迫我中国人民始则金钱,继则枪炮。今日我中国人民手足被缚,非自己解放,无人为我等解放。我等中国人民之自由及国家独立,非由我等心中所想来,乃由我等手上所争来。我等一日不争,即我等之自由一日不得。我等今日须由英、日、法、美帝国主义者手上取回我等之自由,须将我等之缚束由我等手上解除。英、日、美、法帝国主义者食上海、汉口、青岛市民及工友之肉,即食我等沙面工人之肉,上海、汉口、青岛市民及工友之痛苦,即我等沙面工人之痛苦。上海、汉口、青岛市民及工人一日不胜利,我等一日不返工。为上海案而奋斗,为解除我等自身痛苦而奋斗。

特此宣言。

沙面中国工人援助上海惨案罢工委员会

《沙基痛史》,第 6 页

广东各界对外协会通电
1925 年 6 月 22 日

十万火急。

上海分送闸北宝山路宝山里二号总工会、总商会、全国学生总会、民国日报、北京京报、晨报、汉口大江报,转各界团体暨全国同胞公鉴:

英、日、美帝国主义,屠杀上海、青岛同胞之血尚流,汉口各处之惨杀案
又起。手段愈演愈凶,范围日扩日大。国人苟不速起,亡国灭种之祸立
见。此间各界,悲愤欲裂。经于十八日正式成立广东各界对外协会,并
定二十三日举行大示威运动。香港沙面并已于昨日(二十一)实行一
致罢工。愿各地一致奋起,并筹备全国对外协会统一之组织。

广东各界对外协会叩　〔养〕(二十二)印

《沙基痛史》,第7—8页

广东各界对外协会通电

1925 年 6 月 22 日

上海民国日报、北京京报、全国各报馆,转全国各社团、机关、父老兄弟
均鉴:

英、日、美之帝国主义者,为延长其掠夺的生命,巩固其剥削的地
位,挟其不平等条约之利器,日日向吾国民示威。今更在上海、青岛、汉
口、九江、长沙、安东各地举行大屠杀矣。此次大屠杀,非徒洋人残暴问
题,而为帝国主义与中华民族争生存的问题,亦即帝国主义与偌大民族
不共戴天的时代。广东民众,为援助全国被害同胞,反攻英、日、美帝国
主义之高压,并促成一切不平等条约之废除,已团结一致,成立广东各
界对外协会。并联合全世界被压迫民族,以与帝国主义决死战斗。宁
为断头鬼,不做亡国奴。愿国人共起图之。

广东各界对外协会叩　养(二十二)印

《沙基痛史》,第8页

中华全国总工会省港罢工委员会致省港罢工各工会通启

1925 年 6 月 22 日

启者,本月廿三日上午十二时,广东各界举行巡行大示威运动。凡
我罢工工友,务希一齐整队到东较场,参与大会,是为至要。此致

省港罢工各工会

中华全国总工会省港罢工委员会启　六月廿二日

《沙基痛史》,第9页

广州学生联合会致广州各校学生会通函

1925 年 6 月 22 日

径启者,此次上海五卅日惨杀同胞案,凡有血气,莫不发指。十七日各界代表大会,对此决定于本月二十三日十二时,在东较场集合,举行示威大巡行,以壮声援。我学界为智识阶级代表,负有领导群众之责。对兹救国运动,亟应一致踊跃加入,以唤醒民众,为国努力,而歼彼帝国主义者之凶顽。为此函达贵会同学,务希于是日一致加入巡行,是所切盼。此致

□□学生会

广州学生联合会启

《沙基痛史》,第9页

广东省长公署通告

1925 年 6 月 22 日

径启者,现接广东各界对外协会函开:本会第一次代表大会决议,对于上海、青岛、汉口等处同胞横被外人惨杀,自本月廿三日大示威巡行之日起,各机关各团体一律下半旗,及人臂缠黑纱七天,以示哀悼,永志不忘。相应函请贵省长通饬所属一律遵照办理,不胜盼祷,等由。除分函外,相应函达,即希查照办理为荷。此致

□□

省长公署启　廿二日

《沙基痛史》,第10页

国民党中央党部秘书处通告

1925 年 6 月 22 日

　　径启者,案查本会第八十九次会议,林委员森提议,请宣传部、工人部、青年部、农民部特别注意。对明日巡行,宜认定于英、日屠杀上海群众,促其觉悟,不可有意外举动发生,并注意宣传等。相应函达查照办理,以免于沪案前途,多生枝节为盼。此致
□□部

中央执行委员会秘书处启

《沙基痛史》,第 10 页

警察第九区署致广州市公安局呈函[①]

　　为呈报事,窃本月廿三日,本市市民开巡行大会,先经奉令饬多派员警维持秩序。署长即于是日午十二时,亲率署员成震裘、陈联芳、吴竹君及徒手长警等布于沙基一带。署长及各署员,均在西桥。九区二分署长何元钧,督同该分署署员顾景涛、郑文等,则在东桥,分别认真维持秩序。至二时十五分钟,巡行大队巡至,均能各守秩序,沙面内仍见有外人武装站立观望。巡行者虽有高呼口号,仍无何种过激行为,故亦安然无事。讵三时二十分钟,巡行大队前队已过八九,工人学生将次转入内街时,沙面外人,忽已躲避不见。学生军将至西桥,正到沙基调元街口附近之际,沙面域多利酒店楼上,不知何故,竟开枪向巡行群众射击。而英工部局一闻枪声,即用机关枪向沙基一带扫射。未几河面射出之枪声如串炮。白鹅潭之外国兵舰,更开炮向北岸遥击。至我巡行各队,均纷纷走避,并无还枪射击,而彼竟放枪至一时之久,犹未停止,以致伤毙我国多人。各受伤者除学生军即由该军饬送公医院医治,其余市民及学生伤者则会同消防队分送博济、光华各医院疗治,并由广州

---

　　① 原件无日期——原编者注。

地检厅长区玉书率同检察官陈肇新、诸耀祖、李树培,书记官潘乃桐、俞恭、区鉴等驰往各医院验明,填具伤格。被击毙各尸体,除学生军已扛回卫戍司令部外,其余亦经区检察厅长玉书率属分别检验,填具尸格。并由职区饬人摄映、编号分别棺殓各在案。查此次市民大巡行,亦只求伸公理,并无越轨行动。乃沙面内凶徒,竟无故开枪伤毙我国多人,实属横暴已极。合将是日肇事情形及伤毙人数列表备文呈报察核。谨呈。

《沙基痛史》,第14—15页

岭南大学学生关于惨案发生情况的报告[①]

伍伯胜言,窃本校员生,是日加入巡行,共有百余人。随本校队员后者,有坤维女学、圣心、女师、市师、执信及第二高小等校。大学生杨华日、职员徐又平言,当日行过西桥之西,忽闻有枪声发自屈臣氏药房左右,机关枪亦连续自沙面发来。人皆夺路狂奔,当时被压在下,弹子飞来,背后一人,中弹立毙。学生曹耀言,当本队刚过尽西桥,忽闻屈臣氏药房左近,发现枪声。前后为人挤迫,不能得路。弹从上向右飞来,擦伤脸旁,此弹即穿入下伏者之头,当场毙命。我即跳入内街而遁。又学生李云龙言,已在大队前一列,行过西桥之西,闻枪声,奔入横巷某店砖柱前。立我旁者为许锡銮、许耀章及一未持枪之兵士。俄而枪声忽起,一弹飞来,中一石柱,第二弹即中许耀章,彼即倒在柱外。未几该兵应弹而倒。又有一衣白者奔来亦中弹仆地。约十分钟,我始得转入巷内。伤者有七八人,横倒在地。大学生伍启声言,当我过西桥约四五丈时,忽闻发现枪声,从沙面起,人尚未大动。至第三响,人即狂奔,后闻枪声大作,我乃奔入西桥边一横巷,甫到街口,即有飞弹,从我顶上掠过,击毙左边一人。大学生许锡銮言,当枪声起后,我奔至某店骑楼下石柱,见同学许耀章及一不持枪之纠察军,先我在此。军士大呼中弹而

倒,返顾时,许耀章亦已先军士而仆。此时枪声愈密,我乃向横街奔避。
大学生李燮华言,我行过西桥,忽闻枪声,以吾耳所闻,确知发自沙面
者,因当时心尚未甚惊惧故也。无何枪声渐密,我即奔入街边。此时各
骑楼石柱,均已有人伏避。继闻连珠枪声,自沙面发出,乃逐步依柱奔
避。约数百码,始至一横街口,有一人倒在地上。此时街口已堆满行
人,童子军亦有压在人丛之下。我不知如何,得奔入内街。至内街后,
枪声尚不绝云。本校被惨杀教员区励周、学生许耀章,死处均在西桥以
西,重伤者曹耀、邓瑞宾、何汉等多人,其余轻伤者无算。

《沙基痛史》,第 18—19 页

黄祖培关于惨案发生情况的报告[1]

是日巡行,武装巡行队之前为女学生及小学生。余随学生队行,见
沿岸至沙基一带,有军警多人,手持白旗鹄立,维持秩序。岸傍市民,站
立参观者甚众。武装巡行队,俱系密集队,每四人一列,整队而行。余
行近西桥口,突闻有枪声,由沙面西桥口对面洋楼上发出。当枪声起
时,武装巡行队尚未到西桥口。途人争先走避,狼狈异常。余所立之处
与菜栏街口相隔不远。余即奔入该街躲避。堤上群众亦向我后方赶
来。时排枪声甚密,纷向菜栏街口轰击。余身旁已有一人中枪倒地。
约廿分钟后,枪声稍疏,余始由小横巷走入内街,沿途血迹模糊,目不
忍睹!

《沙基痛史》,第 19 页

沈崧关于惨案发生情况的报告[2]

巡行队工人、学生将次由沙基转入内街时,沙面武装站立之外国
人,忽躲避沙包之后。及学生军将到沙基调元街口附近之际,沙面域多

---

[1]　原件无日期——原编者注。黄祖培为党校长联合会的代表。
[2]　原件无日期——原编者注。沈崧为广州市警察第九区署署长。

利酒店楼上外国人一名,面部尖削,头顶作短发西装式者,竟持手枪向巡行群众射击。英工部局亦即用机关枪向沙基一带扫射。同时西桥口沙面内屈臣氏药房旁之马路左方洋楼,复有机关枪向沙基元亨店一带射击。署长当时在西桥桥顶上站立,目击彼方情形,至为明了。署长生命亦正危急,迫得倚在马路高坡上,翻身跌落马路。其时并有一人在署长身旁跌落,中弹殒命,压于署长之背,故衣服均染血迹。移时另有数外国人移机关枪至西桥脚屈臣氏药房开放,未几河面外舰及沙面内放出枪弹,密如串炮,并有外舰开炮,向北岸射击。我巡行队纷纷走避。此当时实在情形也。

《沙基痛史》,第19—20 页

朱棠关于惨案情况的报告[①]

本校入伍学生参加巡行,将至沙基口时,见沙面马路相近小河一带及洋楼上,均架有机关枪,并有洋兵多人。沙面东桥有外国人持望远镜,向我巡行队窥视。及将至西桥附近,对岸洋楼空隙中,站有多人了望。倏闻钟声数响,类似火警之钟声。彼岸立视之人,立即走避,步枪声即作,机关枪声亦随之而起,均向我巡行队射来,当以游行示威并非作战,故制止学生不准还枪。维时前有学生,后有巡行部队,而沿马路两旁参观人民尤众。马路东西向,南有小河,北有市房,避无可避。遂传令学生伏卧。而沙面机关枪仍继续向我群众射击,故伤亡极多。本队死伤人数,俟详查续报。

《沙基痛史》,第20 页

苏棣华、黄婉容关于惨案发生情况的报告[②]

是日列队巡行秩序:一工人,二农民,三商民,四学生,五学生军。

---

① 原件无日期——原编者注。朱棠为军官学校学生常委。
② 原件无日期——原编者注。苏棣华、黄婉容系广东省立女子师范学校管理员。

本队列第九十九队。长堤至沙基沿路一带,有军警及各界纠察员维持秩序。手持白旗,书有劝市民严守秩序等字样。军官学生则手持红旗,严密纠察。迨过东桥入沙基时,见对岸有外国人持望远镜了望,屈臣氏药房左侧石栏满布沙包,有洋兵伏内伸头窥视,桥左亦是同一布置。本队将至西桥时,身佩望远镜之洋人,亦沿岸行至西桥,立于屈臣氏药房旁边,另有洋人二十余人站立观望。忽闻枪声及机关枪声继续向我学生队射击,本队被群众拥入西桥对面之横街口暂避。时枪声愈密,因率学生俯伏入横街而走,走时尚闻有炮声数响,本校学生亦有微伤。合将当时遇险情形报告察核。

《沙基痛史》,第20—21页

何应钦①报告沙基惨案目击情形

1925年6月27日

此次广州英法帝国主义者构成之六二三沙基大屠杀事件,应钦为当场目击之一人,负有报告事实之义务。爰就当日实情记录如左,用备本案之一实证焉。

(1)本师赴会人数 本师第一团第三营暨第二团第二、第四、第七各连,代表党军以国民资格,赴会参加。总计实际人数,尚不满七百人。

(2)赴会及参加游行之初况 予既令由一团三营及二团二、四、七连,代表党军赴会。予于午前十时,亦莅会参加。既宣告开会完毕,按工、农、学、商、兵次序出发巡行。军界则按粤军、警卫军、湘军、讲武堂学生、本校入伍生、党军一、二团次序出发。予则被推为总领队,故在先头部队。途经惠爱东路以至长堤,沿途齐呼口号,状至严肃,秩然有序。

(3)帝国主义者屠杀之开始 当巡行队经过西桥沙基向油栏街前进时,予在先头部队。正发令暂停呼喊口号改唱国民革命歌之际,卜卜之声,猝由予之后面而来。初尚不料帝国主义者有如是之凶残,犹泰然

---

① 时任国民党党军第一师师长。

疑为民家燃放爆竹也。乃卜卜之声既愈响愈密,而妇孺之惨哭声、群众之喧嚷与呼救声,一时并作。予乃折回沙基巷口探视。见对岸沙面,英兵已分布于事前准备之沙包内,竟用机关枪及步枪向我巡行群众扫射。继后炮声隆隆,如临大敌。予当时忖度大局及惨酷情形,知已酿成国际案件,非一部分武力可以解决。且英兵既已事前准备坚固之工事,而法兵甘为虎伥,开炮协助。予乃严禁各连还枪,官兵亦皆遵命在街屋柱下荫蔽。讵英兵仍扫射如故,而步枪机枪之声愈密。时幸得骑楼大柱为我官兵之掩护,否则惨杀于机枪炮弹之下者,当不可胜计矣。

(4)本师被难官兵之惨状　当英兵肆行屠杀时,本师第一团第三营营长曹石泉同志,一方面指示群众避弹之处所,一面传令各连不准开枪之口谕。乃以相离敌方甚近,于是曹营长胸腰等部位,连中数弹,洞穿巨穴,血流如注,未及界入医院,即已气绝矣。第二团第二连排长义明道、陈纲两同志,亦在斯时身中数弹,仆地即死。而士兵之死伤尤为枕藉。计一、二团各连当场死官兵六人,重伤三十人,轻伤无数,失踪一人。连日来在医院因伤致死者,又日有数人。

(5)帝国主义者之狡展图赖　帝国主义者之凶残狠毒,既由本案而愈揭露无遗。乃事后英法竟欲以一手掩尽天下之耳目,诬指我方有意启衅,枪自我开。我革命政府及社会舆论,既就事实一一驳斥,已成世界公言,无劳予之再引申矣。兹姑就本师范围内之事实一证之。当日巡行群众之次序,首为工农,次为商学及一般群众,最后乃为军队。我果有意启衅,何致以手无寸铁之工、农、商、学、妇女、儿童作前卫而当炮灰。此其一。我党军及黄埔入伍生,既均以极少数代表党军及学生队赴会,我果愿启衅者,即不全军进发,亦当以大多数压境。本师何致以毫无戒备之数百健儿,作进攻之具。此其二。本师转战东江,如淡水、兴宁之坚城,尚可摧破,若适果欲进取沙面,实如探囊取物耳,又何致临场尚发禁止还枪之令,坐视横暴之来,不加抵抗。此其三。我均以密集队伍巡行,尤显然非准备战争状态。虽当机枪炮弹临我之际,犹顾念国际大义,不屑与生番行为抵抗,加以还击。是衅非我开,尤为铁证。

此其四。当日沿途均有群众围观，沙基一带尤多妇孺驻足道旁。我如有意与帝国主义者作战，宜可事前驱遣路人，免及于难，决无以本国妇孺作牺牲之理。此其五。沙面与沙基，仅隔一衣带水。我若有意进攻，既未准备船只，自当度桥进逼。何致一无戒备，对岸遥行。而谓我先开枪，宁有是理。此其六。凡上所陈，不过略举一部的事理之显见者，未足以示全豹也。折冲樽俎，抗颜立争，是在国人共努力之。应钦愿竭绵力，糜顶捐躯，以为本案后盾。中华民国十四年，沙基惨案发生后之四日，于第一师司令部。

《沙基痛史》，第 23—25 页

蒋先云六月二十三日沙基惨杀案报告
1925 年 8 月①

　　沙基惨案根本是帝国主义者有意挑衅，他很相信凭自己的利器，足以恐吓游行的群众，万一群众有所反抗，更可借此以作成他们惯例的无理的要求，最少亦可以借此作这次全国惨案的对销条件。帝国主义的狡猾，如下的事实足以证明：

　　我是二十三日沙基惨案后最后离开帝国主义者虎口的一个，同时亦是被他机关枪正面射击万幸而不死的一个。惨杀的经过，身受目睹，今陈述其经过的实在情形，以证明帝国主义者的阴谋。

　　我那日率领党军第二团第二连、第四连、第七连前去参加游行。当在东较场开会完毕时，主席宣布按农、工、商、学、兵的次序出发巡行，并说打倒反革命派上火线时，军人是为民众的前锋，巡行是文明的示威，军人当为民众的后盾。是足以证明当日是毫无愿与帝国主义挑衅的本意。不然，何致以手无寸铁之同胞之于先，而置武装之军人于后，当日军界是按粤军、警卫军、湘军、讲武学校、本校入伍生、党军一、二团各连之次序。当我们经过东桥边时，见桥门关的铁紧，桥上站着三个外国

───────────

①　此为发表日期——原编者注。

人,认不清是何国人,大概是英兵的指挥者,很表示从容不迫的样儿。我们经过东桥至沙基,见对岸沙面沿河并无一人行走,河内小船中的船妇,皆躲着不敢抬头,沙基街的商户全体紧闭。当时英兵尚未开枪,情形已如是紧迫。沙面洋房内的机关枪,当时尚看不见,只见各大洋房天台上的沙包皆已布置妥贴。这种严密的准备,即是沙面帝国主义有意向我挑衅之铁证。最后我曾问沙基街一店主:"为何你们将门老早关闭起来?"他说:"我们早看见沙面已安置机关枪及沙包,知今日必有大事,故我们早将店门关闭。"是又为沙面帝国主义准备惨杀之铁证。我们正行到沙基街,前面即有枪声,即沙面之帝国主义者已开枪射击我前面之学生,于是前面之学生及工农仓皇拥挤,向后逃避。随即我等对面之沙面机关枪及步枪皆向我扫射。始则枪声霹雷,继复炮声隆隆。知外舰亦已向我开始射击。当时我所率领之第二连及第七连,正在其机关枪射击下,竟无处可以隐蔽,且若一意逃避,则枪林弹雨之中,其死伤必多,我手无寸铁之同胞,又将被拥挤而无所逃匿。图万一之安全,只得命令全体官兵,分列于行人街(即铺门口)之石柱后,一面监视前面对河帝国主义者之动作,一面掩护我手无寸铁之同胞走避。斯时死伤者已纷纷倒堕于街中,血肉横飞,惨不忍睹。我自问打东江及打杨、刘之数次激战中,其枪声亦无若是之密,战况亦无若是之惨。我所率领之第四连,此时正在东桥斜对面沙基街头。据第四连代理连长宋希濂称,当时桥上之外国人,亦向彼等射击。是足见沙面帝国主义者有意惨杀,先向我开枪为无疑。若诚为帝国主义者所言,我等开枪在先,则枪声当不在前面发生,而当在军队中开始。且我等若先开枪射击沙面,则站在东桥上之三个外国人,早为我等击毙,何致以手枪击我行在最后之第四连?霎时间第二连已有死伤,我度量此次国家大事,决非一处一部分武力可以解决,且沙面诸帝国主义者及其走狗(兵)均躲在坚固之洋房或沙包的,决非我枪火所能伤害。因此,大声口令:"不准开枪。"凡我士兵一一遵命,相距不逾百米,当时帝国主义者皆一一听着。讵料帝国主义者,非惟不停止射击,反闻我发口令之处,或者我穿黄军衣之军官有移动时,则更加重火力。第二排排长义明道、陈纲因禁止士兵开枪,有所移动,即为沙面机关枪扫射而死。我之传令班长许国良亦因传令而受重伤,是亦足以证明沙面帝国主义者之有意屠戮也。此时死伤狼藉,我之左侧一处,即死五人(兵及老百姓),沿街死伤者触目皆是,逾二小时久,沙面枪声仍未停止,不过较前已稍松缓。此时我手无寸铁之同胞,尚有潜伏柱下(有伤者),不敢动弹者。我党军素以救国救民为职任,千钧一发,岂肯自因而置我手无寸铁之同胞于不顾,因一面令士兵严密监视英兵行动及机关枪之是否尚在射击,一面请我同胞进行逃避,而当我同胞走动时,则机关枪又开始射击。因此又有倒毙者,有伤四肢及头腹者,伤心惨目,于斯已极。此时第二连士兵已死者二人,重伤一人(舁至医院即死),伤者七人。我所率领之部队共计死排长二人,兵士三人,伤八人。党军第一团第三营长曹石泉亦早受重伤,已经舁去医院。其士兵一部仍在我之右方,不久沙面发来枪声已甚疏少。然帝国主义既已向我挑衅,我虽未受命攻击,岂肯轻身逸去,使帝国主义者匿笑,遗我党军羞,因决心在帝国主义者未停止射击之先,我党军宁愿坐死阶下待命,不愿轻离沙基。时约下午四时,大雨如注,沙面停止射击,各医院救伤队已纷至沓来。廖夫人亦至,贝死伤狼藉,大哭失声。当时有一银钱铺已被我叫开,此时方将第二连、第七连循循移至后街,前街各柱下复配置警戒兵,盖尚不知帝国主义者何所用意,当必警戒于万一也。不一时,前街已有少数行人(大约系寻人者)。俄而我何旅长至,命率队归营,我认此时党军之责任已尽,方收队循沙基长堤、永汉路、惠爱东路而归北较场营所。

上为当日经过之实在情形,并无半句饰词,近阅各报,见英帝国主义者反唇相加,谓系我黄埔学生军开枪在先。然我学生军决非至愚,若真要杀帝国主义者,岂肯使我手无寸铁之工、农、商、学同胞先行送与帝国主义者屠戮?且当日军队皆用四路纵行巡行,若真要杀帝国主义者,当先知帝国主义者必要杀我,又岂肯用密集队伍前往,至受莫大死伤?理甚浅显,愚者皆知。至沙面帝国主义者如何先事准备,事前沙基街人民及小河中船户如何恐慌,如何射击我前面之学生,东桥外国人又如何射击我最后之队伍,皆已于上面经过事实中说明。至可恨者,沙面帝国主义者所用子弹皆有爆破性及毒性。我右方一兵,系中脑而死,脑髓全部炸去,子弹击于墙壁或地下,则石片纷飞,我两脚曾为此石片及子弹细小炸片所伤。当时不觉,回来后两足发痛,细看两脚背有许多米大伤孔,次日两足肿痛不能落地。幸系伤皮,数日已消肿,但足趾尚流黄水。此足见其子弹有毒。帝国主义者杀弱小民族而不负责,甚且反唇相加,是而可忍,孰不可忍。

《中国军人》第 6 号,中国青年军人联合会编印,1925 年 8 月

2. 沙基惨案后各方的反应

国民党中央执行委员会关于沙基惨案的宣言
1925 年 6 月 23 日

本日十二时,广州工人、农民、商民、大中小学校男女学生及军官学校学生,齐集东较场开上海惨杀事件追悼大会,通过本党中央执行委员会决议案。该决议案系指明此次上海事件之所发生,由于中国受种种不平等条约之束缚,故以取消一切不平等条约为根本解决之方法,希望国民一致督责政府,迅速实行。当时群众以满场一致通过此决议案,即从事巡行。其所持之标语,皆以此决议案为中心,而巡行秩序,亦务求合于此决议案之精神,和平肃穆,绝无可以引起误会之处。不料于三时十分行经沙面对岸,突有沙面外国兵,发枪向巡行群众射击,继以机关枪扫射,又继以外国兵舰之大炮。事起仓猝,路狭人稠,以致死伤枕藉。现时所知巡行群众死伤之数已百余人,其中有幼童及女学生。路人为流弹所毙及被挤落水者,尚不胜计。群情愤痛,已达极点。自五卅上海租界惨杀事件发生以来,汉口租界等处,对上海被惨杀之同胞而表同情者,莫不遭帝国主义者之同样惨杀。广州此次巡行群众,所经行地与沙面尚隔一水,且闸门紧闭,绝无阑入之虞。乃沙面外国兵,竟向在内地

巡行之中国民众肆行射击,多所杀伤。较之上海、汉口租界事件,尤为暴戾。本党已组织调查委员会,对于此次事件为严密之调查。并已决定对于此次事件,不依恃武力及狭隘的复仇手段,而惟以和平正当之方法,进行原有之目的,即取消不平等条约。是所望全国人民一致努力,以期贯彻。各国人民对此事件,亦当主持公道。盖凡自命为人类者,必不容此等惨杀事件继续发现于世界也。特此宣言。

中华民国十四年六月廿三日下午七时卅分
中国国民党中央执行委员会
《沙基痛史》,第 67—68 页

国民党中央执委会关于沙基惨案的通告

1925 年 6 月 23 日

我们不是排斥一切外国人,我们只是反抗帝国主义残杀迫害我们的外国人。兹分别如下:(一)俄国对于中国,已自动的取消不平等条约,且对于中国国民革命,热诚相助,我们应该与之亲善。(二)德、奥两国自欧战后,对于中国已取消不平等条约,我们应该以平等相待。(三)美、葡、荷等国虽然没有取消不平等条约,但于此次沙面惨杀事件,并无直接参加,我们应该分别清楚。对于美、葡、荷等国,固然要从事于不平等条约之取消运动,但不可以沙面惨杀事件之责任加于彼等。(四)英、法为此次沙面事件之行凶者,英、日为上海、汉口等处惨杀事件之原动者,我们对之,引为深恨。除以取消不平等条约为根本解决方法外,并应课以此次事件之责任,但切不可出于狭隘的复仇手段。

中国国民党中央执行委员会
六月廿三日
《沙基痛史》,第 66—67 页

广东省长公署布告

1925 年 6 月 23 日

为布告事。本日广州民众因援助上海五卅案,联合巡行,其宗旨在促帝国主义者之觉悟,为废除不平等条约之运动。复恐民众激于义愤,或有越轨行为,业经国民党中央执行委员会通告巡行各团体特别注意。本省长并分别咨行军警各机关,对于外国官民,切实保护各在案。乃各民众行经沙基,英兵突从沙面发枪,向巡行民众轰击。并以机关枪扫射,法兵继之,葡舰复发大炮轰击,致伤毙多人。显系蓄谋杀害,磨牙射血,实现其帝国主义之面目。群众痛愤,到署请愿。政府有保护人民之责,对于此等惨杀事件,自必提出最(重要)〔严重〕之抗议。现经组织调查委员会,先为严密之调查,并经国民党中央执行委员会议决,对于此次事件,不依恃武力及其他狭隘的复仇手段。向惟以和平正当之方法,为取消不平等约之进行。尚望全粤人民,一致努力协助政府,以期贯彻主张。不宜稍有越轨行动,别生枝节,而陷于帝国主义之阴谋,则必可得最后之胜利,政府有厚望焉。合行布告,一体遵照。

此布

十四年六月廿三日

广东省长胡汉民

《沙基痛史》,第 69 页

吴铁城①致各区分署长命令

1925 年 6 月 23 日

一、本日本市为援助上海惨杀事件,各界联合大巡行,经过沙基时,不知何故,被沙面英法租界军警及兵舰开枪及机关枪炮,向我市民巡行队扫射,死伤甚众,政府与市民同深恸惜。

---

① 时任广州市公安局长。

二、政府对于此案现正在进行办理中。各区署长、分署长应督率长警认真劝导市民,切不可暴躁,静候政府与沙面领事严重交涉。

三、各该署长、分署长对于该区段内外国居留人民生命财产,须加意保护。

四、各区分署须派员前往段内各中西医院、红十字会调查本日被沙面军警开枪惨杀死伤之人,分别农、工、商、学生及军官学生、男女、姓名、籍贯、年岁、职业、住址,列表即日报告。

五、无论死者伤者均须请医生立证明书并须拍照证明其致命或受伤之处。

六、沙基一带须派得力长警,保护我市民往来,并切实劝导路人不可在沙基一带停留,或接近沙面,以免误会而致危险。

七、各区署分署长须切实执行此命令。

局长吴铁城
《沙基痛史》,第70页

胡汉民等致段祺瑞等联电
1925年6月24日

北京段芝泉、奉天张总司令、张家口冯总司令、南京卢总司令、上海杨海军总司令、各省军民长官、各报馆鉴:自五卅上海发生惨案,汉口等处次第蔓延,变本加厉。国人痛同胞之被侮辱,愤帝国主义之无人道,一致起而抗争。本党深念帝国主义之势力所以得横行于中国,全恃种种不平等条约为护符,故主张以废除不平等条约为根本解决方法。盖所谓推倒帝国主义,不在推倒帝国主义之个人,而在推倒帝国主义之制度。欲推倒帝国主义之制度,惟有全国一致于政治经济上运用全力,以底于成。初不必依恃武力及对于个人而持褊狭的复仇见解。六月二十三日,广东工、农、商、学各界,为上海等处惨杀事件开追悼大会,曾本此意提出决议案,全场一致予以通过。旋即从事巡行,先为工人,次为农民,又次为商民,最后为各大中小学男女学生及军官学生。所持标语,皆本决议案之主旨。巡行群众,皆严守秩序,绝无嚣杂凌乱之举动。行至沙基,与沙面外国人居留地尚隔一水。当工、农、商各界经过沙基马路之际,沙面外国人,隔水聚观,尚无变态。及至学生界,英、法军队忽以步枪射击,继以机关枪向人丛扫射。驻泊附近水面之法国兵舰,更发炮助威。地狭人稠,猝不及防,亦无可避。岭南大学教授当场死者一人,学生死者二人,伤者六七人。广东大学暨其他各校学生负伤枕藉,尤以女学生及幼童为最惨。军官学生继至,死伤更众。事后调查,死伤总数达百余人,其负伤归家,猝难统计者,尚不在内,被挤落水及失踪亦不在内。巡行群众,逢此巨变,尚能坚忍,相率退入内街,而沙面枪声尚时断时续。凡行经沙基马路者,辄被射击,红十字会救伤队亦不能免。所有死伤男女诸人,舁入各医院,血肉狼藉,惨不忍睹。尤可骇者,爆裂枪弹,为禁用之物,而诸人伤口洞成巨穴。其为用此种禁物,经医生检验,已无疑义。现时广东群情愤激,达于极点。而英、法两国领事,尚思讳过诿责,谓军官学生实先放枪。不知当日群众巡行之先,已通过一致要求废除不平等条约之决议案,目的显明,何致对于个人而起仇杀之念。且果使军官学生先自放枪,然后沙面外国军队始还枪相击,则死伤者限于双方,何以先行之岭南学生及各大中小学男女学生,皆有死伤?现在各学生及商工界皆一致证明先被沙面外国军队隔水狙击,陷于枪林弹雨中,然后军官学生始追随而至。英法领事所说,其为诬捏,已不容再辩。此次广州惨杀事件,实由沙面当事者处心积虑,欲以中国人民之生命为帝国主义者示威之具,非有所逼迫,非有所误会,亦非一时之冲动所致。其性质目的与上海、汉口等处惨杀事件无殊,而死伤之数则过之。且上海、汉口等处事件,发生于租界,而广州事件,则发生于完全中国领土以内,在外交史上,尤无前例。本党政府现在一方面根据事实,使沙面当事者,负其责任;一方面注意于勉抑人民痛愤之气,严戒辗转仇杀,始终以保护外国人生命财产为己任。惟根本解决之方法,仍在废除一切不平等条约。盖租界及居留地之制,领事裁判权之制,驻屯军警之制,皆依于不平等条约而取得。非废除不平等条约,则类此之惨杀事件,终无由绝迹于中国以内也。本党总理孙先生早有见于此,故去岁北上,首以废除不平等条约为天下倡。不幸段芝泉先生方热中于外交团之承认其临时执政,遂不惜以尊重不平等条约为交换条件。帝国主义者得此保障,遂益以倒行逆施而无所忌惮,以致全国各处之人民生命,不绝为帝国主义者所屠杀。凡有人心者,惩前毖后,宁不懔然。万望张、冯、卢、杨诸总司令,当此国本垂危、民命累卵之际,迅下决心,一致督促段芝泉先生立即宣布废除一切不平等条约,另与各国重订双方平等互尊主权之条约。段芝泉先生亦当念及一己之权势甚轻,国本民命所关甚重,勿再依违不决,以增益罪戾,延长祸殃。不平等条约废除,则帝国主义在中国之势力失其根据,不特目前纠纷可解,中国之独立平等,世界之平和,亦悉系于此。若犹是泄沓,则全国人民,必能灼然了知。诸先生已与中国民族解放运动脱离关系,全国人民必别谋自决。谨进忠言,诸祈勇决。胡汉民、谭延闿、许崇智、朱培德、程潜、伍朝枢。敬。

《沙基痛史》,第76—78页

国民党广州市党部通电

1925年6月24日

全国各界、各团体、各报馆均鉴:英、日帝国主义者相继在青岛、上海、汉口屠杀我国人无算,倾国之愤无穷,誓死之念斯决。本市全体市民因有梗日巡行示威之大游行。农、工、商、兵及男女学生不下数万人,唤起国人共警危亡。讵群众甫行近沙面,突遥被英兵英舰枪炮轰击。烟蔽天日,弹如雨下。密集之游行队,乃死亡枕藉伤残无数矣。街衢之陈尸百余,河流之沉溺难计。其他救死扶伤,载诸道途,触目皆是。广州为我国地面,非在其租界内可比。而屠杀我游行群众之惨,直驾沪、汉而上之。是中国未亡,广州先亡矣。伤心在目,惨痛何言。亡国灭种,即在目前。一息尚存,不死何待。此间市民已下决绝之计,有生之日,皆为国权民命抵死之时。本党部誓当决死以维其后。谨电告哀,惟

昭察之。余续闻。中国国民党广州特别市党部敬叩

《沙基痛史》，第 142 页

广东总工会通电
1925 年 6 月 24 日

全国军、政、学、工、农、商、报各界父老昆弟均鉴：自沪五卅案发生，我国人惨遭英、日屠杀，继而各省均有惨杀我华人之举。帝国主义者暴虐凶残，视我国民族为草芥所不及。本总工会经发对沪案宣言唤起国人，一致对付，务期废除不平等条约，免被压迫。昨我广州各界，因援助沪案巡行，为爱国之表示，皆严守秩序。讵巡行至沙基，忽被沙面英、法军警，以机关枪向巡行群众扫射。而驻泊水面之法舰，更发炮轰击，血肉横飞。现计死伤百余人。屠杀情形，较之沪、汉等处尤为惨烈。其残杀我国人，早有蓄谋。凡我国民莫不发指眦裂。此等惨案，非口头文字可以力争胜利，务望我国民一致对付，实行经济绝交，及不与合作，以保国家而救危亡。本总会同人，誓下决心，义无反顾，愿与全国人士共起图之。除请愿我革命政府，向关系国提出严重抗议，始终坚持，万勿让步外，谨电驰闻，洒泪哀告。广东总工会叩

《沙基痛史》，第 142—143 页

赫尔曼①致伍朝枢函
1925 年 6 月 24 日

径启者：闻悉贵国国民，作爱国的和平的巡行，无辜惨被沙面官兵屠杀。仆谨代表敝国政府及苏俄人民，对于贵革命政府及人民，尤其是对于和平徒手的巡行之惨受杀戮危害的群众，表示深厚的同情。敝国对于贵国反抗帝国主义，以图独立，引为愉快。并希望上海、汉口及新近广州所发之惨剧，致使贵国全体人民，联合一致，共同奋斗，得着最后

---

① 时为苏俄驻广州代理领事。

的胜利。此致

外交部长伍朝枢

驻广州苏俄代理领事赫尔曼　六月廿四日

《沙基痛史》,第 194 页

岭南大学美教员宣言

1925 年 6 月 24 日

　　一九二五年六月廿三日广州华人各界举行爱国巡行至沙面时,不料为沙面守卫兵射击。巡行之各界,有学生与工人,全无军装及守备。遭此惨击,多数毙命及受伤,而本校教职员学生间有与及此难。岭南大学之美国教职员,特以自由及自动之意志表示恻怛之同情心。如此横暴之遭逢,实为不仁不公之袭击。沙面之主持此事者,当负其罪咎及责任。我等敬告中国之同事、学生及友人,我等甚愿以深挚之同情加以赞助。世界对于中国人之思想及目标,每得一种不完全的报告。因此我等决意与中国人合作,将中国方面所持之理由及合理之希望和目标,贡献于世界,并将予等所持之宗旨直接的令美国政府与人民知之。同时希望美国能尽其能力相助中国,俾得平等之待遇及实现其目的,即不受帝国主义的支配。

一九二五年六月廿四号,岭南大学

暑假留校美教职员十七人谨布

《沙基痛史》,第 195 页

国民党中央执委慰唁巡行大会书

1925 年 6 月 24 日

我所亲爱之各界对外协会巡行诸君:

　　诸君昨日为援助上海被帝国主义惨杀之同胞,提出以取消不平等条约为根本解决方法,列队巡行,至沙面对岸受帝国主义者之同样惨杀。诸君今日所身受者,即上海、汉口等处同胞自五月卅日以来所尝身受者。惟上海、汉口等处惨杀案事件,仅发生于租界。诸君昨日所经行地,与沙面尚隔一水,完全在中国领土之内。而沙面发射之枪弹,乃密集于诸君之身,继以大炮。路狭人稠,束手就死。死伤之数,就已知者已百余人,现正着手调查,当能得确实之统计。呜呼!死者不可复生,伤者尚未知生死。其免于死者,目击昨日枪林弹雨、尸横血溅之状,灼然知帝国主义者之出此惨杀手段,并非有所逼迫,亦非有所误会,且非出于一时之冲动,乃处心积虑构成此等谋杀行为。观其先事之布置、临时之指挥,无非欲以中国人民之生命,为帝国主义者示威之具。本党对于此次为反抗帝国主义牺牲性命者,不胜其哀悼。对于负伤者,不胜其悲恤。愿今后死之同胞,继续努力以贯彻死者生平未竟之志,而慰伤者呻吟病榻之情。本党敢信中国民众觉悟努力之结果,帝国主义在中国之势力必能推倒,不平等条约必能取消,最后之胜利必在中国民众。兹仅掬其悲痛迫切之诚,以致唁于我国所亲爱之各界对外协会巡行诸君,惟昭鉴之。

中国国民党中央执行委员会

中华民国十四年六月廿四日

《沙基痛史》,第62—63页

广东革命政府致胡汉民训令

1925 年 6 月 25 日

大元帅令第 245 号

令广东省长胡汉民

　　为令饬事:昨日广州市市民为援助上海惨案举行巡游,意在促帝国主义者之省悟,期达到废除不平等条约之目的。事前经国民党中央执行委员会通告,参加巡游之人,不得有越轨行为。临时复由公安局派出员警,沿途照料。故群情虽极悲愤,举动秩然有序。讵料行经沙基,突被英兵从沙面发枪,向巡行民众射击,继以机关枪扫射,军舰复发大炮轰击,至伤毙百数十人之多。查沙基与沙面,尚隔一河,且闸门紧闭,绝无阑入之虞。乃外兵竟无故开枪,且继续施放枪炮,几至一点钟之久,其为蓄谋杀害,惨无人理,实可概见。政府负有保护人民之责,对此岂能忍受。现已饬外交官吏向各关系国领事提出最严重之抗议,一面对此事件为详密之调查,决依国民党中央执行委员会所定方针,对此事件,不依恃武力及其他狭隘的复仇手段,惟以和平之方法,为取消不平等条约之进行。凡我粤民,均宜一致努力,以为政府后盾。但能持以坚心,必获最后胜利,不可稍有越轨之举,转致贻人口实。现已令各军兵士,无特别命令,不得在长堤一带往来游行,以免发生误会。广州市人民务各安心,照常营业,勿得自相惊扰。为此,令仰该省长即行布告全粤人民,一体周知。切切此令。

中华民国十四年六月廿五日

《陆海军大元帅大本营公报》,1925年第14号

广东各界对外协会通电

1925年6月25日

十万火急。

(衔略)鉴:梗电谅达。是日广东工、农、商、学、兵各界二十余万众,举行对外示威大巡行。二时巡行队抵沙基西桥,沙面之英、法兵即开机关枪向群众扫射。法国炮舰同时发炮六响。当场击毙工、商、学、兵、男女小童三十六人,伤百余人,随后死四十五人,失踪落水者未知确数。确查英领因愤香港沙面工人罢工,事前已预备沙包备战,并迫使法、葡加入战团。故一闻打倒帝国主义之呼声,即发枪炮射击,显系有意挑战。政府严重交涉,彼反诬巡行之学生军先发枪,态度异常强硬,同时派舰封锁港口,大捕侨港同胞。现各界愤激欲裂,已一致决议请政府即行收回沙面,宣布废除不平等条约,扩大民众组织以为后盾,公葬死难烈士,同时举行第二次大示威运动。愿全国一致奋起努力两事,分头组织工、农、商、学、军、群众,联合组织全国对外统一总机关。亡国灭种,近在目前,全中国民众一齐联合起来,向帝国主义拼一死战。广东

各界对外协会叩。径。

《沙基痛史》，第 141 页

国民党上海执行部致广州电
1925 年 6 月 25 日

广州中央执行委员会、大本营并转各民团体鉴：念三日广州市民为援助五卅事件举行群众游行，爱国学生欲进沙面演讲，英水兵即在沙基口对我徒手群众以机关枪扫射，死伤及二百人，学生军闻讯前往援救，亦受英兵之扫射。似此帝国主义国家之行动，尽施其野蛮强暴之威力，肆行蹂躏，背弃德义，绝灭人道。吾人确信为民族平等国家独立而奋斗之革命政府，必不致为帝国主义的暴力所屈。我国民革命策源地之广东人民，亦必能与政府协力同心，实行抵抗。奋全力以援助五卅事件之全国国民，尤必能以团结与奋斗之力，援助为民族平等国家独立而奋斗之革命政府。帝国主义的国家既对我强暴压迫，又用其最卑劣之手段，抑压我国邮电交通，以肆其故意造谣之宣传。尤望我革命政府以全力注意，使帝国主义在中国南部之横暴，明白晓示于全体国民。吾人当牺牲一切以为革命政府之后盾。中国民族平等独立万岁！三民主义革命万岁！上海执行部。径。

《沙基痛史》，第 170 页

国民党上海执行部通电
1925 年 6 月 25 日

全国各报馆各团体各机关公鉴：本月念三日广州市民为援助五卅事件举行群众游行，爱国学生欲进沙面讲演，英水兵即在沙基口对我徒手群众以机关枪扫射，死伤及二百人。学生军闻讯，驰往援救，亦受英水兵之扫射。此种帝国主义国家之行动，显系于我国民救国的独立运动热烈之时，尽施其野蛮强暴之威力，肆行蹂躏，背弃德义，绝灭人道。吾人确信为民族平等国家独立而奋斗之革命政府，必不致为帝国主义的暴力所屈。国民革命策源地之广东人民，亦必能与政府协力同心，实行抵抗。我全国爱国的军人、农人、工人、商人、学生，须知此次广州英水兵之残暴行动，欲一举覆灭我中华民国。五卅事件已由广东事件更加展开。革命政府之成败即中华民国之存亡。切愿我全国国民更进一步，以努力援助广州革命政府谋对英抵抗之胜利。中华民国之平等与独立万岁！

中国国民党上海执行部。径。

《沙基痛史》，第 170—171 页

广州市商会通电

1925 年 6 月 26 日

（衔略）均鉴：帝国主义之英、日等国，迭在上海、汉口、青岛等处惨杀同胞，肆无忌惮。我粤士、农、工、商、军、民各界，悯死者之无辜，恨强邻之不道，因有对外协会之组织，为示威之巡行。不意行至沙基西桥，复被英、法、葡等兵警，横施枪炮，伤毙多人。似此侮辱邦交，草菅人命，凡有血气，莫不痛心。本会刻经一致议决，誓与经济绝交，藉为政府外交后盾。在未根本解决之前，实行抵制劣货，拒用外币，以达到最终目的为止。伏望执政诸公，立向该国提出严重交涉，释放滥捕国民，抚恤被害亲属，严惩凶手，赔偿损害，收回海关、租界，取消领事裁判权及其他一切不平等条约。并望各界一致努力，继续奋斗，以杜后患而振国体。成败兴亡，是诚在我。尚乞亟起图之，勿再以五分钟热度为帝国主义者笑也。临电愤激，不知所云。广州市市商会叩。宥。印。

《沙基痛史》，第 154—155 页

上海各团体外交后援会致粤各团体电

1925 年 6 月 26 日

广东总商会转各团体均鉴：二十三日广州市民徒手游行演讲，援助沪案。沙面英兵，竟以机关枪横施扫击。学生军闻讯驰往维持，亦遭屠

杀。前后共死伤二百余人。噩耗传来,悲愤莫名。似此惨无人道,世界
罕有。沪、汉案件未平,沙面惨杀事又起。嗟我同胞,其有噍类。务请
一致奋斗,本牺牲之决心,坚持到底。一方面督促当局,据理严重交涉。
敝会当集合全国民力为后盾。不共戴天,死生以之。

上海各团体外交后援会叩。寝。

《沙基痛史》,第165—166页

上海各团体外交后援会致北京政府通电

1925 年 6 月 26 日

北京段执政、外交部、各省督理、省长、军长、各报馆、各团体均鉴:
沪、汉案未决,漾日沙面惨案又起。英人横蛮,宁有人性。务望全国一
心,各发天良。为国牺牲,努力自救。上海各团体外交后援会叩。宥。

《沙基痛史》,第166页

上海总工会通电

1925 年 6 月 26 日

全国男女同胞公鉴:本月二十三日广州又发生大屠杀案,闻之不胜
发指。广州事件发生已三日矣,处此消息最灵通之上海,至今尚无确
讯。盖沪粤间水电交通,必经香港。香港英殖民政府,遂竭尽其操纵之
能事。即据英人机关路透社之电讯,已足证明外人故意屠杀中国爱国
民众之阴谋。今请略述之。示威群众游行至维多利亚旅馆,外人即开
枪轰击。查维多利亚旅馆离沙面尚远,沙面与广州又有一河之隔。通
沙面之桥上,又有铁栅栏。群众仅至维多利亚旅馆,即行开枪,不得谓
群众闯入沙面。反之,即证明外人故意屠杀。此其一。环列沙面之机
关枪,向中国民众开放二十分钟,实为世所创闻,为故意屠杀。此其二。
路透电并不明言死伤若干,足见死伤必出意料之外。路透电反以忖测
之辞,谓第一枪为华人所放。一面欲藉此掩饰屠杀之罪恶,一面欲藉此
危害广州爱国之群众。窃思广州事件,比之沪、汉、青各地重大,更加百

倍。广州民众最有觉悟,爱国运动最为猛烈,英人久已蓄意摧残。广州爱国之民众,虽为外人之眼中钉,实为我国自强之柱石。今外人任意屠杀,是可忍,孰不可忍。全国同胞乎,须知吾人之死期日近,亡国渐成事实。吾人应尽最后之努力,图应有之生存。故急须一致奋起。集合全国民众之力,与屠杀我者决一生死。当机立断,全国同胞实利图之。上海总工会率所属全体工会同叩。

《沙基痛史》,第 180—181 页

广州革命政府对沙基惨案死难烈士悉予国葬令
1925 年 6 月 27 日

大元帅令

此次民众对五月三十日上海惨杀华人案,愤帝国主义之凶暴,痛国本民命之阽危,为运动废除不平等条约,作极有秩序之大巡行。乃帝国主义者,竟施极凶残手段,用机关枪、大炮扫射,遂至死伤及被水溺毙者多人,是真能本民族主义而为救国之热烈牺牲者。着广东省长查明此次死难之人,悉予国葬。迅即择地举行,以悼国殇,而示纪念。此令。

中华民国十四年六月二十七日

《陆海军大元帅大本营公报》,1925 年第 14 号

蒋介石致国民党中央执行委员会函
1925 年 6 月

中央执行委员会钧鉴:

本月二十三日广州各界联合巡行惨遭杀戮一案,当时以单条道路,各界队次重叠,游行密集,前进至沙基口,英人即用机关枪向我密集游行之群众扫射,至一小时之久,杀死同胞百余人,伤者数百。军校入伍生死十二人,伤二十三人。党军官长死四人,士兵死八人,伤者三十人。血肉横飞,惨不忍睹。嗣经政府抗议,确定方针。各界呼号,筹谋对付。上下一心,誓达目的。诚足征人心不死,事尚可为。惟中正目击

惨状,悲愤填胸,虽不能立复大仇,亦当积极筹备,期收后效。兹就管见所及,条陈办法如左:

(一)取消不平等条约,必须扩大为全国一致之要求和运动。(二)预备以实力收回九龙、沙面。(三)外舰驶入内河,外兵进驻各埠,实为外人在华横行无忌之重大屏障。应由政府宣言,禁止入口,以绝祸源。(四)由政府从速组织工兵机关,收容上海、汉口、香港、沙面、青岛等处罢工离职工人,加以训练。此项经费,由政府所属各军民机关部队薪饷改成发给之余数以补助之。倘如不足,由政府另筹。(五)联络以平等待我之民族友邦。(六)六月二十三日应定沙基屠杀案国耻纪念日。(七)应由党部组织监察团,当不平等条约未取消,租界地未收回以前,吾党同志如有与英人交际往来卖买等事,应有惩处。(八)速设两广道路建设会,收容失业工人,修筑道路。以上各条,中正以为既已知之,当力行之。苟能一致主张,宁为重大之牺牲,立下最后之决心。伏祈采择施行,不胜迫切待命之至。

蒋中正叩

《沙基痛史》,第 83 页

广州市商民协会通电

1925 年 6 月 28 日

(衔略)英日帝国主义者既于上海、青岛、汉口等处残杀我国同胞,英法帝国主义者复于我革命政府治下之广州残杀我巡行群众,其惨暴较上海、汉口、青岛等处为甚。国民于此,已知帝国主义者之进攻我国,已一变其软化侵略手段,而为惨酷的残杀手段,非联合各界起而反抗实不足以图生存。我国民今日唯一根本自救之方法,莫善于根据国民党中央执行委员会六月二十三日之宣言,进行原有之目的,努力于不平等条约之取消,以打倒帝国主义者侵略之根据。然处今日纷乱之我国,欲谋不平等条约之取消,第一步当谋全国民众之伟大团结,第二步当谋国内不良势力之肃清。顷者,吾国民众已风起云涌,努力于一致团结之进行。国民之所宜急于努力者,当速谋肃清国内不良之势力。换言之,即当努力打倒军阀首领之段祺瑞,使帝国主义者侵略之媒介彻底澄清。盖必如是,然后可以扫除内奸,一致对外,然后可以阻止帝国主义者之侵略,实现取消不平等条约之企图。欲达此肃清国内不良势力之目的,我国民政府当扫除军阀首领之段祺瑞,即国民革命之实力得以划一,国民革命之战线得以集中。故敝会同人除请求政府对于帝国主义者屠杀我国民众严重抗议外,即起而铲除北方军阀,统一中国。并极力进行取消不平等条约,以绝帝国主义之根基,则国民革命指日可告厥成矣。

广州市商民协会叩俭

《沙基痛史》,第155—156页

焦易堂[①]致胡汉民等电

1925 年 6 月 29 日

广东省长公署胡展堂兄,并转汝为、介石、仲恺诸兄钧鉴:阅报惊悉英夷在粤,杀我同胞,数又逾百。此獠野蛮残酷,今古无伦,遽听哀音,莫名发指。我革命政府为保持国家独立,重视人道尊严计,限彼于二十四小时内,退出外舰,交还沙面租界。雄心魄力,寰宇同钦。现在民气激昂,达于极点。国中军界,罔不同仇。万一至于宣战,北方友军,当为后盾。弟虽文弱,亦愿随蹬。务望到底坚持,国家幸甚。焦易堂叩。艳。

《五卅运动和省港罢工》,第257页

国民外交后援会宣言

1925 年 6 月 30 日

帝国主义之列强,以侵略他国为其职志。我国自前清鸦片战争以来,被帝国主义之列强侵略者,垂九十年矣。此九十年中,领土被其分割,国权被其侵夺,经济被其朘削,人民被其蹂躏。凡此种之外侮,试稽

---

① 时为国民政府参议员。

我国外交史乘,未有不触目伤心者也。况此种之外侮,彼帝国主义之列强,非一度为之已足,必也每经一度入寇,即强迫缔结一种不平等条约,以为永久侵略之保障。而吾国之生机,遂被种种不平等条约所束缚,如受桎梏,憔悴呻吟于帝国主义列强淫威之下。

当前清末叶,国中有志之士,痛国势之凌夷,惧覆亡之将至,知满洲政府之不足以有为。于是提倡革命,企图建设独立自由之民主国,以求保国福民,遂有辛亥革命之举。不幸革命结果,政权误落于军阀之手。帝国主义之列强,方虑中国振兴,有碍其侵略政策,于是不惜扶助军阀,压制革命运动,以迄于今。

晚近国人深悉革命之不能完成,实缘帝国主义列强在后作祟,知非打倒帝国主义,不能推翻军阀;非推翻军阀,革命不能完成。而数十年来所图建设独立自由国家,以谋国民福利之志愿,无由得达,以故年来国民革命口号,对内则打倒军阀,对外则打倒帝国主义。不料因此竟触帝国主义者之怒,藉上海日本纱厂击毙工人,上海群众募捐演讲援助同胞之事,英国帝国主义首先逞凶,残杀吾民,日本海军陆战队从而和之。自是而汉口、青岛、九江、广州等处,相继发生帝国主义者杀戮中国人民之惨事,死伤不下数百。即就广州一地,据调查所及,六月廿三日沙面英、法国军警枪击行经沙基之中国人巡行队,事后行经该地之路人亦屡遭狙击,死者四十五,伤者百七十,其未查得者尚不在此内。凡此种种事实,均乃帝国主义者表现其虎狼面目,实行吞噬吾民,不留余地。此而可忍,尚得谓人。由是联合广东各团体组织斯会,为政府外交后援,以尽国民卫国保种之责。爰将本会主张揭橥如下:

第一,对于帝国主义者,普遍的要求"废除一切不平等条约"。第二,对于此次各地惨杀案,兹特定要求有五:(一)各关系国向中国政府谢罪。(二)严办行凶主动者。(三)毙命者及损伤者应负相当赔偿。(四)收回租界管理权。按租界性质,实乃外国人在中国之居留地,与租借地不同。居留地者,乃准外国人在此居住营业,而该地之管理权,应当属之中国,非若租借地之有一定时期,划分与外国由其治理者可比。此次各地惨杀案,均是外人滥用租界内之军警武力所致。中国为防范再有此等不幸事件发生,不得不收回租界管理权,以免外人军警得借租界为用武地。(五)嗣后中国内地非有兵事发生,未经中国允许,此次各关系国不得驶进兵舰。

以上各款如未完全达到以前,应与此次各关系国实行经济绝交,其条目如下:(一)停办各关系国货物。(二)不输出货物与各关系国。(三)不受各关系国雇佣。(四)不存款于各关系国银行。(五)已购得之各关系国货物停止出售,一概焚毁。(六)全国人士应致力于制造国货以代各关系国货物。

本会为实践前列各款起见,组织检查队,实行检查各关系国货物,没收焚毁,并致力于提倡国货。以上所陈均属本会一得之见,亟盼全国人士闻风兴起,随地组织国民外交后援会,实行援助政府,抵御外侮。而其最重要之任务,尤在实行经济绝交,庶几群策群力,共挽危亡。兹特郑重宣言,以告国人,尚祈时赐教言,以匡不逮,是所厚望。

中华民国十四年六月三十日

《沙基痛史》,第131—133页

中国铁路总工会告国民书

1925年6月30日

广州革命政府、中国总工会、海员总工会、国民党工农部、上海总工会、工商学联合会、申报、民国日报、商报、北京晨报,并饬全国各工会、各团体均鉴:

沪、青、汉口英、日帝国主义者,惨杀我工人市民之祸,尚未亡息,而香港英国政府,对于本月廿三日在我国领土之沙面,实行更大的屠杀,致死伤者达数百人。虽中古最黑暗时代之欧洲,专制暴君亦无敢出此兽行。英国帝国主义之强横,真可谓无所不至矣。广东革命政府及我国正在崛兴之工农阶级,实行彻底的民族革命及世界革命,为世界帝国主义之死敌。吾中华民族受帝国主义之威胁与劫夺,国民醉生梦死,乘六十余年。及今觉悟,犹以为晚。为民族解放之革命政府,及全国革命的工农群众,身负民族存亡之历史使命。当此帝国主义进攻猛烈之日,在民族革命决死争斗之时,望国人急谋自救,共起赴义。本会誓当号召全国有组织之铁路工人,从诸先烈之后,以扑灭此民族仇敌。

中国铁路总工会　六月三十日叩

《沙基痛史》,第 181 页

岭南大学中西教职员宣言①

全国学生会、总商会、工会、农会、教育会、各学校、各报馆、各团体同胞公鉴:

关于沪案一事,敝校全体学生、华人教职员暨工界全体,曾通电声援,及拟定具体办法,献议于各界诸公,谅邀台鉴。同时敝校西教职员,亦有对华人表同情之宣言,是专对本校华人教职员及学生与旧同学而发者。本月廿三日,广州各界联合示威大巡行。行到沙面租界对面之沙基,当时秩序井然,并无越轨行动。乃租界内外兵突发枪轰毙巡行人百数十名,受伤者不知其数。敝校教员毙者一人,学生毙者一人,伤者数人。其余人数,因时间逼促,尚未调查清楚。此次变起仓卒,同人等身遭横祸,痛苦莫可言宣。对于外兵之违法杀人,愤激万分。查此种惨无人道之行为,实为人类历史所未有。同人等在岭南大学服务,无论中西,不拘国界,向以中国利益为前提。对于此种灭绝公理惨无人道之残杀,一致反对,并一致为中国之后盾。务求各凶手及负责之外人,得最严之处分,以伸公理,以雪冤魂。同人等誓死力争,义无反顾。抑敝校同人尤有进者,月内外人在中国得有种种杀害华人之行为,皆根缘于种种不平等条约所付予的种种权利及帝国主义之压迫。为断绝一切祸源及求国际之和平,非将一切不平等条约所付予外人的种种权利取消,及打倒一切帝国主义,则中国之国际关系不能和谐,人道不能存在,公理

---

① 此件无日期——原编者注。

不能伸张。同人等愿挥血洒泪,代中国人向全世界呼唤。苟力之所在,无不竭尽能力,以求中国得平等之待遇及正义之实践。临书涕哭,不尽欲言。谨布腹心,伏祈矜鉴。

岭南大学全体中西教职员泣启

《沙基痛史》,第135—136页

香港大学同学会宣言

自五卅沪案发生,英人灭绝人道,枪杀我徒手群众。我国国民为人道主义计及国家存亡计,举国一致作严重之抗议及种种爱国之表示,无非欲使帝国主义者,良心之对于公理人道之责备,犹有半分顾虑,冀其终为悔祸之心所屈伏,则和平解决之局,不难实现。讵英帝国主义者,豺狼成性,凶焰日张,置吾人抗议于不恤。未浃旬而汉口、安东、九江、青岛等处,相继遭受同样之屠杀。未逾月而我广州爱国群众,更蒙深巨之痛创。由是观之,帝国主义者之暴戾恣睢,惨无人理,迁流所极,若不速谋对付,我中华民族,宁有孑遗。本会同人对英帝国主义者之侵略手段,知之详切。金认此次沙基屠杀,英人处心积虑,甘为祸首,以实施其帝国主义,向我领土侵略。其手段之野蛮,用心之凶险,实有不能施诸人类者。同人等悲愤之中,不得不一致奋起,共谋对付,及联合世界被压迫民族,努力奋斗,务使帝国主义根株净尽。夫帝国主义者,所以敢肆其残毒,悍然无复顾忌者,实恃有不平等条约以作护符,凭藉租借地以为保障耳。故同人等认定目前唯一之急务,除根据胡省长不依恃武力及其他狭隘的复仇手段之主张外,亟须联合国内外同志,将英人狼暴劣迹,宣布天下;协力援助革命政府,为外交后盾;激励国民爱国之精神,使其自动与英人经济绝交,以促帝国主义者之觉悟。尤望吾国民众,互相策励,尽力于取消不平等条约及收回租界之运动,务将帝国主义打倒,庶人道公理得以保存,中华民族不致灭绝。愿我邦人君子,共起图之。

广州香港大学同学会宣言

《沙基痛史》,第136—137页

陆军军官学校檄文

全国军界同胞：

国际资本帝国主义侵略中国，已到实行瓜分的时期了。中国人民到亡国灭种的惨境了。五月十五日日本帝国主义无故惨杀中国工人，接着英国帝国主义者在上海用机关枪扫射中国工人、学生、市民至数百人之多。同时青岛、汉口、九江各地，亦发生同样的惨剧。我广东工农兵学商各界，为援助被打杀之同胞，于六月二十三日，在广州市举行巡行示威。队伍经过沙面租界外面之中国领地，英、法、日帝国主义者，突然用大炮、机关枪、步枪向我广大的群众扫射。当场击毙工人、军人、学生、市民、红十字会队员百余人，垂死者数十，伤者无算。尤可恨者，帝国主义所用之枪弹，为万国禁用之毒弹。受伤者全身麻木，不易医治，即医好亦成终身废人。似此暗无天日惨无人道之残暴举动，为全世界所罕见。中国亡国之惨，必更甚于朝鲜、安南、埃及诸国。因为今日的中国民族，虽求为帝国主义者之奴隶牛马亦不可得。由最近各地惨杀案看来，帝国主义必欲杀尽灭绝中国人物而后已。我军界同胞非以保国卫民为己任吗？现在国危矣，民将亡矣，我军界同胞卫国保民之时机至矣。望我全国军人同胞即时兴起，与英、法、日帝国主义者决一死战，以尽我军人之天职。本特别区党部八千党员，敢敬告于我全国军界同胞，以后若有一兵一械，誓与帝国主义奋斗到底。海枯石烂，斯志不渝。

此檄

中国国民党陆军军官学校全体党员仝叩

《沙基痛史》，第 138—139 页

粤汉铁路工会宣言

1925 年 6 月 30 日

全国亲爱同胞均鉴：

当帝国主义者在上海、汉口、九江、青岛、安东残杀国人时，适藉敝工会以全力帮助革命军队驱逐反革命军阀（刘震寰、杨希闵），故未发表正义主张，良心惭愧。至六月廿三日，敝工人等为义愤驱使，全体参加对外示威巡行，欲期警觉帝国主义者之人性，不料因此发生空前屠杀。当时目睹英、法帝国主义之鹰犬无故施放达母达母弹机关枪及大炮向群众扫射，登时死伤山积，血流成渠。此种未经警告之残忍暴行，直无正义、人道、和平邦交及国际公法之可言。由此吾人更加认识帝国主义之真面目，不仅是红须绿眼，简直是青面獠牙。此怪物（帝国主义者）差不多世界上有色人种都领过盛惠。如不列颠（英国）之于印度、澳洲、非洲、埃及、缅甸、加拿大、南洋群岛；法兰西之于安南、非洲；日本之于朝鲜；美利坚之于菲律宾；荷兰之于苏门答腊、爪哇等等。以上不过是某个帝国主义侵略某处民族之表现。可怜中华民族被英、美、法、日、意、葡、荷帝国主义齐齐侵略。幸而中国地方之广大，帝国主义者断不能独占。故数十年来在列强均势之下得以苟延残喘。所谓帝国主义皆以经济侵略为目的（如贩卖高利洋货、收买廉价原料和劳力以维持其生产过剩之恐慌），以优势政治为手段（如霸占香港、九龙、威海卫、台湾、旅顺、大连、南满、澳门、广州湾、沙面、上海、汉口、天津等地方，强要领事裁判权、关税协定、筑路、航权、借款、门户开放等权利），以武力为前锋或后盾（如鸦片、英法、中日、联军等战役，及最近关系沪案之残杀）。吾人既知帝国主义在于经济侵略，固应联合国人，在打倒帝国主义当中先行经济绝交运动。近闻美、法、日各有特殊关系，正欲设法卸责退出漩涡。独英国不变其对待殖民地之铁臂政策。所以吾人应先向英国发动。依敝工会会员大会之决定，从今日起，所有英国货物（及不能分辨之洋货）一律拒绝运载，一面捐资援助回国工友。在情况紧急时，全体参加军事行动。敝会坚决态度如是。在此国破家亡民族灭绝之生死关头，有须为同胞告诉者。第一件请大家不用洋货。第二件请大家准备武器。因为不用洋货，帝国主义即失去经济侵略的凭藉；准备武器，便可抵抗帝国主义之武力压迫。（统计中国陆军有枪一百五十万，广东农民有枪廿五万余，每枪皆刻着此枪先杀帝国主义者，则英人

死无葬身之地。)无论士、农、工、商、兵,万望决心对外,捐弃私嫌,国家
幸甚。

粤汉铁路总工会一千八百工人顿首

中华民国十四年六月卅日

《沙基痛史》,第139—141 页

南宁各界联合会对外通电

1925 年 7 月 4 日①

北京段总执政,各省督理、督办、总司令、军长、护军使、镇守使,各
师、旅、团、营长,各团体,各报馆钧鉴:

英、日人此次屠杀青岛、沪、粤、汉口、九江工人、学生、市民惨案,视
吾国人民如草芥。凡有血气,莫不痛心。然查外人之所以敢逞强权、蔑
公理、背人道者,实有数因:一由于向来我国政府之多数官僚、武人,未
脱帝国之气习,其自视过于尊严,视国民如犬马,反仆为主,恬不知羞。
凡国民受外人之欺凌,而官僚之交涉,均以为小民卑贱,无甚顾恤,与其
为民抗争,而失和于强邻,曷若屈民让步,而自安于弱国。至武人方面,
则以护国卫民为其口头禅,畏强凌弱是其劣根性。任人民之如何冤郁,
皆取旁观态度,而不肯以实力为声援。虽民气激昂,作长期之呼吁,而
空拳赤手,即泪尽声嘶,终归无效。不得不忍气吞声,留其所受之侮辱,
徒作一宗悬案,增加一重国耻而已。外侮之来,至再至三,莫不如是。
故外人见我国之外交软弱,团体散漫,非若彼国一民一兵之受屈,其政
府必力为抗争,非达到惩凶、偿恤、道歉之目的不止。于是其胆愈大,其
行愈暴,不以人类视我国民矣。一由于年来多数军阀肆虐,为厉之阶,
以个人权利之微而操戈同室,因一派政见之异而流血经年。刮无数困
苦生民之脂膏,驱亿万无辜良民于死地。榴霰鸣而风云变色,血肉搏而
天地为昏,寡人之妻,孤人之子,而管军符者,犹复喑呜叱咤,曾无一动

---

① 　此为收文日期——原编者注。

其恻隐之心,以同国同种且然,而何有于异邦异族,此外人之敢于屡杀我国民之所由来也。虽然剥床及肤,势所必至。于今不图,虽悔可追,今日之杀我同胞,安知他日之不杀我个人,再进而扑灭我军士,复亡我国家。皮之不存,毛将焉附。然则我国军人,连年所战争而得之权利,若宫室园囿,若车马衣服,若珍奇玩好,及一切之声色货利,安知他日不以供异族之娱乐。言念及此,能毋寒心。诸公皆民国干城,一时俊杰,素明大义,爱国爱乡,岂居人后。尚希憬然觉悟,尽捍卫国家人民之天职,立息内讧,一致对外。以无数充足精良有用之饷械,毋为内争内乱虚糜,而以之雪国民之奇耻。以亿万有勇知方健儿之头颅,毋为一党一人虚掷,而以之复国家之公雠。万众一心,义无反顾,促彼族之反省,复民国之主权,人民幸甚,国家幸甚。邕垣各界联合会叩。

中华民国十四年七月　日

《五卅运动和省港罢工》,第257—258页

国民党浙江省党部致广州国民党中央国民政府电

1925 年 7 月 7 日

广州中国国民党中央执行委员会、国民政府钧鉴:沙面惨案,英帝国主义者继五卅事件、汉口事件,屠杀我国国民,实行其并吞中国之手段。似此蛮行,轰击沿海、占据广州之历史,行将重见于今日。我党、我政府负国家重任,是岂可忍。浙江省部特召集全省各级党部全体委员会议议决,惟有中国当负发难抗英之责任。废除不平等条约,请自英始。浙江全体党员誓以全力拥护中央之政策,努力唤醒民众,为国民政府之后盾。浙江省临时执行委员会全体会议叩。阳。

《五卅运动和省港罢工》,第258页

广东省政府关于沙基惨案真相及交涉条件电

1925 年 7 月 8 日

分送各省统唐乡①先生钧鉴：（八）〔六〕月二十三日，粤省各界为援助沪案列队巡行，路经沙基，突被沙面英法兵警用步枪、机关枪向巡行群众扫射，驻河外舰又继续施放大炮轰击。事起仓猝，路狭人稠，毙命及受伤者数达百余人，死伤枕藉，较沪、汉各案尤为凶残。查此次巡行次序，首工人，次农民，次商民，次学生，最后为军官学生。巡行途径系沿长堤一带以至沙基，所经行地完全为中国领土，与沙面尚隔一水，巡行队伍亦均严守秩序，而沙面是日则早已架设沙包，为军事上种种之设施，一似实行其帝国主义，以灭绝人道为任情杀害吾民之预备。稍有人心，同深愤痛。现经提出最严重抗议，据理交涉，提出五条件：一、此案各有关系国，应派大员向广东政府谢罪。二、惩办关系长官。三、除两报告舰外，所有驻粤各有关系国兵舰一律撤退。四、将沙面租界交回广东政府接管。五、赔偿此次毙命及受伤之华人。并依据本党中央执行委员会所定方针，不依恃武力及其他狭隘的复仇手段，唯以和平正当之方法，为取消不平等条约之履行。诸君乡邦宏达，梓桑休戚，愈荷关怀，尚希一致援助，俾获最后胜利。远道恐传闻失实，谨此电达。广东省政府省务会议主席兼军事厅厅长许崇智、民政厅厅长古应芬、财政厅厅长廖仲恺、教育厅厅长许崇清、建设厅厅长孙科、商务厅厅长宋子文、农工厅厅长陈公博叩。庚。印。

《五卅运动和省港罢工》，第 259—260 页

广东省政府关于沙基惨案殉难烈士国葬有关文件

1925 年 8 月—9 月

（1）广东省政府呈（8 月 5 日）

---

① 此件原文如此——原编者注。

　　为呈请事：第二十三次省务会议由古民政厅长提议，据广州市公安局长吴铁城呈称：现奉钧厅指令第一三号开：据本局呈一件，呈复安葬沙面英兵枪杀诸烈士，拟择太和岗地点由。令开：呈及图说均悉。安葬殉难诸烈士地点，既据查勘以太和岗为宜，应即如呈办理，仰速妥办具报。再此系广东省政府交办之件，合并饬知。此令。图存。等因。奉此。查近郊山岗何处系属官地，有无经准承领，向由市财政局主管。职局奉令前因，遵即派课员曾广英会同财政局委员陶厚圻前往勘明该坟场面积、宽度及四至界线，树立标记，并绘具详细平面积全图，分别存转备案，以免与民有坟地混淆，致滋纠纷。现据该员等复称：会同测勘指拨太和岗为沙基殉难烈士坟场一案，遵即会同财政局课员陶厚圻前往太和岗测量，测得该岗面积共三亩零一厘六毫，东至坟山，南至小路，西至张姓坟及爱育善堂界址，北至竹树边等语。复查无异。查坟地既经勘妥，应由财政局发给执照。惟此次死难烈士奉准照国葬典礼，该坟场建筑是否特设国葬筹备机关专司办理，抑由工务局规划，未奉核定。至该项官有坟地执照，应否由财政局发照及应交何机关收管之处，合并陈明，敬祈察核，分别令遵，并请转呈广东省政府备案，实为公便，等情前来。兹经会议议决，关于沙基惨案殉难烈士国葬一案，议设国葬筹备委员会办理，并请国民政府指定国葬日期。相应将议决缘由备文呈请鉴核，如何之处，伏候指示祗遵，实为公便。谨呈
国民政府
　　　　广东省政府省务会议　许崇智　古应芬　廖仲恺　许崇清
　　　　　　　　　　　　　　孙　科　宋子文　陈公博
　　　　　　　　　　　　　　　中华民国十四年八月五日
　　(2)国民政府批稿(8月19日)
　　　　　　　　国民政府批　第贰玖号
　　批广东省政府呈报沙基惨案殉难烈士国葬一案，议设国葬委员会办理，并请国民政府指定国葬日期由。呈悉。定九月二十三日为沙基死难诸烈士国葬日期。仰即由广东省政府速行组织沙基死难烈士国葬

筹备委员会办理一切,并将办理情形随时具报。此批。

中华民国十四年八月　　日

(3)广东省政府呈(9月23日)

为据情转请示遵事:现据沙基死难诸烈士国葬筹备委员会主席许崇清呈称:案查沙基死难诸烈士国葬日期,经奉国民政府规定于本月二十三日举行在案。现本会因调查停柩地点,修理棺木,经营坟场临时工程,尚需时日,方能竣事,且本会预算九千余元,现财政厅仅拨交一千六百元,以致各种物品未能依时购备。原定之二十三日葬期,即以种种原因,事实上未能赶办,昨经本会第六次常会议决,请示政府更定国葬日期,并拟定如政府于最近日间有款拨到,似可于十月三日举行。但事关改期,应请政府核定。除通告各机关团体外,谨将改期国葬各缘由,呈请钧府察核施行,仍候批示祗遵。等情前来。兹经省务会议议决转呈核办在案。除批示外,理合具文呈请钧府察核,应否准予改期之处,伏祈批示遵行,实为公便。谨呈

国民政府

广东省政府省务会议　许崇智　古应芬　宋子文　许崇清

孙　科　陈公博

中华民国十四年九月二十三日

(4)国民政府批稿(9月26日)

国民政府批　第一三一号

批广东省政府呈据沙基死难诸烈士国葬筹备委员会主席许崇清,请更定国葬日期,应否照准,请批示遵行由。呈悉。该筹备委员因筹备不及,请改定十月三日为沙基死难诸烈士国葬日期,应予照准,仰即转饬知照。此批。

中华民国十四年九月廿六日

中国第二历史档案馆藏广州国民政府档案,转引自《五卅运动和省港罢工》,第276—278页

3. 沙基惨案的中外交涉

广东省公署致驻广州除英法葡三国外之各国领事照会
1925 年 6 月 23 日

大中华民国广东省长胡

　　为照会事:本月二十三日十二时,广州工人、农民、商民、大中小学男女学生及军官学校学生,齐集东较场,开上海惨杀事件追悼大会,通过中华民国国民党中央执行委员会决议案。该决议案系指明此次上海事件之所以发生,由于中国受种种不平等条约之束缚,故以取消一切不平等条约为根本解决之方法。希望国人一致督责政府,迅速实行。当时群众以满场一致通过此决议案,即从事巡行。其所持之标语,皆以此决议案为中心。而巡行秩序亦务求合于此决议案之精神,和平肃穆,绝无可以引起误会之处。不料于三时十分,行经沙面对岸,突有沙面外国兵警发枪向巡行群众射击,继以机关枪扫射,又继以外国兵舰之大炮。事起仓猝,路狭人稠,以致死伤枕藉。现时所知巡行群众死伤之数,已百余人。其中有幼童及女学生。路人为流弹所毙及被挤落水者,尚不胜计。群情痛愤,已达极点。自五月三十日上海租界惨杀事件发生以来,汉口租界等处,对于上海被惨杀之同胞而表示同情者,莫不遭帝国主义者之同样惨杀。广州此次巡行群众所经行地,与沙面尚隔一水,且闸门紧闭,绝无阑入之虞。乃沙面外国兵警,竟向在内地巡行之中国民众肆行射击,多所杀伤。较之上海、汉口租界事件,尤为暴戾。现由国民党组织调查委员会,对于此次事件为严密之调查。并已决定对于此次事件,不依恃武力及其他狭隘的复仇手段,而惟以和平正当之方法,进行原有之目的,即取消不平等条约。是深望各国人民,对此事件,主持公道。盖凡自命为人类者,必不容此等惨杀事件继续发现于世界也。

特此照会

贵领事官,请通告

贵国人民知照为盼。须至照会者

右照会

大日本、美、德、俄、智利、那威、瑞典、瑞士、比利时、丹麦、义、荷国驻广州领事官

中华民国十四年六月二十三日

《沙基痛史》,第71—72页

广东省公署致英法葡三国领事的照会

1925 年 6 月 23 日

大中华民国广东省长胡

为照会事:本日各界为沪案列队巡行,路经沙基,巡行队已将过尽,而沙面英界兵警,猝然以机关枪及步枪向隔河巡行之群众轰击。法界兵警,闻声亦同时发枪。复有葡国兵舰,相继施放大炮,死伤达百数十人之多。查此次巡行,纯系因沪案迫于义愤,作最文明之表示。乃英、法、葡兵警军舰,竟为此灭绝人道之蛮横举动。且此种残杀,亦系事前之蓄意阴谋。本省长闻悉之余,至深骇异,亟应先行提出最严重之抗议,并声明此次事件应由英、法、葡兵警军舰,及有关系之文武长官,负完全责任。至屠杀情形,死伤人数,现正着手调查。俟调查清楚,再行提出相当办法也。须至照会者

右照会

英、法、葡国驻广州领事官

六月廿三日

《沙基痛史》,第70—71页

法国驻粤领事致胡汉民函

1925 年 6 月 23 日

省长钧鉴:

径启者,今日三点钟,有中国群众,武装巡行,路经长堤,本租界并

无干预,乃无故向法界开枪,击毙一良善法商名巴斯基危(译音),轰伤
一外国居留人,租界内之屋宇,亦有受损害者。旋因枪弹密下,敝国军
队始有还枪之举,然不过最短时间而已。同时敝国炮舰施放空炮三声,
并无子弹。现在自应请求赔偿此命案及不公道之事,但现在重要问题,
并不在此,现欲悉贵政府赞成或不赞成此等凶悍之群众。

贵政府所定主义,是否维持秩序,抑任令乱事继续及发展。是否如
外交部长所说,保护外人生命财产,抑完全放弃条约及万国公法之职
责,应请细心核夺。是否置外人于法律行为之外,此为贵政府最要及特
别之问题也。敝领事是代表极和平之国,而所属各员之真意,亦不欲有
流血之事。贵政府对于此次重要之事,如欲有所磋商,于敝国名誉无损
者,敝领事并不推辞也。然为保全人道计,宜设法消灭此等暴动之事。
倘此等事仍继续发生,于万不得已时,惟有设法排除而已。现深信贵政
府及各机关,定必设法劝引此等群众,归于和平,且从速妥办也。相应
函达,希为查照。专泐,顺颂

时祺

吕尔庚

六月廿三日

《沙基痛史》,第 73 页

伍朝枢致北京外交团抗议函

1925 年 6 月 24 日

加拉罕大使阁下:

鄙人应负责将以下之可痛事件照会贵使团领袖。广州商人、学生、
陆军学生、工人、农民为同情沪上虐杀,举行示威游行,秩序极为完善。
午后三时,行经沙面英法租界对岸之沙基,当全队大部分已过之际,沙
面方面突向示威者放射来福枪及机关枪,对于学生轰击尤甚。此时男
女学生及观众所遭之惨境,可想而知。就目前所知,死亡已达百人。本
政府即将邀请各国领事、法官、商人、教育家及其他各界代表,组织调查

委员会,立行着手作公正之调查。同时鄙人为文明与人道,对此帝国主义惨杀,请向贵使团领袖提出最强硬之抗议,并请转致驻在北京各国公使。示威者所行经之沙基与沙面相隔宽河一道,上设二桥,桥有严闭之铁门及堆有障碍物。今据事实,桥门全无损伤,故是案因而益为严重。人民遭此残暴,自必怒气冲天。但政府仍竭力保护各国外人,阻止人民有排外行动并领导之,使其知所抗者乃外国帝国主义,且应以适当之方法奋斗也。

广东政府外交部长伍朝枢(签字)

孙曜编:《中华民国史料》,第 3 册,上海文明书局,1929 年,第 124—125 页

英国总领事对广东省公署抗议的复照

1925 年 6 月 24 日

为照复事:刻接到贵省长为昨日下午沙基发生轰击事照会一件。本总领事特先指明,此次不幸事变发生,葡国军舰,实未参与。不过英法界防守军队,受华人军队或学生军队,在对方枪击,因而还枪。本总领事兹据目中所睹,可以誓言,此次确因华人方面先行开火。当时本总领事曾偕同英国上级海军官员,未携武器,站立桥边,意欲监察防守军队躁莽或激烈之举。时枪弹向我方施放,密如雨下,本总领事等仅能幸免。我方不过仅为自卫起见,始行放枪。法国军队,被同样之攻击,故亦施放。我方军队,停止放枪,且在华队于对面屋顶继续施放之先。来文云:此次英法官吏之举动,经先有准备。本总领事绝对否认。实则所谓准备,在先者系在华人军队或学生军。盖学生军之决意借端生事,以博殉国之名,事前人多知之,而本总领事亦曾向伍君朝枢说及。又事发之前一日,省港华人,已盛传图击沙面,并于翌日施行。且香港法国实业银行买办,曾告法行经理,谓将于二十三日劫掠法界,并请其电知省行同事,将贵重品物,迁移于法国军舰中。昨日上午,复有摩托车两架,环游市面,散布传单,署押广东军官学校学生会之名,鼓动各界,速起驱逐外人。是以本总领事对于外人应负全责之责备,自应严为否认。盖

此重大责任,应由华人负担。本总领事甚望不久能将目睹之证据,缕陈
一切,以实此言。现时务请贵省长对于侨粤英国人民之生命,完善设法
保护为盼。须至照会者

右照会

广东省长胡

驻广州英国总领事杰弥逊

十四年六月廿四日

《沙基痛史》,第74—75页

柯达①致胡汉民函

1925 年 6 月 24 日

径复者:本月二十三日来函,经已收到。本领事敢决言葡舰"卑地
利亚"(音译)于昨日不幸事故发生时,并未发放一弹。专此函复,希为
查照是荷。此颂

时祺

柯达上

六月二十四日

《沙基痛史》,第75—76页

胡汉民复柯达函

1925 年 6 月 27 日

径启者:关于本月廿三日沙基惨杀案,当时系因贵国兵舰与法舰湾
泊地点密迩,见有炮烟爆起,故疑贵国兵舰放炮。系报告者未经查实之
故。嗣接大函,谓卑地利亚舰未发过一弹,本省长甚为欣慰。兹又闻当
时有西洋国义勇团,或为葡籍人民,或为俄国入葡籍人民,亦开枪向沙
面巡行群众射击等语。如有其事,殊于邦交有碍。用特函请贵总领事

---

① 时任葡萄牙驻广州领事。

官查明答复是荷。此致
大西洋国驻广州总领事官柯

广东省长胡汉民

十四年六月二十七日

《沙基痛史》,第 92 页

吕尔庚致胡汉民函
1925 年 6 月 25 日

　　径启者:顷闻明日将为第二次之巡行。鄙意未审此种新表示,是否如前次有数千武装军人在内。其巡行群众之意,是否向法国和平之人,再施枪击。本领事特为声明,照现在情形而论,虽巡行者系极和平及不携武器,若行经法界对面,则此表示,难免有愤激性质。如果贵省长以为免除一切意外之事再行发生,系有益于公众者,本领事请求贵省长饬令此种巡行群众,只在中国城内举行,及不沿沙基涌旁一带经过为盼。相应函达,希为查照。专泐,顺颂

时祺

此致

广东省长胡

驻广州法领事吕尔庚

六月廿五日

《沙基痛史》,第 88 页

胡汉民复吕尔庚函
1925 年 6 月 28 日

　　径复者:接贵领事官六月廿五日来函,谓明日将有第二次之巡行等由。本省长阅悉。查本市廿六日并无第二次巡行之事。至所请令饬,如有巡行,只在中国城内举行,勿沿沙基涌旁一带经过,殊属无理。岂贵领事官尚不知沙基为中国领土耶?且群众巡行,系文明举动,并非预

备战斗。如沙面不再预伏军士及用枪射击巡行群众，自免意外发生矣。即希查照。此致

大法国驻广州领事官吕

广东省长胡汉民

六月廿八日

《沙基痛史》，第88—89页

法国领事致胡汉民函

1925年6月26日

省长台鉴：

　　径启者：顷阅英文粤报，载有外交部长伍朝枢先生致北京公使团领袖电文，述六月廿三日射击事，全非事实。因彼未言巡游队中有数千军队或军官学生及中国方面先行放枪，且法商巴斯〔基〕危（译音）之死，亦未声叙。本领事查数星期以来，外交部长以长官地位所说者，全与事实相反，此为第二次矣。本领事言之甚为抱惭。如前次已经与贵省长言，将来伍部长之信用，对于列国如何。今日又增一语，将来广东政府信用又如何。因政府将所有外交关系之事，尽付于一人，而斯人之言，全不足靠也。专泐，顺颂

时祺

吕尔庚

六月廿六日

《沙基痛史》，第87页

广东交涉员复法国领事函

1925年6月26日

　　径启者：贵领事官六月廿六日关于沙基杀案致胡省长函及致伍部长前项函稿均已收到。查日前外交部伍部长致驻华领袖公使文件所载言论，非贵领事官所能在此参预訾议，更不应对省长哓论。至函内措辞

毁谤,极端无礼,尤不能不提出严重抗议,并筹相当之对待。兹奉谕先将廿六日原函及抄来函稿,一并送还,不能收受。至安南人墓碑一事,贵处错误甚多,日间当有纠正文件答复矣。即希查照。顺颂
时祺

傅秉常启

《沙基痛史》,第87—88页

广东交涉员致英法领事第二次抗议照会

1925年6月26日

为照复事:现奉外交部长、省长面谕,接到廿三日、廿四日贵总领事、领事官照会,经已阅悉。本省长于二十三日沙基惨变发生后,即招集法、警、工、农、商、学各界,暨美、俄、德各国领事,共同组织调查委员会。兹据调查委员会常务委员第一次报告,沙面方面,向巡行群众首先开枪射击,以致死伤多人,已得确实证明,毫无疑义。兹列举其要点如下:(一)是日巡行秩序,首工人、次农民、次商民、次各大中小学男女学生,最后为军官学生。除军官学生外,均不携武器。当岭南学生行至西桥口,即被沙面射来枪弹,当场击毙教员区励周及学生许耀章,重伤者三人,轻伤无数。岭南学生之后,尚有坤维女学、圣心书院、女子师范、市立师范、执信学校、第二高等小学等校学生,亦均遭枪击,最后始及军官学生。以距离言之,岭南学生与军官学生之间,至少相隔有数十丈。当岭南学生受枪伤毙之际,军官学生尚未行至西桥口。证之事后检尸报告,岭南教员区励周、学生许耀章,尸体均在西桥以西,而军官学生尸体,则皆在沙基口,距离西桥尚远。是则沙面方面,先向行经西桥口无武装之学生群众开枪射击,肆行虐杀。东桥方面,亦遂应声夹击,以致巡行群众,死伤枕藉,波及路人,情状历历在目。(二)是日沿长堤一带以至沙基,除巡行群众外,尚有警察多人,手持白旗,站立岸旁,维持秩序。而沿岸市民林立参观,为数甚众。且巡行群众,亦无丝毫戒备,故以稠密之群众,向狭长之马路,徐徐行进。若如英、法领事所言,军官学

生首先开枪,且若如英国海军军官史葛所言,开枪至百响之多,沙面方还枪,则军官学生开枪以前,势必挥散路旁站立之人众,俾不虞波及。且亦必俟前行群众度过沙基之后,始肯开枪。况开枪至百响之多,则其时一切参观人众及巡行群众,必已避开沙面。还枪之际,死伤者应全为军官学生,何以证之实际,学生及路人死伤如此之多。据此以言,则英、法领事所谓军官学生首先开枪,实为虚诬。(三)是日沙面方面,早已架设沙包及为种种军事上之设备,而军官学生则无丝毫戒备,故随工、农、商、学各界之后,四人一列,整队而行。若军官学生有意启衅,断无以密集队伍,向前巡行,自招重大损失之理。当岭南学生行至西桥口,枪声暴发之际,军官学生在沙基口队伍尚未散开,则其事前绝无启衅之意。及闻前行群众,猝遭不测,始向前救援,尤属显而易见。(四)据各校学生报告,皆谓沙面方面以机关枪向人丛射后,即见有外国兵士数人,手持武器,欲启桥上闸门,向人丛冲击。幸军官学生,适于此时行至,外国兵士始仍闭闸门,向后却退。据此,则当时若无军官学生前来掩护,巡行群众死伤之数,必尚不止此,何得反诬军官学生为首先开枪。以上四点,皆综合当时在场男女学生所申述目击情形,其为沙面方面首先开枪,杀伤我巡行群众,证据确凿。况沙面所用,系属机关枪,猛烈射击,诸人伤口,洞成巨穴,枪弹迥异寻常,尤为惨无人道。乃沙面之内,造作种种谣言,至今未息。事前既有种种谣言,如英总领事来函所云,但至廿四日闻英总领事仍有通告云,本日十二时,黄埔学生,将攻击沙面。此种谣言,到现在尚有发生,尚有人相信,诚不知是何居心。本政府受如此莫大刺激,仍然对于外人,施以周密之保护。前英、法领事官来函,请保护外人生命财产。关于此点,本部长经已声明在先,本省长于杀案发生后,即晚亦于答复美、德等国领事函内,声明保护各国外人生命财产。复布告人民,用和平正当方法,以取消不平等条约,不用其他狭隘的复仇手段。廿四日又有命令禁止军人无论结队或个人携带武器,在沙基及附近沙面地方来往。似此可以证明本政府对于外人生命财产尽力保护。但如果外人方面,此时尚增加兵力,则小之激动民众,使本政府难于平国民之气,大之可认为英法对于广州要继续前次之攻击,是以英、法领事官方面应请先行声明,不再增加兵力,如军队军舰之类,不复添加,以便磋商此案。查此次华人惨被杀害,实属灭绝人道,为世界公理所不容。兹特提出要求条件如下:(一)此案各有关系国,应派大员向广东政府谢罪。(二)惩办关系长官。(三)除两通报舰外,所有驻粤各有关系国兵舰,一律撤退。(四)将沙面租界交回广东政府接管。(五)赔偿此次被毙及受伤之华人。以上五条,应请英、法领事官转呈英、法驻华公使及英、法外部查照答复。并即转知英、法领事,于收到此文后,如何办理,先为见告等因。奉此,相应照会台端查照办理。须至照会者

右照会

大英国驻广州总领事官杰、大法国驻广州领事官吕

十四年六月二十六日

《沙基痛史》,第89—91页

吕尔庚致傅秉常函

1925年6月27日

径启者:昨夜贵交涉员以政府名义,致英领事及本领事合为一函。查向例文书往来,每受文书若干人,即须备文若干份。特函致问,现在贵署办公人员,是否因反对贵国群众于前星期二日,无端击毙敝国良善商人巴斯基危(译音)以致罢工?究竟贵署尚有无人员办事?如有则请将前文再缮一份,俾得照转本国公使。专渤,顺颂

时祺

此致

广东特派交涉员傅

法领事吕尔庚

六月廿七日

《沙基痛史》,第92—93页

傅秉常复吕尔庚函①

径复者:现接廿七日复函,谓本署以一件文书致与两领事为不符向例等语,殊属可笑。查外交惯例,文书往来,如系同属一案,一人发文而致数人者有之,数人发文而致一人者有之,盖需其连同负责之意。贵领事官何少见而多怪也。即如去年沙面罢工一案,于八月十五日由贵署德前领事官与英国翟前领事官合名致函本署,是二人发文而致一人矣。其余成案,不可胜纪。贵领事向来供职于荒僻口岸,或未知之。请检查旧案,便可了然。兹特为指导。至抄转贵国驻京公使,完全系贵署内部办公手续。但贵署确欠缺书记,则请以见示,本署未尝不可抄送一件。至本署办公人数,固较贵署多七八倍有奇,更不识罢工为何事,不必费神越俎代为顾宪也。相应函复。顺颂

时祺

傅秉常启

《沙基痛史》,第 93 页

清水亨致胡汉民函
1925 年 7 月 2 日

径复者:得接上月二十三日照会,详述关于是日当地突发之最可悲事件,敬悉一切。经将来文要旨,转知在留邦人,希为谅察。本代理总领事,对于此种事件之发生,深表哀痛之忱。且热望当地现下之非常状态,立即恢复原状也。专此奉复。此致

广东省长胡

驻广州日本代理总领事清水亨　七月二日

《沙基痛史》,第 102—103 页

---

① 此件无日期——原编者注。

清水亨致胡汉民函
1925 年 7 月 2 日

径启者:日前辱承见召,借领教言。经将尊处意见,即行转告英国总领事。旋得英国总领事之回答,谓贵国方面,如不能终止对于沙面之罢工及其他之类似事项,则沙面之防备,实难撤退,请为转达等语。专此奉达。此致
广东省长胡

驻广州日本代理总领事清水亨　七月二日

《沙基痛史》,第 103 页

法英领事致广州政府复照
1925 年 7 月 6 日

径启者:前接贵交涉员六月廿六日致本领、总领事合文,内开奉胡、伍先生命,为广东政府对于英法两国政府拟订某项要求条件等由。当经本领、总领事呈达本国公使去后。现奉电令,饬由本领、总领事转知贵交涉员,对于此种性质之要求条件,不能加以考虑。此颂
时祺

法国驻广州领事吕尔庚

英国驻广州总领事杰弥逊

七月六日

《沙基痛史》,第 94 页

驻广州英总领事致傅交涉员函
1925 年 7 月 11 日

敬启者:闻六月廿三日非被激动而攻击沙面案内之不幸遭难人等,于昨日举行最后之丧礼。前经托由那文先生代达,对于其父母亲属及倚赖者惋惜之情。兹再复言之,抑本总领事欲知已否设法证实从沙基方面发号或指挥前次之攻击之人,个人方面,刊有极多关于此案是日身

历其境之记载。然就法律上言,此项记载,不能成为证据也。必得有于
细查证据之官员为司法上之查究,然后真相乃定。此种法庭,现时已否
设立或正在组织中,此本总领事所极欲欣闻者也。此颂
日祺

七月十一日

《沙基痛史》,第 96 页

广东交涉员复英总领事函

1925 年 7 月 13 日

敬复者:现接七月十一日大函,领悉一切。承贵总领事官对于沙基
无辜被杀人等,举行最后丧礼时,托那文先生于被杀者亲属前代致惋惜
之情。本交涉员甚为纫感。但遭难各家属,皆根据调查报告,知此案系
由沙面首先放枪,故未便代转尊意。至此案之调查,系由中国正式法定
之广州检察厅验尸验伤,取录当时在场各人口供及得有种种证据。复
由调查委员会,按各界调查之报告,证实沙面首先放枪,已无疑义。是
会系前广东省长胡主席,又有美总领事、德国领事、俄国领事参加会内。
其郑重确实,又可知矣。既证明为沙面首先放枪,则当时沙面指挥及发
号之人,此间无从究问,贵总领事官亦明了此意也。此复,顺颂
时祺

十四年七月十三日

《沙基痛史》,第 96—97 页

白拉瑞[①]致北京政府外交部照会

1925 年 7 月 13 日

照会事。上月廿三日华人向沙面开枪一事,经于二十五日照会抗
议在案。兹据驻广州本国总领事报告详情,其大意如下。二十三日上

---

① 时任英国驻北京代理公使。

午闻本日将有大示威举动,因沙面海军及义勇队有保护英租界之责,故即奉令分段布岗,且严令尽力隐藏,并禁止闲人出至大陆对面,以免引起华人愤怒,率皆听奉无违。至十一时顷,有汽车二部,驰过沙面对面之大路,散发该处陆军学校激烈煽惑鼓动人民与帝国主义外人战争之传单。至二时半,游行队众通过该路时,总领事及随员并海军官长数员,与警察局局长及未携武器之华警数名,立于通达本国租界之桥附近地方。又大路之上,每约五十码间,暨有未携武器华警一名驻守,更有武装军士一队,立于该桥附近华铺廊下。游行队众四分之三皆为工界、农界及其他各界,均已循序过毕。总领事正欲返署,电知本馆,报告无事。有人提议须俟学生过后方可。乃又迟数分钟,后有学生团体若干出现,后随武装陆军学生一队,该学生等于桥头迤东五十码左右地方立定。总领事忽见有人在墙角登箱而立,更有一人手摇旗帜,大声讥笑总领事及其他各官。游行队内,有数人出队,似欲听其言词。是时忽闻枪声一响,游行队众,即行哗乱奔逃。过半分钟,华人方面向沙面放排枪。在沙面保卫之一队,既见总领事及海军官长受有危险,即放枪还击。海军官员立往禁止。而华人则仍向枪击,是以保卫队众亦即开枪。直至命令传至各队停止开枪之时,约十分钟。其间或开或停,惟因以后数次有华人仍旧坚执枪击不已,以致不能不开枪还击,然亦已令其停止。并以虽有如此暴击,亦须停止,非危险至极时不得开枪云云。至双方俱行停止,已四时半矣。查此次悲惨事端,实系有人利用报纸以鼓动怨恨,对于本国胡乱毁谤。该鼓动之人不待征得实在情形,而径以此等消息作为攻击材料也。是日情形,即系如此,明系首先动手者,并非外人,外国官员亦仅以保护沙面侨民性命为限耳。除以此案详情达知贵总长外,并望贵部将此照会登诸报纸,以明真相为盼。须至照会者。

一九二五年七月十三日

《沙基痛史》,第111—112页

白拉瑞致北京政府外交部照会

1925 年 7 月 15 日

照会事。关于广州沙面六月二十三日发生之事端,前于本月十三日去文在案。兹将外人四人亲自目睹攻击沙面之签字证明书原文及译文,抄送查阅。按此项证明书签字外人中有一人为军官,并非英籍。其余三人内有二人亦非英籍。该书系于六月二十三日即发生事端之日所立具,迨六月三十日,始行交与本国总领事者。而本国总领事在报告此案(即上提十三日去文内所援引之报告)之时,尚未知此证明书之内容也。本署大臣查此项另外目睹者所述之情形,足可为本国领事报告之明证。且系直接证实先行放枪之举,非由沙面,乃由于参与游行之携有武装人士。应行烦请贵部将此次去文暨附件,以及上次去文均予登载报端为荷。须至照会者。

一九二五年七月十五日

附件:照译目睹攻击沙面四外人之证明书

今日下午三点一刻左右,余等分立两处,观看示威游行。该游行众中有各工会(如匠人、仆人、水手等),亦有男女学生童子军及身着制服并未携械之学生一队,闻系黄埔陆军学校学生。在此队学生之后,有兵士数队,其中有携带已上刺刀之枪只者数人。迨第一兵队行至沙面饭店对面,遂即停立,陆军学校乃高喊口号。少顷,兵队中似有破坏秩序之情势,均行散布。有兵队数人,皆一腿屈伏,众枪指向沙面,作预备鸣放形式。其时从沙基等华人方面开枪一响,紧接又闻鸣枪二响。此种情形按余等观之,似系预定之暗号。嗣后又见由华人方面连发枪弹,不一而足。

六月二十三日

《沙基痛史》,第 112—113 页

广东交涉员复日本领事照会

1925 年 7 月 14 日

外交部部长胡令开。接驻广州代理日本总领事七月二日来函二件,均已阅悉,兹拟就复函如下。得七月二日书翰二通,第一通言贵代理总领事,对于沙基此种事件发生,深表哀痛之意。且热望当地现下之非常状态,复归于正常,此意未尝不感谢。根于贵代理总领事,日前至广东省长公署所谈,可知贵代理总领事,已深明现在之特殊事变,完全由于帝国主义者在中国,尤其是在广州之残暴行为。六月二十三日事变之经过,肇衅之帝国主义者,须负完全责任。据来翰第二通所云,仅依赖代理总领事传言于英国总领事与本部长之间,殊深诧异。且不知何人委托贵代理总领事以此无谓之任务。贵代理总领事在广东省长公署晤谈,既以英总领事之终日在沙面严重戒备,如临大敌为无理。本部长因言日本亦为居留国人之一,贵代理总领事本身立场,即应向英国总领事提出严重抗议。且闻香港阻截检查修改中国政府之电报邮信,以及于第三国之邮电。本部长相信贵代理总领事对于此种不法行为,亦应有提出严重抗议之责任。今来翰谓传言于英总领事,复以英总领事之回答,为之传言。不为正直之抗议,而仅为此种传言者,此诚非所亏于贵代理总领事之本旨也。贵代理总领事以前如此行为,及当为者而不为,何以尽对于贵国居留沙面人民之责任乎?此事在贵代理总领事亦必以本部长越俎代谋为疑,固本部长保护外国人民,不分畛域,其不忍外国人民受强权非法之压迫,与不忍中国人民受强权非法之压迫无以异也。今为贵代理总领事进一言,敢问贵国人民及贵国政府,曾否委托贵代理总领事为无端屠杀我国人民之英国领事执调停之任务?本部长则至今不信堂堂东亚日本国之代表,甘为英国所利用也。我政府与人民,对于请由英法领事所转各该国政府之抗议及要求,盖至允当。各该国政府须加以深究,方有恢复常态之可言。而贵代理总领事对于吾人公平之要求,不置一言,独哓哓于传递消息之无谓工作,且此工作尚在贵总领事权限之外也。本部长可断言外人在中国境内,屠杀人民之后,我国人民决不能渐渐淡忘而不深问,并无相当手段以资对付。因我国人民对于帝国主义者之威吓,漫不关心之时代,经已过去。想贵代理总领事及贵国人民,必能了解我国民族经已觉悟,任何势力,不能威吓鞭策或残杀以使之屈服。中国现已决心求脱离外国统治之自由,此目的必有达到之一日。将来世界主持公道,亦必表同情于吾人。为吾东邻之日本男儿,素有武士道之风,必以其侠义表同情于中国人民也。又进一言,贵国人民如闻本国代表只低首下心为西方屠伯作传话之工具,则宁蹈东海而死,而不愿为压迫中国之代理人也。来翰所转述英总领事所言,如不能终止沙面之罢市,则沙面之战事防备,实难撤退。此种恐吓,殊属可笑。吾人之所以不用武力复仇,非因沙面有何种准备而不敢前,实因有其他有效力之对付手段在。且吾人更不欲效帝国主义之愚谬,无法横行也等语。仰即遵照转答日领。此令。等因。奉此,相应函达贵代理总领事官。希为查照。顺颂

时祺

七月十四日

《沙基痛史》,第103—105页

广东交涉员就沙基惨案致英法领事的第三次抗议照会

1925年7月14日

为照会事:查七月六日,贵总领事官答复前陆海军大元帅大本营外交部特派广东交涉员,因沙基杀案提出五件要求一案,谓不能加以考虑等因。本交涉员经已收悉。查国民政府、广东省政府现已改组成立,本交涉员兹特代表新政府提出原定五项要求条件,请贵总领事官再行转达贵国驻华公使查照办理。深望前项要求,得早日考虑解决,则现今中国南方不安之状况,亦得以早日解除。倘若拒绝讨论,则不独此种不安情况,益加延长,并予此案应负责各国之人民以种种不利,非计之得也。盖上海、汉口、广州等处,在街道上枪杀无辜之男女孩童,残酷之状,目不忍睹,皆由主持帝国主义者所激而成,华人对之,恶感既深。若对于

要求条件,再加拒绝,则将来恶感更难逆料,实非中英法邦交之福。且六月廿三日惨杀案,本政府已得应由沙面当局负责之种种事实,早已公布,一俟贵国派有代表开诚商议之时,当将查得证据提出研究,以资考证。至贵总领事宜于杀案发生后,凭借通讯机关,阻止本政府宣布残杀事实,不得通于各国,使各国人民,无从明白真相。此项手段,殊非正大所为,如狡猾之人,先行割断电线,然后杀人,欲事主无法求救耳。不知此种政策,吾人必设法以打破之,且对封锁者所受损失,将有更甚于被封锁者也。如以为沙面之继续战事设备为可恫吓无知之人,则广东三千万人民,更加有全国之援助,决不至因此种恐吓而屈服。故现在为贵国政府设想,莫如将本政府之公平要求,迅速加以考虑,以期至于实行。则原状可以短期恢复,邦交日益巩固矣。用特照会贵总领事官,烦为再将本政府所要求五项条件,转呈贵国驻华公使,商榷办理,并希见复是荷。顺颂

时祺。须知照会者

七月十四日

《沙基痛史》,第95—96页

英法领事对广州国民政府第三次抗议的复函
1925 年 7 月 16 日

径启者:接贵交涉员七月十四日函,代表广东改组政府,希望本总领事再将前代大元帅关于沙基事件所提出之五条件,转达本国公使署。本总领事当如来函所请,将来函译文送达本国公使署。但甚难希冀法国公使或英国代办公使,或可抛弃彼等本处代表目击其情之报告,而祖于非司法式调查会之审查结果。盖此会仅加入美国总领事及德国代理总领事二人之名,以图勉强撑持其调查之真实。实则美德两领亦曾告知本总领事,谓彼等之于调查进行事项,并未为任何的正式参加也。至于对于贵国政府宣言文电加以检查一节,本总领事以为从前此之经验以观,英国电报为人用以散布虚诈诱惑之宣传,不知凡几。故阻止将来

蒙蔽真相之便利,及传递绝对不符事实之消息,实极允当之举也。此颂
日祺

驻广州法总领事吕尔庚

英总领事杰弥逊

七月十六日

《国民政府外交史》第 1 集,第 44 页

杰弥逊致傅秉常函

1925 年 7 月 20 日

秉常先生大鉴:

　　七月十八日大函第三段言亟欲知"代表"二字作何解释(七月十八日函见下关于罢工之换文)。查杰弥逊七月十一日两次去函,均无与此二中国字意义稍近之字样。倘承示知此二字系由何句英文拟译而来,杰弥逊当极欣喜。抑尤有欲言者,胡先生于授意阁下各公文时,所用词句,远出常规,而实极为侮渎人也。状师界有言曰,人若知其不直,最宜诟骂对方,希望好谴责他人者,或从此亦以为直。惟胡先生固曾当众明言,彼除略谙日本文外,未习于外国语言文学,而于外交惯例或礼节,则更一无所识也。此候
日祉

杰弥逊启

七月二十日

《沙基痛史》,第 100—101 页

傅秉常复杰弥逊函

1925 年 7 月 30 日

　　径启者:现接贵总领事官七月二十日来函,内言本交涉员七月十八日去函第三段,亟欲知 Representative(中国字为"代表")字之义意。此二中国字,贵总领事官经已解释正确。但贵总领事官可随意解之为

"代理人",或"官吏"。从事实上言,本交涉员此函之发刊,译文内有"代理人"字样也。贵总领事官不满于本交涉员去函所用词句,谓为"远出常规"及"极为侮渎"。所惜来函未言侮渎及于谁何,及此种侮渎在于何处。六月二十三日惨案发生后,贵总领事官犹望中国政府之自重,官员仍从事于虚伪外交及礼仪之旧习性耶? 国人惨遭屠戮,血迹尚未尽干,沙面方面犹可嗅其余味。贵总领事官犹可于域多利酒店之洋台上观览及之。是则贵总领事官尚何能希冀广东政府之公文,表之以友睦的词语。吾人之友睦,在昔固方图保持及巩固之,今则已为沙面机关枪所破碎,抱憾滋多矣。吾人屡欲从公平上调解争持,以为恢复破碎的友睦之计,不图只获公文词句之题外反抗及"不能考虑"之粗率答复也。贵总领事官于本交涉员函内所述题中各点,置之不理,徒斤斤于外交礼仪之教训式言词,吾人屡言不能借此解决现在之非常状态。本交涉员亦于该函声言二十三日惨案条件,能速转呈考虑及依据公平正义以解决,则现在危机,方可早日希望平息。甚惜贵总领事官乃欲令人以为吾人不直,故来函有"状师界有言,人若知不直,最宜诟骂对方,希望好谴责他人者,或从此亦以为直"之语。其实广东政府,在二十三日惨案发生数小时后,即组织一委员会,调查惨案。根据委员会报告,本政府六月二十六日即以公文送由贵总领事官转达贵国驻华公使,提出广东政府认为公平及可以恢复原状之条件。迨七月六日,接贵总领事官复言,英国公使以为吾人要求,不能加以考虑。实则等于拒绝,置吾人之直理于不顾矣。事后来函及七月二十日致本交涉员函所言,一似吾人不能得直而求诟骂也者。实则吾人固有极直之理在,若置之不理,殊未能增进和平及平常邦交也。至于胡部长虽未语谙外国语言文字,而公文上未尝错误,即外交惯例及礼仪,亦未有失。且外交礼仪,与沙基惨杀案又绝无关系也者。盖惯例与礼节,固不能冀其可以移易华人激愤之良知,"吾人将当另谋所以疗治六月二十三日惨案受伤华人之创痛矣"。相应函复查照。顺颂

时祺

傅秉常启

七月三十日

《沙基痛史》，第 101—102 页

杰弥逊致傅秉常函

1925 年 7 月 20 日

径启者。本月十八日广州英文粤报，载有书翰译文一通，系贵交涉员奉胡汉民先生命致与日本代理总领事者。函中责备日本代理总领事，指为曾作本总领事之居间人或工具，措词颇为过度。本总领事绝未请求或授权清水亨先生，作胡先生及本总领事之居间人。此种事实，本总领事得有文书证确矣。贵交涉员七月十三日函内，未经认可而用美、德两国领事名字一事，亦经金克思、白仁德两先生表示不满。此种图以尘沙撒薮外界眼目之粗鄙手段，亦非绝无影响。本总领事恳为将现函公布之，一如顷所论及之函也。此颂

日祺

杰弥逊

七月二十日

《沙基痛史》，第 105 页

傅秉常笺复杰弥逊函

1925 年 7 月 24 日

径复者：现接大函，关于本署所奉胡部长令致日本总领事之函，有所讨论，本交涉员经已阅悉。查本署七月十四日致日本领事之函，内容所言若何，措词有无过度，及清水领事是否为贵总领事官居间人。又本署七月十三日函内用美、德两领事名字，以上三事，均应由日、美、德各领事自与本交涉员言之，非贵总领事官所宜越俎评论也。今来函斤斤辩论，殊属无谓。且德代总领事曾与本交涉员言，贵总领事官现函引用

彼名字,亦未得美、德两领事同意。此种手段,是否粗鄙,请贵总领事官抚心思之。此复顺颂

时祺

傅秉常启

七月二十四日

《沙基痛史》,第105—106页

广州国民政府致驻京各国公使函

1925 年 7 月 23 日

北京苏联大使加拉罕阁下:

关于沙基惨杀事件,前外交总长伍朝枢已一度致电阁下提出抗议。兹再将调查委员会所得之结果,照会贵使团领袖,并请转致各国公使。调查委员会系由法官、警察当局及工、农、商、学等界代表十八人所组织。该会对各证据研究后,查得左列之结果:(一)游行示威行列依下列之次序:(甲)工人商人,(乙)大小学校男女学生,(丙)学生军。(二)除学生军因属后备军携带武装外,余概未携武装。(三)沙面先开枪。(四)学生军与学生队相距有数百英尺。(五)学生队先遭沙面方面轰击,地点在英国桥前。(六)英国桥方面开枪后,法国桥附近随之开枪。(七)多数被杀者皆系观众及过路者。(八)沙面军队用机关枪任意轰击,所用枪弹,乃东东式及软弹。(按东东Dum-dum 式乃一种因地而名之软弹,有强暴烈性,一八九九年国际和会多数国议决禁用,惟英、美少数国反对。)(九)事前有警察沿途维持秩序。(十)当沙面开枪之际,学生军四人一排,足见事前学生军无意启衅。上列调查结果,已了然证明惨杀事件之责,应由沙面英法当局负之。故广东政府提出下列要求,请广州领事转达北京英法公使:(一)各关系国须派大员向广东政府谢罪。(二)惩办关系当局。(三)除留小船两只传达消息外,其余凡关系国之军舰概行撤退。(四)交还沙面与广东政府。(五)赔偿中国人死伤之损失。以下并

附上伍朝枢致阁下之电文、广东政府致英、法领事之照会及调查委员会全部报告之译文。国民政府要求公正解决及纠正此项不名誉之惨杀事件。并请阁下力为斡旋。

胡汉民

七月二十三日

广东交涉员驳复英法领事的回函

1925 年 7 月 29 日

径复者：接贵总领事官及法领事官联名之七月十六日函开：贵总领事官及法领事官，允承本交涉员之请，将其七月十四日函件之译文，转达各贵国公使署云云。实则本交涉员并未请将该函用译文转达英法公使署，其所请求者，为再将关于沙基事件所提出之五条件，转达各贵国公使署，以便考虑，及早日能得依正当公平原则之解决也。而贵总领事官，则只允将七月十四日函件之译文转达，此种办法，对于早日解决及回复常态，一无裨益也。在联名之来函，发送广东政府交涉署，系七月十六日。本交涉署七月十四日函之译文，贵总领事官显当尚未转达贵国及法国公使署，然贵总领事官则已知公使署回复。贵总领事官之意思，甚难冀法国公使、英国代办公使，或可否认彼等本处代表目击其事之报告云云。贵国公使之本处代表，自身为沙基惨杀当事之一，造其报告，既不可诘责，而其长官又不加否认。则借当地领事之媒介，以得正当公平办理之希望已绝也明矣。故恐以后关于此问题之文件来往，不免徒劳而无益耳。本政府已决定"遣派代表，赴巴黎、伦敦，希将该案真情，告诸英法人民及其政府"。英法人民公平待人之感觉，使其对沙基惨杀案，将有另一方面之观察，不致只听信其当地代表之报告。本政府之所以采取此种手续者实出于不得已，因香港对于与外界之交通严行检查，致不能将事实真相揭橥世界故也。顺颂

时祺

傅秉常启

七月二十九日

《沙基痛史》,第99—100页

(四)省港大罢工

　　说明:沙基惨案发生后,为抗议帝国主义的暴行,广东、香港各界组织起主要针对香港英帝国主义的更大规模的大罢工,省港两地先后参与罢工的总人数达25万人。罢工者成立了省港罢工委员会作为罢工的执行机构,下设干事局、财政委员会等机构和罢工工人纠察队。罢工委员会运用罢工、排斥英货、封锁香港三项有力武器与英帝国主义作斗争。省港大罢工给英国统治下的香港造成巨大冲击,在罢工的打击下,香港的交通断绝,工厂停工,商店关门,供应困难,物价飞涨,垃圾粪便没人打扫,香港成了"死港"、"臭港"。

　　省港大罢工得到了国共合作下的南方政府的大力支持,罢工初期,南方政府制定了罢工计划,罢工实现后,南方政府又采取了一系列有效措施,解决了回省工人的食宿和交通等问题,并制定了区别列强、单独对英的方针,制定了复工的条件,并成功地进行了外交斗争。省港大罢工是第一次国共合作期间国共共同领导的一次成功的反帝斗争。大罢工持续16个月,是世界工人运动史上时间最长的一次罢工。为了支援北伐战争,1926年10月初,罢工工人代表大会决定停止罢工。10日,罢工委员会召集群众大会,宣告罢工胜利结束,并宣布停止对香港的封锁。

1. 罢工与杯葛事件发生经过

中华全国总工会致香港各工团函
1925 年 6 月 15 日

　　径启者：自上海日本纱厂资本家惨杀工人顾正红案发生之后，日、英、美帝国主义者，更蝉联不断屠杀我同胞，同时九江、青岛、汉口等处日、英帝国主义者亦先后杀戮我工界多人。可知帝国主义者已在我国境内下全体动员令，向吾人进攻，吾人若不急起一致反抗，则国将不国矣！我工人阶级在民族革命中，本负重大使命，对此更应敌忾同仇，为民族独立之先锋，引导全国同胞，一致动员，向帝国主义者反攻，匪特援助被害之同胞，抑亦为我工人阶级之本身利益所应有之工作也。本总工会前已派代表往各处工团，指导一致作实力的对抗，现据代表回报，贵处各工友对此异常热烈，进行方法亦准备妥当，并组织全港委员会筹谋指挥，闻听之下，殊深嘉慰。兹仍派代表前来协助进行，特此函达贵工团等立即通令全体工友一致罢工，以制帝国主义者死命，并希提出要求条件，不达目的不止。仍盼将罢工奋斗情形，随时函报为盼。此致香港各工团

中华全国总工会启

1925 年 6 月 15 日

广州《七十二行商报》1925 年 6 月 19 日

香港工界对沪案通电
1925 年 6 月 19 日

　　昨日香港工界团体为上海惨杀案致电全国总工会、国民党、各报馆、各农、工、商、学等团体，大意以上海西捕惨杀华人，国人应起而猛烈抵抗，达到取消不平等条约、收回租界、收回领事裁判权之目的，敝会等当率全港工友为前驱。又致英国工党转全世界工友电，请求援助，下署

名者有中华海员工业联合总会、木匠总工会、劳动同德总工会、洋务职工联合会、内河轮船总工会、公平工会、汽船卸货管工会社、海面货船工商总会、起落货集贤工会、煤炭总工会、华人船主司机总工会、海陆理货工会等各工会云。

广州《七十二行商报》1925 年 6 月 20 日

中华全国总工会致工友文

1925 年 6 月 20 日

工友们！

我们为什么罢工？我们是因为上海流血事件而罢工。

上海流血事件是如何一回事？先是二月间在上海小沙渡地方日本纱厂大罢工，工人团结一致，声势浩大，日本厂主没法，屈服了，承认工人要求的条件。但是日本厂主到底不服此口气，到五月间又反悔起来了，不履行条件。工人不答应，于是重又罢工，日本资本家此次就凶恶了，他们把厂门关起，不给工做，想饿死工人。工人与他们理论，日本管工竟然开枪打死工友顾正红一名，伤者无数。小沙渡纱厂工友因为顾正红为工人之大家的利益而牺牲了，遂发起开了一个追悼会追悼他。当日有许多学生，他们表同情于工人阶级，他们也三五成群的去追悼顾正红，不料这班学生在半途上即被上海租界巡捕拘往捕房。工友顾正红无辜被日本厂主所杀，赴追悼会的学生，租界巡捕不问情由就拘捕，上海人民实在忍无可忍了，于是在五月卅日举行示威运动，一方面表示反对日资本家惨无人道的残杀，一方面表示要求租界当局释放无故被拘学生。哪知英大人管理下的租界当局，早存着与日本帝国主义者一致以摧残中国工人运动与民众运动之决心，英国巡捕不问青红皂白，对着游行的群众就开机关〔枪〕，无情的枪弹，打死了许多，打伤的无数。上海民情更形激昂，继续游行演讲，散放传单。英、美、日巡捕、商团及海军陆战队，又连日大加屠杀手无寸铁的上海工人、学生、市民，死者迄今不下五六十人，伤者不计其数，先后因气愤帝国主义者之贱视中国人生命,任意屠戮,因而投江自杀者已有多人。上海人民全体愤激,决定全上海之大罢工、大罢市、大罢课,至今已两星期多,尚在坚持中。上海各团体提出:

一、释放被捕市民、学生、工人,赔偿死伤,撤换英日领事;

二、永远不准屠杀中国人,侮辱中国人;

三、取消工部局,永远不准用外国巡捕,撤退外国驻华之一切武装势力;

四、取消外人纳税会议,华人管理租界市政;

五、承认华人有言论、出版、集会、结社、罢工之自由权;

六、永久取消印刷附律及码头捐等;

七、收回会审公堂,取消领事裁判权;

八、迅速解决工潮,日本纱厂当允许罢工工人之要求。

中国各地亦都起来援助上海的工人、学生、市民,举行示威运动。汉口、九江英兵又枪杀示威游行之华人多名。帝国主义者在中国开始大屠杀中国人民了! 中国人民而特别是工人阶级,已都起来与帝国主义对抗了!

我们广东、香港的工人为什么一定要起来援助呢? 其理出于下:

第一,英、日、美帝国主义者枪杀的是我们同阶级的工人及对工人表同情的学生与市民,所以我们要起来援助上海民众,以达到他们提出惩罚帝国主义者的要求。

第二,上海民众所提出的要求中,有废除外人因不平等条约而得之特权,如领事裁判权、设立警察权、驻扎军队、内河停泊兵舰等,此等特权都是造成上海此次事件的祸源。在广东、香港,帝国主义者有此种同样特权,所以我们广东、香港的工人,为防止帝国主义者将上海同样的屠杀加之于我们自身起见,一致赞助上海人民提出废除此等帝国主义者之特权。

第三,此次上海、青岛、汉口、九江同时发现帝国主义者对中国民众之武力摧残,证明帝国主义对中国人民已下总攻击。中国这一年来民众反抗帝国主义的运动,一日千里,高涨非常之快,帝国主义者于是觉得自己在中国的势力危险万分。于是帝国主义者对于中国的民族运动,而特别是工人运动,想尽种种方法以摧残之。帝国主义者在报上造谣中伤,收买国民党右派帮助与唆使反动军阀谋推倒广东政府,搜查共产党。——此等方法都被帝国主义用尽了,但是民族运动还是增长不已,站在民族运动前锋的工人阶级,更是迅速的扩大他们的组织,加长他们的势力。全国总工会已成立了,加入的工会一天多似一天;全国铁路总工会已重新恢复而更加扩大了;纱业工人之罢工潮,更是风驰潮涌,渐谋全国纱业工人之联合。至于广东及各地的农民运动,更增加民族运动以一重要势力。国民党右派分子的被买,犹如代国民党开刀割去腐烂,使其疮痛易于痊愈。推倒广东政府之谋未成,反使之日渐强固。帝国主义摧残中国民族运动及工人运动的伎俩既绝,于是不得不应用最残酷而野蛮无人道的屠杀政策,想借此以扫灭中国的民族运动和工人运动。此次上海事件,是中国民族运动与工人运动之势力消长问题。我们为保障中国,也就是保障广东、香港的民族运动及工人运动起见,应与上海及全国的工人及被压迫民族联合一致,以对抗帝国主义之进攻。

我们为何以罢工来援助呢?罢工是中国工人在现时的最厉害的武器,譬如我们香港工人全体罢工时,香港此孤岛就交通断绝,商业停顿,工厂关门,香港帝国主义政府的一切收入都没有了,香港英国资本家已没有华工被他们剥削了。沙面工人罢工,给沙面的帝国主义者以极大的打击。如此,可以使帝国主义者知道中国工人力量未可藐视,对于上海事件不得不让步。我们工人切不可用个人的暗杀手段,因为帝国主义想找寻借口以图残杀,发生了暗杀正是给他们以残杀的机会。有组织的罢工,已足以致帝国主义的死命。

工友们!帝国主义者在中国各地的屠杀,已激起世界各国工人阶级的义愤。赤色职工国际已号召四十三国工人起来表示反抗,以压迫帝国主义政府对上海事件屈服。工友们!大家齐心,坚持到底,胜利一定是我们的！帝国主义只有被屈服。打倒帝国主义！全世界工人联合起来呵！

中华全国总工会

1925 年 6 月 20 日

《工人之路》第 10 期,1925 年 7 月 8 日

省港罢工委员会通电

1925 年 6 月 25 日

　　上海分送民国日报、总工会、总商会、学生总会、全国各报馆、各社团公鉴:英、日帝国主义者,迭次屠杀我沪、汉、青、浔各处同胞。其对待我中华民族,无异埃及、印度。省港工友,愤激异常,决与上海各处同胞取一致行动,实行总罢工,以消灭彼帝国主义者之凶悍。并组织省港罢工委员会,以备长久作战之计划,务期达到一切要求目的,得以保障中华民族之独立为止。讵知帝国主义者不独毫无悔过之心,而且忌我益甚。乘我广东各界巡行大示威之日,突在沙面开枪扫射,法界亦开炮轰击。当时尸骸枕藉,血肉横飞,毙我男女学生暨工农群众八十余人,伤者不计其数。此次屠杀挑战,原在我人意料之中。惟我人已下决心与帝国主义者决战,则毫无畏惧之意。吾省港工友经此次惨杀之后,宁愿与之偕亡,不愿偷生屈伏。现正纠合同人封锁沙面及香港,以制彼帝国主义者之死命。尚希我全国同胞,奋勇一致,则中华民族解放之前途实厚望焉。泣血陈词,义无反顾。伏为垂鉴。中华全国总工会省港罢工委员会叩。径印。

《沙基痛史》,第 143—144 页

广州总商会通函

1925 年 6 月 28 日

　　径启者:现准中国国民党中央执行委员会商民部伍部长第十三号通告内开:此次英、日帝国主义者倚恃强力,破坏公理,蔑视我国权,残

杀我同胞。自五卅惨杀发生后以迄现在,青岛、汉口、长沙等处同胞,均遭同样之惨杀。本月廿三日,广东各界对外协会为援助各地被害同胞,警告英、日帝国主义者起见,集队巡行,举行示威运动,行抵沙基,亦竟被英兵乱枪射击。据现在调查所得,死者四十四人,伤者四十六人,其他失踪溺毙者不可数计。此等野蛮行动,直视吾国为屠场,视吾民为牛马。灭绝人道,莫此为甚。现在国内各界经风起云涌,联合反抗,以消极抵制为对待方法。不买英、日货物,实行经济绝交。凡属商人,亟应与各界一致行动,集中实力,以谋最后之胜利。然念各商店在此惨案未发以前,所购买之英、日货物,或有积存,应即由各商会召集会议,妥定自行检查,处置积存英、日货物之相当办法,公布各界,切实执行。免被不轨之徒藉端骚扰,实为至要等由。兹事体大,自应召集四商会各行商各大公司,于阳历六月三十日下午二时,在本总会内会议,公同讨论。除分函外,相应函达查照,希即依时莅会,出席集议。事关大局,幸勿放弃为盼。专泐,即颂

时祺

广州总商会启

《沙基痛史》,第159—160页

6月29日商民部委员会议情形

　　中央党部商民部,以现在对外问题,最重经济绝交,以制帝国主义者之死命。特组织广东商界对外经济绝交委员会,聘请本市四商会各五人,米行三人,三大公司每一人,为筹商对外经济绝交办法。委员会经于廿九日开第一次会议,到会者有商民协会蒋寿应、潘琴航、黄旭升、黄寿和、卢炽南等,市商会梁培基、陈青选、杨公卫等,商联会李镜峰、梁组卿等,总商会陈铁香等,大新公司代表褚泽生、先施公司代表夏叔和、真光公司代表任少麟。是日二时开会,由商民部甘乃光主席。宣布开会理由后,经黄旭升提议,组织检查外货会、品评外货会,以抵制外货。组织商人银行,以拒绝外币。兴办实业及渔业,以安置罢工工人。关于

筹款办法,先由殷商借款,由商人自动增加二五税款归还。梁培基主张,将西纸收集及筹办汇兑处,以流通金融。后由梁组卿、杨公卫、潘琴航及各公司代表相继发言,一致议决:(一)拒用外币问题,先献议于银业公会,将西纸收集由中央银行换以中央纸币,另印标记通用。俾金融流通,将西纸向外国银行换现款。即致函银业工会、中央银行会商实行办法。(二)检查外货问题,将各商店现存英、日、法货由该会检查后,发一标记方得发售。"五卅"以前之定货单检明后,准其入口。"五卅"以后定货,一概不准运入。不日将办法公布各界,直至四时许始散会。

《沙基痛史》,第 158—159 页

总商会 6 月 30 日会议情形

　　总商会、商会联合会、市商会、商民协会四商会,为讨论各行商积存英、日货物事,于昨卅日在广州总商会开联席会议。是日下午三时五分开会,四商会会董及各行商代表到会者五十一人。总商会会长缺席,由副会长胡颂棠主席。陈远峰宣布开会理由,宣读中央执行委员会商民部来函。次马伯年发言,略谓今日各位到来,系因积存英、日货物事讨论。须知现在我国民实行与英、日经济绝交。但在此事未发生之前,我商民购买如许多外国货物,此货物应如何处置,不能不筹妥善办法。用何方法,使对于我商人不致感受损失,而大众可办到而无窒碍地方?请大众共同讨论。继杨公卫发言。我商人所存英、日货物不少。如何检查,昨日商民部已有讨论。至好请各商自行检查,分别种类、国名、价值,呈报商民部及对外协会,由商民部检查发凭。继主席发言。对于积存货物,须研究何者为英,何者为日,认定办法,使界线清楚。今日讨论,专为此事。请各位对于积存英、日货物,应想出持平办法。继陆卓卿发言。各商民所存之英、日货物,当报告于工学各界,并禁止以后运输入口。其在前定下者,及在中途或货仓,又不能不审慎妥定办法。马伯年谓,今日对于积存英、日货物讨论。此事中国商人购入货物,须研究准其买卖与否。盖既已买入,当为爱国商人之资本。如认定准其自由买卖,则在入口方面监视,不能准其再输运入口。如在此事之先立有定单,然后有货到,或存香港货仓者,则须报由验明方可。尤有要者,须研究英、日货物需要与不需要问题。假定在安南、暹罗定米,该处在英属地之下,又如煤炭等,皆取给于外国,须另想办法。杨公卫谓,我商界应急速组织经济绝交会。经众讨论,由主席付表决。后众对于名称上有所研究,旋议决通过,命名为"广东商界对外经济绝交会"。梁培基谓,请即刻成立此会。王旭升谓,即举出干事,及呈请省长。杨公卫谓,定由四商会每会举出干事六人为委员,先就是日到会者充任,然后再回会报告,由会补送足额。王旭升谓,宜即晚由四商会正副会长领衔去函省长及大会,谓此会已成立。马伯年谓,四商会职员俱得为会员,并由各商会会员举出干事。其关系重要干事会不能解决者,即提出四商会开大会议解决。主席将杨公卫及马伯年两议提出表决,通过。并即晚将该会招牌标出。限各代表回会报告,于二日内举出干事。再定星期五(七月三日)开干事会议,讨论组织章程及各项办法。并于即晚函商民部、对外协会、学生会、总工会等,通告成立此会云。至下午五时半遂散会。

《沙基痛史》,第 160—161 页

省港罢工工团通电
1925 年 6 月 30 日

(衔略)钧鉴:呜呼!帝国主义者实施暴力,迭于沪、汉、青、安、浔等地,乱杀华人。凡有血气,同深悲愤。英法帝国主义者罔知悔悟,犹复恣意屠戮,竟于六月廿三在广州市重演空前流血惨剧。忍将炸性毒弹扫射巡行群众,死伤数百,疾首痛心。现政府虽提出抗议,无如英法恃其横暴,何异与虎谋皮。此次惨杀问题,乃世界被压迫民族反资本帝国主义问题,实非我中国一国一人之事。远东风云,将引起全球大战。倘能急起奋斗,则乘机起而打倒帝国主义者,不止东方民族。观于香港印兵,尚知主持公理,加入革命。而谓四百兆民众,竟不及亡国印人。

同人深信无关痛痒之和平交涉,终不济事。若非彻底取消一切不平等条约,实行收回租界主权,不足以遏帝国主义者之野心。与其仳仳倪倪以待屠杀,孰若死中求活,实行与英、法帝国主义者绝交,立下决心,与其宣战。同人等宁为玉碎,不作瓦全。列强之枪炮虽利,而我国之民气尤强。按之孙大元帅以布衣出身,手无寸铁,卒能推翻帝制,打倒曹吴,无不以民气而获最后之胜利。况俄、德、奥等国均为诚意表同情,是帝国主义者已臻末日。此而不战,尚待何时。愿我国人联合一致发奋图之。省港内河轮船工会、海陆理货员公会、卸货员工会、同德总工会、集贤总工会、煤炭总工会罢工联合处叩。陷。

《沙基痛史》,第144—145页

中华全国总工会欢迎省港罢工工友词
1925 年 7 月 1 日[①]

工友们! 我们为何要罢工? 我们为争民族自由而罢工。我们的民族自由被谁剥夺了? 被帝国主义者剥夺了。帝国主义者怎么能剥夺我们的民族自由? 为的是不平等条约在他们手中。他们按着不平等条约,所以驻兵中国,占据中国的领土,有领事裁判权,以不平等的法律管治中国人,所以我们要争回我们的民族自由,非取消不平等条约不可。怎样废除不平等条约? 惟有团结一致,由一地方的工会联合起来,而至全世界的被压迫民族都联合起来。这样继续的努力奋斗,将帝国主义的命根斩断,就可以打倒帝国主义,永远废除不平等条约了。

工友们! 我们要知道,打倒帝国主义不是一天可以办得到的事,不是一次罢工能解决的事,也不是杀几个外国人就能办得到的事,乃是吾人继续奋斗的精神不断,一次不成来二次,二次不成又来三四次;一地的力量不足,联合全国的力量,一国的力量不足,联合全世界被压迫阶级和被压迫民族的力量,这样就可以打倒帝国主义了,这样就可以永远

---

① 此为发表日期——原编者注。

废除不平等条约了。

中华全国总工会是全中国工人阶级的总联合机关,欢迎你们不是别的,就是欢迎你们为争民族自由奋斗的精神。我们相信最后的胜利,必是我们工人阶级的。

工友们! 继续奋斗到底呀!

废除不平等条约!

打倒帝国主义!

民族革命成功万岁!

《工人之路》第 8 期,1925 年 7 月 1 日

广州总商会报告书
1925 年 7 月 1 日

径启者:六月三十日,广州总商会、广东全省商会联合会、广州市商会、商民协会,为上海及本市沙基惨案,假座总商会联席会议,讨论抵制英、日货物问题。众情愤激,均表赞同。惟抵制之法,要在杜绝来源。其以前购存而未售罄者,此皆华人血本。若一概废弃,无损外人,反为自累。众议已购入者,未便令其损失。其以前定购而未运到者,即缴验定单,货到即行报销,不准再运。并须派员常川前往关口检视起货,认真监察,以防流弊,而绝来源。即日由四商会组织,成立广东商界对外经济绝交会,附设总商会内。每会举出干事员六人,积极进行办理。案经表决,一致通过。除分函外,相应函达台端,希为查照。即将举定干事员六人衔名,限于阳历七月三日以前,函报总商会。并祈转知各干事于七月四日即星期六下午二时到会出席,均请勿延为盼。即颂
时祺

广州总商会启
十四年七月一日

《沙基痛史》,第 161—162 页

全港工团委员会对香港当局提出罢工要求条件

1925 年 7 月 3 日①

一、不平等条约一日不废除,则中国人民生命之安全绝无保障,此次上海、青岛、汉口惨杀案之继续发生,皆帝国主义凭借此项不平等条约之厉阶也。香港五十余万华工痛念上海、青岛、汉口同胞之横遭惨杀,不胜悲愤,因决议与上海各地取同上之态度与一致之行动,非俟上海工商学联合会所提出要求条件完全达到,决不中止我们对帝国主义之反抗行动。

二、香港居住之华人,历来受英国香港政府最不平等条约之残酷待遇,显然有歧视民族之污点。全港华工并对香港政府提出下列之诸条件,非达到完全目的不止。计开:

甲、华人应有集会、结社、言论、出版、罢工之绝对自由权(中国新闻报立即恢复,被捕记者立即释放并赔偿其损失)。

乙、香港居民,不论中籍西籍,应受同一法律之待遇,务要立时取消对华人之驱逐出境条例、笞刑、私刑之法律及行为。

丙、华工占香港全人口之五分四以上,香港定例局应准华工有选举代表参与之权;其定例局之选举法,应本普通选举之精神以人数为比例。

丁、应制定劳动法,规定八小时工作制、最低限度工资、废除包工制、女工童工生活之改善、劳动保险之强制施行等;制定此项劳动法时,应有工团代表出席。

戊、政府公布七月一日之新屋租例,应立时取消,并从七月一日起减租二成五。

己、华人应有居住自由之权,旗山顶应准华人居住,消灭民族不平等之污点。

《工人之路》第 10 期,1925 年 7 月 3 日

---

① 此为发表日期——原编者注。

国民政府致广东省政府训令

1925 年 7 月 8 日

中华民国国民政府训令　第三号

令广东省政府

自五月卅日上海惨杀案发生以来,汉口、青岛、九江、广州等处继续发生同样之惨剧,且愈演愈烈,愈推愈广。沙面英、法兵既杀我群众于前,香港殖民政府复绝我交通于后。吾民为抵抗强权压迫,推倒帝国主义及维持国家民族独立自由,保障人民生命财产之故,不得已有省港同时罢工之举。欲以平和正当之手段,抵御帝国主义者之侵凌,不惜牺牲一切生活以赴之,其志气弥厉,其用心良苦。政府为维持此种正义之行为,并促其进行迅速收效宏远起见,经常务委员七月七日会议议决如下:

一、着广东省政府令行广州市政厅饬广州市公安局,即饬广州市公安局,饬区暂拨借东园为省港罢工委员会办事处。

二、着广东省政府令行广州市政厅饬市公安局,将征收半月租捐缴交中央银行,专为援助省港罢工委员会之用。

三、着广东省政府分别饬令三水、河口、九江、江门、容奇、香山、石岐、澳门、前山、湾仔、下栅圩、下新宁、广海、陈村、虎门、太平、宝安、南头、深圳、沙头角、沙鱼涌、澳头、汕尾、坪山、淡水、大鹏、海口、北海、广州湾等口岸禁止粮食出口。

四、着广东省政府令行广东建设厅,筹筑黄埔、石井两公路,并与香港罢工委员会协商筹筑办法。

五、着广东省政府令行广东建设厅,计划黄埔开筑商港事宜。

六、着广东省政府令行广东商务厅,劝谕商民援助香港罢工委员会。

七、着广东省政府令行广东商务厅,责成各华商烟公司酌拨赢利捐助省港罢工委员会。仰即遵照办理。切切此令。

民国十四年七月八日

《五卅运动和省港罢工》,第 260—261 页

国民政府致广东省政府训令

1925 年 7 月 8 日

中华民国国民政府训令　第五号

令广东省政府

为令行事：查此次省港罢工，纯属人民爱国运动，政府自宜酌予援助，俾得减少困难。如有省港罢工委员会一切通电，应准电报局免予收费，即为拍发。仰即令行广东建设厅转行广东电政监督，饬属一体遵照。此令。

民国十四年七月

《五卅运动和省港罢工》，第 262 页

省港罢工委员会封锁香港通电

1925 年 7 月 9 日

国民政府最高委员会、国民党中央执行委员会、谭总司令、许总司令、朱总司令、蒋司令暨各要塞司令、海陆军警、全体同胞、全国各报馆、各商会、工会、学生会、农会、各公团公鉴：英、法、日等帝国主义者，不惜以最野蛮最残酷之手段，相继屠杀我国民众，凡属同胞，谁不血愤！我等咨嗟生息于其铁蹄之下，更为疾首痛心。是以敝会十五万工友，一致举行总罢工，宁受个人之牺牲，以争民族之解放。回国以后，风餐露宿，亦不知有所谓痛苦，救国苦心，想为国人所共见。惟彼帝国主义者之野心，熊熊莫过，日来调兵遣舰，愈逼愈紧，吾人不谋最后之反攻，则惟有坐而待毙。敝会为贯彻奋斗起见，议决实行封锁香港及新界口岸。自本月十日起，所有轮船轮渡一律禁止往港及新界，务使绝其粮食制其死命。而中华民族之存亡，亦悉系此一举。想我国民革命政府，当必表示深切之同情，饬令各地海陆军警、同胞，切实予吾人以赞助。上下同心，举国一致，在此生死关头，努力冲开一条血路，则中华民族之生存，庶可有望。泣血陈辞，伏维垂鉴。中华全国总工会省港罢工委员会叩

一九二五年七月九日

《工人之路》第 16 期，1925 年 7 月 10 日

省港罢工委员会复国民政府函
1925 年 7 月 11 日

敬复者:顷奉钧函,欣悉我国民政府为扶助省港罢工工人起见,议决办法七条。丰筹卓见,超炳寰瀛,卫国护民,笃符党旨。敝会俟开大会时候,当敬谨宣布,并勖勉敝会全体工友誓死为我政府后盾,务必实现先大元帅废除一切不平等条约之主张,达到中华民族完全之解放而后已。尚此奉闻,不胜感祷之至。谨上

国民政府委员会

省港罢工委员会
中华民国十四年七月十一日

《五卅运动和省港罢工》,第 262 页

驳载总工会致国民政府电
1925 年 7 月 12 日

中国国民党中央执行委员会、中华民国国民政府、广东省政府、广东粮食维持会、省港罢工委员会、广东对外协会、国民外交后援会钧鉴:现由广东粮食维持会,举定本席为运输主任,自当尽竭棉薄,以期无负委托。惟是载米入口之船各国皆有,请指明由何国船载来可以为之起卸,何国船载来不得为之起卸,俾有遵循,实为公便。临电不胜盼祷之至。驳载总工会总理黄党叩。文。

《五卅运动和省港罢工》,第 263 页

国民政府秘书处致广东省政府公函稿
1925 年 7 月 13 日

中华民国国民政府秘书处公函　第八十二号

径启者:中华全国总工会省港罢工委员会邮电呈称:该会议决实行封锁香港及新界口岸日期,请饬海陆军警切实赞助一案,经国民政府常务委员于七月十四(?)日会议议决,交广东省政府切实办理。相应检

同原电,函达查照办理为荷。此致

广东省政府

　　计送原电一件(缺)

　　　　　　　　　　　　　　民国十四年七月十三日①

　　　　　　　　　　　　《五卅运动和省港罢工》,第 264 页

全港工团代表大会议决增加四项要求条件

1925 年 7 月 14 日

　　罢工委员会向港政府提出要求条件,除已定的六条外,再增多附加条件四条,即:

　　(甲)罢工工人及皇家服务人皆应恢复原有工作及职务,其原有之工作牌照、营业牌照皆应继续有效。

　　(乙)罢工期内工资照给。

　　(丙)罢工解决后不得借故开除工人工作及驱逐工会职员离境。

　　(丁)所有罢工期内被捕及监禁者一律省释。

　　　　　　　　　　　　《工人之路》第 20 期,1925 年 7 月 14 日

国民政府训令稿

1925 年 7 月 16 日

中华民国国民政府训令　第二十六号

令广东省政府

国民政府外交部长胡汉民

　　为令行事:现据驳载工会代电称:现由广东粮食维持会云云,不胜盼祷之至等情。据此。查载米入口,无论系何国之船,非经政府特许,均不得为之起卸。其特许证应由商务厅制备,由商务厅长、公安局长、

----

　　①　此件原稿前面注有“十三日拟搞,十五日发稿”等字样。此日期系稿时所书——原编者注。

省港罢工委员会代表署名,最后由外交部长署名发出,始为有效。除分令 外交部长 广东省政府 知照外,合行令仰 分 该部长 别 转饬商务厅长、公安局长、省港罢工委员会代表遵照。并转行该驳载工会知照。此令。

民国十四年七月

《五卅运动和省港罢工》,第 264 页

国民政府财政部致国民政府会议呈文

1925 年 7 月 18 日

呈为提议事:现据粤海关监督傅秉常呈称:奉前广东省长训令开:查近日香港禁止粮食及各种必须物品运入广州。现为维持民食起见,亦应禁止谷米及其他杂粮果菜及一切肉类等食用品出口。仰该监督即行转知税务司,切实查禁,以裕民食。等因。遵经分别咨令各关口查禁在案。监督窃查此次禁运粮食出口,并未指定种类,范围较广,致间有与粮食无甚关系物品,亦一律禁止不准出口。即如职署昨据商店新合成等呈称:有荔枝干数百箱,拟运往上海内地各号,亦被禁止,似于商人营业不无窒碍。拟请钧部将禁运物品饬科详加审定,分别种类,列表令发下署,并饬布告周知。庶于禁运出口之中,仍寓体恤商艰之意。是否有当,理合具文呈请察核指令祗遵。等情前来,理合提案,听候公决施行。谨呈

国民政府会议公鉴

财政部长廖仲恺

中华民国十四年七月十八日

《五卅运动和省港罢工》,第 265 页

省港罢工委员会关于审查林和记破坏罢工案经过函

1925 年 7 月 19 日

径启者:顷见报端载有检查厅长呈国民政府一文,阅之甚为诧异。

查犯人林和记作恶多端,港人同愤。此次承帝国主义者之命,招海员返工,破坏罢工,直认不讳,群众愤怒,皆曰可杀。会审处以其案情重大,特请各工会代表共同会审,迄今尚未举行,何有于死刑之判决,更何有于死刑之执行。该检察厅长不考事实,竟疑敝会有不呈报政府执行国家刑罚之举,实属误会。该案审问之后,自当将人犯连同证据、口供,解送政府,听候处断,决无如该检察厅长所虑之事发生。除函该检察厅长说明事实外,特将真情上呈清听,幸垂察焉。顺颂

公祺

　　附抄致检察厅长函一件

　　　　　　　　中华全国总工会省港罢工委员会

　　　　　　　　中华民国十四年七月十九日

（原批）复以函中解释,函为明允,已饬卢总检察厅长知照。铭

附:抄致检查厅长函

兴原厅长先生鉴:据昨日报载,先生对敝会会审处未决定之林和记一案,具呈政府,恳予制止,阅之不胜诧异。先生职司检察,履行"尊重法律,保障人权"之义务,敝会深为欣佩。惟先生对于事实不免有太欠明瞭之处,不能不为先生陈之。查林和记作恶多端,港人同愤。近更承帝国主义之命,招海员返工,破坏反帝国主义之罢工战线,群情忿激,皆曰可杀。敝会会审处以其案情重大,拟邀请各工会代表共同审讯,无非以昭大公而免冤抑。且审问之后,自当将犯人证据、口供连同解送政府,秉公处断。此种手续,敝会虽愚,何至不知。先生观会审处呈报,只言"审得林和记招海员返工,理宜处以死刑"。所谓理宜云云者,乃未定之辞也。尚说不到判决,更何有于执行国家之刑罚。先生不加细察,竟武断敝会不呈请政府处断,似不免有神经过敏之诮。虽然先生此种抗议,吾人决不因其武断认为恶意,而不乐于接受。惟望先生嗣后于此等事件,最好先行到敝会询问明白,再行发表意见,庶免摇惑社会观听,而陷反帝国主义之爱国工人于不义。总之,此次我省港工友为援助同胞,拯救国家起见,不惜冒重大牺牲,以罢工手段与帝国主义奋斗,侠情

义举,似有足多。对于破坏罢工之徒,加以防范,以免营阵动摇,实乃正当之行为。凡属国人,料无不表同情。即或群众为爱国热忱所驱使,对此等破坏之徒,不免稍加殴辱,敝会犹复三令五申加以制止,可见敝会保障人权,并不后人。况此等人犯为英国帝国主义者竭力效忠,现吾国已与英国帝国主义者立于敌对地位,此种人犯似不应与普通人犯相提并论。因彼名虽(藉)〔籍〕属同胞,实为祖国祸水。似中国法律此辈不应享受之权利也,质之全国同胞,当不以此言为谬误。现该犯林和记尚未经各工会代表共同审讯,请先生放心,敝会自知职责之所在也。专此布(遵)〔达〕,伏惟明察。并颂

公安

中华全国总工会省港罢工委员会

《五卅运动和省港罢工》,第265—267页

廖仲恺致陈肇英①密电

1925年7月27日

无线电发

虎门陈司令鉴:英密。据报东莞太平墟有土人八名,合资五百元,组织偷运粮食公司,专接济香港外人,并有长枪八杆护卫,每日分载大艇两艘,由南沙乡落货,绕经新安沙井,驶赴元朗起岸,附火车至九龙等语。查此种赍粮于敌之行为,无异杀害工人,破坏政府,请切实查禁。并将该公司解散,该土人八名查拿。此事关系全局,请万分注意并复。仲恺。沁。

《五卅运动和省港罢工》,第272页

---

① 时任驻虎门司令。

国民政府秘书处致军事委员会公函稿

1925 年 8 月 4 日

国民政府秘书处公函　第 179 号

径启者:省港罢工委员会呈:据探报港政府以巨款运动邓本殷接济粮食、牲口,并拟令邓出兵扰乱等情,请派遣兵舰前往查缉一案。经国民政府常务委员于八月四日议决,交军事委员会办理。相应检同原件,函达查照。此致

军事委员会

计送原呈一件(缺)

民国十四年八月四日

《五卅运动和省港罢工》,第 275—276 页

省港罢工委员会致国民政府代电

1925 年 8 月 7 日

国民政府各委员钧鉴:我粤港二十万工友为反抗帝国主义者而罢工,迄今将及二月,香港损失垂二万万。加以封锁其港口,断绝其粮食,庄严灿烂之香港,一变而为荒凉凄惨之孤岛,行见帝国主义者,将屈服于我们。讵邓贼本殷不顾全国公愤,受香港政府八十万元之运动,不惜与帝国主义者相互勾结,接济香港粮食,助长敌国凶焰,更欲出兵扰乱广东,以消灭吾人反抗帝国主义之运动。呜乎! 邓贼果具何心,为祸琼崖八属之不足,复欲断送中华全国之生机。此贼不除,国难不已。敢请我国民政府迅颁明令,出师剿灭。尚希国人一致申罪讨伐,庶内部巩固,得以全力对外。国家幸甚。民族幸甚。中华全国总工会省港罢工委员会叩。阳。

《五卅运动和省港罢工》,第 276 页

省港罢工委员会请将扣留奸商偷运货物一律充公有关呈令

1925 年 8 月

(1) 省港罢工委员会呈 (8 月 7 日)

为呈请事:顷接商务厅来函开:径启者:查各商号由香港已运来货物,叠据来厅呈请发给特许证。应否准给证起卸,昨日特因此问题,由敝厅长会同廖部长仲恺,贵会代表黎福畴磋商,以该货物在船日久坏烂,决议暂与通融。准各商取具殷实铺保,切实声明货物种类、价格,核发特许证,以便起卸,静候处置。当经本厅照此办法,今日布告商号遵照,似未便变更。至货物卸后,应如何处置,当为另一问题。至载货由港来省各船,据黎福畴君云,已由贵会派队查明扣留。兹将布告原稿附函送请查照等情。据此。敝会得阅之下,惊骇万状。窃思我国向受帝国主义者压迫,国人共愤。而尤以旅港工人感(甚)〔受〕痛苦为甚,实属忍无可忍。屡欲牺牲一切,与决雌雄,不过以此时军阀在前,豺狼当道,更不欲衅自我开,与人口实,不得不暂且容忍。今帝国主义者强横惨杀,虽妇人孺子亦莫不痛心疾首,我工人置仰事俯蓄于不顾,亦毅然牺牲权利与性命而罢工回国,预与帝国主义者一决雌雄。惟工人爱国之心有余,挽救之力未足,不能不藉政府补助。今政府既铲除军阀,刷新政治,与民更始。凡隶属国民政府旗帜之下,当履行国民政府之大纲,当以民意为依归。况我工人此次行动,实为国体及民族解决问题。且遵政府明令,持以纯正坚持手段对外,则其办法,实以经济绝交为要图。无如人心不一,多有藉此时机以为生财之路,百端诡计,(妨)〔防〕不胜(妨)〔防〕。此等汉奸,非严惩一二不可。至所执获货物及船只,须予以一律充公,庶几可稍戢余患。无如敝会一面实力截缉奸细及偷运货物,而有力者不特不予援助,反为因循敷衍,横垣作梗,唯利是图,如此则大局前途,实觉悲观。即如此次扣留之货物船只,业经证明系由港运到及偷运往港,核与国民政府商准敝会禁运条例背驰,自应一律充公,以儆效尤。讵料商务厅只惜奸人货物之坏烂,而不惜因此牵动国家之存亡,试问两者比较,孰为轻重。况奸人之货物,更何足惜,倘姑息养奸,实足以启奸人之作恶,而令反帝国主义者灰心。敝会窃以为此风一长,则后患不堪设想矣。心所谓危,不敢(箴)〔缄〕默,迫得具文并抄布告原稿,呈请察核,伏乞念国家安危,千钧一发之际,迅予饬令商务厅,现既扣留之货物船只,不准发还,一律充公。以后如有偷运接济敌人者,须实力援助敝会,庶可以戢嚣风而维大局,实为公便。谨呈
国民政府

省港罢工委员会苏兆征

中华民国十四年八月七日

　　(2)国民政府批稿(8 月 8 日)①

　　　　中华民国国民政府批　第三号

　省港罢工委员会苏兆征

　省港罢工委员会苏兆征呈请,饬令广东商务厅将扣留奸商偷运货物一律充公由。呈悉。查载米入口,非经政府特许,不得起卸,前经令行有案。嗣据广东商务厅呈拟粤省禁止出口物品,列举前来,复经议决米粮柴两项,应绝对禁止出口。其馀原案六项,亦应仿照前令特许入口办法发给特许出口证书,分别行知各在案。兹查商务厅布告,核发起卸货物特许证,与前令所列情事如有不同,办理有无不合,候令行广东省政府详加审查具报,再行核查。此批。

民国十四年八月　日

　　(3)广州国民政府令稿(8 月 12 日)

　　　　中华民国国民政府令　第二号

　令广东省政府

　为令行事:现据省港罢工委员会苏兆征呈称:为呈请事:云云。实为公便。等情。据此。当批,呈悉。云云。此批。等语。除批示印发外,合行令仰遵照办理。此令。

――――――――――――

　① 　此系拟稿日期――原编者注。

附钞发原缴商务厅布告一纸

民国十四年八月十二日

布告　第九号

为布告事：照得本厅核发运输特许证，原为保护商民起见。乃查近日请发之案，多有由港运来者。近日市民对外经济独立，极为坚决，本属未便特别保护。惟念各商人事前不明此中原理，本厅再三考虑，惟有暂予通融，准其取具殷实铺保，切实声明货物种类、价格，呈厅核明，发给特许证，以便起卸，静候处置。嗣后各商人，仍各知照，务守经济独立，以及政府与商民合作本旨，勿再违误，自贻伊戚。切切。此布。

中华民国十四年八月六日

《五卅运动和省港罢工》，第279—281页

省港罢工委员会呈国民政府函
1925年8月12日

径启者：顷闻沙面有即日开放，容纳工人返工，并通行省港轮船消息。敝会不胜骇异！盖沙基惨案一日未解决，则对于沙面香港交通及粮食各项，敝会自应严行断绝，以制帝国主义之死命，而雪同胞被杀之奇冤。今冤仇未雪，而帝国主义者竟欲将沙面开放，恢复省港交通，似此行为，直接有意破坏罢工，间接即是蔑视我国民政府。故敝会为罢工胜利计，为政府前途计，均应筹相当手段预为对付。但以兹事重大，诚恐策虑未周，谨将敝会所拟对付办法四条：

1. 各横街小巷，即日雇棚匠用竹搭密，并用封条封锁之，敝会并派纠察二人看守。

2. 各大街用警察二名会同纠察八名严守之，至芳村紧要路口，均照此办法。

3. 水上如有艇家接渡搭客，须即将其全艇用火油烧之。

4. 沙基铺家如在界外出入，须要领证，而杜流弊。

及该地地图一纸，请我国民政府察核，迅予施行为要。此致

国民政府

中华全国总工会省港罢工委员会启

中华民国十四年八月十二日

《五卅运动和省港罢工》,第 283—284 页

广东各界对外协会致国民政府函

1925 年 8 月 12 日

径启者:现据各方报告,沙面有定于十四日开放消息。姑勿论其是何作用,吾人都应该先定一种应付办法。敝会兹定于十三日上午十一时,召集全体执行委员会开一临时紧急会议,专讨论此事。届时并请政府及省港罢工委员会派负责代表出席,参加共同讨论。事关紧急,务希贵代表依时拨冗出席为荷。此致
国民政府

广东各界对外协会

八月十二日

《五卅运动和省港罢工》,第 284—285 页

国民政府复广东各界对外协会函稿

1925 年 8 月 20 日

径复者:顷接贵会来函,因沙面有开放消息,定于十三日上午十一时开临时紧急会议,请派代表出席参加共同讨论等由。兹派秘书黄子聪代表出席,相应函达查照。此致
广东各界对外协会

国民政府常务委员汪兆铭

胡汉民

林　森

民国十四年八月

《五卅运动和省港罢工》,第 285 页

省港罢工委员会关于设立特许证的通告

1925 年 8 月 14 日①

本会请求政府,蒙准派员参加运输货物特许证审查会。兹为体恤商界同胞艰苦起见,现饬本会参加审查会代表委员,凡商货除政府专卖及违禁品外,但不违背下列各条情事者,一律准予签名放行。并另饬纠察队、驳载工会等,准其卸货搬运。本会除派代表参加特许证审查会外,不另发护照、证书。兹将审查办法标准开列于下:

(一)本市商民所存货仓之货,请领特许证出仓者,其办法如下:

(甲)在英国货仓,如非英国产品,且为华商所已买者,准其出仓。

(乙)非英国货仓,亦非英国之产品,准其出仓入仓。

(二)凡非英国产品及不由英国船只又不由香港运来者,一律准发给特许证。其所有领到特许证,准其存入非英国之货仓,并准其出仓。

(三)已由香港渡运来未卸之货处分办法:

(甲)粮食、药材罚百分之五。

(乙)其他原料罚百分之十。

(丙)英国之出产品完全充公。

省港罢工委员会

《工人之路》第 51 期,1925 年 8 月 14 日

省港罢工工人代表大会关于货物审查标准的布告

1925 年 8 月 16 日

本会请求政府,蒙准派员参加运输货物特许证审查会。兹为体恤商界同胞艰苦起见,现饬本会参加审查会代表委员,凡商货除政府专卖及违禁品外,但不违背左列〔各〕条情事者,一律准予签名放行,并另饬纠察队、驳载工会等准其卸货搬运。本会除派代表参加特许证审查会

---

① 此为报纸发表日期——原编者注。

外,不另发给护照、证书。兹将审查标准开列于下:

（一）本市商民所存沙面外货仓之货（但火油类除外）,请领特许证出仓者,其办法如下:

甲、在英国货仓,如非英国产品,所已买者,准其出仓,但限期取出。

乙、非英国货仓,亦非英国产品,准其出仓。

（二）凡非英国产品及不是英国船只又不经港澳来往者,一律准发给特许证。其所有领到特许证,准其起卸及放行。

（三）已由港澳发运来省未卸之货处分办法:

一、粮食、药材罚百分之五。

二、其他原料罚百分之十。

三、英国之出产品完全充公。

自此次布告以后,所有港澳运来之货物及船只一概充公。

省港罢工工人代表大会

一九二五年八月十六日

《工人之路》第 53 期,1925 年 8 月 16 日

国民政府秘书处致财政部公函

1925 年 8 月 17 日

国民政府秘书处公函　第 22 号

径启者:省港罢工委员会长苏兆征函请饬令公安局,嗣后每日依期拨给该会粮食银六千元,俾应支给一案。经国民政府常务委员八月十五日议决交财政部办理。相应检同原件函达查照。此致

财政部

中华民国十四年八月十七日

秘书长　李文范

《五卅运动和省港罢工》,第 290 页

省港罢工委员会致国民政府函

1925 年 8 月 17 日

敬启者:查各住户租捐催收者,似觉延缓,闻省大多铺户预备缴纳,惟无人到收等情。敝会需款孔亟,若各方面不予实力援助,恐有竭蹶之叹。迫得函奉钧座,恳请饬令公安局分饬各区认真催收此项租捐,发给敝会,以济急需,是为至盼。此上
国民政府

省港罢工委员会委员长 苏兆征

中华民国十四年八月十七日

《五卅运动和省港罢工》,第 290 页

国民政府致广东省政府令稿

1925 年 8 月 19 日

中华民国国民政府令 第十五号

令广东省政府

为令行事:现据省港罢工委员会委员长苏兆征函呈称:查各住户租捐云云以济急需等情,据此,合行令仰转饬广州市公安局,将应收各住户租捐认真催收,以资接济为要。此令。

国民政府常务委员

民国十四年八月十九日

《五卅运动和省港罢工》,第 290—291 页

省港罢工委员会致四商会函

1925 年 8 月 19 日

广州总商会、商界联合会、市商会、商民协会均鉴:

昨日下午三时,蒙贵会邀集讨论特许证问题,匆匆未尽所怀,今故再为我商界爱国同胞一陈之。我省港工人此次罢工,夫人皆知非为工人自身利益之经济罢工,乃为争国家体面、民族生存之政治罢工,可知

我罢工工人并无丝毫私利之见存乎其中,此点为全国所赞成,世界所佩许,当亦为广州商界爱国同胞所充分谅解者也。罢工工人不惜冒最大之牺牲,其目的岂有他哉! 无非为上海、广州等处惨案吐一口气,扫除帝国主义对华之凶残压迫,使中国民族臻于独立自由之境域而已。只有如此,然后中国工商方有充分发展之可能。罢工以来,轮船停驶,水道断绝,惟为救济广东商务起见,于是议决定在"非英国货品非英国船只运载及非经过香港之船只货品可准其入口"的原则之下,准其放行起卸。此我罢工工人对商界同胞让步者一也。除上述原则之外,并无何项限制。广东商人,可与其他各国自相通商,其一切船只货物,皆可出口入口,并不妨害于广东商务。惟为贯彻上述原则,达到罢工胜利起见,不能不有特许证之设立,又为郑重将事起见,不能不有商务厅、公安局、外交部以及敝会代表之共同签字。其用心甚为明白公道。厥后商界同胞群以减少手续以免延搁时日为请,于是乃改为免去商家具呈商务厅候批等之手续,仅仿照海关报关办法,查验无误,便可给予特许证,为时可谓迅速已极。此我罢工工人对商界同胞让步者二也。关于帝国主义货仓存储之货物,原不准起出,因货仓工友亦罢工,开仓即须使其返工。(得)〔为〕顾念商界痛苦,乃妥定办法,准其起出。此我罢工工人对商界同胞让步者三也。特许证暂行规则,原定附缴特许证手续费每张五元,印花税票二元,后亦改价值一万元以下者缴印花税票一元,超过此数者缴五元。以一万元以上之货物,仅缴区区五元印花税票,可谓体恤商人已极。此我罢工工人对商界同胞让步者四也。从前敝会纠察队爱国心切,维护罢工自甚关心,对于船只货物之查验,极其认真,不免略有留难之处,此层苦衷,当为社会所共谅。然而敝会再三叮嘱纠察队,如见特许证即予立时放行,体恤商艰,无微不至。此我罢工工人对商界同胞让步者五也。除此之外,对于商界同胞让步之事,难以详述。总之特许证实为商界同胞贸易打算,我罢工工人,只要在不影响于罢工破坏之条件之下,尽力为商界同胞谋便利,事实昭然,社会周知。前次之含默不宣,以为只要有事实表示,我等之让步,自能得商界同胞之同情赞成,初不必以口舌文字表示之也。不期商界同胞似未细心加察,似受何方煽惑,乃有根本取消特许证之主张。昨日开会时,各商界代表似亦无甚强固之理由可据。我罢工工人体恤商艰无微不至之一番苦心,竟未蒙商界同胞之全部谅解与同情,诚不胜引为遗(恨)〔憾〕者也。现可(质)〔率〕直为我商界同胞告者,对于特许证一事,我罢工工人代表大会皆认为太宽,不甚赞同,几经解释,方得勉强通过;若并此限制甚微之特许证亦欲根本取消之,诚为我商界同胞所不取。我等固相信昨日到会之诸代表皆爱国之士也,亦极赞成此次爱国之罢工运动者也。惟商界亦极复杂,苟并此最低限度亦取消之,难保无奸商有乘机破坏罢工之事实发生。质之商界同胞,当亦不以此言为谬。我罢工工人,固应尽其可能以体恤商艰,但亦须不致影响于罢工之破坏。试问为此最低限度之特许证,犹欲根本取消之,则罢工有何保障乎?如果真有其他保障,我罢工工人岂不乐从?惟昨日各代表所言,皆非切实的保障,使我等不能不鳃鳃过虑也。总之商界同胞有何需求,尽可开诚明说,相与商量,商界同胞对于我罢工工人屡次表示让步,似亦应充分谅解与同情。我等此次罢工需要各界爱国人士之帮助正多,更何况于商界!商界同胞如径情孤行,不予帮助,使我爱国之罢工工人失望,实乃太不忍之事也。罢工工人失望,恐将来商界同胞所受之损失,或比现在所受之些微麻烦尤多。昨日有某代表疑特许〔证〕乃永久制度,以为将为商界永久之束缚,其实乃过虑。此次设立特许,全为罢工期间维持罢工之一种临时制度,罢工解决后,此项特许证当然连带取消之,此可再用正式宣言保障者也。只有特许证之限制,严密封锁香港,然后容易使帝国主义屈服,然后容易使罢工得到解决;万一罢工解决后,政府犹继续施用,我罢工工人决助商界反对政府,即出于再次罢工以对付之亦所不惜。此言可质天日,望商界同胞善识此意。语云:"人之好善,谁不如我?"爱国亦好善也,各界均有同心。上海商界同胞为沪案罢市至二十三日之久,与工、学取同一态度与行动,牺牲不为不巨,及开市犹从精神物质各方面尽力以维持罢工,视为一家事。原乃一家事,可知工商本来携手者也。只有全体国民,不分界限,一致携手,作大团结,乃可以打倒帝国主义,并可以打倒军阀以及抵制一切苛税杂捐,使人民得到一切自由发展之保障。除此外无他法。商界同胞既明此意,我省港罢工工人,敢向广东商界同胞大声高呼曰"工商携手",共同排去一切障碍与压迫,其余为帝国主义走狗以及反革命派政客之挑拨与离间,我工商两界同胞当勿听之,而且应共辞而辟之。当此上海、广州各处之沉冤未报,帝国主义之进攻甚急,我罢工工人因应坚持罢工,商界同胞亦须图谋广州经济独立。候香港成为废岛,然后打倒帝国主义、取消不平等条约之目的可达。其余一切事,皆可和平协商。此为我罢工工人用最诚挚之意思,向商界同胞敬进一言,伏惟俯察为幸。并祝爱国精神。

中华全国总工会省港罢工委员会启

一九二五年八月十九日

《工人之路》第56期,1925年8月19日

省港罢工委员会致四商会函

1925年8月28日

　　径启者:关于特许证一事,敝会昨奉政治委员会函开:径启者:前因一部分商人关于出入口货请求保障,遂以有特许证委员会之组织。现在情形已有变更,似无发给特许证之必要。应将此问题交由贵会讨论。业经本会第五十次会议议决,特为函达,请烦查照办理为荷,等由,准此。敝会当即提出代表大会讨论,金以现在反革命已暂告肃清,工商正宜益加亲密,一致对外。随经通过尊重政治委员会意旨,取消特许证。惟关于取消后之保障罢工办法不能不另拟定。兹为尊重贵会意见,及集思广益、事求至善起见,拟会同贵会磋商办法。兹定于本月二十日假座广州总商会开联席会议,务希贵会遴派代表依时出席,仍盼先行赐复为荷。此致

广州总商会　广州市商会

广州商会联合会　　商民协会

中华全国总工会罢工委员会启

苏兆征

一九二五年八月二十八日

《工人之路》第 66 期,1925 年 8 月 29 日

省港罢工委员会致国民政府呈函
1925 年 9 月 3 日

　　为呈报事:前日敝会与商务厅、公安局、外交部共同发给出入口货之特许证,现经准予取消,特会同广州总商会、广东全省商会联合会、广州市商会、广州商民协会等,共同决议取消特许证后之善后条例六条,公布共同遵守,以资限制而杜流弊。兹将善后条例六条布告一张,呈请察核备案存查。并日前公安局之半月租捐,每日应拨发敝会银陆千员。现屡领未蒙拨给,或五六天尚未发足陆千员。似此延缓,敝会粮食甚形拮据,理合具文呈请察核,伏乞饬令公安局嗣后按日发足陆千员与敝会,以维粮食而免向隅,实为德便。谨呈

国民政府

省港罢工委员会委员长苏兆征

中华民国十四年九月三日

布告

　　中华全国总工会省港罢工委员会从前与商务厅、公安局、外交部共同发给出入口货之特许证,原期一以便利贸易,一以保障罢工。迩者情形既有变更,此项特许证已经省港罢工工人代表大会通过准予取消,并经敝会等共同决议取消特许证后之善后条例六条,兹特公布之。

取消特许证后之善后条例

　　(一)从香港、澳门来的任何国货物,都不准来广东。从广东去的,无论任何国货物,都不准往香港及澳门。

　　(二)凡是英国船及经过港澳之任何国船只,均不准来往广东内地

起卸货物。

（三）凡是英国货，不是英国船及不经过香港及澳门的，均可自由起卸。

（四）广东界内只要不是英国货、英国船，均可自由贸易及来往。

（五）凡存在广州之货，只要不是英货，而且不是英国人的，均可开仓发卖。（如关于政府专卖者及违禁品物，不在此例。）

（六）此条例由四商会联同省港罢工委员会共同签字公布之。自公布之日起，直接由省港罢工委员会行使封锁职权，如有违背前条例者，即一律完全充公。（凡违背条例者，先须经过工、商两界所派代表所组织之审查委员会审查确实后，始执行充公。）

以上条例，已经敞会等共同订约。自公布之日起，即发生效力。望我商界同胞，幸共遵守奉行，以期共同达到打倒帝国主义之目的，有厚望焉。此布。

中华全国总工会省港罢工委员会

广州总商会

广东全省商会联合会

广州市商会

广州商民协会

中华民国十四年　月　日

《五卅运动和省港罢工》，第296—298页

广州国民政府令
1925年9月8日

中华民国国民政府令　第四十二号

令广东省政府

为令行事：据省港罢工委员会委员长苏兆征呈称：前与商务厅、公安局、外交部共同发给出入口货之特许证，现经准予取消，特会同广州总商会、广东全省商会联合会、广州市商会、广州商民协会等，共同决议

取消特许证后之善后条例六条,公布公共遵守,以资限制而杜流弊。兹将善后条例六条布告一张,呈请察核备案存查。并日前公安局之半月租捐,每日应发敝会银六千元,现屡领未蒙发给,或五六天尚未发足六千元。似此延缓,敝会粮食甚形拮据,理合具文呈请察核,伏乞饬令公安局嗣后按日发足六千元与敝会,以维持粮食而免向隅,实为德便。等情。据此。除批呈及条例均悉,准予备案;至请饬公安局按日发足六千元一节,候令行广东省政府转饬照办可也。仰即知照,条例存。此批。印发外,合行令仰转饬遵照办理。此令。

委员会议主席　汪兆铭

常务委员　汪兆铭　胡汉民

谭延闿　许崇智

林　森

中华民国十四年九月八日

《五卅运动和省港罢工》,第298—299页

广东省商务厅致国民政府呈文

1925年9月8日

呈为呈请鉴核备案事:窃职厅现准政治委员会秘书处来函,以本会于九月二日第五十二次会议罢工委员会关于取消特许证一案,议决转饬商务厅知照等因,录案函请查照办理。等由。准此。自应照办。兹自九月五日起,除土丝类、烟酒类、煤油类特许证,仍应照旧由职厅办理外,其余普通货物出入口特许证,一律取消。除布告及分行外,理合备文呈请察核备案。谨呈

国民政府

广东商务厅厅长　宋子文

中华民国十四年九月八日

《五卅运动和省港罢工》,第299页

省港罢工委员会纠察队布告

1925 年 9 月

为通告事：现查港、澳轮船连日均有来省载运货客者，闻省河船艇多有到轮接驳。此等行为，对于罢工前途最有妨碍。为此通告各大小船艇一体知悉：嗣后如再有港、澳轮船驶入省河，该船艇等不得代为接驳客货，并须离去该轮五十丈以外，方可来往，以免危险。此布。

纠察队队本部总队长黄金源、训育长邓中夏

一九二五年九月　日

《工人之路》第 76 期，1925 年 9 月 8 日

省港罢工委员会骑船队布告

1925 年 9 月

为布告事：窃骑船队部系奉中华全国总工会省港罢工委员会所议决及各方认予组织而成，对于各船每遇开行，即派员下船骑驻，监视轮船有无驶入仇人地方，接济仇人粮食，运输仇人货物，回报本会，分别对付，借以保障罢工，而为取消特许证之一种善后办法。意良法美，无过于此。故本队部开办以来，商人无不咸与乐从，多来请派员骑船监视。盖一经有骑船员骑船，则足证明该船无上述等破坏罢工之举动，一切货物起卸运输，自无所阻，并可以省却检查之误会，何善如之。惟现查各船务公司，间尚有未依手续到本部请员骑船而擅自开行者，想或未及察知所致，必非故意反抗。诚以此次反帝国主义之进行，凡我国人与及拥护公理之外商，当无不深表同情而乐予赞助也。今除在报章登载外，合行布告周知：此后各船务公司如有船只开往各埠时，须一律报请派员骑船监视，如不定期驶回省河者，则应照工商合订善后条例第七条办理，俾符定章，而完手续。否则违章瞒报，擅自开行者，定必以破坏罢工论罪，决不宽贷。各其凛遵毋违。特此布告。

中华全国总工会省港罢工委员会骑船队部启

一九二五年　月　日

《工人之路》第 88 期，1925 年 9 月 20 日

国民政府秘书处致广东大学公函

1925 年 9 月 7 日

国民政府秘书处公函　第二五八号

　　径启者:香港学生联合会呈请收容罢课学生在国立广东大学肄业并免缴学膳各费一案。经国民政府常务委员议决交贵校长办理,相应检同原副呈函达查照。此致

国立广东大学校长邹

　　计送原副呈一件

民国十四年九月七日

香港学生联合会呈文

　　呈为请愿事:窃思吾等侨港青年学生,久处于英帝国主义者势力范围之下,深受奴隶教育之陶化,痛苦之惨不可以道里计。乃者沪案发生,吾辈鉴于帝国主义侵掠之酷,加之己身痛苦之反映,故不得不毅然罢课归国,以为香港罢工之先声,而予英帝国主义者一大打击,以尽吾辈国民之责任。今吾等罢课归来,虽有各种宣传工作可为,然仍不能得正当之安置。现停学已有两月,而开课时期又届,故敢竭诚请愿,将吾等一概收留肄业,以免吾等有失学废时之虞。此固吾等之幸福,抑亦国民政府责任之所在也。尤有言者,则是吾等皆孑身归来,余无一钱,加以香港交通已断,则吾等之经济可想而知。故今请愿之二大目的为(一)收留一概罢课学生在广大肄业。(二)免收学费、膳宿费及讲义费。尤有请求者,厥为维持吾等罢课之胜利,因香港之暑假将满,定于九月三日上课,港政府必用其高压手段,以强迫在港之学生上课。如此,则吾等罢课或将失败。此关系于吾等学生,而对于整个反帝国主义运动,亦大受影响。今敝会已派代表往港,阻止各人上课,并运动在港之学生一致回国。惟须考虑者则为膳宿问题。因若有此种宣传,则最低限度亦有千余人返国,加以现下广州之情势,吾等之主张,不知可否实行。惟此问题关系极大善良策划,故必须各委员协助磋商。此种皆吾等不得已之要求,希望各委员予以充分之容纳及指导。专此竭诚请

愿,伏维亮察。谨呈

国民政府各委员

具呈人:香港学生联合会

中华民国十四年八月廿九日

《五卅运动和省港罢工》,第 300—301 页

国民政府致广东省商务厅批复

1925 年 9 月 12 日

国民政府批　第九六号

批广东商务厅厅长　宋子文

呈报取消普通货物出入口特许证,请察核备案由。

呈悉。准予备案。此批。

民国十四年九月十二日

《五卅运动和省港罢工》,第 299—300 页

国民政府致傅秉常令稿

1925 年 9 月 12 日

中华民国国民政府令　第五九号

令粤海关监督傅秉常

为令饬事:着该海关监督照会税务司,政府决定在虎门附近组织领港机关。着令饬领港人员应驻在该处。此令。

民国十四年九月十二日

《五卅运动和省港罢工》,第 303—304 页

省港罢工委员会对于日美法等国轮船店户条例

1925 年 9 月 14 日

(一)凡日、美、法轮船店户,如不先行呈报本会,并不由本会与东、西两家三方订妥条约,而私自招工及营业者,以破坏罢工论。

（二）凡日、美、法轮船店户之罢工工人未得本会之认可而复工者，以破坏罢工论。

（三）凡日、美、法轮船店户，如不遵照工商所定之善后条例而经营英人商务及来往港、澳及沙面商业者，以破坏罢工论。

（四）凡日、美、法轮船店户，须用还原有工友及原职者，工金亦须照旧。

（五）工友所得工金，以十分之一报效本会，为全体工友粮食。

（六）如该公司或商店在沙面、香港、澳门者，须搬离该地，方许营业。

（七）如有违背条约，立即停止其营业，并从严处罚。

（八）将来大罢工解决时，仍须遵照解决罢工的条约执行。

（九）凡搬来广州市营业者，必须遵守中国国民政府之一切法律。

（十）各轮船店户如有特殊情形而工友提出特殊要求者，应由本会与东、西两家共同商定，加入条约之内。

（十一）工友须受本会之命令，认为必要时本会得随时令其停工。

中华全国总工会省港罢工委员会启

一九二五年九月十四日

《工人之路》第 89 期，1925 年 9 月 21 日

国民政府致傅秉常令稿

1925 年 10 月 14 日

中华民国国民政府令　第一二〇号

令广东交涉员傅秉常

为令饬事：昨因虎门一带，现已宣布戒严，并安设水雷。曾由政治委员会训令该交涉员，通知各国领事，凡船舶入口，应先通报虎门要塞司令，派人领港，以保安全在案。兹复据海军局长将会商虎门要塞司令规定布防及检查船舶各办法报告前来，合即照钞原办法，令仰该交涉员即行通知驻广州各国领事照办为要。此令。

计抄发原办法一纸

民国十四年十月十四日

水雷敷设线，由虎门沙角起至南五海里止。

江大、江巩两舰驻于雷线两端，如有船只经过，则指导其由安全线通过。

不论何国轮船进口，各舰须立即检查。

凡夜间不准船只航行。

凡出口船只驶向雷线者，至虎门炮台山上旗台侧之时，须取北壹百六十七度半，东方向航行，至三板州灯塔侧之时，则取北壹百伍拾捌度，东方向航行。

如发觉嫌疑船只时，各舰须放警炮三响，通告炮台。

《五卅运动和省港罢工》，第 304 页

广东省政府呈国民政府函

1925 年 10 月 3 日

为呈请事：窃前奉钧府函开：本会于九月九日第五十四次会议罢工委员会呈报：纠察总队部截获邓本殷运（轮）〔粮〕接济香港华山轮船一艘，请核示遵一案，经议决交省政府办理。等由。并检原呈一件。准此。当经省务会议议决，交商务厅办理在案。现据呈复：案奉钧府令开，奉政治委员会函开，本会于九月九日第五十四次会议罢工委员会呈报：纠察总队部截获邓本殷运粮接济香港华山轮船一艘，请核示遵一案，业经议决交省政府办理，应将原呈检交查照办理等因。当经省务会议议决，令商务厅议定办法呈核。为此令仰该厅长即便遵照，迅将该办法议定具报等因。奉此。遵即派委职厅第二科科长姜和椿前往调查此案情形。兹据该员呈复奉令前赴各方面调查本案情形。据罢工委员会副会长何耀全称：日前探闻邓本殷用华山轮船载运粮食接济香港，正在切实调查间，旋接本会纠察总队部所辖第一大队队长陈卓报称：本月五日下午一时，奉命督同武装小轮二艘，出洋截缉私运粮食接济港澳之船只,在距香港四十余里海线内,执获华山轮船一艘,系由广州湾私运粮食往港,船内载有大小猪只五百头、蒜头壹百箩、糖一百二十桶、草包九百枝、牛只一百八十头、鲜蛋二十箩、鸡约千余只,并搭客、货客等。现将该船拖回省河天字码头,请予核办等情。经由会议决将华山轮所载之牲口,先交栏发沽,其余货物亦经交由本会拍卖所拍卖,搭客、货客现仍扣留在委员会。至该轮昨奉国民政府令拨交海军局遣用。已于九月十七日照交该局,现泊在省河革命纪念会对开河面等语。科长复查无异。惟当第一大队武装小轮将驶近该轮截缉时,所有船主、大车等知无幸免,均凫水逃遁,未能截获。据何副会长称:该船是否为邓本殷私运粮食往港,未有确切证明。此调查本案之情形也。等情。据此,查本案缉获之华山轮船一艘,经奉国民政府令拨交海军局遣用,其该轮所载货物亦经罢工委员会分别发沽招卖。是关于处分轮船及货物问题,已有决定办法,自应毋庸置议。惟该轮所载搭客、货客尚拘留罢工委员会候讯,如讯无违法情事,似应准予分别保释,以免拖累。所有奉令拟议华山轮船一案各办法情形是否有当,理合备文呈复察核施行等情。据此,自应转呈钧府核示,理合备文呈请察核,应否准照该厅所议办理之处,敬候批示祗遵,实为公便。谨呈

国民政府

广东省政府省务会议

古应芬

宋子文

许崇清

孙　科

宋子文

陈公博

中华民国十四年十月三日

（原批）准如所议办理，使令罢工委员会知照。①

《五卅运动和省港罢工》，第 312—313 页

国民政府军事委员会致秘书处公函

1925 年 10 月 5 日

国民政府军事委员会公函　第三六号

径启者：案准贵处第三零一号函开：径启者：省港罢工委员会呈请饬令前山、湾仔等处防军协助纠察队，切实封锁，严密防止私运粮食出口一案，经国民政府常务委员九月廿九日议决，交军事委员会办理。相应检同原件函达查照等由。附原函一件到会，准此。除令行第四军军长遵照办理外，准函前由，相应函复查照。此致
国民政府秘书处

中华民国十四年十月五日

《五卅运动和省港罢工》，第 314 页

省港罢工委员会交通部通告

1925 年 10 月 7 日

为通告事：现探得香港政府确实消息，窃效我省港罢工委员会之办法，有通过证条例之所设，凡属华人欲往广东省者，要有殷实店铺盖章担保，携原人像片贰张，方准发给，规定限期七天返港缴销通过证，如不遵章办理，定然严重惩罚等情。（拟）〔据〕此。诚恐军、政、学、商、农、工各界同胞未知其详，一（但）〔旦〕由省赴港，或无店铺盖章担保返省，不特望洋兴叹之悲，亦难免被英帝国主义苛虐之惨。此种情形，经有同胞鉴及于此，敝部为各界同胞安全计，不得不由〔?〕谨奉尺书，敬达台端，伏乞鉴察，是所厚盼（马）〔焉〕。此致

---

① 此项批示广州国民政府于 10 月 7 日以第一七二号批下达——原编者注。

先生钧鉴

中华全国总工会省港罢工委员会交通部　谭海山上

十月七日

国民政府秘书处致省港罢工委员会公函

1925 年 10 月 8 日

国民政府秘书处公函　第三二七号

径启者:前日贵会呈请国民政府迅派军队驻防深圳一案,经常务委员议决,交军事委员会办理去后。现接军事委员会函开:此案经本会十月一日第廿九次会议议决,交东征总指挥核办。除令行外,相应复请查照转知等由。准此。相应函达查照。此致

省港罢工委员会

民国十四年十月八日

省港罢工委员会致国民政府呈函

1925 年 10 月 9 日

敬启者:现据敝会纠察队本部报称:现据第四大队长刘泳銮报告:本月六日据第十四支队长詹行旭报称:本日上午十时,见有英人二名,身穿西装来寓黄埔海关,行踪诡秘,形迹可疑。并据驻洪福市特务调查员报告相同,据情转报前来。究应如何办理,相应函请贵会查核指示办法等情。前来。查核所称,关系敌方侦察国情,危害政府,且适当各方密告阴谋之会,乃发生此种事实,若不设法杜防,诚恐养成巨患。但若冒昧从事,又虞牵涉外交问题。兹除饬该纠察严密侦查其行动随时报告外,应即函达钧府察核,请即指示办法,以便转饬遵循,庶绝阴谋而奠大局。此上

国民政府

省港罢工委员会启

值日委员　麦捷成

中华民国十四年十月九日

《五卅运动和省港罢工》,第316—317页

省港罢工委员会致国民政府呈函

1925 年 10 月 9 日

　　敬启者:现据敝会交通部报称:为报告事:交通部主任谭海山顷查河南船连次两水由港来粤,运载犀利军械,起卸沙面,内有驳壳三十余杆,毒烟快枪二千余杆。帝国主义连日暗派奸细四出,在本市地面运动不良之辈,直入沙面充作警备军,以为陈贼炯明之内应,谋危国民政府。又闻帝国主义运动本市地面商号,拒绝中央纸币或任意低折。此等奸细不惟丧心甘作无耻,似此情形,若不从速设法防范,后患不堪设想。合行呈报前来,恳请会长迅即转呈国民政府从速设法杜渐防微,以维治安,而破奸谋,实纫公谊,伏乞察核等情。据此,查核该部所称各节,适与本日卫戍司令来文所开,尚无太差异之处,足征系属实情。兹除饬纠察队暨特务调查,严密侦缉以杜奸谋外,相应抄附交通部报告,函复钧府察核,请并案饬属严防,用肃奸宄,而辑地方。此上

国民政府

省港罢工委员会启

值日委员　李　棠

中华民国十四年十月九日

《五卅运动和省港罢工》,第317页

省港罢工委员会交通部通告

1925 年 10 月 13 日

　　径启者:昨日敝部接到国民革命第三军政治部暨驻防深圳纠察报

告：香港华人近因鉴于国民政府已逐渐将反革命派肃清，知罢工方面益发坚持，且纠察队截缉粮食，尤日见严密，香港将有绝食之虞，故华人纷纷回内地，港政府见状，大为恐惧。若华人一去，则香港势成荒岛，乃采纳一般走狗之策，亦依照我省港罢工委员会计划，发行通过证，凡领证回省者须店章担保，并限七日回港撤销，以限制华人离港，已于昨日实行云。敝部据报之后，即日停发前往港澳通过证，无论何人请领，均严（询）〔词〕拒绝。并饬深圳纠察队严密防范，不许客货、粮食越界一步，以制帝国主义者之死命。为此，相应函达台端，希为察照。此致
先生钧鉴

中华全国总工会省港罢工委员会　交通部长谭海山

《五卅运动和省港罢工》，第317—318页

傅秉常致国民政府等电
1925 年 10 月 30 日

国民政府钧鉴：国民党中央执行委员会、妇女部长、革命青年联合会、广州学生联合会、香港学生联合会、广东各界对外协会均鉴：

汕头学生前来广州，路经香港，无辜被英人扣留一案，迭经提问英领事严重交涉在案。兹接英领复称：关于香港拘捕华人学生一事，接本月八日、十四日、二十日、二十二日各大函，经将各函转交香港政府，现将香港政府本月二十一日公文一通抄录送上，并希查照等由。附抄港督原函学生名表前来。用特邮达，即祈察照。广东交涉员傅秉常呈。陷。

抄送港督原函学生名表

中华民国十四年十月三十日

抄译香港总督致英领事函

径复者：本月十日、十六日得接由贵署付来广东交涉员两译函，关于香港拘留华人学生一事者。兹附上该生等姓名表一纸，并将本处警署办理情形，一一注明。缘此等群众，系具有组织的计划，以破坏香港

商务之最力者,殊难准其停留本处。又以罢工纠察队之不法举动,拦阻铁路交通、及制止赴轮上省行客登陆之故,是以多数学生不能径抵其目的地。彼等大半由本政府遣回汕头,令其搭直头船往广州。至学生之拘留,亦不甚久,只欲免彼等在本处行其不轨举动,且并未将之放于牢狱,不过留在警署之拘留室而已。现欲为交涉员指明者,广州政府苟能了结罢工者之干涉省港如常交通,则学生欲往广州者,当不难矣。此颂日祉。

史塔启　十月二十一日

一九二五年九月二十八日在香港截留学生表

由汕头海宁轮船来,于九月二十九日由开特兰治(译音)轮船遣回汕头。(学生名单略——编者)

《五卅运动和省港罢工》,第325—326 页

省港罢工委员会布告
1925 年 11 月①

为布告事:照得自沙面开放,本会为维持秩序保障罢工起见,特发行通过证,既不至于破坏条例,尤便利于中外各界。法行多日,咸乐遵从。乃近查多有狡猾奸徒,不知自爱,竟潜用船艇私自往来,或运货物,或济粮食,似此蔑视爱国团体定律,甘为仇敌汉奸行动,不独为本会所深恶,亦属国人所同仇。本会奉人民公意,保障国家,对斯败类,义应惩除,兹除饬纠察队暨特务调查等严密踩缉外,特此布告。祈省河所有船艇一律远离沙面三十丈以外,盖所以杜绝私运流弊,尤因以表示爱国热诚。凡我国人因应秉此心,绝对遵守,即属外侨,如欲顾念邦交,亦宜慎审自爱。否则本会惟有尽力所及,以维护此法,而副国民委寄之隆任。尚希中外各界,鉴谅此衷,毋稍藐玩。本会有厚幸焉。

《工人之路》第 135 期,1925 年 11 月 7 日

---

① 此为发表日期——原编者注。

粤宝安县农民协会等致国民政府等代电

1925 年 11 月 14 日

中国国民党中央执行委员会、农民部、工人部、中华民国国民政府、广东省政府农工厅、黄埔军官学校、中华全国总工会省港罢工委员会、广东省农会、各团体、各报馆钧鉴：此次帝国主义屠杀中国民众，我省港工人为救中国危亡，迫得忍饥抵寒，相率罢工。我农民认识工农阶级及民族意义，亦起来帮助。自省港工人罢工以来，帝国主义及其走狗——军阀买办阶级、劣绅土豪用几许心力以破坏罢工政策，甚至危害国民政府。于此我们更认识国民政府胜利即罢工胜利，国民政府失败即罢工失败。苟有破坏罢工者，则为国民政府及人民之仇敌。乃宝安、沙井劣绅陈炳南、陈伯苏，土豪陈寿康、陈伯芬，奸商陈协容、荣安号等甘为英帝国主义走狗破坏罢工政策。在此罢工期间，竟组织公司用大民船三只，中小民船二十余只，船上置备武装保护，日日包办粮食，接济英帝国主义及运载罢工工人往港复工，并从港买办大帮仇货入口。旧八月初二日晚，纠察队约同农民军截留该劣绅等运港粮食二船。旧八月十一日该劣绅等即纠率民团强将桥头乡农民协会会员林集名蚝船一只，并物件多项劫去沙井。十月廿三日，该劣绅等有二三八九号民船满载粮食、人客往港，纠察队截留。该劣绅等即纠率民团殴伤纠察队员五人，掳去队员罗大连一人。十一月九日，恩助、柏烜、光华到该乡查办各案。十日，诸乡绅着到纠察队部得其完满答复。十一日早，恩助等率纠察队及农军往该乡拘拿奸商陈协容等，已先通知该乡民团。但该乡民团包藏祸心，一俟恩助等到，即四面包围开枪轰击，恩助等冲锋得免于死，农军纠察队被伤多人。十一日晚，该乡民团长陈启、陈耀又率民团及土匪围攻云霖纠察队及农军，所有纠察队部及农军部一切银两、枪枝、子弹、物件并恩助等物件银两概被劫一空。并被焚去大更寮一座，枪伤纠察队、农军多人。十二日农军恢复云霖。十三日午，该乡民团、土匪又向云霖农军、纠察队围攻，而张贞团长即派第二连长林宗英从虎门到云霖，制止农军作战，并受该乡绅之请，只身到该乡声称说和，但该乡刻仍土匪麇集，民团土匪多名，积极备战，势非杀尽工人、农民不止。万请政府速调得力军队剿办，以维罢工政策，而平我工人、农民之愤。纠察第三大队总教练富恩助，第九支队副邓柏烜，第十一支队长罗光华，宝安县农民协会同叩。

十四年十一月十四日

省港罢工委员会致国民政府呈函

1925 年 11 月 24 日

呈为呈请事：查此次反帝国主义运动，热烈罢工，港粤两方计达廿万人。现留省食宿者凡四万人，各部职员、查缉队员等亦数达三千左右。在此伟大群众中，其品流庞杂，良莠不齐，原属事所难免。且当罢工之初，组织未完，奸徒败类乘机搀混，亦难胜防。所以日久弊生，渐酿事端。而盗匪奸猾，复乘机冒混或串同窃发。近日市区附近劫掠招摇案件，关涉罢工分子者，乃叠见报端。其间虽有传闻失实之处，然经明证确凿者，亦自无可讳言。似此违法乱纪，污辱罢工，其巨罪深咎，法所难容。职会承工友之推寄，综理万机，对此痛患，岂容默视。兹除通告各工会暨各部队处严行申诫外，理合呈请钧府，恳予通饬各军政司法机关，嗣后对于伪冒罢工名义，或属罢工分子，无论为职员、工友，如有违玩法令，骚扰地方者，应即按法拘拿，加等处罪，用儆其余，以保治安，庶此次伟大之救国运动中，不致因一玷废璧，一马害群，而稍损其价值。职会不胜恳切候命之至。谨呈

国民政府

省港罢工委员会委员长苏兆征
中华民国十四年十一月廿四日

省港罢工委员会致各商会函
1925 年 11 月 27 日①

径启者:查此次热烈罢工,原为反抗帝国主义之横暴,而促我国民革命之成功,所以数月以来,严拒仇货进口,封锁港、澳交通,一边仍力求本国之经济独立,劳心竭力,以期达此胜利目的。幸我商界同胞深明大义,同秉热诚,一致进行,于是国货日见销流,金融渐次内充,各埠船舶直接来粤者,一时多至三十余艘,为广州通商以来所未有。可见奏效之捷乃如响之应也。惟以前限制进口货物条例綦严,或未免有难强商界之处,兹除了绝对遵照工商合订善后条例办理外,特更定通融办法,以表工商合作情谊之优厚。

(一)由上海直来之非英国货物,虽有香港字样,亦准予放行。

(二)凡非英国货物仅经过或停留香港者,若转运至上海,再由上海雇附别船转运来广州,有关单载纸可凭,亦准予放行。

(三)至于由汕头、海南或广州湾、广东省、沪沿岸运来,有香港字样之任何国货物,则仍作破坏条例论,以杜取巧。

上开三项办法,盖仍本经济独立之原旨,冀以促进沪、粤之交通及商务也。除登报公布外,相应函达贵会,希即转知办理,至纫公谊。此致

会

中华全国总工会省港罢工委员会启

《工人之路》第 154 期,1925 年 11 月 27 日

广东省政府致国民政府呈函
1925 年 12 月 4 日

为呈复事:现奉钧府第二一二号令开:现据省港罢工委员会委员长

---

① 此为报纸发表日期——原编者注。

苏兆征呈称：（内容见前件）。据此。自应准如所请办理。除批示并分令外，合行令仰该省政府查照办理。并转饬所属一体知照。此令。等因。奉此。除分令遵照外，理合备文呈复钧府鉴核。谨呈

中华民国国民政府

广东省政府省务会议

古应芬

宋子文

许崇清

孙　科

陈公博

中华民国十四年十二月四日

《五卅运动和省港罢工》，第 332 页

国民政府致东征军总指挥部令

1925 年 11 月 25 日

中华民国国民政府令　第二○三号

令东征军总指挥部

为令行事：现据省港罢工委员会值日委员曾子严呈称：现准惠阳县党部略开：据敝部第二区党部报称：近日淡水奸商由香港办有大批洋货，从黄鱼涌、澳头各海口运入淡水。并有数十人身穿便服手持短枪者，沿途护送，又驻在沙鱼涌地方纠察队，自惨被逆军罗坤杀死及缴去枪枝后，每日均有香港电船来往大埔、沙鱼涌之间，输运仇货入口，转载粮食回港，以久延英帝国主义者生命。敝区党部迭经函约当地防军、警察会同农民协会职员等，到四围城门截缉，以杜绝奸商私运仇货及接济香港粮食。惟是当地防军、警察不独不执行职务，实行制止奸商行动，并且暗中与奸商勾结保护运输，至深痛恨。敝区党部对于奸商行动，久拟设法制阻，无奈反动势力浩大，无从办理，惟有呈报钧部设法制止等情。据报前情，细查属实。仇货运动正在厉行，该处奸商竟敢公然运售

劣货及以粮食接济敌人。而该地防军、警察并敢与奸商暗中勾结,直接危害罢工,间接破坏国民运动,此人人之所同忿,其罪过实不可逃。依据前情,转告贵会,请迅派得力纠察队,前往制止该处奸商行动,以制帝国主义者死命,而促进国民革命成功,至纫公谊。等由。准此,事关破坏罢工,藐视法令,理合据情转呈钧府察核。伏乞迅予转饬该处防军、官厅严行截缉,以杜流弊而维罢工。等情到府,合行令仰该部查照办理。此令。

中华民国十四年十一月廿三日

委员会议主席　　汪兆铭

常务委员　　汪兆铭

常务委员　　谭延闿

常务委员　　林　森

常务委员　　伍朝枢

常务委员　　古应芬

《国民政府公报》,1925 年第 16 号

国民政府军事委员会复政府委员会函

1925 年 12 月 31 日

国民政府军事委员会公函　军字第　号

径复者:准贵府第一〇七号函开,据省港罢工委员会呈拟封锁香港河南、佛山两轮,并派定纠察队驻扎地点,恳请通饬知照等情。函达到会。准此。自应照办。相应函复,烦为查照,至纫公谊。此复
国民政府委员会

军事委员会

中华民国十四年十二月卅一日

《五卅运动和省港罢工》,第 342—343 页

纠察委员会呈省港罢工委员会文

1926 年 3 月 19 日①

为呈报事:此次省港罢工为制帝国主义之死命而起,故不惜牺牲,以图胜利,意志纯洁,举动远大,世界人类莫不共表同情。乃内有奸商,推私利之是谋,外有帝魔,为鹰犬之暗嗾,即其勾结之端,实属国家之蠹。遂致运粮食出口,运仇货入口,鬼祟纵横,以济民贼,而罢工数月,未收健全之效果。言念及此,发指眦裂。今为严拿走狗,截留粮食,封锁海口,缉扣仇货,以制帝国主义者死命起见,特设舰务处,组成强有力之舰队,分段守口,按港布防,业于本三月十五日在本会组织成立,分派舰队陆续出防。相应将成立日期及舰名、舰色、旗号开列,呈请转呈军事委员会,即饬所属各炮台驻军巡舰,一体协助,实为德便。此呈

省港罢工委员会

计开:已组成舰队:山西巡舰、大虎巡舰、天安巡舰、汉口巡舰、江雄巡舰、龙飞巡舰、顺天巡舰、捷胜巡舰、进攻巡舰、奋斗巡舰、胜利巡舰、民族巡规。一、各舰舰身、舰桅、烟(通)〔囱〕一律油灰色;二、舰烟(通)〔囱〕左边油党旗,右边油劳动旗(斧头镰钩旗),周用白色圆圈围之;三、舰头扯党旗,舰尾扯国旗,舰旁加插本会巡查舰旗(该旗白字红地黄边)。

《工人之路》第 264 期,1926 年 3 月 19 日

苏兆征报告罢工经过②

1926 年 3 月 31 日

各界代表! 各位工友! 兄弟报告罢工经过,在此九个多月中,可分为三个时期:

---

① 此为报纸发表日期——原编者注。

② 1926 年 3 月 31 日,省港罢工工人代表大会举行第一百次会议,这是苏兆征在会议上的发言——原编者注。

第一个时期为组织时期。我们因为帝国主义惨杀我们同胞,所以大家罢工回省,反对帝国主义的凶暴,那时回省人数,不下十余万人,人数已众,自然要有很好的组织才行。于是组织代表大会为罢工最高议事机关,每五十人选举一代表,这是真正的普(通)〔遍〕选举,所以各代表能代表各工友的意志与帝国主义奋斗。代表大会之下有罢工委员会为执行机关,其下有干事局,干事局之下分设各部机关:有会审处,审判走狗、工贼、汉奸;招待部,招待工友;庶务部,管理罢工粮食;文书部,管理一切来往文件;游艺部,办理游艺;纠察队,截留粮食出口,扣留仇货进口;此外,还有种种特设机关,现在不详说了。此为第一期。

第二个时期帮助政府肃清反革命时期。香港帝国主义因工人罢工损失极大,于是想出种种方法来破坏广东,同时即想解散罢工,所以香港帝国主义者,勾结梁鸿楷、梁士锋、魏邦平等反革命军阀,想推翻国民政府。我们罢工工人一致决议,帮助政府肃清反革命。不久廖仲恺先生被帝国主义者勾结反革命派打死了。我们工人非常悲痛,非常愤恨,请求政府实行肃清反革命派,后来反革命派——肃清了。他们为什么要打死廖先生呢?很明白的,廖先生帮助罢工,所以帝国主义者非常痛恨,非打死廖先生不可。同时廖先生系国民政府重要人物,主张财政、军政、民政统一,一般升官发财的腐败政客及反革命的军阀,宁不恨之刺骨?所以用最卑劣手段,把廖先生打死了,廖先生死了之后,肃清反革命派,国民政府日臻巩固,罢工又更进一步了。后来帝国主义又勾结东江陈炯明、南路邓本殷,夹攻广州,我们请政府出兵东征南伐,罢工工人担任输送队,于最短期间,果然肃清了,广东也统一了,这为第二时期。

第三个时期为准备解决罢工时期。我们过去得了许多胜利,国民政府巩固了,香港又已经日渐衰落了,开辟黄埔,筑中山公路,商务又见发达了。所以我们准备解决时,香港方面心怀叵测,口里说解决罢工,而本无诚心,所谓负责代表,始终未来广州。后来来了八位华商代表,又无解决罢工全权,不过探探消息而已,所以罢工始终没有解决,这是帝国主义者没有诚意的原因。

省港罢工已经九个月多了,我们打了一场胜仗,应该把这场胜仗扩大起来,作第二次的战争,我们第二次的罢工委员会,要设在香港去,与帝国主义奋斗!

末了,再报告罢工以来的财政状况,计此次罢工共收有二百九十余万,华侨占一百九十多万,内地有六七十万,总共支出二百八十多万,现在尚有余存。我们高呼:

全中国革命分子联合起来!

全世界无产阶级联合起来!

打例帝国主义!

打倒军阀!

打倒反革命派!

《省港罢工工人代表大会第一百次纪念刊》,1926 年 5 月

广东省教育厅呈中央政治委员会函
1926 年 7 月 15 日

呈为呈复事。前奉贵会函开:现据罢工委员会来函,以广东大学对于香港罢课回省学生近已停止供膳,请饬该校照旧供给或另设法维持等由前来。当经本会议决交教育厅调查人数,并拟定相当办法,以便处理等因,并抄发省港罢工委员会函一件。奉此。当经致函广东大学查询,关于香港罢课回省学生停止供膳情形及人数,以便酌拟办法。现准广东大学复函内开:现准大函以敝校对于香港罢课学生停止供膳究竟实情若何,能否照旧供给请为酌办见复,并将供膳各生名额及月费若干一并开列以备查考等由,准此。查五卅惨案发生以来,香港学生罢课回省参加爱国运动,时适邹前校长兼任中央党部青年部长,饬敝校招待膳宿并给以被席等物,垫过款项若干,将来由青年部拨还。后向青年部领款无着,遂由敝校支付,计人数共一百零二名,每人每月六元。每届月

终由香港学生联合会开列名单到校领款。月中在校用膳者最多九十九人,有时少至四十余人。查该生等百余人已有一大部分由敝校收容,其余或考入他校或在省港罢工委员会服务。近因敝校经费不敷三万余元,所有呈报追加预算,财政部均复以应就月额九万元开支,若每月必须另给此项膳费数百元,实属力难为继。且此项罢课生其转入敝校者虽有六十余人,而现时在校上课者仅得二十余人,几于有名无实,故为节省糜费起见,于暑期日起停止供膳,否则该生等热诚爱国,敝校力所能及,无不与以维持此项供给,应请呈复政治委员会,仍由青年部酌量拨发,俾成该生等之志,似较妥善等由。准此。复据香港学生联合会开列香港罢课生膳食名单一册到厅,计共有学生一百一十三人,核与广东大学复函所开人数一百零二人微有不同。职厅当即派员往香港学生联合会详查一切,旋据该会函称:罢课回省同学四百余人,现须维持膳食者一百一十三人,其地址列下:广大手工室三十二名,广大附中宿舍二十名,广大宿舍十九号九名,广大宿舍三十六号八名,香港学联会办事处三名,清水濠三十三号三楼十名,外面亲朋居住者三十一名等语。查此项罢课学生人数既据该学生会详细列册前来,亟应妥筹供膳办法加以援助。现虽由罢工委员会发给饭券,使其往公共食堂食饭,但罢工委员会经费已极困难,所谓安有余力长此兼顾,亦是实情。再四思维,可否查照广东大学复函办法,此项供给仍请由中央党部青年部酌量拨发,以符原议,奉函前因,理合将职厅调查人数及拟定相当办法各缘由,呈请察核办理。谨呈

政治委员会

广东教育厅厅长许崇清

中华民国十五年七月十五日

《五卅运动和省港罢工》,第301—303页

国民政府致广东大学训令稿

1926 年 7 月 30 日

国民政府令　第四一八号

令国立广东大学校长褚民谊

为令饬事:现准中央执行委员会政治会议函据广东教育厅厅长许崇清呈称:呈为呈复事云云。呈请察核办理等情。据此。由会交办到府。当经提出第三十二次委员会会议议决,应饬广东大学对于香港罢课回省学生继续供给膳食,开学时分别插入各班一案经议决。合行令仰遵照办理。此令。

中华民国十五年七月

《五卅运动和省港罢工》,第 303 页

2. 解决罢工与杯葛的外交交涉

杰弥逊致傅秉常函

1925 年 7 月 11 日

径启者:现海员工会对于中国南方轮船行驶已实行变移,因而碍及本处及各处中国人民食料之供给。其他之工会又以自己不赞成之法,自行剥夺做工及谋生之机会。本总领事极欲查知此种现状,将于何时始已,所持之主义若何,并究将依何基础解决之。此颂

日祺

杰弥逊启

七月十一日

《沙基痛史》,第 114 页

傅秉常复杰弥逊函

1925 年 7 月 18 日

径启者:得接七月十一日关于香港及沙面罢工之来函。窃谓贵总领事此函应径致罢工委员会,而不应致询本署。以罢工委员会或可使贵总领事明白一切,并可以答复来函各点,即如罢工之意义,罢工之期限,及如何条件可以解决罢工诸问题。本交涉员非罢工委员会之一人,亦未尝受命磋商罢工之事,似此何以奉答尊意。但对于来函所称,有不能已于言者数事。一、贵总领事已自承认海员罢工,断绝运输,已获成功。而港报、港中官吏及要人,又多夸称"营业如常",及香港政府决意使罢工工人屈服。乃贵总领事今竟自认罢工工人已获断绝运输之效,此言殊属重要,吾人当志之也。二、贵总领事又言受苦只在华人,盖只言华人之苦痛,而不及其他,此种同情心,竟出诸对于痛苦之事应负责任者之口,不啻既创其人,复从而侮辱之。盖既以机关枪射击我国男女及孩童于前,然后始表同情于我国人也。三、本交涉员亟欲知十一日之来函为代表何方面而发。其代表贵政府欤,抑香港政府欤?如欲代表贵政府,本交涉员敢请贵总领事再向贵政府详为解释,如廿三日之案未得相当赔偿及惩戒罪人之前,则无平常友谊之邦交可言。本月十四日本署去函曾明言廿三日惨杀案要求条件,若能速为公平之考虑及解决,则现在非常状况,亦可望从速了结。若置吾人条件不问,而问此次罢工之意义,殆无益也。实则此种意义,公平无私之人均极了然。但贵总领事为利益计,再申言之。如在中国地方枪击华人,系属英帝国在华政策,则吾国人必尽其所知及力之所能以抵抗之。若迩来之惨杀案,系属帝国代表等之暴虐行为,则惩戒此项官员及公平之赔偿,实为中英两国人民修好之要素。倘能进行考虑本政府从前所提之条件,则惨杀案之罪人,将可断定,及予以公平之惩戒,并可决定相当之赔偿也。吾人所知香港沙面之罢工,最初不过反对上海惨杀案而起,期以数日而已。惟至二十三日惨杀发生后,乃由表示同情之罢工,变为人民有组织之奋斗。以期二十三日惨杀案之罪人,得以惩戒,如非得有公平处断,我国

人民固不受恐吓鞭挞而屈服,本交涉员所能知者,仅此而已。此复,
顺颂

时祺

七月十八日

《沙基痛史》,第 114—115 页

香港各邑商会联合会致省港罢工委员会函
1925 年 9 月 1 日

此次风潮久未解决,省港交通断绝,商务摧残,工商交困,莫此为
甚,怅念前途,靡所底止。敝联合会同人等蒿目时艰,不忍自安缄默,爰
于九月一日召集各邑商会代表会议,决定进行,以期挽救。窃以贵会诸
君子,本互助之精神,作爱群之运动,牺牲重大,岂无所因;侨商同是国
民,爱国爱群未敢稍落人后,当创巨痛深之余,何忍复演煮豆燃萁之惨。
言念及此,五内俱碎。难以欧战之蔓延,尚有调和之一日,苟任其长此
纠纷,终非善策。兹不揣冒昧,因系铃解铃之义,先向我最亲爱之工友
为真诚之接洽,用特专函上达,务恳开诚容纳,先与携手,立即赐我方
针,俾即选派代表晋省,与贵会诸公讨论一切,以利进行。除另邮电广
州政府及函请各团体外,相应先行函达。

蓝裕业:《省港罢工交涉之经过及其现状》,载《广州评论》第 2、3 期合刊,
1926 年

香港各邑商会联合会宣言
1925 年 10 月 1 日

概自工潮汹涌,首当其冲而蒙绝大损失者,莫港商若也。港商为
何?即同届中国安分良民而侨商于香港者也。既同为中华民国,则无
论其为工为商,只有互相提携之义务,绝不容有互相倾轧之行为,可断
言也。乃五卅之案,忽起沪滨,蔓延粤海,阖港侨工,弃其职业,相率离
港以为声援,遂至货物滞停,交通梗塞,金融恐慌,倒闭相仍,惨云极矣。

祸犹未艾,若再相持累月,其惨象更有不堪忍言者。忧时人士,莫不大声疾呼,共筹挽救之策,但发言盈庭,莫衷一是。现本联合会为各邑商会团体所结成,只就其身受之痛苦,为和平之呼吁,公推代表晋省,妥为接洽,希冀鉴别愚诚,曲为谅解。一俟得有办法,即交由阖港各界大会表决进行,俾得解释局部之误会,恢复交通,回复工商状况,则联会之进行,亦从兹卸责,此外如关于国际交涉各件,自有双方政府主持,公平解决,尤足以餍商人等之渴望也。理合宣明宗旨,认定责任,探望各界英才硕彦,时赐教言,俾作南针,其以个人或团体名义,愿参加本会协助进行者,尤表欢迎之至意。谨布区区,尚希明察。议例:(一)本会以驻港各邑商会团体组织而成,就本身所受之痛苦,为和平之呼吁,总以恢复交通,回复工商状况为宗旨。(二)本会只求能达到解释局部纠纷,恢复交通,回复工商原况,即认为责任解除;其关于政治问题,则静候双方政府交涉解决。

《工人之路》第 99 期,1925 年 10 月 1 日

省港罢工委员会致香港各邑商会联合会函

1925 年 10 月 3 日[①]

旅港各邑商会联合会鉴:

此次省港大罢工,非为工人阶级本身利益之经济斗争,乃为全中华民族生存与自由之政治斗争,迭经宣言,谅蒙察及。概自罢工以来,瞬及三月有余,帝国主义迄无觉悟,以致在港华商同胞亦受连带之痛苦,敝会深为悯惜。承贵会派遣代表来省,表示愿与我工人携手共图进行之诚意,曾经两次开会面议,交换意见。惟今日之事,只余一解决罢工条件问题。此等条件,广东工、农、商、学、兵各界一致认为确当,共同发表宣言拥护矣。兹将各条件另抄,妥交贵会代表带返香港。贵会皆为

---

① 此日期为交给港商代表的日期。参见蓝裕业《省港罢工交涉之经过及其现状》一文,载《广州评论》第 2、3 期合刊,1926 年出版——原编者注。

华人,谊居同胞,谅必有深厚之同情与实力之援助也。专此。并祝爱国精神!

省港罢工委员会启

附件:

(一)《香港罢工工人恢复工作条件》(附《香港学生联合会之要求条件》)一件。

(二)《广州及沙面罢工工人恢复工作条件》一件。

(三)《广东工农商学兵各界拥护解决罢工条件宣言》一件。

香港罢工工人恢复工作条件

一、香港华人应有集会、结社、言论、出版、罢工、教育、居住及举行救国运动及巡行之绝对自由权(凡被解散之工会须恢复之)。

二、香港居民,不论中籍、西籍,应受同一法律之保障与待遇;务须立时取消对华人之驱逐出境条例,笞刑、私刑等之法律及行为。

三、香港定例局之选举法应行修改,以增加华工选举权及被选举权。

四、香港政府应制定劳动法,规定八小时工作制,最低限度工资,工会缔结契约权,废除包工制,女工童工生活之改善,劳动保险之强制施行等。制定此项劳动法时,应有工团代表出席。

五、不论公私机关服务人员及职工,皆一律恢复原有工作,不得借故拒绝或开除,以后并不得有政治的或经济的压迫及报复等事。

六、不论公私机关服务人员及职工,罢工期内工资照给。

七、所有因罢工而被捕者,应立即释放,并不得驱逐出境;及因罢工或嫌疑而被驱逐出境者,应一律恢复自由。

八、所有罢工期间因欠租致被香港政府及业主拍卖家私等项者,须赔偿其损失,并准其居住原屋,免收罢工期内之租项。

九、香港政府公布七月一日之新租例,应立即取消;并由宣布取消之日起,实行减租二成五。

十、在香港各国代表与中国工人代表组织赔偿委员会,应由香港政府负赔偿香港中国工人在罢工期内之损失。

十一、凡轮船、工厂及公司一切大小职务，华人皆有平等享受之权，香港政府应不分中籍、西籍，一律平等凭证（如客船往返口岸，中国人有权行使船主及司机职权）。

十二、未罢工以前，香港政府所给予华人之一切凭证及牌照，应继续有效。

十三、凡工厂及大公司货仓有一百人以上者，应设立工人宿舍，免收租项。

十四、凡未参加此次罢工运动之工人须一律开除，俟用尽罢工工人，方许再用未罢工者。

十五、香港境内，应准自由行使中国货币。

附香港学生联合会之要求条件

一、香港华人学生无论在校内或在校外，皆有集会、结社、言论、出版、信仰及举行救国运动及巡行之自由权。

二、香港华人学生应有参加学校校务会议、教务会议及改良校务、教务之权。

三、香港不论公私学校，对于罢课回国之华人学生，应由香港政府明令准其自由回原校肄业，各校不得借故拒绝或开除。

四、香港政府教育局所有对付罢课学生之条例，应立即一律取消。

五、所有罢课期内所应征收之学费应一律免收。

六、中华民国各纪念日应一律放假举行纪念。

广州及沙面罢工工人恢复工作条件

一、中国工人在沙面应有集会、结社、言论、出版、居住、罢工之绝对自由权。

二、不论公私机关及店户、轮船、仓厂服务人员及职工，皆一律恢复原有工作，不得借故拒绝或开除，以后并不得有政治的或经济的压迫及报复等事。

三、广州及沙面洋务华人职工，每日工作不得过八小时，逾时须按照工金补给。并改良女工、童工之待遇。

四、沙面警察,须全用华人。

五、沙面东、西桥,每日限至晚上十二时方能关闸;如有特别事故,不用领证出入,得随时开闸。

六、沙面堤岸,华人得自由行坐,及〔在〕各码头随时上落。

七、在罢工工人未复职前,应由沙面各国代表与中国罢工工人代表组织赔偿委员会,由英政府完全负责赔偿中国洋务工人在罢工期内所有薪金及其他损失。

八、沙面英、法工部局所颁布之取缔华人一切苛例,应即一律永远取消。

九、凡在广州及沙面之洋行、店户、轮船、仓厂作工,无论公私机关雇用洋务工人,必须经由广州洋务工会职业介绍所许可,方能有效。

广东工农商学兵各界拥护解决罢工条件宣言

自五卅以后,帝国主义者相继施其屠杀。上海之血未干,汉浔之惨杀又起,(浸)〔渐〕且及于广州;六月二十三日,沙基之役,死伤百余,枪及妇孺,此诚世界所未闻,凡属中华同胞所共切齿者也。省港三十万工友为争民族生存、国家体面,并援助被害同胞起见,遂有大罢工之举。时经三月,胜利迭见,帝国主义者经济已受绝大之打击,而我方则再接再厉,绝无松懈之机。顾省港大罢工之目的,在于抗议五卅以后各地之大惨杀,而造成此五卅大惨杀之原因,实为历年以来列强对于中国一切不平等条约所造成;此外则因以前中国积弱,帝国主义者每每设立绝无人道之苛例,以宰割中国侨民。故省港大罢工之目的有三:一为废除一切不平等条约;二为解决各地惨案;三为取消各地方华人所受之一切酷虐无理之苛例。但一切不平等条约既为帝国主义束缚全中国之枷锁,各地惨案又为帝国主义残杀中国人民之表示,吾人必须联合全国同胞,集中力量,以与帝国主义者抗争,而非我省港方面单独之努力所能收效。故前月初本省各界有北上代表团之组织,唯一使命即为联合全国各界群策群力,以达到废除不平等条约及解决各地惨案之目的。至各地局部要求,所谓取消各地方之苛例及待遇,则省港罢工委员会已提出条件向帝国主义者要求。敝会等细核省港罢工委员会所提出之条件,实至为确当,盖此等条件,虽为罢工同胞所提出,而非工人同胞单独之利益,实中国工商同胞之共同要求,凡属中国人民,所必当要求帝国主义履行者也。敝会等一致议决拥护此项条件,并深望全国同胞明白此次省港大罢工之目的,与夫此次省港罢工工友提出条件之内容,一致要求帝国主义履行,以全力为其后盾,则不独省港大罢工能早日解决,全省同胞与夫国家前途,皆当从此得到解放之途径。谨此宣言。

　　广东各界对外协会　广州总商会　广东商会联合会　广州市商会　商民协会　中华全国总工会　广东总工会　广州工人代表会　广东省农民协会　中国青年军人联合会　香港学生联合会　其他各团体

《工人之路》第 101 期,1925 年 10 月 8 日

国民政府秘书处致省港罢工委员会公函
1925 年 10 月 23 日

国民政府秘书处公函　第三六九号

　　径启者:贵会值日委员曾子严呈:准香港机工联合会十一工团函请准予该会选派代表参加赴港磋商复工条件,应否照准,请察核祗遵一案,经国民政府常务委员十月二十一日议决,俟香港代表团到省,察其人数多寡再行酌定。相应录案函达查照,并希转知香港机工联合会十一工团知照为荷。此致
省港罢工委员会

民国十四年十月廿三日

《五卅运动和省港罢工》,第 323 页

省港罢工委员会致国民政府呈函

1925 年 10 月 26 日

为呈请事，昨奉钧府秘书处第三六九号公函关于机工联合会请求派代表参加磋商复工条件一案，经钧府议决，俟香港代表团到省，察其人数多寡再行酌定。等因。奉此，经即照转该会知照去后。兹复据该会暨广州船主、司机工会派代表面称：此次罢工已受莫大牺牲，其目的在拯国家于独立自由地位。幸数月以来，帝国主义已有屈服之势，因而提出解决罢工问题。该会工友逖闻之下亦同抱无限希望，日夕企盼进行消息。又适因选举代表时，该工会未曾与闻，自不胜其有触然之感，所以有派代表参加请求。但其参加代表不必一定有发言、表决权，但求得列席旁听，以便将所得报告各工友而已。等语，请敝会再为代恳。敝会察其词意殷勤，未可峻却，迫得再据情转呈钧府察核。恳乞准予香港机工联合会暨广州船主司机工会各派代表一人，到解决罢工委员会旁听，用慰群情而昭大公，仍候指令示遵，实纫公便。谨呈

国民政府

省港罢工委员会委员长苏兆征

中华民国十四年十月廿六日

《五卅运动和省港罢工》，第 323—324 页

广东政府交涉署声明

1926 年 1 月 25 日

当香港政府表示愿意开始磋商解决罢工之时，广东政府已尽其所能，予以协助。回忆此次罢工之发生，本由香港工人主持，非为经济问题，实为对英政府之一种抗议。所抗议者，即指惨杀两案：初于去年五月三十日在上海发生，继于六月二十三日在广州发生。是则〔此〕次罢工实为政治的罢工，主要者为香港政府暨全体工人。迨抵制之事起，而广州之工商两界，即联合香港工人，同为主体；广东政府虽于此事极为

注意,然非主持罢工及抵制之当事人也。是故如有正式磋商,应由双方之主要人物互相协议,本政府无庸越俎。至由本政府派出全权代表,以磋商其能力所不及之事,理实不顺,一经指明,便知其谬。倘本政府有参加解决罢工会议之可能,亦只居间调停而已,理固使然。经向香港政府言明此意,惟港方则不欲直接与工人及商人磋商,只愿与本政府接洽。此第一次委派港商及第二次委派官吏之提议所以同遭失败也。香港政府不愿与工人接洽之意,殊难索解;盖英国政府与其本国罢工工人直接磋商,以解决罢工事情,固数见不鲜也。本政府虽于正式会议,只任调人,然非正式的,亦尝予以援助,以谋早日解决。当香港总督表示欲得本政府人员与其会晤,俾得随便交换意见时,本政府即立派一重要官吏赴港,随后,适香港官吏到省,他即将工人日前提出之解决罢工条件,分为经济及政治两部,并表示不愿与工人磋商政治条款。本政府犹以为经济条件若得大致接纳,亦允权定程式,俾开会议,不料此意尚未容纳,华商代表团八人经已来省。惜以该代表等只负磋商经济条件之权责,故又遭失败。况罢工工人对于华商代表并无仇怨,亦非向彼等宣告罢工,故不能与该代表磋商者,亦以此也。若再举一例,足见本政府对于协助解决罢工不遗余力:当香港政府提出有等罢工工人难于恢复原职时(恢复原职及罢工工金即所谓经济条件),本政府答以恢复原职倘真有不可能之处,允劝罢工工人接纳偿金,以为代价。不宁惟是,如香港政府能完全承认该两款经济条件,本政府亦允为尽力,以促罢工早日解决之实现。综上述事实而观,足见本政府对香港及工人之事,已极力调解矣。本政府现仍本此诚意,以谋早日解决,并准备继续努力以协助两方也。

一九二六年一月二十五日

伍朝枢对四商会报告罢工磋商经过详情

1926 年 1 月 28 日

主席、诸君：

　　鄙人接四商会函，邀今日（二十八日）过来向各位报告和香港磋商解决罢工问题经过情形。因日前香港政府有一宣言，系说明其方面之经过，各位亦已看，故今日欲知磋商经过情形。自香港政府宣言发表之后，我政府亦有答复，英文日报亦经登载，我之答复亦已清清楚楚，但未详尽。欲鄙人来报告，鄙人甚喜欢。可见商界诸君对于政治事情，不是漠然的，此是极好的现象。本来罢工及经济绝交是人民之事，刚才主席所说，人民因为英国在中国上海、广州、汉口各处种种举动，藐视华人人格，所以罢工工友激于义愤，故有此种运动，完全系人民出于爱国之热诚。但此种运动与政府无关。香港政府欲解决此风潮不能向我政府磋商，须向罢工工人磋商，政府立于第三者地位，亦不应与他磋商。但政府看见罢工运动的原始目的，已达到九成九，而又觉得香港、省城中国工人、商人受如此重大损失，所以虽不能和香港磋商，但香港政府既然来请，政府亦不妨与他非正式的磋商。至政府何以不能正式磋商，因香港工人所以罢工，系对英政府和港政府之抗议，此事争执为两造：一造香港政府，一造罢工工人。政府虽然对于罢工系极关心，但因地位上不能正式加入交涉；如果加入，则我亦系罢工之一分子；若立于第三者调人地位，则或者可以正式加入，否则名分不清。此所以一、二月来之谈判不能作正式的之原因也。今将此一二月非正式的谈判报告：自从香港新督接任之后，对于解决罢工风潮有所表示，始而多数商人来省，后来省商人，又往港报聘。在报聘时间，港政府席间宣布，谓已派四代表与省代表磋商，二为英人，二为华人。香港派了四代表之后，省工商两界已推举代表四人，罢工委员会委员长苏兆征先生此其一，商界二人其一为胡颂棠先生。省方面将人选决定之后，专候港代表来省磋商，但久不见他来。后来香港派人来示意，欲我政府与港政府各派政府职员作代表磋商。当时我答复，我处于第三者地位，如港政府认为必要时，则只可处于调入地位。久之又无下文,第二次又中断了。第三次接港督信,谓现在两方意思不甚清楚,解决无由,最好省方面能派重要职员来港,交换两方意思,此人以私人资格到港,政府作为人客待遇。当时接到此信之后,政府讨论究竟派人与否问题。结果,派人往港,似乎面子上不好看;然仔细思之,凡事须求实际,不必务形式,倘能解决,使工友、商人各得其所,纵政府牺牲小小面子,亦未尝不可。政府求解决罢工之诚意,可以见之。派员往港返省之后,港政府同时亦派重要职员同来,在省两三日,与他谈论几次,且亦将香港对待罢工条件之意,转达工人方面。此亦足见解决罢工之诚意。港方面表示,罢工工人所提之条件,可分政治的与经济的。关于经济的,不外罢工期内工资及恢复工作。其余如言论自由、集会自由,待遇平等种种,则属政治的。彼表示关于经济的可与罢工工人磋商,惟关于政治的不肯与工人磋商,以为有损香港主权。吾人当时答谓,港政府原则上能允许经济的条件之后,吾人可寻一方式磋商政治的条件。港政府职员返港之后,政府曾接有电报,谓商人已选定代表八人,即日搭船来省。当时鄙人转达罢工工人。到省之后,工商都见,且沙面领事,亦有正式公文,谓代表只能讨论经济的条件,不能涉及政治的条件。工商两界(向)〔问〕八代表亦如此,且谓无全权,不过来省探听罢工工资需款若干而已。故工商两界未与开谈判。八代表落港后,谣言孔多。故八代表所以无结果而返,错在香港,不在我政府,如果分开经济、政治的条件,须先将经济条件原则上答应,但他并未如此答应,即遽行派代表磋商经济条件,显与原议不符,无怪工商两界同时提政治、经济的条件讨论。此外尚有一原因,此次罢工,系中国人民对于英政府之抗议,此八代表皆系华人,并无一英人,颇闻工商界人云:港政府派的应有英人在内,若代表全系华人,人家看起来,以为中国工人同中国商人争斗,因而罢工,与英无关。八代表无结果而返,此亦原因之一。香港政府曾向政府表示,对于回复工作一条,颇为困难,譬如从前某行商营业,今日已倒闭,或从前用一千人工作,今日只可用四百人,所余六百人如何可能回复其工作。八代表回港后,吾人非正式谈话:如果何人或某行事实上发生困难之时,则补偿工资,以代复工。如此亦政府表示磋商解决之诚意。吾人当时又谓如果原则上答应经济的条件,不独寻方法磋商政治条件,而且可劝工人早日解决罢工风潮。此系更进一步,亦系表示迁就之诚意。然而港政府宣言,措词尚和平,而言外意颇谓我无诚意。我已再三迁就,反谓我无诚意。我第一派重要职员往港;第二港方不愿与工人磋商政治的条件,我答设法磋商;第三谓回复工作,有时事实上不能做到,我则答以若补偿工资,我可劝工人允许;第四原则上经济条件答应,可以劝工友完全早日解决罢工事情。如此三翻四覆表示诚意,算对得住罢工工友,又算对得住省城、香港受牺牲之人,然而商〔之〕香港,不迁就。各位系商家,商量生意,须两方各让一步,乃可解决,交涉亦如此。我几次迁就,而香港并无一次同样之迁就。大概香港有两派人在:一派主张早日解决;一派过于拘执,不肯让步,文字上有时表示极诚意,而磋商时极无磋商之余地。或者以为罢工工人罢了六七个月工,商人受了六七个月损失,便可以草率解决。香港是否有此两派,未知的确,但我政府方面完全诚意,不过欲找一方法,可以对得住工人,对得住商人,对得住粤、沪等处被惨杀之同胞而已。政府之诚意,从前已表示十分,今日仍如从前。如果有正当解决之办法,一定本此诚意,竭力做去。此一月来非正式谈判,今日特将经过报告诸君。

《工人之路》第 216 期,1926 年 1 月 29 日

香港辅政司宣布磋商解决罢工的经过

1926 年 1 月 31 日①

督宪抵任未几,即在香港大学演说,表示亲善,继乘广州商界代表团在港之便,宣示本政府之意愿:牵任有势力之商人,组织强固之代表团,派住广州,发起讨论解决罢工;惟广州政府亦须委出同等负责代表

---

① 此为报载日期——原编者注。

与之接洽。此议传达广州政府后,所得答复如下:(一)由罢工工人选出罢工委员三人为代表,负有全权磋商之责,其中一人确为罢工委员会主席;(二)商人亦选出一商界领袖人员,加入代表团,此人或为广州总商会之主席;(三)其他罢工委员大约六人,或增加商界一人或二人,于开议时在场监察;(四)广州下级官员一人为代表团秘书。此种答复,与香港政府所提议之精义一相符合。以非由广州政府委出之代表而与香港政府所委出之人员会议,其无济于事,自在意料之中,故本政府另图别法,以开会议,遂提议加入本政府之高级官员为港方代表,而广州政府方面亦须一致行动,即西方之代表团均衔有政府命令,全权解决一切主要问题也。但广州政府所持之态度,只能派遣代表居间调停。如是则在港方面所派出之代表团须有港政府之全权代表在内,表面上且为该团之主要人物,与广州代表团之如上述者处相对地位,广州政府则只派出官员居间调停而已。似此办法不能接纳,故此议亦归失败矣。省港两方重要官吏于是有互相探访之事,将政治及所谓经济问题分别讨论。至于经济方面之磋商,拟以华商担任为最善。本此协商,所达之旨,香港政府对于华商团体选出有名望之华人八人,赴省磋商之议,表示赞同,意谓代表团能直接与罢工委员会接洽,并能磋商经济问题之如罢工工金及因失业所受损失之赔偿等类是也。至政治问题留以待两方政府将来之磋议,则罢工及抵制等事件,当于经济问题解决停止。当八代表于去年十二月三十日到广州时,并不能得广州政府予以援助,使与罢工委员会接洽讨论经济赔款,盖要代表等同时准备与该会磋商及解决政治条款乃能也。但此非代表团所有之权,显然可见。代表等不惜竭尽种种方法,欲求达到磋商地步,其诚意毫无可疑,惟此行全无结果,遂于一月二日返港矣。香港政府对于再行磋商解决罢工事,时刻均为准备,但似此情形,即再行派代表到广州,亦属无济。现在只有留待广州政府表示其诚意,进筹第二步之办法耳。

译自西报,《工人之路》第218期,1926年1月31日

布勃诺夫在广州苏联顾问团全体人员大会上的报告（节略）

广州,1926 年 3 月 24 日

……

香港罢工问题。我们提出这个问题绝非偶然,因为这是一个与国民革命、工人运动、中国共产党和工会有关系的问题,这也是广州这里存在的最大问题之一、最大症结之一。我们不怀疑,罢工给国民革命事业带来了巨大好处,我们不怀疑,罢工在很大程度上保证了广州对于香港的独立,使广州在经济上得到加强,从而帮助国民政府真正地站立起来。香港运动是以罢工形式开始的,但现在它一方面像是同盟歇业,另一方面像是封锁香港保护广州经济利益的一种手段。我们认为,根据对各方面情况的分析,目前应该采取取消罢工的方针。罢工拖得太久了,已经拖到如此地步,以致再拖下去就会给我们自己造成严重的威胁,因为如果有耍手腕的人在此间较不稳定的政治局势下试图利用这种力量来反对我们的话,他们肯定是能够得逞的,因为现在罢工工人有许多不满,这也是可以理解的,因为很难使没有多少觉悟的工人群众保持这么长时间的紧张状态。我们认为,采取取消罢工的方针是必要的,而且我们预见到取消罢工有两种办法:或者通过同香港达成妥协(这是一种办法),或者利用国民政府的资金和力量(这是另一种办法)。我不谈第一种办法,这个办法很清楚,无需作任何说明。第二种办法不是很清楚,需要作出哪怕很简短但十分重要的说明。

如果出于需要,不得不采取第二种办法,即利用广州国民政府的资金和力量来取消罢工的办法,那么第一,必须在最近就这样做;第二,必须完全公开进行;第三,必须有国民政府的明确声明,强调罢工在保证广州对于香港的独立、保护广州经济利益等方面的巨大作用,并指出罢工工人表现得无比的投入。一定要这样做,因为我们在这里必须要求国民政府理直气壮地和十分明确地说明,工人们为国民革命事业作出了极其巨大而宝贵的贡献。我不得不说我们这里有一张期票,当然我们不想给国民政府拿出这张期票,不想为了广州政府与工人阶级之间的友谊和联盟拿出这张期票,但毕竟我们应该感觉到在自己的口袋里有这张期票,它可以使国民政府对工人阶级,特别是对香港罢工工人负有很多的责任。应该让政府提供取消罢工所需要的资金。我们知道,国民政府不像香港那样有钱(这不用说),罢工工人可以分期得到钱,并且我再说一遍,也不像从香港那里得到的那样多,但是国民政府应当认真地采取措施,在自己的生产企业安置罢工工人,在这方面比方说可以尽量利用即将到来的农业运动。

当然,在这种情况下,封锁问题还是一个实际问题。应该设法实行封锁。当然,国民政府不能公开承担对香港的封锁,这样做在政治上也是不对的。它必须保证自己有一定数量的工人,以便通过这个专门的志愿组织来保证自己在抵御香港侵犯方面的利益。我们认为,现在就应该本着这种精神在罢工工人当中做解释工作,应该向他们说明他们在民族解放运动中的作用。这会振奋他们的精神。还应该说明国民政府对罢工工人的责任,以便通过这种办法为取消罢工做好准备。我们深信,应该认真采取取消罢工的方针。我们相信,这个问题定会在罢工委员会和地方委员会中进行认真的讨论。必须让共产党中央也对这个问题发表意见,但不管怎么说对这个问题我们要提出这样的劝告:这个问题不能再像以前那样拖下去了,在这个问题上不能停滞不前,现在应该寻找消除这种冲突的办法,这就是我们对香港罢工问题的意见。

《联共(布)、共产国际与中国国民革命运动》(1926—1927),第166—168页

鲍罗廷致加拉罕函(节略)
广州,1926年5月30日

......

至于罢工,现在情况是这样:伍朝枢通过香港或广州的某个商人团体进行的谈判破裂后,也就是政府不想为封锁承担责任,拒绝同香港政府进行谈判后,只好为同香港政府的直接谈判做准备。准备什么呢?第一,要打破香港所谓给罢工工人补偿就意味着加强和传播赤祸的宣

传。香港当然不会给国民政府和罢工的布尔什维克提供资金传播其影响。从 5 月 15 日起,这种宣传已失去意义。香港报纸本身就说,"赤色磨擦"已经消除。现在民众松了一口气。当然要结束这场罢工。第二,负责进行谈判的伍朝枢和傅秉常,对待香港比对待自己的同胞更友善。有理由推测,他们已同整个右派集团一起向香港暗示,在广州现时政权执政的情况下,罢工根本不会结束,但当他们右派掌政时,会很容易达成谅解。他们与其说是谈判罢工工人同意返回香港的最低条件,不如说是谈判给国民政府的两笔贷款:一笔 1000 万元,另一笔 1 亿元。香港准备立即提供第一笔贷款;另一笔需要通过银团提供(在香港就是这样说的)。答应提供 1000 万元贷款的条件是,这笔资金将用于铁路建设,当然要接受英国人的监督,一分钱也不能用于罢工工人身上。这是什么圈套啊! 香港说,问题不在于罢工工人。他们有足够的工人,要多少有多少,因此他们根本不关心罢工工人是否返回香港。问题在于抵制,而只有取得广州政府同意才能进行抵制。因此,如果给政府提供 1000 万元贷款(加上将来给 1 亿元的大诱饵),那么第一,这些钱不会白费,因为将用于在英国人监督下进行的铁路建设;第二,政府得到贷款后,不会继续抵制香港。而罢工工人呢? 没有考虑他们。香港不需要他们。

只要能搞到贷款这样的财路,伍朝枢、孙科、吴铁城之流就垂涎三尺。但怎样取得贷款呢? 在政府中有人清楚这些贷款意味着什么,他们明白在目前情况下,为 1000 万元出卖罢工,这是最卑鄙的背叛。如果他们本人不很明白,那么他们有顾问,会向他们解释清楚这是怎么回事。所以需要摆脱这些人。摆脱他们的顾问。这就是为什么右派极力散布旨在破坏政府本身的财政稳定的流言蜚语。由此也清楚为什么伍朝枢之流对发生 3 月 20 日事件这么高兴,为什么现在他们死气白赖地建议蒋介石要以彻底摧毁罢工委员会,打击共产党人和顾问等行动来结束"三二〇事件"。这是最一般最简单的事情:在罢工委员会、共产主义运动和我们的影响的废墟上同香港讨价还价,并得到一笔 1000 万元贷款,而他们可以从中索取 100 万中饱私囊。

随着伍朝枢、傅秉常、吴铁城等人的离职和陈友仁被任命为外交部长,这种交易即告结束,在罢工问题上一个新的时代开始。今后我们直接向香港政府提出公开建议,就结束罢工问题进行直接谈判。如果我们的建议遭到香港拒绝,那么大家都会清楚,香港只要求一点:国民政府和罢工委员会彻底投降。那时我们就向民众提出投降不投降的问题。如果民众对我们说,绝不投降,可以作些让步,但不完全放弃自己的立场,那我们就继续进行斗争,不但继续而且要千方百计加强这种斗争。需要采取一些措施迫使香港改变其决定。

为什么香港会拒绝同我们进行直接谈判呢? 有两个基本原因:1. 在广东发生许多纠纷和内讧。居民对劳资冲突不满。在农村,到处爆发内战,土匪猖獗。火油专卖给穷人造成很大损失,因为火油是第一必需品。尽管有国家的监督,但滥用公款行为仍未杜绝。在大的城市里,特别是在广州,即便在最好的军队即黄埔军中,孙逸仙分子同共产党人也在争吵。学生运动分崩离析,已发展到如此地步:在中国国耻周年日要举行两个游行,而不是一个共同的游行,两个游行将会以互相殴打而告结束。鉴于以上情况,香港要向处于这种混乱状态的政府作出让步。这个政府不是今天就是明天就会消失并由那些容易商量的中国人占据它的位置。2. 吴佩孚在进攻湖南,唐继尧在向广西进军。在发生这种内讧的情况下,国民政府的军队能顶住来自各方面的压力吗?在这种情况下,香港的幻想增强,认为现政府垮台的日子为期不远,到那时没有什么比结束抵制更容易做到的了。

为了消除香港的这种幻想,首先必须向它说明,广东的混乱是暂时的,采取某些措施就可以将其消除。中央全会决议起了很大的安抚作用。这一点我在前面已经提到。我还指出政府为什么以颁布 5 月 30日法令的形式对民众要求进行必要改革的运动作出反应。这两个措施不只是安抚了居民,而且还使民众对政府的态度有明显好转。法令在全市贴出后不久,出现了自发的奏乐和放礼花游行。居民甚至还在准备进行大型灯笼游行,以表达对政府的感激之情。至于右派,他们本来要利用广东的纠纷争取更多的权力,进而同香港达成谅解,然而吴铁城的被捕,伍朝枢的逃跑,傅秉常的被免职,也使香港的其他幻想化作泡影。难怪英国总领事白利安跑到陈友仁处,惊恐不安地问:"现在你们这里发生了政变,我们将同谁打交道?"他还问:"既然伍朝枢和傅秉常不在了,那么现在是什么政府执政? 迄今掌权的一直是伍朝枢和傅秉常,既然他们走了,就没有可打交道的人了。"陈友仁答复他说:"没有发生任何政变,今天政府比以前任何时候都更一致,更有力量;伍朝枢等人的离去没有任何意义。"看来,吴佩孚也不是诸事顺遂。

我们来看一看现在香港对我们提出的就结束罢工问题进行直接谈判的建议作何反应。

你们知道,这次谈判的主要问题是给工人罢工期间的赔偿问题。香港准备提供1000万元贷款,用于铁路建设。我们把这个建议视为香港试图收买广州政府进而迫使它放弃抵制行动的一个步骤。如果在将来的谈判中,香港还是拒绝支付任何赔偿金,那么至少我们打算建议它购买1000万元广州政府为恢复广东的正常生活而发行的债券,实际上广州政府发行债券是为了给工人发放赔偿金,进而结束罢工。发行债券数额要多于1000万元,但香港必须购买1000万元,剩余部分在自由市场上出售。

我们设想债券利息从1929年起开始支付,经过10到15年付清。从香港取得1000万元的这种方式与贷款之间的差别是显而易见的。在第一种情况下,政府不对香港承担任何义务,不作出任何保证。在第二种情况下,有英国人在广东的监督。如果香港既不同意直接赔偿罢工工人,也不同意购买债券,那么我们就会面临一个严重的问题:对大批罢工工人怎么办? 工人不投降,而我们又不能强迫他们这样做。因此加强抵制是必然的。需要采取某种办法迫使香港作出让步,或许,在打败吴佩孚从而消除北方对广东的威胁的时候,在内部状况变得更稳定的时候,同香港更容易达成谅解。同时不得不加强抵制行动。在准备尽量加强抵制行动的同时,也要考虑省内的各种经济发展方案,以便为罢工工人找到工作,比如建设黄埔港、建成粤汉路、修筑其他各种道路等等。但是资金暂时还没有着落。

近来罢工工人的经济状况有所改善。除了他们每天从政府那里得到1万元外,他们的现金达7万元,还有源源不断来自海外华人的一些资金。香港的状况也有所改善。来自各地的新工人不断涌入和走私活动的猖獗,尽管有纠察队在努力工作,还是稍许缓解了香港的状况。如果关于香港航运量的数据正确的话,那么在罢工的一年间,它只损失了1500万吨或者是1924年的三分之一强,那一年的航运量是近4500万吨。英国政府拨给香港的300万英磅剩下100多万英磅或1000多万中国元,也就是说这个数额正好够提供上述贷款或购买债券。

明天或者后天将给香港发出照会,建议进行直接谈判,看它作何答复。

《联共(布)、共产国际与中国国民革命运动》(1926—1927),第276—280页

国民政府外交部宣传局关于中英谈判之报告

1926年7月26日

七月十五日第一次会议

昨正午国民政府外交部开会讨论抵制英货及省港罢工各问题,中英两国代表全体列席。中国领袖代表、代理外交部长陈友仁氏致开会词如下:

今日开始正式会议,本代表等将代表本国政府拳恳欢迎之忱,敬达于英国代表,并欲将代表等所代表方面之愿望,郑重声明:此番奉委解决之问题,必须本诚实决断之意态,以从事解决。而磋商根据,一方面将使英国人民于两广境内销售货物及执业服务上,皆有友谊的与利益的场合,一方面将使本国政府所代表之中国人民,得以进行本国统一革新之工作,无所牵制,以与世界各国建设一伟大之联谊焉。本国境内,社会上,经济上,政治上,现方发生特殊的与真实的变迁,彰彰可见。此

等变迁,大抵由中国人民,以一社会集合体之组织,进而入于新世界大组织之林。其环境接触,新起状况,有不期而然之感觉。则将有建设之整理,或均势之产生,亦势所必然者。设使中国人民果获独立国之待遇,而不以国际保护国相视,则此等变迁于中国人民为益为损,中国人民自能断定之。然无论如何,此为中国国民运动之一根本问题,亦即维持均势局面中之一大势力。盖时至今日,中国人民实有自由工作,以图自救之必要。虽现在国内大部分不幸为陈腐之领袖所统治,其希望与政策,均趋于反动之势。而国内原动力所在,如智识界、学生界、工界及新起农商实业界,皆自世界大战后,确定为政治势力原子者,现方拥护广州国民政府,根据自然权责,大谋国家之独立也。中国政局趋势如何,姑先勿具论,惟中国国民政府光炬万丈,全为国民运动热力所构成,照耀大地,无时或熄。在中国及国际政治上,不能不认此政府为一永存实体。然则英国对此新中国,应取若何态度乎?有主张英国在中国既得之权利,应极力保持勿失者,此不顾利害之谈。证诸已往,适足以引起抵抗,发生冲突,甚至酿成战争。而在此新时代中,战争实非真实解决之法,为世人所公认,则此法已成过去陈迹矣。其与此相反者,有一道焉,即谅解现在变化之中国,其政治新人物,方觉悟其自具之能力,与中国无尽之地利人工,及其有效之组织是也。此种谅解,从友邦之实际论点言之,须重新观察中国局势,并重建中国与外国之联谊,非若一八四二年时之视中国如征服国可比。当列于世界独立国家之林,无论大国小国,一体以平等相待也。如上所述,中国问题之言论,本代表等深信以诚意与中国通商之列强共之,根本上与其真正利益上决无违反。如英国果诚意在此通商,一如其在其他独立国中,专为销售其货与采购吾货而来,则国民主义之中国,与其行使政权之国民政府,在英国人民之居留中国者,对之应不必作无谓之过虑感想也。今兹之事,果能如此观察,则所谓面子上关系者,当不足以阻塞实际解决之途,而历史上往往因见解相反,而致表现人类之忍耐与其诚意之实际问题,此可言解决矣。

陈部长演说毕，随由双方代表互商开议程序，决定十六日上午十时半继续开会，讨论一切。陈部长已预备将我国一方面提案，提出讨论云。

七月十六日第二次会议

按：第二次会议我政府代表提出之意见书，英代表要求不要发表，兹将十六日宣传局报告先行照录于下："本月十六日，中英两国代表会议，解决两广中英纠纷事项。兹将两国代表公同发表之原案登录如左。本会议于本日上午十时三十分复行开议，由中国代表发表关于对英杯葛之意见。在未得对方答复此项意见以前，暂未提议解决条件。本会议订期下星期一日，即七月十九日再议。外交部宣传周报告，七月十六日于广州。"

本月十六日中英两国代表会议，解决两广中英纠纷事项。谨将我国代表发表关于对英杯葛之意见书报告如次：

本代表等今就英国代表之所期望，先从两广排英纠纷事项加以考虑。首当注目兹事之大势，其所以形成对英杯葛者为状若何，姑置细微末节，与单纯偶然的现象，弗予深论。其大体要点，为中国工人拒绝装卸货物于英国船只，与中国人民之在本国境内者，拒绝购办英国货物，或售货于英人也。此为中国人民在南中国有组织的爱国运动，已坚持年余，彰彰在人耳目。此种对英杯葛如欲认真解决，不以威力压迫，使流为中英关系上不断之因缘而蔓延中国者，则最少当寻求其直接原因之所在，所谓疗病当治其本也。

对英杯葛之显象，实直接发生于一九二五年六月二十三日沙基惨案发生之后。尔时中国学生及各界之惨被狙杀，断肢折臂，实为此杯葛之直接原因所在。衡以因果关系，无可疑者。今欲以会商解决之法，断除此种杯葛，不能不先从六月二十三惨案着手办理。要言之，此案之事实，本无争辩余地，其所待辩论者，为是否英国人抑中国人首先发枪之一点耳。然从法律上责任之立脚点，将全案加以审查，则此点亦属次要之事，欲从此审查，则须将六月二十三全案发生之原因背景，先加大略之观察。

一九二五年五月卅日在上海巡行之学生及其他民众,被伊文生警长令其巡捕开枪射杀,以致激动中国民众全体之不平,此历史的事实也。须知今日之男女学生,即他日主持国政与执业作工之人。一国之学生界,为全国所重视。各国如此,中国亦何莫不然? 抑中国人民之重视学生,尤有特别原因焉。凡民族之能生存,必有一主干团体支柱其中。现中国方当过渡时代,其具有一国生机之原素,实在中国之学生界。中国不欲生存则已,苟其不然,则中国人民之能力,与其所处之变境,彼其在商务上、外交上、社会上与外国人接触,历七八十年后之所感觉者,此二者之间,苟非有新均衡之发生,宜乎学生界之于过渡时代,经济的与政治的新需要鼓吹不已也。

中国之学生界,其观感之重既如此,则五月三十日之压力横加,其影响于全国之深且巨,自可想见。是以长江一带如汉口、九江、南京,以至北部之北京,皆有国民感觉之重要表示,因而发生一种新觉悟焉。今者事过一年,伊文生警长,构成五卅惨杀案之观念,尚存于中国人民心目中。本届五卅一周纪念,上海各界集合伟大之群众,从事巡行,安然无事。可见伊文生之设施戒严,纯属多事。而上海司法调查会希尔盾·约翰中佐及其他英国证人所称,倘尔时伊文生不下命开枪,向徒手之学生及其他群众轰发,恐群众发生较大之惨案云云,亦属过虑之谈。然则此案之铸成大错,已昭然若揭矣。

广州方面,因政府方有事于兵戎,以扫除叛逆,统一全省,故五月三十日惨案之真相与案情之重大,直至六月中旬,始得完全感觉。其时北京等处,已认此案之发生,为历史上开一新纪元。况乎广州为中国民族主义之最大中心点,无怪其于此案坚持民族主义以相对待,而视为中国民族主义与外国帝国主义间,斗争之显著表示也。易言之,视为一种经济的、政治的需要及理想系统,与其反对理想及威力系统相互斗争之表示。一方力图中国之真正独立事业,他方则恃一八四二年南京条约以来无数条款之威力,以制裁之。

　　五卅惨案之解释,既已如此,则广州爱国示威,及其他群众运动,种种表示,皆为其当然之结果。盖六月二十三日,广州之所以组织此可记之巡行者,皆所以发挥民族主义之精神面对此惨案致无穷之感慨也。计示威运动之中,以巡行队为主要表示,除少数黄埔军校学生穿日常操服外,大多数为学生及小学童,固手无寸铁者也。

　　至开枪孰为最先一节,倘就此案实情,及开枪后之凶残结果,加以观察,则亦不成重要问题。试观尔时沙面之保卫,其严密完整情形,为从来所未有。既有宽广之濠,环卫于外,复装设沙包电网,并有全副武装兵士,严守于内,又有外国军舰驶入港内,以巨炮遥为拥护。斯时虽有不足信之误传,谓中国真欲攻取沙面,而沙面已自居于绝对安全,牢不可破之地位,况中国原无此意,观于开枪后之结果,益信而有征。是役英国方面绝无伤亡,惟中国方面则死者五十,伤者百余,活现一种炮垒与群众战斗之意义。凡此关于此案之切要事实,足见沙面之开枪,就令谓为自身防卫计(此说本代表等绝对否认),亦属太过,且非法律所许也。一九二五年六月二十三日,沙面已有准备横暴行为之态度,观于英国前总领事六月二十二日致外交部伍部长朝枢之函,一时遐迩传播者可以概见。此函由邮局寄递而非专差致送,故伍部长于六月二十三日大约实际开枪之时始收到之。兹将此函略论如次:

　　此函先述传闻某学生等之怪异消息,谓其互相投票,以博"身为烈士"之荣(此节原函已谓"恐属理想虚造"),继作郑重宣言,谓:"倘此说果有根据成为事实,本总领事当严重警告广东政府,向贵外交长官声明,如有侵入沙面外国租界者,当以武力对付,其局部及全部责任,应由贵政府负之。"并谓:"现设相当警备,以防群众暴动之发生。如镇江、九江、汉口等处,已有此等事发生,倘不幸复见于此,则号召群众心理以行暴动之人,其血将自溅其首也。"

　　由此观之,则为此函者,措词如此,纵非预定六月二十三日中国人流血之必成事实,亦早料其当然。而所属武夫,已养精蓄锐,箭在弦上,其不能临时制止其流血行为,亦固其所。换言之,则英国前总领事之为此函,不啻自承其欲步上海伊文生后尘之意。或（以纯粹历史之意义言之）欲如英国戴亚尔将军在印度阿弥列娑之所为,盖即惯用武力之豪霸,藉口防止暴动,肆其杀戮,巧言掩饰,以愚惑东方群众之计耳。

六月二十三日惨杀案,为对英杯葛之直接原因,已无疑义（此案亦为香港罢工扩大加剧之直接原因）。而香港政府对于广州及粤省他处实行封锁,尤为激起与延长对英杯葛之有力辅因。犹忆香港总督在议政局下令:"禁止白米、面粉、罐头食品,与价值五元以上之金银圆、金银块及各种纸币,运载出口。"此项禁令之发表,与六月二十三日惨案发生,仅隔数小时之间,无论其实际用意如何,然其对于广州及粤省他处,实系一种财政经济封锁,彰彰在人耳目。盖广州及粤省他处,向从香港采购米粮食品也。抑有进者,香港之断绝与广州经济关系,实造成一好模范,使六月二十三日惨案之爱国的报复,得以仿而行之者也。曩者同类群众表示,鲜能持久,而此次对英杯葛,独能不蹈故辙者,其第一原因,则以英国以香港为根据,欲以经济方法,困厄此民族主义活动中心点之广州,而陷之于绝境。中国民族主义者,有见于此,不得不恃此运动,以为有效之防卫。其第二原因,尤为具体可见。查本国政府,曾提议解决六月二十三日案件,经当时英国总领事答复称,英国政府否认此等要求条件在案。此项要求,实于六月二十三日惨案发生后,即时提出,其内容条件,经本国政府本圆满解决之诚意,加以考虑,不致有妨英国在华通商强国之地位,及其真正体面与利益,而得解决之前途也。

在未提出解决新条件以前,本代表等深望英国代表,对于对英杯葛之如此见解,发表意见,不胜厚幸。

外交部宣传局报告,七月二十一日。

七月十九日第三次会议

兹将是日英国代表答复我国代表十六日发表关于对英杯葛之意见书照录如下:

中国代表方面,发表关于两广对英杯葛缘由之意见,当征求本代表等之答复,然后进行会议各节,本代表等对于中国代表方面解决办法全案,本欲先窥全豹,始行作答。中国代表方面发表之情感与其引起本代表等应有之答复,已见于中英两国来往公文中,两国报界亦经讨论详尽。倘继此而再行讨论,以彼此交换之意见发刊公布,恐徒为激动舆论之具,而于本会议欲求和平解决之道,转令为难也。

查前次会议即席宣读之意见书,尚多待辩之点,如中国代表等必欲以此刊布,则本代表亦可作答,且有答复之必要。中国代表等推论杯葛缘由,至回溯上海之五卅事件,但此案发生于中国中部,原非本会议职责所及讨论,亦非在短篇意见书之范围内所能适当讨论。无已,则请就中国代表等原文所遗忘之事实,一为陈述焉。查上海纠纷事件发生于日本纱厂,与英人本无关系。其时有中国学生在公共租界之最繁盛道路中举行示威运动,不惜违抗维持各国居民公安交通之警律,其服务于公共租界工局之巡捕,方竭力执行职务、尊重法律,乃将为曾滋事之人逮捕而去,于是有群众二三千人攻击捕房之事继续发生。此群众之领袖,学生仅居少数,其大多数为上海之无赖游民。当时值勤巡捕人数有限,已设法劝谕多时,继用警棍指挥,欲令群众散去,讵愈聚愈众,反被拥回,直至激烈之群众,已行抵捕房闸外六英尺之遥。伊文生警长时方当值,恐巡捕之被挤,捕房及军械之被夺,如从前发生之事,引为殷鉴,乃下令发枪一排。是役死伤之结果,诚为人人所当悼惜,然以伊文生警长地位论之,当时身当其冲,若非放弃其警长之职责,甘心犯法,而以其所维护之全埠人民利益,付诸群众之手,则除此办法以外,盖无他道。征诸国际司法调查会三委员,承认其行为完全适法,已可概见。至于一九二六年此案一周〔年〕纪念日,捕房方面,惩前毖后,故召集兵以为之备,与上年情形,自有不同。若以此相提并论,适足以迷离本案之论点耳。五卅案之实际如此。而中国各地借口此案之发生,淆混事实,以耸动对英之恶感。如镇江、九江及其他各地处,皆有群众集合,而〔对〕少数毫无防卫之英国人民肆意骚扰。当地官厅,不加约束,以致毁器物危及生命。又汉口亦有学生鼓动暴徒,向外人居留地实行攻击。该处英国巡捕为避免流血计,已坚忍不动。讵群众愈逞愈凶,竟将外国人杀毙,势将侵入外人相率走避之处,乃下令放枪,以阻其前进。凡此事实,不得不约略追述,以求广州惨案之正确观念。

一九二五年六月中旬,广东省内排外感情已继长增高。六月二十二之日,省港中国人士已切实传说,次日即有袭击沙面之举。其时著有声誉之华人实行迁港或作其他行动以为走避之计者,亦不乏人。况六月二十三上午,广州市沿途汽车,又纷纷散派广东军官学校学生会之传单,以鼓动人民起而排外,尤为普遍。其时沙面居民心念此等事实,并有鉴于中国他处意外事件之发生,其预策安全以图自卫者,亦人情之常也。当此情势之中,广州官厅竟于六月二十三日准许一种示威大运动在沙面当时对岸之沙基举行,有军官学校之武装队伍,亦在其列,方巡行时,从沙基方面发枪。惟本代表等细察中国代表方面之意见书,则欲将最先发枪之责任问题轻轻渡过,一则曰"此点亦属次要之争",再则曰此亦"不成重要问题",反注重受击方面还火之浓密。然以本代表等之见,则孰为戎首最为握要。关于此点,本代表等不能不郑重声明:首先发枪,实为中国方面。不特英、法人当皆目击者,可以为证;丹麦、瑞典两国领事,亦有书面陈述,可以稽考;而美国人亲见其事者,亦切实断言从沙基首先开火也。开火后,沙面英、法兵士为自卫计,均有还火,盖信袭击沙面之说行将实现也。于此有当声明者,是役原非英人独任其冲,而华人因此案之发生,何以独仇视英人,在中国代表等之意见书,尚未明言其故。至是役中国人之死者伤者,诚堪悼惜,惟牺牲此等性命之重责,不能不归诸贸然开衅之人,而中国官厅,不顾彼等行为之谬误与危险,任令鼓动妄为,何异厝薪于积火之上,亦不能辞其咎焉。中国代表等解释对英杯葛,谓为国民自由断绝对英交易之举动,并谓中国人民已坚持年余,惜哉!此种解释及论断与事实绝不相符也。就事实而论,此种断绝交易非出于自由,仅以少数强有力者组织团体以武力维持罢工,而强人所不欲,其有恢复正当交易者,不惜置诸死地。岂知此等正当交易,原为友邦上应有之义,今以人为的与经济上健全的藩篱,横亘其中,使人民不得自由行动,恐早晚必有冲破藩篱之势。本代表等之为此言,其立论之准确,取证亦自不难,试将此等藩篱尽撤,本代表等深信商业交际皆将流通如故,而中、英人民胥受其益矣。

本代表等非谓国民之自由绝交者以武力制止,本代表等所欲言者,乃谓非自由之绝交者,不当以武力或以人工制止之也。本代表等于此不欲有所误会,且以分别言之。犹忆一年以前,中国人每多误解,以为关于上述各案,自有正当理由以抗议各国之行动。彼等所谓理由者,固本代表等所否认,然彼等亦既抗议矣。而大多数国民,苟非借杯葛以图利者,盖无不乐于恢复正当交易,此本代表等所深信也。中国代表等所谓香港政府对于广州及粤省他处实行封锁,尤为激起与延长对英杯葛之有力辅因,与"香港断绝与广州经济关系,实造成一好模范,使六月二十三惨案之爱国的报复得以仿而行之者也"云云,此无辜加罪之绝好榜样也。不知香港政府对于广州或粤省他处并未设施封锁之策,香港本未与广州断绝经济关系,其所以禁止某种食料出口者,乃为保存港中粮食计,此常智所能知也。六月二十二日之际,航业经已罢工,港中食料输入,牵涉至若何程度,非所逆睹,如以此为受香港封锁,则全世界亦将受封锁矣。其禁运粮食出口之宗旨,已于八月十一日布告声明,谓除有相当数量留存港中,此外运至何地,皆可准运出口,可以概见。且此项禁令已于十月九日悉行废止。至于禁运金银、圆块、纸币等出口,乃为保护港中币制及财政系统起见,此亦财政上之常规耳。诚不料此等自卫政策,纯然为防卫香港罢工而设者,乃受指摘为攻击广州之具也。推中国代表等造为此说之意,益欲解释抵制香港理由,故曲为说。其实香港与上述各案,并无关系也。

总之,此次纠纷发生以来,每有口不择言之宣传,欲诿其过于香港,乃至诿过于英国。全国对于此等尝试,本代表等自应严重抗议,兹特申明于此。实则中国代表方面所嬲疾病,乃其内部之病,不当以攻击英人为疗治之方,况英国人民与中国通商,极望中国之臻于福利发展与独立,且校他国为尤挚也。比年以来,中国人民大部分已有转机,为吾人所深庆,本代表等谨掬诚以祝中国得以其人才之发展,以列于世界大位置之林。查香港政府尤愿以互利之方，协助邻近港地之各省，使臻于发达。本代表等本此意义，深望现在纠纷之借以解决也。

七月二十一日第四次会议

本月二十一日中、英两国代表会议解决两广中英纠纷事项。谨将是日我国代表驳复英国代表于十九日会议即席宣读答复我国代表第一次意见书报告如次：

国民政府受两广人民之信托，执行政权，最重公开主义，一则以开通公共之见闻，一则施行群众之训迪。盖以国民属望政府，端在了解政府之设施纯为国民效忠，而非徒为宰制之政府。基此重大原则，英国代表关于对英杯葛大问题之始终意见不欲即行公布之说，本代表等不能苟同。抑尤有一特别原因在：年余以来，英国报界、政客诬蔑广州方面，谓为无知识的、无理由的仇视英国，致引起世界舆论对广州以误解，今辟浮词申情，实使中国对英杯葛之真因，得以大白于舆论界。此不特信史攸资，抑于此次会议亦有裨益。本代表等深信外交公开为近代政府所必需，惜公开政策往往为东西各国崇尚尊严面子者所反对，以致远东国际交涉上，每生莫大之障碍焉。

上海五卅案件，苟引为两广对英杯葛之直接原因，诚不免轶出本会议讨论范围之外；惟本代表等前次意见书业已声明，此不过六月二十三沙基惨案原因背景之一种重要现象。基此意义，本代表等对于英国代表意见书内论及此案之言词自当否认。而所称上海司法调查会赞许伊文生警长之说，则因中国人民与该调查会本了不相涉，尤当郑重拒绝也，至五卅案一周〔年〕纪念日，上海方面措置所谓"惩前毖后"，不用防止暴动方法，而华人群众自然散去者，本代表等极表赞同。推英国代表意见书关于汉口事件，尚有二事遗忘，即华人群众手无寸铁尺木，而英兵力有装置机关枪之英轮参预其中是也。对英杯葛为六月二十三沙基案件直接发生之事，本代表等前已言之，今复赘于此。盖此为直接因果关系，如对英杯葛不欲了结则已，苟欲了结，必须就原因上从事办理。而原因之考虑，则以责任问题为一重要论点。如来文所谓"六月二十二之日，省港中国人士已切实传说，次日即有袭击沙面之举。其时著有声誉之华人实行迁港或作其他行动以为走避之计者，亦不乏人"云云，实不能认其为有论据之价值。此殆复述英国前总领事所称六月二十三事前种种传说之一部耳。所谓"中国人士"之无根传说，与"著有声誉之华人"（或为多金之子故神经过敏）之避迁香港，竟信为袭击沙面计划之证据，能非人类信仰上一可叹之事？而六月二十三日沙面之官场态度陷当日事变于悲惨之结果者，亦可以于其轻信心理证明之。英国前总领事盖认沙面之袭击为一种信条，故妄事推测，事变未至，而草木皆兵矣！

本代表等特再申言：袭击沙面当时实无此意，抑亦不能，有此郑重声明，六月二十三之衅，实由沙面首先发枪，此诚为重要之点。今既由英国代表方面提出此点，则其责任问题应否成为国际调查之案，本会议似有考虑之必要。但本代表等不得不声明，为避免此调查之必要，故谓其为"次要之事"与"不成重要问题"，诚以"此案之切当事实已足证明沙面之开火，就令谓为自身防卫计（此点本代表等绝对否认）亦属太过，且为法律所不许也"。至于特开调查会以判孰为戎首一节，本代表等虽亦预备赞同，惟于所谓丹麦、瑞典两国领事之书面证明，与"美国人亲见其事者，亦切实断言沙基方面首先开火"之说，不能不加论辩。益此等事于六月二十三之日为沙面居民一分子，或参预沙面守御之役，与前总领事杰弥逊爵士无异，不能谓全无关系之人，在理彼等之证明与出诸手杀中国学生及各界于沙基之后，因为染有色彩，致以华人死伤之责归咎中国官厅一节，所谓"不顾彼等行为之谬误与危险，任令鼓动妄为，何异厝薪于积火之上"等语，本代表等，尤不得不立予拒驳。盖此等套语皆不外诿过者之惯伎，实则当时中国官厅并未干预示威运动之事，且见沙面之未尝受击，且不能受击，尤引以自慰，此则可以庄言答复英国代表而随（在）〔处〕可得负责任指证者也。

本代表等解释对英杯葛，以为本爱国心理断绝对英贸易一节，英国代表对此有所非难，转称"仅以少数强有力者组织团体，以武力维持罢工,强人所不欲"等语,似此争辩,如完全驳复,势须讨论种种问题,本代表等虽亦预备讨论,然已非本会议范围所及矣。顾本代表等所当注重者,则以英国如此见解已含有侮辱中国之意。如谓中国人民对于残杀行为如沙基惨案者,尚不能引起群众公愤与群众行动,是不特贻重大之谬误,抑且暗示中国人民有奴性存于其中,虽就中英关系间往事不难摘发一二,引为论据,第世界潮流已排荡大地,今日居亚洲此方之人民,其工作行动皆为自由意志与人道尊严所感动,已不容横暴非法之屈服。此种事势如英人尚不感觉了解,而变易其政策,诚恐将来中英关系复蹈故辙,而种种误会、变动、骚动、战争相因而至矣!本代表等今特严重言之,中国方筚路蓝缕以为国民辟一新蹊径,纵非在进行之中,亦将不远,中国人虽不欲于进行新路中与英人有所差池,然中国现在所处局势将来若何决定,固大与英人有关也。

复次,香港之行封锁,自主观上言之,无论封锁者之真意如何,然谓此"一般的禁止"者,字义上因不能不解为对于广州及粤省他处施行财政、经济之封锁也。又从客观上言之,则其施行之结果势必同于封锁,盖以香港为中国南方总转输之商港,实中国人民输运粮食之唯一门户也。依此解释,则封锁之禁令虽有八月十一日之变通与十月九日之废止,亦不能为之隐讳。尔时所以变通与废止者,殆已灼知广州设法从他方采运粮食以为救济,已使此种锁港政策失其效用也。

英国代表等表示"与中国通商,极望中国之臻于福利发展与独立"之盛意,本代表等深为感领。况回溯英国过去及最近之行为,从未令人发生观感足以昭示其对华政策与中国国民意志有调协之可能,今乃获此表示,尤当深庆。倘英国代表此番期望可据为英国将来对华政策之预示,将见此项政策之实现,当能确定英国之关系,使英国于民族主义的中国获有良好之友谊,此本代表等所据理推知而可信者也。

外交部宣传局报告,七月二十三日。

中、英两国代表会议解决两广中英纠纷一事,本月二十三日星期二上午十时半继续开议,由中国代表驳复英国代表于十九日会议答复我

国代表第一次意见书,并说明中国方面之提议案如下:

中国代表既在第一次意见书指陈英人三大过失,即第一、关于沙面开枪事,第二、关于香港政府封锁广州事,第三、拒绝国民政府在沙基惨案发生后所提议解决条件事。以上三点乃为英国代表之所否认,是则本会议自应委托一第三者出而组织一公正的考察法庭决定此中争点。国民政府当遵守此法庭之决定,深望英国代表取同一态度。

英国代表方面苟不再事争求,而愿早日恢复香港与国民政府领土(广东、广西、湖南各省)之通常关系,本代表等亦抱同一愿望,主张关于早日解决对英杯葛之担负由两方协力分任之。此项担负:第一,中国人民对英杯葛坚持至一年之久,此后应予相当保障,使一九二五年六月二十三事件不至重行发生。此种保障在于整顿沙面海、陆驻兵,并限制英国炮舰抛泊国民政府领土河面。第二,根据极公平原则赔偿抚恤六月二十三案死伤各家属。第三,为解决香港、广东通常关系破裂所发生之失业大问题,应筹备大宗款项,然后可以排除香港与国民政府领土各地关系之恢复上种种障碍。设两方面切愿和平解决,自非相互极端让步不为功,此明眼人所深知者也。

英国方面之反对:

英国代表对于第一提议,由第三者组织公正的考察法庭案,谓须请示政府,至于第一提议关于从速解决对英杯葛之负担由中英两国协力分任一案,英国代表亦表反对,并郑重声明解决问题不能包含赔偿在内。

于是中国代表复行提议,当组织公正的考察法庭未成立以前,为利便从速解决对英杯葛问题之需用起见,应行借债。此项借债系由国民政府及香港分别担任,借轻国民政府财政上之重大担负。设英国方面在公正的考察法庭中将来得到胜诉,则香港所担负之借款,由国民政府偿还之。但英国代表对此亦表示反对。

英国方面之提议:

中国代表乃询英国代表方面有何提议案。英代表谓,英国方面解决此项杜葛办法,欲以实业的借款贷与中国以为开辟黄埔港口之用,而以建筑粤汉、广九两铁路接轨为条件,其监督〔条〕款则依照广九铁路协约办法,雇用英国总工程师、总管帐各一人云。英国代表并谓,如中国不欲经营上项实业,则同样的实业的企业如建筑铁路于别司湾或汕头均无不可云。中国代表答谓,英国方面提议案尚须考虑,方可答复云。

外交部宣传局报告,七月二十三日,第二次。

七月二十三日第五次会议

中、英两国代表会议解决两广中英纠纷事项,于本月二十三日上午十时三十分继续开议,由英国代表团宣读左列之意见书:“英国代表团对于七月二十一日会议中国代表团即席宣读之意见书,不欲以书面答复。其所以不欲如此答复者,则以此种辩论将牵引历史上之谈判愈多,以现在地步而论,恐无济于事,不若用口头论判,就实际提案以谋解决杜葛之为(愈)〔宜〕也。”中国代表团旋读意见书,将七月二十一日提议中〔之〕审查法庭,或称为审查委员会,加以详细说明,其文如下:“中、英两国代表团解释对英杜葛问题,双方发表之意见,所持论调,今须设审查委员会,以资解决之必要。兹由中国代表团正式提议办法如左:(甲)设立上述之审查委员会;(乙)此委员会以中英委员各一人并主席一人组织之,其主席须双方认可其国籍不得与本案有直接关系;(丙)此委员会有决断一九二五年六月二十三日沙面沙基枪杀案责任问题主权,并得献议各节,使因此案而生之两广对英杜葛亦得完全最后之解决;(丁)中国国民政府与英国(包括香港)政府,允遵守此委员会之评断,并将其献议各节一一按照实行;(戊)此委员会以〔尽〕速周期开办;(己)倘英国方面前已具有关于此案证明书之证人,或业已死,或不知去向,或因别故不能到此委员会,则为补救此等故障计,应将该证明书送达委员会。”英国代表团复提议,此审查委员会应有法国人在内,其所持理由,以一九二五年六月二十三日枪杀案,法国人亦参预其间,不能将法国除外。中国代表团答称,法人参加枪杀问题,系中法交涉之件,应另行办理,不宜与英国责任问题相联,如英国方面必欲得法国参预问题,包括于审查范围之内,中国代表团亦无异议。惟如此办法,则法人之加入审查,应由英国方面设法向其请求同意。而英国代表则谓当由中国方面请其同意,但中国代表团不允负此责任。旋英国代表团提出其他论点,经中国代表团答复后,英国代表团并问此项审查方进行时,中国对英杯葛是否仍然继续。中国代表团答以此种杯葛为有组织爱国运动,非仅恃武力所能废止;且中国方面提出,从速恢复两广人民对英正式关系所需之负担应双方分任之议,已不为英国代表团所容纳,则在此情状之下,继续对英杯葛实为势所不能免也。

中国代表团继续请英国代表团将其在前次会议所拟之借款议案,以书面提出。英国代表团遂即席宣读议案原文如下:

"兹承中国代表团之请,特将七月二十一日会议提出之借款议案,以书面陈述如左:

(一)正式合约之细则如何决定,颇需时日,且出于本会议范围之外;惟议案大纲,可于此时说明,抑亦应行说明。

(一)本议案为香港以诚意对待广州之表示,且有此办法而后香港可以协助广东之发展,使省港皆受其益。本代表等灼知广东之发达与香港之发达实有联结而不可分离之势。

(一)本借款之用途,自当双方妥定,本代表等曾献议为开辟黄埔商埠之用,盖此举于香港仅有间接之利益,而为广州之士所赞成,故择此以表示好感。如中国代表团意欲指定类此互利之用途,本代表等亦乐为考虑。

(一)黄埔之设,仍须从工程上考察,能否以适宜之费用,使计划妥协,经双方满意,然后采用本代表等约料之数,为一千万元。

(一)本借款用途,无论主要用途若何指定,亦须建筑连贯粤汉、广九两铁路之接轨线。

(一)本借款之正当支销与款项之偿还,须有相当保证之规定。

(一)此后广州政府辖内各地所有对英杯葛及其他排英表示,当完全停止。此为本借款条件之一。"

复次,中国代表询问所谓正当支销与款项偿还之相当保证之具体的解释,英国代表答称:"系指中国铁路借款合约之通常条件,如借英国资本须雇用英籍总工程师及英籍总管账各一人,以及其他保证,并须以建筑工程及铁路收入为抵押云。"嗣由英国代表团领袖表示感领拳拳之忱及会议经过中友谊之兴趣,深望此种情意继续进行,以至会议终止。中国代表团领袖答示同样之情感,并信本会结果,可于本国中英关系史上开一新篇幅。彼此酬酢毕,旋订延期之内,英国代表团须以中国提出设立审查委员会之议,请示该国政府,而中国代表团亦须以英国借款之议请示国民政府。

外交部宣传局报告,七月二十六日。

《省港罢工中之中英谈判》,省港罢工委员会宣传部,1926 年

国民政府关于解除香港封锁的四项办法(节录)

1926 年 7 月 21 日

(甲)组织公正仲裁机关问题:其仲裁机关以中英各一人及他国一人合组之。盖沙基惨案之责任,双方各有争辩,今组织仲裁机关,判断此事,则是非曲直,可以分明,我国代表并草拟仲裁机关组织条例如左:

一、设立上述(沙基惨案)之审查委员会。

二、此委员会以中英各一人,并主席一人组织之。其主席须双方认可,其国籍不得与本案有直接关系。

三、此委员会有决断一九二五年六月二十三日沙面沙基枪杀案责任问题之权,并得献议各节,使因此案而生之两广对英杯葛,亦得完全最后之解决。

四、中国国民政府与英国(包括香港)政府,允遵守此委员会之评断,并将其献议各节,一一按照实行。

五、此委员会,以最速日期开办。

六、倘英国方面,前已具有关于此案证明书之证人,或业已死亡,或

不知去向,或因别故不能到此委员会,则为补救此等故障计,应将该证明书送达委员会。

此议案提出之后,英方表示反对。其反对之理由:(1)该意外事件为时已久,对搜集证据事,尤属困难。且此中证人,多非英人,有已散至四方者,更难令其出而作证。(2)难得列强之表同情出任作仲裁者。(3)如设仲裁机关,则须费时日,失从速解决之旨。(4)仲裁机关,须照所呈证据以判定是非,但同时可有无限制之权,指摘最后之事,复不能涉及案中之政治与经济问题。后我方代表再三驳之,谓既设仲裁机关,则一切均须服从仲裁机关,有何不能涉及案中之政治与经济问题哉?若谓证人困难,则可承认书面证明为确。且于沙基惨案发生之后,各国人士发表之证明书,已为不少,是何患无证?至仲裁会主席,若双方诚意敦请,毫无困难。若云时间,则设仲裁会,亦不致多费。英代表闻言,觉无辞可却,乃允加以考虑。

(乙)补恤款项问题:补恤款项,分为二种:(1)补恤沙基惨案死伤之亲属。(2)补恤罢工工人。盖沙基惨案死难者之死,及工人之罢工,其祸原均为英人,故英人应予以补恤。英代表竭力反对此项提议,不承认补恤款项。后我方驳之,英代表始允补恤沙基惨案死难者之亲属一项,加以考虑。

(丙)借款问题:为从速解决对杯葛问题之需用起见,应先借款给罢工工人。该款由国民政府及香港政府分别担任,藉轻国民政府财政之重大担负。设英国方面在仲裁法庭中,得到胜诉,则香港政府所担负之借款,由国民政府偿还之。将来我国得到胜诉,则我国担负之借款,由香港政府担负之。英代表对于此点亦表示反对。

(丁)保障问题:沙基惨案,祸原于水兵。此后欲保此种事件不再发生,则非限制英国兵舰停泊国民政府领土河面不可。英代表加以反对。故是日会议仍未有结果而散。

《国民政府外交史》第 1 集,第 69—71 页

共产国际执行委员会远东局使团关于对广州政治关系和党派关系调查结果的报告（节略）

上海,1926 年 9 月 12 日

……

七、香港抵制罢工

我们到广州的时候,结束这次抵制罢工的问题仍像 14 个月期间那样处于僵局。地方组织和罢工委员会的所有领导人都异口同声地说,他们将千方百计争取立即停止罢工,但又一直补充说,由于香港坚决不想作出什么让步,而广州也不会同意投降,局势是完全没有希望的。

正如我们在上面已经指出的,5 月份成立的工农商学联合会的要求之一是尽快结束罢工。随后,广州政府同香港方面直接进行谈判。7 月,同香港举行一次联席会议①,但实际上一无所获。

我们的同志在 5 至 7 月间对香港罢工的策略,正如广州的同志向我们所说的那样,可以归纳如下:

在"三二〇事件"以后形成的局势下,商人对罢工和罢工委员会的态度发生了变化。居民对罢工纠察队和征用外来货十分恼火。罢工委员会及其整个组织成了"眼中钉"。由此产生了一个任务:恢复居民对罢工的同情,在广东和全国人民的眼里提高这次罢工的政治意义,向居民表明,罢工委员会和政府正在竭尽全力结束罢工,但是由于香港方面的顽固不化而不能做到这一点。广州的同志认为,目前同香港不能达成任何协议。这个结论是在征得香港和广州方面的同意通过专门的代表团同商界进行了各种私下谈判之后得出的。香港方面的顽固不化在很大程度上得到了广州右派人士在"三二〇事件"以后对它的支持,他们使香港方面抱有可能更替广州政权和右派取得胜利的希望,这些右

---

① 实际上从 1926 年 7 月 15 日—25 日,广州政府和香港政府代表举行了五次会议——原编者注。

派一直同香港保持着联系,无疑会同意达成协议。在"三二〇事件"后不久,香港通过一位国民党右派直接向蒋介石提出向广州提供大笔贷款的建议,条件是全面改变政策方针,但这位中间人被蒋介石赶出广东地界。

从所有谈判中可以清楚地看到,香港无论如何不同意向罢工者支付任何赔偿,而这个赔偿要求是广州方面的主要要求,不满足这一要求,广州方面就会认为自己是投降了。然而对于香港来说,13 万工人的罢工本身无论过去还是现在都不具有什么重大的意义。香港已从各地(中国以外)招募了大量工人,它可能只需要一定级别的工人专家。但是香港贸易普遍的不景气大大缓和了罢工问题的尖锐性。对于香港来说,问题是结束抵制,这种抵制对它来说曾经是非常敏感的,也破坏了香港在东方的作用和英国在东方的声誉。然而香港也是出于维护英国声誉的考虑不愿支付赔偿金,在私下谈判中确定的赔偿金数额约为500 万港元。

由于广州的同志不愿放弃自己的赔偿要求,因此他们正确地认为会议不会有什么成果,他们在这次会议上的整个策略是只想达到揭露英国,提高抵制罢工的威信和政治意义的目的。广州的同志懂得,把向罢工者支付赔偿金的要求提到首要地位会降低斗争的政治意义,因此在谈判过程把对去年 6 月的沙面流血事件应负什么责任的重大政治问题提到了首要地位。

在这样来进行所有谈判的情况下,自然谈判只能以平局而告终。罢工在广州和整个中国的政治道义上的影响确实有所提高。香港方面提出提供贷款的建议,条件是委托英国人来修建黄埔港和从广九线至长沙的铁路,总的说来也就是受到国民党右派欢迎的那些建议。实际上,香港的这些建议意味着,香港试图一举不仅结束罢工,而且打消国民政府想提高广州作为港口的独立意义的企图。从自己方面来说,广州提出贷款要求是为了弥补 14 个月罢工斗争所造成的一切损失,从而缓和赔偿要求,并取代这种要求提出提供带有特别保证的贷款的建议。

　　谈判结束后的第二天,罢工委员会发起了兑现会议政治成果和揭露香港新的计谋的运动。最后组织了专门的支援罢工工人周。同时明确强调了更加加强抵制行动的必要性。纠察队的工作得到了很大加强。政府又给纠察队发了一些武器。所有这一切自然是极其错误的。本来无论如何应有较长一段时间来等待香港方面对联席会议的决定作出答复,而这场新的运动相反却便于(在香港和伦敦的)那些主张惩治罢工委员会的人撕毁一切谈判。这个错误加上由于北伐的胜利而在全国出现的普遍紧张局势加速了危机的到来。8月20日港督发表了一个有名的讲话,把罢工委员会污蔑为强盗,声称广州政府无力保证广州的秩序。而8月27日香港又通过其驻沙面总领事向外交部长声明,它将直接采取武力来惩治罢工委员会纠察队,以保障英国贸易利益。

　　我们在上面一直谈的是我们同志的策略,没有特别突出国民党和国民政府,因为广州的共产党人和他们所领导的罢工委员会在对抵制罢工的态度上始终没有采取任何特殊的立场。顺便说一下,在我们看来,十分明显的是,广州的同志对这次罢工的整个方针基本上是错误的。抵制罢工持续14个月意味着广州承受了力所不及的重负。这种旷日持久的抵制无疑使广州的整个经济形势变得更加严重了,进而又使社会政治关系变得更加紧张了。而所有这一切都只是为了一个要求——得到香港方面给罢工者的一定赔偿。然而,香港抵制罢工在政治上的胜利即使在进行三个月和六个月之后都是无庸置疑的。如果想要结束罢工和抵制,本来是可以找到达到政治上满意的各种方式的(而对罢工者的物质赔偿可以通过其他途径得到)。

　　香港抵制罢工的拖延无疑也在"三二〇事件"中起了一定的作用。这种无限拖延的罢工是对保留广东革命根据地的一个实际威胁。

　　8月份,在广州的总数为13万的罢工者剩下了不到3万5千人,他们每天得到20分的补助,有从得到罢工委员会分支机构支持的英国公司那里弄来的住房。应当指出,罢工委员会在广州实际上是某种"国中之国",但决不能说是广州的两个政权,因为在罢工委员会和国民政府之间在其存在的整个时期内始终没有发生任何尖锐的冲突。罢工委员会在政治上始终是同国民党左派联系在一起的,因此,当蒋介石发动"三二〇事件"时,他也用军队包围了罢工委员会。在"三二〇事件"发生后的初期,罢工委员会和国民政府之间的关系曾有些冷淡,但后来这种冷淡关系消失了,罢工委员会对组织北伐等活动给予了支持。现在罢工委员会及其整个组织和为数4000人的武装队伍也是国民党左派的支柱之一。在数万名的罢工者当中有1100名共产党员,他们多数是熟练工人,组织成许多党支部。分散在广东省各个农村的罢工者,在那里也起着革命的作用,他们是农会的组织者。由此可见,罢工委员会的整个组织对于我们党和国民党左派来说无疑具有重大的政治意义。

但从另一方面说,在这些罢工者的情绪中也蕴藏着一种严重的政治危险,他们被围绕香港抵制罢工所进行的政治鼓动宣传的错误的和有害的方针弄得兴奋不已。共产党人和国民党人进行的整个鼓动宣传是建立在"斗争到底"和"打倒英帝国主义"的口号之上的。罢工者们也受到这样一种认识的教育:这次抵制罢工必然以英帝国主义的灭亡而告终。他们根本没有想到在这场斗争中可能遭到失败或者作出部分退让。然而在这14个月期间,正如在8月份所显示的,可能不止一次地出现这种局面:结束抵制罢工是绝对不可避免的。在这种时刻,始终相信会取得胜利和指望得到大量赔偿金的35000名罢工者乃是一种相当严重的危险,甚至可能有一部分被挑拨者所利用。

我们并不想以此来说明,结束香港抵制罢工不是什么很困难的事。对于我们来说,全部问题在于使我们的广州同志坚决地转变过来,要明白即使没有香港方面的货币赔偿,结束抵制罢工也是不可避免的。这笔赔偿金可以从广州和香港的资产阶级那里取得。用英国人的话说,我们的任务还可以归结为:在对罢工群众所进行的鼓动宣传的整个提

法上来一个转变,使他们对可能作出的退却有所准备。问题提法上的
这种转变会迫使广州的同志去寻求尽快结束罢工的方法并会使整个这
件事从多少个月来所处的死胡同中摆脱出来。

　　这个问题最后一次提交广州的领导同志(同中央委员们一起)讨
论是在8月28日,当时广州已得到香港方面的口头最后通牒,威胁要
对罢工委员会纠察队直接进行武力惩处。这个最后通牒使广州同志的
头脑大大清醒起来。在中央同志的促使下,在这次会议上通过一项决
议,其基本内容是:认为有必要在不要求香港给予货币赔偿情况下结束
罢工,在这方面应当进行整个准备工作。不言而喻,这个决议没有明确
规定结束罢工的时日,因为政治形势越来越复杂,不能在广州面临危险
的时候给政治生活带来任何混乱。另一方面,由于广州军队在北部取
得胜利,可以指望在这个问题上情况会有所好转。但是无论如何,广州
的组织应做好可能在这个问题上实行重大退却的准备。

　　同时还决定,为了避免英国方面的挑拨,纠察队应采取新的方针。

　　在我们写这份报告的时候,英国人在广州占领了部分沿江城区,广
州政府表示坚决抗议,并威胁要在全国范围内实行抵制,英国海军舰队
在长江上炮击了万县城。中国的所有国际处境问题都提得如此尖锐,
以致结束香港抵制罢工问题虽然现在还是个极其重要的问题,但就同
英国的谈判而言,实际上已失去了现实意义。何况现在必须了结这个
问题。(下略)

　　　　《联共(布)、共产国际与中国国民革命运动》(1926—1927),第463—468页

共产国际执行委员会远东局使团关于广州政治关系和
党派关系的调查结果和结论(节略)
上海,1926年9月12日

　　……

　　5.广州对香港抵制罢工的政策也是错误的。长达14个月的抵
制罢工无疑给香港带来了巨大损失,对国民党的整个经济生活有负

面影响,阻碍了贸易的正常发展,损害了向广州输送产品的部分农民的利益,使商业阶层一直处于罢工委员会纠察队的监督之下,支援罢工者的大量开支加重了广州政府的预算负担。围绕这次抵制罢工开展的政治宣传运动在群众中造成了单是广州就可以一举"击败英帝国主义"的幻想。罢工在破坏英国声誉方面的政治效果早已达到,广州的同志把是否结束罢工只以香港方面是否满足罢工者的赔偿要求为转移是错误的。最近同香港的正式谈判变成了只追求宣传鼓动目的,因此没有取得任何结果。抵制的加剧和纠察活动的进行,以及外交会议后开展的整个宣传运动,无疑便于香港在 9 月初对广州进行公开的进攻。

《联共(布)、共产国际与中国国民革命运动》(1926—1927),第 485 页

鲍罗廷给加拉罕、陈独秀和维经斯基的电报

广州,1926 年 9 月 15 日

绝密。

致加拉罕、陈独秀、格里高里①。抄送莫斯科。在格里高里参加的情况下,我们作出决定,一旦来自江西和福建方面的威胁消除就结束罢工,这大约需要一个月时间。

随着对汉阳、汉口的占领,这种威胁可能会早些消除。因此我们正在准备结束罢工。只是反英运动的日益高涨可能妨碍这样做,这场运动是由于英国人对四川不设防城市万县进行炮击引起的,那里炸死许多中国人,摧毁许多房屋,这场运动也是由于英国人让水兵在中国领土上的码头登陆引起的。但是,在全国范围内同英国人进行斗争的方式问题应由上海中央在你们和格里高里参加的情况下作出决定,这样可以更容易和更迅速地解决问题。而我们现在则在认真做结束罢工的准备工作。计划大致如下:停止罢工,将罢工工人分成若干组,以便每月

① 即维经斯基——原编者注。

可以遣散一个或更多的组,付给每个组一定数目的钱,使他们有可能在香港或其他地方安顿下来。这笔费用将从进出口的特别税中获得。商人们没有异议。同英国人我们已经谈好。他们撤走自己的舰只和水兵,而我们将保护码头不受破坏。沿岸由警察来维持秩序。英国领事将在调查 6 月 23 日枪杀事件的会议解散前对中国代表团的建议作出答复。答复的内容将是,英国人不接受中方建议,但从自己方面建议在中立地点开庭审判。到底是什么地点不得而知。由此可见,英国人急于结束登陆事件。他们不仅无法破坏罢工,而且更加激怒了中国人,中国人在自己的决议中要求将罢工扩大到华中地区。四个商会率先作出了很好的反英决议。"四川万县"事件向英国人表明,他们走得太远了,根据广州的情况判断,他们将鸣金收兵。但这一点不影响我们准备结束罢工。正如你们在第 280 和 281 号电报中所建议的,要结束罢工,这在广州人们是会理解的,尽管有种种说法,好像我们面对两三个被称作军舰的旧胶皮套鞋和几个水兵吓破了胆,只要军舰一撤走,明天就结束罢工,但这也会被解释成我们同英国人达成了秘密协议:他们把炮艇撤走,似乎我们就结束罢工。

　　英国人显然希望同我们达成协议。这一点从他们对中国代表团关于 6 月 23 日枪杀事件的建议很快就作出了答复的行动中可以看出,这是恢复以前的谈判的基础。我们在谈判中的行为将取决于我们对下面一个问题的答复:我们是否应当同英国人达成协议并且尽快达成协议,或者再次利用谈判来搞宣传。请对这个问题迅速给予答复。现在政治局①通过了以下决议:国民政府及其武装力量应同英国人达成协议(?)。党和人民应当掀起巨大的运动来反对英国反动政府的武力攻击政策。一旦对我提出的问题作出答复,我们就在即将举行的谈判中同英国人达成有利的协议。……

---

　　① 指国民党中央执行委员会政治委员会——原编者注。

电报中还有陈友仁提供的一些详细情况,他转达了昨天同英国领事布雷纳德①会谈的内容。这次会谈的主要之点是英国人反对征收进出口特别税,这对结束罢工的事十分有利。可以预计罢工将在两周内结束。

《联共(布)、共产国际与中国国民革命运动》(1926—1927),第493—496页

陈友仁就国民政府加征特别税办法致英国领事函
1926 年 9 月 18 日

径启者:本部对于昨日宣言,谓兹议于十月十日以前(或于九月底实行)终止结束杯葛手续一事,特郑重向贵总领事正式证实之。中国政府现拟于实行终止杯葛手续后,对于平常入口货物,在本土发卖者,加征抽特别税项二厘半,奢侈品加征抽五厘。至出口货物,亦拟略行加抽出产税。自后关税应从新制定,本政府将与海关商订办法。各项出入口货非具有经缴纳特别税项之税率,不能发给关单,任由通过。本部尤须向贵总领事声明者,此种办法,经由本政府与省港罢工委员会共同商定,并以奉闻。此致
沙面英国署理总领事白利安

国民政府外交部署理部长陈友仁　印
中华民国十五年九月十八日

《国民政府外交史》第 1 集,第 74—75 页

陈友仁就征收暂行内地税致驻粤各国领事函
1926 年 10 月 6 日

径启者:兹将本月四日,本政府所颁命令,译成英文转达各端查照。(一)兹令行财政部,凡两广中国各省或他国所贸易之物品,对于生产或消费,一律征收暂行内地税。(二)此项暂行内地税税率,对于普通

---

① 原文如此,应为布雷南——原编者注。

物品,应按照现在海关或常关税率表半数征收。对于奢侈品,如丝绒,化装品,毛皮,皮革,装潢品,珠宝,玉石等,则照全额征收。至雪茄,纸烟,洋酒,火油,煤油等,已遵缴特税者,概行豁免。(三)此项暂行内地税,财政部为便利起见,得到海关及常关口卡,或其附近征收之。其征收详细章程,由财政部另定之。(四)凡买卖或经理各项货物,而不照章缴纳新税者,除将物品充公外,处以三年以下之监禁,或处以照该项货物所值十倍之罚金。(五)本条例定于一九二六年十月十一日施行。查此项新税,原则上言,系一种内地税,与中国所抽海关税不同,此则应郑重声明者。至现在海关行政,本政府当然无意干涉,然海关若能与本政府所任征收新税官员,通力合作,自无误会冲突之处也。专此奉达。顺颂

台祺

陈友仁

《国民政府外交史》第 1 集,第 75 页

粤海关监督复税务司函

1926 年 10 月 9 日

承询关于出产运销新税之征收,谨答复如下:(一)此税将根据海关税则征收,如因特种原因,此项税则不能适用时,则以普通货品征收百分之二点五,奢侈品征收百分之五,为有效之原则。(二)如事实可以照办,则财政部欲于海关内借用房所一间或数间,以为少数职员办理征收新税之用,俾财政部与海关办事上均资便利。(三)此税于一九二六年十月十一日或于最近此日之期间实行。

《工人之路》第 459 期,1926 年 10 月 9 日

省港罢工委员会布告

1926 年 10 月 10 日

为布告事:照得自省港罢工以来对港、澳两地加以封锁,其意无非

借此而加英港帝国主义严重之打击,以伸雪五卅、六二三惨案之奇冤巨耻。所幸得各界同胞之拥护与赞助,能以顺利进行。兹者北伐迭告胜利,形势已有变迁,而吾人反帝国主义之策略亦须改变。故本会议决将纠察封锁旧形式改变为扩大对英经济绝交新形式。爰定于本年十月十日十二时将各属驻防纠察一律撤回,交通部落港通过证之发给,船只出入口之领照及请派骑船员手续一概取消,工商检验货物处亦行停止。恐未周知,特此布告。

《工人之路》第 460 期,1926 年 10 月 10 日

省港罢工委员会命令

1926 年 10 月 11 日

为命遵事:吾等反帝国主义乃一长期之斗争。现时国民革命势力之影响,已扩大到扬子江流域,而吾等对英杯葛之旧形式必须转变之时机已至。故吾等审时势而有新策略之决定。此种新策略即是由纠察封锁之旧形式转变到全国用经济武器之新形式,简言之,即是由我们孤军奋斗转变到全国联合奋斗。现时已有可能准备此新的总斗争之实现。吾等确切相信此策略其给与帝国主义之打击,当十百倍于吾等过去十五个月之成绩。当经第一三八次代表大会通过,决定于本年十月十日正午十二时将各海口纠察一律撤回,暂行停止封锁。除将宣言标语另行颁发外,合行令饬该会,仰即分令驻防各属纠察队,一体遵照,勿稍玩忽为要。又在该日十二时以前应联合各该地民众,作热烈之拥护,自动停止封锁,扩大反英运动,巡行示威,一面使民众咸明了变更策略之重大意义,另一方面亦即加帝国主义以严重警告。惟在该日十二时纠察队务必按时集中收队,撤防回省。切切此令。

中华全国总工会省港罢工委员会

《工人之路》第 461 期,1926 年 10 月 11 日

陈友仁复葡萄牙总领事照会

1926 年 11 月 8 日

径复者:现接十一月五日大函,似谓奉驻北京代表各关系国之领袖公使命令,饬以驻广州领袖领事之资格,提出抗议,声明本政府在两广境内所征之内地货物消费及出产税为完全违反条约,不能认为合法等由,到部。本部长查现在我国民政府之权威,已伸张至本国大多数区域;在全国形势上,因此发生一种新事实。兹为对于此事实正确之了解与免除误会起见,特将来函原件奉还。

至驻北京代表各关系国之领袖公使之存在,本部长以其欠缺法律上之根据,未便承认。且各关系国对于本政府,亦未有法律的根据得到相当地位与关系,可以正当有权提出"完全违反条约"之问题。

抑本部长更有须声明者:现在中国国家大权与权威,早已不能在北京行使,而民族主义之中国革命势力及建设势力,已经将国家大权与权威,移交本政府执掌,在北京有代表之一切或任何关系国,倘自能明了此中关系,本政府对于此项问题,自不难立予讨论也。即希贵总领事官查照是荷! 此致
大西洋国驻广州总领事官

代外交部长陈友仁
十五年十一月八日

附录:葡领事来函

敬启者:关于十月六日大函,本领事今奉驻北京代表各关系国之领袖公使之命令,以驻广州领袖领事之资格,特向贵部长转达以下之抗议:"驻北京各关系国之代表,因广东政府对于国外贸易征收一种税项宣言,此种计划,完全违反条约,不能承认其合法。"此上
国民政府外交部长陈

驻广州葡领事兼领袖领事
十一月五日

高承元编:《广州武汉革命外交文献》,上海神州国光社,1930 年,第 34—35 页

3. 英国政府对大罢工的反应

香港限制华人出口之苛例
1925 年 7 月

现香港政府以华人一致罢工返省,人心极为浮动,于是采取苛酷手段,维持现状,规定限制华人出口:(一)倘华人必须出口时,须有相当之店铺具结、图章担保,并书明出口理由,方为有效。(二)工人不得出口。(三)有违犯私自出口而不报案者,查出递解出境十五年。(四)商人因商务上出口者,呈请华民政务司,每名准带银物五十元。(五)十日公布施行。

广州《七十二行商报》1925 年 7 月 16 日

香港西人大会及其决议案
1925 年 8 月 25 日

自英人在上海、沙基屠杀同胞后,香港举行大罢工,香港外人感觉无限之痛苦,商务日形凋敝。初以为罢工风潮一时即可解决,乃罢工竟逾二月尚无解决端倪。香港政府除派人来省破坏罢工外,复急电英京请求用武力压迫国民政府,但英政府以武力对付上海、沙基各案已激起中国人民之绝大反抗,若再用武力,恐从此东方之利权一扫而空;而且英国工人已极力反对,美、日、法各帝国主义亦不协调,则出兵万无希望,故对于港督之电报,只得搁下不复。但港政府与香港英侨见英政府不理彼等,风潮又无止息,故甚为着急,除指使英兵向我方挑战以耸英政府听闻外,复于前月二十五日在港召集公民大会,到者除侨港西人数百外,中国人到者极少。会中英侨如疯如魔,历叙罢工以来英侨所受之损失及英政府不理失策,并通过一决议案,即请英政府从速下一哀的美敦书于国民政府,履行南京、天津两大不平等条约,以挽救英侨在华之商业,如国民政府不理,则请英舰封锁广州。然此一般疯子,其亦知其祖国现亦在同一样困难之境地乎？否则伦敦之英帝国主义安有不记在华之利益而不出其凶蛮之手段耶！是日详情太长不能尽载，今只将其决议案录出，以供我爱国同胞参考：

本殖民地乃不列颠帝国之重要部分。前经七月二十日公民大会一致通过，及经要求本港总督允准，致电一通于政府，完全未有答复，今又禀呈内阁总理，将下列规定之大英国与中国一八四二年之南京条约，及一八五八年之天津条约设法施行。

（1）南京条约第二款：内载大英国臣民之家属及其所建设事业，许可居留在广州、厦门、福州、宁波、上海等处以经营商务，不得骚扰及阻滞。

（2）南京条约第五款：内载英国商民许可任其居住各商埠，以经营商品运输，并可以任其携带各种人等。

（3）南京条约第十款：英国商人所有货物有权由中国商人运到中国内地任何省份或都市。

（4）天津条约第十一款：亦为开辟汕头及其他南部口岸以为外国贸易者，而该款有云：协定英国人民许可携带任何人等及任何船只与货物随意来往。

广州为往来要道

注意：上述各项条约为本殖民地商务发达之命脉，因广州为英国商务输入中国南部之重要门户也。现在脱离北京中央政府而独立之广州政府，单独直接负责以完全断绝香港、广州之航行，澳门亦然，并在广州及中国南部各口岸与汕头、厦门、福州等地方，抵制英船及英货。该政府更公言，决意用其权力所能施之各种手段，破坏香港商业及其发达。

在一九二四年各种船只从香港出入口之总数为七万零五百三十艘，共五千七百万吨。由正月一号至六月三十号止，每日由港出入口船只平均约六十艘，载重九万九千六百吨。乃自风潮开始以来，出入口之船只不过三十四艘，重量五万五千八百一十九吨而已。然此数目实包括所有之"总统"及"皇后"船而言,因其不在抵制之列也。我侪广州贸易船只约十二艘经已完全停止,自七月一日以来,连内河船只受抵制者每日平均约七十三艘,其中四十五艘为英国者;在今日则为七十六艘,三十二艘是英国者。

最近广州政府公布谓除英、日船只外,无论何国船只若非经由香港者,准自由在广州出入云。此则更是以破坏英国船务之利益。夫此公布是与大英国公然开战之条例,而审慎周详,故意作恶,以破坏中英条例者也。广州政府之条例,其影响已令珠江丝业不经香港,而英国货物不入广州及其内地,故能令本殖民地之中、英商人及兰加、育基二省蒙莫大之损失,必至大英国时常失业人民更为突进之增加无已。

战争是无问题的

广州、香港问题完全与中国其他各部分离而独立,因广州未经承认而又背叛北京中央政府者,故北京政府并无关税、治外法权或其他各项问题之会议能稍为本殖民地急切之助者,日日无论如何延宕,只增加本殖民地之损失与破坏耳。尤有进者,英国政府若牵延不决,必至将来对于广州有更大问题,尤甚于今日之纷扰也。

与广州政府开战实无问题,因非与中国开战,不过扫除现在握广州实权之反英的过激分子暴动耳,或者因此而得被压迫与被骚扰之广州人民绝大满意之庆贺也。除英国人民有此权外,本殖民地各种人民受保护于英国旗帜之下者,均护卫中英条约。本殖民地在过去二十五年间,对于援助英国政府曾屡次捐输以护卫所得之权。此种拥护捐输在彼时期中,总数为四千九百万元。一九二四年捐输记录,总数四百五十万元。此数自然认为中英条约救济英国人民保护权一种之保险费。

哀的美敦书

本殖民地英侨公民大会,要求英国政府立刻发哀的美敦书于广州政府:

(A)收回广州当作公开商埠,以为中国及外人有条约国家之贸易,完全依据列强与中国订定条约款项；

（B）驱逐广州及广东所有之过激党；

（C）黄埔军官学校一律缴械或解散,彼等完全是俄人训练之军队,其非广州籍者,遣回原籍；

（D）停止反英之宣传。

如不实行,则完全用英国海军封锁广州及其邻近海道,若政府以为必要时或取别种动作。

哀的美敦书亦要说及在广州须建一中国政府,以监察中英条约之完全施行。

此为人民大会之一致公意,乃是恢复广州、香港及中国南部交通商业,并为保全香港经济〔不致〕崩坏及英国利益在汕头、厦门、福州与中国南部之唯一有效力的方法也。

《工人之路》第 72 期,1925 年 9 月 4 日